Georg M. Hafner, Esther Schapira
Israel ist an allem schuld

# GEORG M. HAFNER
# ESTHER SCHAPIRA

# ISRAEL
# ist an allem
# SCHULD

## Warum der Judenstaat so gehasst wird

Redaktionsschluss: 1. Februar 2015

Dieser Titel ist auch als E-Book erschienen

Eichborn Verlag in der Bastei Lübbe AG

Originalausgabe

Copyright © 2015 by Bastei Lübbe AG, Köln

Lektorat: Dr. Katharina Theml, Büro Z, Wiesbaden
Umschlaggestaltung: Massimo Peter
Satz: Dörlemann Satz, Lemförde
Gesetzt aus der DTL Documenta
Druck und Einband: GGP Media GmbH, Pößneck

Printed in Germany
ISBN 978-3-8479-0589-9

3   5   7   6   4

Sie finden uns im Internet unter www.eichborn.de
Bitte beachten Sie auch www.luebbe.de

*Ein verlagsneues Buch kostet in Deutschland und Österreich jeweils überall dasselbe.*
Damit die kulturelle Vielfalt erhalten und für die Leser bezahlbar bleibt, gibt es
die *gesetzliche Buchpreisbindung.* Ob im Internet, in der Großbuchhandlung,
beim lokalen Buchhändler, im Dorf oder in der Großstadt – überall bekommen
Sie Ihre verlagsneuen Bücher zum selben Preis.

# Inhalt

»Ob es regnet, ob es hagelt, ob es schneit oder ob es blitzt,
ob es dämmert, ob es donnert, ob du frierst oder ob du schwitzt,
ob es schön ist, ob's bewölkt ist, ob es taut oder ob es gießt,
ob es nieselt, ob es rieselt, ob du hustest oder ob du niest:
An allem sind die Juden schuld ...«

Friedrich Hollaender, aus der Revue: *Spuk in der Villa Stern* (1931)

## Vorwort von Esther Schapira

Wenn es um Israel geht, bin ich befangen. Mir ist das Schicksal des jüdischen Staates nicht egal. Wie auch? Jener Teil meiner Familie, der überlebt hat, lebt dort, und dessen Kinder. Ich sorge mich um sie und sie sich um mich. »Komm nach Israel. Dort wirst du sicherer sein«, hat mir der Sohn meiner Cousine während des Gazakrieges im August 2014 gemailt. Das klingt nur für Außenstehende absurd. Während deutsche Israeltouristen rasch ihre Buchungen stornierten und froh waren über ihre Reiserücktrittsversicherung, die es ihnen ersparte, aus nächster Nähe zu erleben, was es heißt, wenn die Hamas ihre »selbst gebastelten Raketen« abfeuert, stieg die Zahl der Juden in Europa, die überlegten, nach Israel auszuwandern. Hatten sie Angst? Fühlten sie sich in Paris oder Berlin nicht mehr sicher? Fürchteten sie um ihr Leben? Natürlich nicht. Aber sie hielten die Kälte nicht mehr aus und die Kaltschnäuzigkeit, mit der den Juden die Leviten gelesen wurden.

Im Sommer 2014 empörte sich Deutschland über die Ungerechtigkeit des verregneten Sommers, die Mautpläne des Verkehrsministers und den Gazakrieg. In einem Land, in dem über die Helmpflicht für Radfahrer diskutiert wird, wurde die Angst der Israelis vor dem andauernden Raketenbeschuss und den Terrortunneln aus Gaza als überzogen abgetan. Menschen, die weder über militärisches Wissen noch über existenzielle Erfahrungen verfügten, in denen ein solches Wissen nötig war, wussten ganz genau, dass alles, was Israel tat, falsch und unverhältnismäßig war. Eine Idee, wie der Staat seine Bürger schützen sollte, hatten sie nicht und brauchten sie auch nicht. Und vorsorglich sprachen sie sich selbst von jedem Verdacht frei, ihre »Israelkritik« könne von unbewussten antisemitischen Gefühlen geleitet sein. Natürlich waren sie keine Antisemiten. Natürlich? Warum glauben die Kinder und Enkel der Mörder und Mitläufer, »unbefangen« über Israel und über Juden reden zu können? Wieso trifft

11

der Vorwurf der »Befangenheit« in der Debatte nur die Nachkommen der Opfer?

Echte, bekennende Antisemiten habe ich in meinem Leben nur wenige getroffen. Und doch weiß ich, dass es sie gibt. Die Umfragen bestätigen es Jahr für Jahr. Und ich weiß es, fühle es, wenn ich auf einen treffe. Oder fantasiere ich es nur? Ist es mein Problem, zumal hier in diesem Deutschland, dessen Geschichte mir immer präsent ist, dessen Sprache meine ist und die mir doch oft im Hals stecken bleibt, weil die Worte für mich zu oft einen anderen Sinn haben? Als Kinder haben wir »Teekesselchen« gespielt, ein unschuldiges, harmloses Spiel über den doppelten Sinn vieler Wörter. Eine Bank ist eine Gartenbank und eine Geldbank, ein Hering ist ein Fisch oder ein Zeltnagel. Meine Teekesselchen heißen bis heute Rampe, Selektion, Gas. Ich zucke zusammen, wenn andere sich freuen und mal wieder richtig »Gas geben«, und ich mag mich auch nicht an der »Rampe« verabreden, auch wenn die Essensausgabe der Kantine ein guter Treffpunkt ist. Natürlich weiß ich, dass viele Menschen »Gas geben«, weil sie rasen wollen und ihnen alles zu langsam geht. Und trotzdem fällt mir bei Gas unweigerlich auch Auschwitz ein.

Mit alldem bin ich aufgewachsen. Es gehört zu meinem Leben in Deutschland, und es wäre ein verlogenes Pathos zu behaupten, ich litte darunter. Es gibt genügend Menschen um mich herum, die meine Teekessel kennen und mit denen ich über sie lachen kann. Panikmache und reflexhafte Abwehr, bedeutungsschweres »wehret den Anfängen« und »der Schoß ist fruchtbar noch« sind mir ein Graus. Was also ist das Problem?

Israel ist das Problem. Mein Problem. Sobald es nämlich um Israel geht, lauere ich auf Zwischentöne, auf halbe Wahrheiten und ganze Diffamierungen. Ich werde selten enttäuscht. Wenn es um Israel geht, ist der Spaß schnell vorbei. Dann nimmt ein bis dahin müde dahinplätscherndes Tischgespräch schnell emotional Fahrt auf. Bin ich überempfindlich? Vielleicht. Aber ich kenne die Warnsignale und versuche rasch, die Weichen anders zu stellen. Selbst bei Freunden. Zu groß ist die Sorge, dass bei zu viel Wein und Wahrheit die Freundschaft unter die Räder kommen könnte.

Die Deutschen und ihr Judentick – das ist die eine Seite. Die Juden und ihr Deutschentick – das ist die andere Seite. Ich kenne beide Seiten. Denn ich bin beides. Tochter einer protestantischen deutschen Mutter und eines jüdischen Vaters aus der Bukowina, der nach dem Krieg heimat- und staatenlos war. Und ich? Zu jüdisch für die Deutschen, zu deutsch für die Juden. Erst mit zwölf Jahren wurde ich offiziell Deutsche. Mit meinem deutschen Pass kann ich in jedes Land dieser Welt reisen. Mit meinem Namen eher nicht. Die Liste der Länder, in die Juden besser nicht reisen, ist lang. Länder, die nach 1001 Nacht klingen und deren Märchen ich als Kind liebte. Aladin und Ali Baba aber sind verschwunden, und sie ließen mehr als vierzig Räuber zurück. Sie entführten Flugzeuge und überfielen die israelische Olympiamannschaft. Mein Vater hatte bestenfalls liebevolle Nachsicht mit meiner pubertären erwachenden linken Leidenschaft für die Nachfahren meiner Märchenhelden. Die toten Sportler in München und die Entführung eines Flugzeugs nach Entebbe unter Beteiligung deutscher Linker setzten seiner Toleranz Grenzen. Als Wilfried Böse jüdische Passagiere selektierte, um den palästinensischen Freiheitskampf zu unterstützen, war ich 15 Jahre alt und Palästinensertücher waren in Mode. Es war mir peinlich, meiner Freundin zu erklären, dass sie ihr schönes schwarz-weißes Tuch ausziehen müsse, wenn sie mich besuchte. Verstanden hat sie es nicht, aber das Tuch blieb draußen. Ich weiß heute nicht mehr, wie ich es genau begründet habe. Wahrscheinlich habe ich es als eine autoritäre Anordnung meines Vaters bezeichnet. Das kannte sie von zu Hause, und ich hatte erst mal Zeit gewonnen. Noch musste ich nicht selbst Stellung beziehen.

Als 15 Jahre später im Golfkrieg Scud-Raketen aus dem Irak in Tel Aviv einschlugen, war mein Vater schon tot. Palästinensertücher waren noch immer in Mode, und ich wusste politisch nicht mehr, wohin. Viele in meinem Umfeld waren inzwischen bei den Grünen engagiert. Vielleicht hätte auch ich mich dort wohlfühlen können. Ich mochte Sonnenblumen und war empfänglich für kitschige Indianerweisheiten, und gegen Atomkraft war ich sowieso. Das Problem aber war – Israel. Mein Problem.

Wieder mal. Fassungslos stand ich auf dem Opernplatz in Frankfurt, um während einer großen Anti-Kriegsdemonstration meine Solidarität mit Israel auszudrücken. Immerhin war an diesem Tag Frankfurts Partnerstadt Tel Aviv angegriffen worden. Das aber kümmerte offenkundig nur wenige. Im Gegenteil. Schon damals attackierten uns wütende Friedensfreunde. »Kein Blut für Öl«, riefen sie und sorgten sich um mögliche Auswirkungen auf die Umwelt und das Klima in Europa durch die brennenden Ölfelder. Für mich aber war das politische Klima durch die Gefühlskälte so vieler Friedensbewegter, Linker und Grüner, die gegen die Lieferung von Patriot-Abwehrraketen an Israel protestierten, vergiftet. Allen voran der grüne Bundestagsabgeordnete Christian Ströbele. Die kalte Selbstgerechtigkeit, mit der dieser Pazifist die Menschen, um die ich mich täglich sorgte, schutzlos lassen wollte, hat sich mir tief ins politische Gedächtnis eingebrannt. Was mich damals entsetzte, erkenne ich im Rückblick als Beginn einer zunehmenden politischen Heimatlosigkeit. So einig ich mir mit vielen meiner Generation bei anderen großen Zukunftsthemen war, so groß waren die Unterschiede, wenn es um Juden und Israel ging.

Gemeinsam gingen wir gegen Atomkraft und Nachrüstung auf die Straße. Wir saßen zusammen im Hüttendorf gegen den Bau der Startbahn 18 West am Frankfurter Flughafen. Wir bildeten Lichterketten beim Aufstand der Anständigen gegen rechte Gewalt gegen Ausländer. Und natürlich waren alle gegen den Antisemitismus der Rechten. Ich hätte mich gern behaglich eingerichtet im kuscheligen Kollektiv der Weltverbesserer. Der Preis meiner Mitgliedschaft aber war die Ausblendung meiner Gefühle für Israel. Vielfach stimmte ich der inhaltlichen Bewertung israelischer Politik dabei durchaus zu. Auch ich war und bin für die Errichtung eines Staates Palästina – aber eben nicht um den Preis der Vernichtung Israels. Ich verstehe die seit Jahrtausenden von Generation zu Generation überlieferte Angst vor dem nächsten Pogrom, vor der Wehrlosigkeit, davor, wieder zum Opfer zu werden. Ich verstehe sie, weil ich sie fühle. Wenn ich aber versuche, darüber zu reden, begreiflich zu machen, dass es sich nicht einfach als politische Ausflucht abtun lässt, wenn ein Volk, das schon einmal knapp der Vernichtung entronnen ist, die Morddrohung in der Charta der Hamas ernst nimmt und »Auslöschung Israels« nicht bereitwillig mit »friedlicher Nachbarschaft« übersetzt, schlägt mir bestenfalls Unverständnis und Gleichgültigkeit, meist aber Abwehr und Feindschaft entgegen.

»Warum die schwarze Antwort des Hasses auf dein Dasein, Israel?«, fragte die Dichterin Nelly Sachs verzweifelt. Mich macht die Schwärze des Hasses oft sprachlos. Die Solidarität mit Israel ist in Deutschland Staatsräson, doch bei kaum einem anderen Thema ist die Kluft zwischen offizieller Politik und Volksmeinung größer – und zwar unabhängig von Parteien, Generationen und Religion. Wenig beruhigend ist dabei, dass Deutschland im schlechtesten Sinne mitten in Europa liegt. »Für mich ist ganz Europa ein einziger jüdischer Friedhof. Es ist ein schöner Friedhof. Blumen blühen und Vögel singen. Aber es ist ein Friedhof, und auf einem Friedhof kann man nicht leben«, sagte mir ein guter Freund, der Auschwitz überlebt hat und heute in Israel wohnt. Sitz der Friedhofsverwaltung ist Deutschland.

Die meisten meiner Freunde leben hier, und sie leben gern hier. Auch die jüdischen. Sie alle reisen gern. Sie alle sind sensibel für judenfeindliche Untertöne. Sie alle teilen meine Sorge um Israel. Glaube ich. Hoffe ich. Doch erst jetzt, beim Schreiben dieser Zeilen, wird mir bewusst, dass es einen bemerkenswerten Unterschied gibt. Alle meine jüdischen Freunde kennen Israel aus eigenem Erleben, und viele haben sich auf die schwierige Reise nach Auschwitz begeben. Meine nicht jüdischen Freunde dagegen fahren quer durch Europa und in die halbe Welt, aber kaum einer war in Israel oder in Auschwitz. Die Frage, warum das so ist, stelle ich ihnen nicht. Ich will sie und mich nicht in Verlegenheit bringen. Ich frage aber auch deshalb nicht, weil ich die Antwort kenne. Es ist der Unterschied zwischen »fühlen« und »mitfühlen«, zwischen getroffen und betroffen.

Das vielleicht wichtigste Buch für meine politische Bewusstwerdung war Jean Amérys *Jenseits von Schuld und Sühne*. Der wortmächtige Schriftsteller schrieb sich seine Verzweiflung und seine Einsamkeit als Überlebender von der Seele und zerbrach am Ende doch daran. Zwanzig Jahre nach Kriegsende schrieb er über sein »Ressentiment« und formulierte damit jene Wut, die mein Vater und seine Freunde verspürten, aber nie aussprachen, und die deshalb umso lauter in mir nachhallte. »Als die wirklich Unbelehrbaren, Unversöhnlichen, als die geschichtsfeindlichen Reaktionäre im genauen Wortverstande werden wir dastehen, die Opfer, und als Betriebspanne wird schließlich erscheinen, dass immerhin manche von uns überlebten.« Die Bitterkeit dieser Sätze, die ich mit Anfang zwanzig gelesen habe, habe ich nie vergessen. Zu oft wurde ich im Laufe der Jahre daran erinnert. Und je mehr Zeit vergeht, umso unangemessener erscheint das Ressentiment. Täter und Opfer haben unterschiedliche Zeitrechnungen. Je älter ich wurde, desto bewusster wurde mir, dass es nur ein historischer Wimpernschlag ist, seit die Gaskammern geschlossen und die Massengräber zugeschüttet wurden.

Als Kind trug ich häufig meine Kette mit dem Davidstern, ein Geschenk meines Vaters. Ich trug sie als Schmuck und ohne groß darüber nachzudenken. Heute ist sie Ausdruck einer politischen Haltung, weil sie so gesehen wird. »Ich traue mich nicht mehr, meinen Davidstern zu tragen«, sagte mir vor Kurzem eine ältere Dame. »Ich habe Angst.« Es gibt Momente, in denen auch ich kurz zögere, meine Kette zu tragen, denn es ist gefährlicher geworden, sie auf dem Friedhof Europa offen zu zeigen. Es gibt zunehmend Berichte von Menschen, die attackiert wurden, weil sie eine Kippa oder einen Davidstern getragen haben.

Im Herbst 2014 ist Deutschland Fußballweltmeister geworden, und Israel hat gerade einen Krieg hinter sich. Wieder einmal. Es ist der vierte Titelgewinn für Deutschland und der achte Krieg für Israel. Der Jubel war kaum verklungen, da schwollen die Sprechchöre an. Sie richteten sich gegen Israel und gegen Juden. »Tod Israel« und »Jude, Jude, feiges Schwein«. Da war sie wieder, die »schwarze Antwort des Hasses«. Demonstrationen vor Synagogen und jüdischen Gemeindezentren. Das löste bei vielen Deutschen Entsetzen und Mitgefühl aus. Aber keine Angst. Sie fühlten sich nicht gemeint. Sie begriffen nicht, dass Antisemitismus, auch wenn er sich als »Israelkritik« tarnt, die demokratische Substanz des Staates und damit am Ende auch sie selbst gefährdet. Juden nämlich haben seit 1948 die Wahl. Sie können nach Israel emigrieren. »Wir kämpfen gegen eine teuflische terroristische Organisation, und wir werden diese Schlacht gewinnen, denn dies ist das einzige Land, das wir haben«, hatte der Sohn meiner Cousine mir noch geschrieben. Ich verstehe ihn.

»Das sowohl politische wie jüdische Nazi-Opfer, das ich war und bin, kann nicht schweigen, wenn unter dem Banner des Antizionismus der alte miserable Antisemitismus sich wieder hervorwagt. Die Unmöglichkeit, Jude zu sein, wird zum Zwang, es zu sein: und zwar zu einem vehement protestierenden«, schrieb Jean Améry, als ich 16 Jahre alt war. Ein Jahr vor seinem Freitod. Unter dem »Banner des Antizionismus« sammeln sich heute weltweit mehr Antisemiten als damals. Er kann nicht mehr protestieren. Wir schon.

Ich bin befangen. Ich weiß es. Und Sie?

# Vorwort von Georg M. Hafner

»Jegliche Form von Antisemitismus hat in unserer WG ebenso nichts verloren wie Rassismen und Antifeminismus«, schreiben Studenten der Frankfurter Universität 2014 auf der Wohngemeinschaftsplattform www.wg.de, auf der sie einen neuen Mitbewohner suchen. Verblüffend. Meine Wohngemeinschaftserfahrungen sind vierzig Jahre her. Damals war es für uns völlig undenkbar, dass Menschen, die in eine WG ziehen, also links waren, antisemitisch sein könnten. Wer in eine WG zog, wollte ein anderes Leben, wollte frei sein. Antisemitismus war die Geschichte der Eltern. Vermieter fürchteten Wohngemeinschaften wie der Teufel das Weihwasser, was besonders für das katholische München ein schöner Vergleich ist, der Stadt, in der ich als junger Student 1970 strandete. Wir wollten die teuren Mieten in München untereinander aufteilen, in einer schönen Altbauwohnung leben, in Schwabing möglichst, und waren weit davon entfernt, eine Kommune zu gründen. Das erledigten Fritz Teufel und Co. in Berlin. Vielleicht waren wir mit dem Feminismus noch nicht in der Weise vertraut wie die Jüngeren heute, aber spätestens als eine bekennende Feministin bei uns einzog, war klar, dass wir nicht mehr im Stehen pinkeln durften und Abwasch und Putzen gemeinsam erledigt wurden. Wir waren gegen das Establishment, dessen korrekte Schreibweise uns mehr Mühe bereitete als dessen Definition: »Wer zweimal mit derselben pennt, gehört schon zum Establishment.« Das war übrigens genau die Vorstellung, die unsere Eltern vom Leben in einer Wohngemeinschaft hatten. Aber Eltern waren, gleichgültig, was sie tatsächlich im Krieg getan hatten, ohnehin von Haus aus Nazis und hatten somit jede Autorität verspielt. Wir fackelten da nicht lange, und ich fragte auch nicht nach, nicht einmal dann, als mein Vater sich in sein Arbeitszimmer verzog, es wochenlang nur zum Essen verließ und am Ende ein mehrbändiges Fotoalbum fertiggestellt hatte mit allen Fotos, die er während des Russlandfeldzuges gemacht hatte. Heimlich, wie er sagte. Es waren keine Heldenfotos, im Gegenteil. Es waren Momentaufnahmen eines Albtraums. Mittendrin mein Vater, der nie einen Menschen erschossen hat, wie er immer wieder beteuerte, als Funker aber über alle Verbrechen informiert gewesen sein muss. Bis heute sind mir drei Bilder unauslöschlich in Erinnerung. Ein Mann und seine Frau, die ihr totes Kind über einen Acker tragen; Männer, an einem Galgen aufgeknüpft; und eine Menschenschlange in einem Dorf in den Westkarpaten. Männer mit Hüten, Koffern und einem gelben Stern auf dem Mantel. »Judenabtransport« hat mein Vater mit seiner schönen Schrift daruntergeschrieben, »19. 4. 1944, Munkacz (heute: Mukatschewo)«. Es war keine Fotosammlung, die mein Vater stolz herumgereicht hat, sie war eigentlich nur für ihn selbst bestimmt. Es war seine Art, mit dem Horror des Krieges fertigzuwerden, die eigene Geschichte mit allen Gräueln zwischen zwei Buchdeckeln abgeheftet, zu öffnen nur bei Bedarf. Den aber verspürte ich lange Jahre nicht, und als ich endlich mehr wissen wollte, war er alt und dement, und aus dem »Judenabtransport« waren in seiner verklärten Erinnerung Menschen geworden, »die nach Lebensmitteln angestanden haben«.

Juden spielten in meinem studentischen Leben und auch danach keine Rolle. Ich kannte keine Juden, jedenfalls nicht bewusst. Das änderte sich erst, als ich, knapp fünfzig Jahre alt, für eine Filmdokumentation über Mengele-Zwillinge zum ersten Mal nach Israel fuhr. Bis dahin wusste ich wenig über dieses Land, wie hektisch es ist, wie lebhaft, wie winzig. Und auch über seine Bewohner wusste ich nicht viel, außer dass unter ihnen viele Juden waren aus der ganzen Welt, darunter viele, die Hitler und den KZs entkommen waren. Ein historisches Wissen, aber keines, das fühlt. Das änderte sich dramatisch. Ich saß in einem Vorort von Tel Aviv plötzlich einer Frau mit Auschwitznummer auf dem Unterarm gegenüber. Solche Nummern kannte ich aus dem Kino und aus Dokumentarfilmen, aber plötzlich war die Nummer mit einem Gesicht und einem Namen verbunden. Miri Schönberger. Sie war mit ihrer Zwillingsschwester Sarah als 13-Jährige nach Auschwitz deportiert worden und in die Hölle von Mengele geraten. Den Tod ihrer Eltern beschreibt sie in unserem Dokumentarfilm »Als das Lachen verbrannte« (1995): »Ich sehe ihre letzten Momente vor mir, wie meine Eltern die Wände hochklettern, man hatte ihnen gesagt, sie gehen ins Badehaus, aber dann kam statt Wasser Gas.« Sie sprach mit Esther Jiddisch, mir verweigerte sie jedes Gespräch, jeden Blickkontakt, ich war ein Deutscher und nicht da. Ich war nach dem Krieg geboren, aber ich war das Kind eines Täters. Es gab kein Entrinnen, ich war plötzlich mitschuldig für das, was meine Eltern angerichtet hatten.

In meiner Geburtsstadt Heidelberg lebten vor 1933 über eintausend Juden. Vierzig von ihnen waren noch am Leben, als ich 1947 auf die Welt kam. Aber was hatte ich damit zu tun? Meine Generation, ausgestattet mit der »Gnade der späten Geburt«, war fein raus aus der Sache. Meine Mutter hatte den Krieg in Berlin überlebt, aber auch wenig darüber erzählt. Nicht einmal, dass ihr Vater kurz vor Kriegsende eine Jüdin im Haus versteckt hat. Niemand in der Familie hat diese kleine Heldentat je erwähnt, vielleicht weil das Verhalten meines Großvaters eher eigenwillig war und nicht von allen in der Familie gebilligt wurde. Erst als wir an einem Film und an einem Buch über Alois Brunner saßen, einem der größten Naziverbrecher, der bis zu seinem Tod 2009 fröhlich in Syrien untergeschlüpft war, stieß ich eher zufällig auf meinen mutigen Großvater. Meine Großmutter hielt bis zu ihrem Tod Kontakt mit der damals Versteckten, Clary Post, die nach dem Krieg nach England gegangen war. Soweit ich weiß, ist sie nie nach Deutschland zurückgekehrt. Die, die es wissen konnten, schwiegen sich beharrlich aus.

Meine Welt war aufgeteilt in gut und böse, und es war immer besser, bei den Guten zu sein. Die Bösen waren jetzt die Amerikaner, vor allem die, die in Vietnam kämpften, obwohl sie dort nichts verloren hatten. Dass sie es waren, die unser Land einst befreit hatten, nahm das verehrte Publikum erst vierzig Jahre später und eher widerwillig zur Kenntnis, als Richard von Weizsäcker daran erinnerte. Natürlich war ich gegen den Krieg in Vietnam, also gegen die Amerikaner. Wir waren gegen den Schah-Besuch und seine Schläger. Wir waren gegen *Bild* und die Bullen, die Benno Ohnesorg auf dem Gewissen hatten. Mit dem in seinem Blut liegenden Studenten endete das große Happening meiner Studienzeit. Der 2. Juni 1967 war eine Zäsur für uns alle. Es war ein Freitag, und am Montag drauf war Krieg, aber weit weg im Nahen Osten. Er ließ uns erst einmal kalt. Ein Scharmützel in der Ferne und sechs Tage nur. Sie endeten mit einem fulminanten Sieg Israels. »Blitzkrieg«, jubelte der *Spiegel*. Unsere Eltern nickten anerkennend. Blitzkrieg, damit kannten sie sich aus. Der neue Wüstenfuchs trug eine Augenklappe und war Jude: Moshe Dayan. Und *Bild* siegte mit. Wir waren gegen Springer und damit wie von selbst plötzlich auch gegen Israel. Aus »Ho, Ho, Ho Chi Minh« wurde »Shalom – Napalm«. Vietnam war gestern, Palästina heute. Die Opfer der Barbarei unserer Eltern wurden für uns über Nacht zu Tätern und Israel zum Schurkenstaat. Wie Juden in unserem Land dabei dachten und fühlten, war mir herzlich egal. Mir war der Mekong näher als der Jordan.

Meine Wohngemeinschaft lag mitten in Schwabing. Dass im damals noch wenig angesagten Stadtteil Haidhausen eine ganz andere Wohngemeinschaft ihre Zelte aufgeschlagen hatte, habe ich erst vierzig Jahre später während der Arbeit an meinem Dokumentarfilm »München 1970 – Als der Terror zu uns kam« erfahren. Es war die WG meiner Spaßikone Fritz Teufel. Seine Kommune 1 in Berlin war gerade abgewickelt worden. Nun plante Teufel von München aus und am Vorabend des Olympiaanschlags seine anfangs originellen, später weniger lustigen Aktionen. Zusammen mit Irmgard Möller übrigens, der späteren RAF-Terroristin, mit der er seit 1970 liiert war. Ihr schreibt er im selben Jahr aus Stadelheim, wo er gerade eine kurze Haftstrafe verbüßte: »Ich träume wirr, höre jeden Freitag die Hitparade (z. Zt. führen immer noch Simon und Garfunkel, das Zionistenduo mit dem israelischen Luftwaffenhit El Condor pasa).« Ich mochte die beiden Rockmusiker gerne und habe nie darüber nachgedacht, ob sie Juden sind. Und schon gar nicht wäre mir das Wort »Zionisten« in den Sinn gekommen. Vermutlich wusste auch Fritz Teufel nicht, ob die amerikanischen Juden Paul Simon und Art Garfunkel Theodor Herzls Idee von einem Judenstaat unterstützen. Das war ihm vermutlich auch völlig egal. Sie wurden nicht als Amerikaner, sondern weil sie Juden waren für die Politik Israels in Sippenhaft genommen. Schon damals. Mir wiederum war als Fan der beiden Musiker deren Religion nicht wichtig, die Musik war entscheidend, nicht ihr Gott. Und warum sollten sich gerade Linke für religiöse oder ethnische Zugehörigkeiten überhaupt interessieren? Oder jemanden deswegen sogar ausgrenzen? Aber da war ich viel zu naiv, wie ich heute weiß. Viel zu lange habe ich der Illusion nachgehangen, dass insbesondere Linke und Pazifisten keine Antisemiten sein können, von Natur aus sozusagen. »Kein Blut für Öl«, dafür ging ich Jahre später auf die Straße, aber Solidarität mit Israel? Warum?

Erst im Laufe meiner entschiedenen Beschäftigung mit dem Holocaust, mit dem jüdischen Staat Israel, mit Überlebenden der Shoa und mit meiner eigenen, persönlichen Geschichte habe ich herausgefunden, dass die Formel links sauber und rechts übel nicht stimmt und nie gestimmt hat. Spätestens durch die Ergebnisse der Recherche für meinen Dokumentarfilm wurde meine gemütliche linke Welt nachhaltig erschüttert. Dass Linke die Logistiker für palästinensischen Terror in Deutschland waren, dass sie vermutlich 1970 Feuer in einem jüdischen Altersheim in München legten, bei dem sieben Holocaustüberlebende erstickten, war nicht nur für mich ein heilsamer Schock. Überraschend viele Zuschauer teilten diesen Schock, fragten jetzt erstmals selbst nach und kramten die eigene Verirrung hervor. Aber es gab auch andere Reaktionen. Ein Film der »jüdischen Lobby«, meinte unbeirrt beispielsweise ein altes Mitglied der Kommune 1 und wehrte die überfällige Selbstkritik mit dem Verweis darauf ab, dass »wir« doch am Anfang für Israel gewesen seien. Stimmt, anfänglich schon. Aber seit 1967 ist dieser Anfang Geschichte – seit Israel den Sechstagekrieg gewonnen hat und seit palästinensische Gebiete nicht von Jordanien und Ägypten, sondern von Israel besetzt sind. Seither sind Linke empört und haben ihre Sympathien neu verteilt. Dabei sind viele bis heute stehen geblieben. Sie sind jetzt etabliert, sie haben sich eingerichtet, aber bleiben felsenfest ihrer Überzeugung treu: Israel ist an allem schuld. Nur sagen wollen sie es so nicht. Wer aber genau hinhört, versteht es trotzdem.

# Einleitung

Antisemit ist ein garstiges Wort. Niemand will so genannt werden. Selbst die jungen Menschen, die im Sommer 2014 in Berlin bei einer Demonstration »Jude, Jude, feiges Schwein, komm heraus und kämpf allein« geschrien haben, werden die Annahme, sie seien Antisemiten, zurückweisen. Sie sind gegen Israel und für die Palästinenser. Aber was hat das mit Antisemitismus zu tun?, fragen sie empört. Klar, das zweisilbige Wort »Jude« ruft sich leichter als der Dreisilber »Israeli«, aber der Slogan ist nicht dem Versmaß geschuldet, sondern zeigt, dass die so gern behauptete säuberliche Trennung zwischen bösen Israelis und guten Juden in vielen Fällen nur eine politische Schutzbehauptung ist. Der moderne Antisemit schlüpft in das Gewand des Antizionisten und stellt sich dumm. Im Sommer 2014 hatte er alle Hände voll zu tun. Der »Schurkenstaat Israel« hatte sich zur Wehr gesetzt gegen jene, die ihn bekämpfen. Er hatte auf Raketenterror mit Raketen geantwortet. Anfänglich gab es durchaus noch verhaltenes mediales und politisches Verständnis dafür, dass Israel es nach über einem Jahrzehnt permanenten Beschusses nicht länger hinnehmen konnte, dass seine Zivilbevölkerung im Süden sich in dauerhaftem »Bunkersprint« befand. Nicht mehr als zwanzig Sekunden bleiben etwa den Bewohnern von Sderot, um nach einem Bombenalarm den nächsten Schutzraum aufzusuchen. Nicht schön, nicht akzeptabel, hieß es zunächst in Deutschland. Die deutsche Staatsräson, zu der die Sicherheit Israels seit dem Versprechen der Kanzlerin im israelischen Parlament ausdrücklich gehört, wurde auf eine harte Probe gestellt. Das Verständnis war schnell aufgebraucht. Politiker mahnten Israel, die Verhältnismäßigkeit zu wahren, und Demonstranten skandierten Hassparolen. Auf kaum einer Demo wurde auf den Slogan »Kindermörder Israel« verzichtet, auf anderen wurden israelische Fahnen verbrannt. Dafür war jede aus einem sicheren Versteck inmitten palästinensischer Wohngebiete auf die israelische Zivilbevölkerung abgefeuerte Rakete für die Hamas ein Volltreffer, sogar in doppelter Hinsicht: weil sie beim Feind einschlug und weil Israel zurückschoss und dabei auch Frauen und Kinder tötete. Weltweit wurde Israel dafür an den Pranger gestellt und aufgefordert, sofort den Beschuss einzustellen. Dass die Hamas erstens vorsätzlich die Zivilbevölkerung ins Visier nahm und zweitens unterdessen Waffenstillstandsangebote ausschlug, ging im »Israel ist an allem schuld«-Getöse unter. Einmal mehr wurde klar, gleichgültig, wie sich die Palästinenser verhalten, die Sympathieschlacht gewinnen sie immer. Ob Hinrichtungen auf Verdacht, Schwulenverfolgung, Ehrenmorde, ob Korruption oder eben die mörderische Praxis menschlicher Schutzschilde, was auch immer die Palästinenser tun: Israel ist an allem schuld.

Aber woran entzündet sich diese Wut auf ein Land, das nicht viel größer als das Bundesland Hessen ist? Was bringt im Sommer 2014 so viele Menschen auf die Straßen? 11 000 Menschen allein in Wien? Tausende in allen großen Städten Deutschlands? Zwischen dem 9. Juli und dem 9. August 2014, innerhalb von nur vier Wochen, zählt der Journalist Lucius Teidelbaum 120 Demonstrationen und Kundgebungen in Deutschland, 17 davon allein in Berlin. Die geifernde Kritik an Israel hat viele Farben und Schattierungen: rechte, muslimische und linke. Bei keinem anderen Thema ergibt sich eine solche Schnittmenge. An acht der erfassten Kundgebungen waren Neonazis beteiligt, eine Demonstration in Eppingen bei Heilbronn richteten sie sogar selbst aus. Aber was ist es, das die Menschen so umtreibt? Ist es am Ende die Konfrontation mit der Erinnerung an dunkle Zeiten, der wir so gerne entkommen möchten?

»Antisemitism is hating jews more than necessary«, lautet die humorvolle Definition, die Juden in Manhattan gern zitieren. So gehasst zu werden ist nicht schön, aber auch nicht weiter gefährlich. Diesen »unbefangenen« Antisemitismus hat es vor Auschwitz auch in Deutschland gegeben. Vorbei. Jetzt riecht es hier immer gleich unangenehm nach Gas. Das stinkt jenen, die gern frei sagen möchten, was sie fühlen, und es ängstigt jene, die auf keinen Fall die deutsche Schuld relativieren wollen. Die,

die Juden mögen wollen und erschrocken feststellen, dass sie es nicht immer tun. Entsetzt fragen sie sich, ob ihre negativen Gefühle, wenn es um den jüdischen Staat geht, schon etwas mit Antisemitismus zu tun haben könnten. Die Frage ist nicht leicht zu beantworten, denn ob etwas judenfeindlich ist oder nicht, lässt sich nicht nur danach beurteilen, was jemand tut oder sagt. Entscheidend ist das Warum. Auch eine berechtigte Kritik an Israel kann antisemitisch sein, und eine unberechtigte kann durchaus frei von Antisemitismus sein.

Was so kompliziert klingt, wird sofort verständlich, wenn wir statt von Judenfeindschaft von Frauenfeindlichkeit sprechen. Ist jeder Mann, der blöde Blondinenwitze erzählt, ein Frauenfeind? Keineswegs. Vielleicht handelt es sich einfach um jemanden, der über alle und jeden geschmacklose Witze erzählt, vielleicht sogar über sich selbst, eine besondere Form des Humors eben. Umgekehrt gibt es durchaus Männer, die sich zwar immer humorlos korrekt gegenüber Frauen verhalten, sie aber sehr wohl innerlich abwerten und etwa als Vorgesetzte bei der Karriereplanung übergehen, weil sie ihnen nichts zutrauen. Entscheidend also ist die innere Haltung, nicht was, sondern warum etwas gesagt oder eben nicht gesagt wird. Wir alle leben in Milieus, in denen es unausgesprochene Regeln des sozial Erwünschten gibt. In der aufgeklärten Mittelschicht gehört es sich einfach nicht mehr, frauenfeindlich, schwulenfeindlich, ausländerfeindlich oder antisemitisch zu sein. Wer dennoch negative Gefühle gegen Frauen, Schwule, Ausländer oder Juden hat, wähnt sich als Außenseiter und schweigt. Je heftiger das Gefühl aber ist, umso größer wird der Drang, es doch zu artikulieren. So heftig, dass es schließlich mit einem Freispruch in eigener Sache eingeleitet wird: »Man muss doch mal sagen dürfen...« Darf man, die Frage ist nur, warum will man, warum muss man?

Dient die Kritik an Israel vielleicht der Abwehr eigener Schuldgefühle? Wenn die eigene psychische Entlastung die treibende emotionale Kraft ist, wird jeder Fehler Israels vergrößert wahrgenommen, denn je mehr auf das Schuldkonto des Judenstaates gebucht werden kann, umso mehr kann vom eigenen

Schuldkonto abgehoben werden. Ist also sekundärer Antisemitismus, das als unerträglich empfundene Schuldgefühl, das Juden den Nachfahren der Täter durch ihre bloße Existenz bereiten, das Motiv für eine grotesk einseitig verzerrte Sichtweise auf den Nahostkonflikt? Oder ist es tatsächlich ehrenwertes politisches Engagement für die Palästinenser, für ein Volk, das in vielen Ländern diskriminiert wird und noch immer keinen Staat hat? Geht es also darum, sich für die Palästinenser einzusetzen oder gegen Israel Partei zu ergreifen? Wie eng hängen Antisemitismus und Israelkritik zusammen? Damit setzt sich dieses Buch auseinander.

Vehement wird das Recht auf ungehinderte öffentliche Kritik am jüdischen Staat eingefordert. So vehement, dass selbst die Nachfrage, wie fair, wie berechtigt, wie faktisch richtig der jeweilige Kritikpunkt ist, bereits als Angriff auf das grundsätzliche Recht der Meinungsfreiheit diffamiert wird. Und auch der Hinweis, dass dieses Recht nicht eingefordert werden muss, weil es selbstverständlich ist und kräftig genutzt wird, wie schon der Blick in deutsche Zeitungen zeigt, wird als zionistische Schutzbehauptung abgetan. Zu verlockend ist offensichtlich die Pose des Rebellen gegen die jüdische Lobby, die ihn mundtot machen wolle. Wer sich mit der »Israel-Lobby« anlegt, kann sich eines breiten Applauses sicher sein. Der Kampf gegen den Papiertiger ist zu schön, um ihn aufzugeben. Billiger und ungefährlicher lässt sich nicht siegen.

Antisemitismus ist keine ansteckende Krankheit, vor der man sich schützen kann. Aber antisemitische Vorurteile werden unbewusst tradiert, weitergereicht von Generation zu Generation. Schon der Begriff Antisemitismus selbst vernebelt dabei das Entscheidende: Es ist der Hass auf Juden, nicht auf Semiten, zu denen ja auch die arabischen Völker zählen. Spätestens wenn man das Kind beim Namen nennt, wird der Patient besonders störrisch und verweigert die Diagnose. Wissenschaftler in Israel, den USA und Europa haben lange um eine Definition von Antisemitismus gerungen, auf die sich europäische und internationale Einrichtungen einigen können. Diese sogenannte »Arbeitsdefinition« hat mittlerweile Eingang in Schulungsprogramme von Polizeibehörden gefunden, wurde im US-Außenministerium übernommen und wird auch in anderen interparlamentarischen Kommissionen in Großbritannien und Kanada akzeptiert. Sie ist knapp und unmissverständlich einfach: »Der Antisemitismus ist eine bestimmte Wahrnehmung von Juden, die sich als Hass gegenüber Juden ausdrücken kann.« Hilfreich für die Diagnose ist auch der große »3-D-Test«, die Feststellung, ob Israel dämonisiert oder delegitimiert wird oder es doppelte Maßstäbe gibt für Israel und den Rest der Welt.

Wir haben Experten besucht, die sich historisch, psychologisch und politisch mit dem Phänomen der Judenfeindschaft in Deutschland befasst haben. Sie werden helfen bei der Antwort auf die sehr persönliche Frage: Wie antisemitisch bin ich eigentlich selbst? Die Antwort mag manchen Leser erschrecken, am Ende aber vielleicht sogar befreien, denn die Diagnose ist die Voraussetzung für eine Therapie.

Dieses Buch ist keine Anleitung zur politisch korrekten Israelbeschimpfung. Es werden keine Rezepte gegen das eigene versteckte oder offen antisemitische Denken ausgestellt. Doch es werden Mittel an die Hand gegeben, um diesem Denken auf die Schliche zu kommen, um versteckte Judenfeindschaft zu erkennen und ihr entschiedener begegnen zu können. Bei anderen – aber auch bei sich selbst. »Natürlich bin ich kein Antisemit, aber...« wird keine Entschuldigung mehr sein für judenfeindlichen Schwachsinn. Nach der Lektüre wird den Leserinnen und Lesern klar sein, warum höchste Vorsicht geboten ist, wenn eine Suada gegen Israel mit »natürlich« eingeleitet wird. »Natürlich« ist in Deutschland nämlich nichts, wenn es um die gestörte Beziehung zwischen jüdischen und nicht jüdischen Deutschen siebzig Jahre nach dem deutschen Judenmord geht. Wenn überhaupt, dann sind das Unbehagen, die Verlegenheit, die Angst, die Abwehr, die Wut und die Feindschaft natürliche Elemente dieser Beziehung. Auch der Appell, dass »irgendwann doch einmal Schluss sein müsse« mit der »Vergangenheitsbewältigung«, ist ein frommer Wunsch, den nur jemand hegen kann, der noch nicht angefangen hat, zu verstehen. Die Lektüre dieses Buches kann vielleicht ein solcher Anfang sein.

Es ist kein Regelwerk für die gesellschaftlich unfallfreie Begegnung mit Juden, aber es ist ein Selbsthilfebuch, eine Unterstützung bei der schwierigen Suche nach Selbsterkenntnis. Die Frage wird nicht mehr lauten, wie lange ich Israel und seine Politik kritisieren darf, ohne ein Antisemit zu sein, sondern was antisemitische Israelkritik von legitimer unterscheidet. Es wird sich zeigen, dass diese Diagnose gar nicht so schwer ist.

Siebzig Jahre nach dem Ende einer Volksgemeinschaft, die das Jüdische in diesem Land fast ausgelöscht hätte, und fünfzig Jahre nach der Aufnahme diplomatischer Beziehungen zwischen dem Staat der Opfer, die traumatisiert verstummt waren, und dem Staat der Täter, von denen damals die meisten wieder frisch in Ämtern und Würden saßen, will das Buch dazu beitragen, ein Bewusstsein dafür zu entwickeln, wie tief die Wurzeln des Antisemitismus noch immer reichen, wie sehr das Jüdische in diesem Land das Fremde geworden ist.

Dieses Buch ist eine Streitschrift und keine wissenschaftliche Abhandlung, weil Fakten, Zahlen und Analysen nur die eine Seite sind, die andere aber ist die Seite der Gefühle, der Zwischentöne, die nur hört, wer hören kann und will. Der amerikanische Friedensnobelpreisträger Elie Wiesel hat einmal gesagt: »Wir Juden haben keine Antennen für Antisemitismus, wir sind die Antennen.« Deshalb haben wir Menschen in Deutschland besucht, die sich nicht aussuchen können, ob sie das Thema interessiert oder nicht, weil sie Judenfeindlichkeit an Leib und Seele erfahren. Menschen unterschiedlicher Generationen, unterschiedlicher Herkunft und oft völlig gegensätzlicher politischer Überzeugung, die aber dadurch verbunden sind, dass sie als Juden oder Israelis in Deutschland leben und deshalb seismografisch auf Israelfeindschaft reagieren. Ihre Erzählungen ergänzen unsere eigenen Beobachtungen und fügen sich am Ende zu einem vielschichtigen Bild deutscher Normalität. Eine Streitschrift ist nicht ausgewogen und will es auch nicht sein. Das ein oder andere Beispiel, auf das wir Ihr Augenmerk lenken wollen, mag Ihnen bekannt vorkommen. Sie haben es vielleicht als bedauerlichen Einzelfall abgetan. Andere »Einzelfälle« dagegen sind nur hartnäckig Interessierten bekannt. Gemeinsam zeichnen sie ein aufschlussreiches Bild und machen klar, wie stattlich die Liste ist, die wir problemlos hätten verlängern können, denn an Beispielen mangelt es nicht. Der Einzelfall hat System.

Im besten Fall werden diese Beobachtungen in der Mitte der Gesellschaft dazu anregen, über sich selbst nachzudenken und genauer zuzuhören, was um einen herum so gedacht, gesagt und wie vorschnell geurteilt wird. Vielleicht hilft das Buch ja dabei, eigene Antennen auszubilden, damit es wieder möglich ist, unbefangen jüdische Witze erzählen zu können, weil Sie nicht mehr über, sondern mit Juden lachen können. Und wenn Sie beim nächsten fröhlichen Grillfest mal wieder auf jemanden stoßen, der »natürlich kein Antisemit ist«, dann fragen Sie ihn doch einfach, wann er Geburtstag hat, um ihm dieses Buch zu schenken. Vielleicht hilft es ja.

# Israel, der gemeinsame Feind

Was treibt die Menschen, die immer wieder gegen Israel auf die Straßen gehen, tatsächlich um? Sie sagen, es ist das Leid der Palästinenser. Natürlich. Bilder von verblutenden Kindern kann niemand, der bei Verstand ist, ignorieren. Kinder sind immer unschuldig, sie sind geradezu ein Synonym für Unschuld und Schutzbedürftigkeit. Wer ihnen diesen Schutz verwehrt, macht sich schuldig. Bilder toter Kinder sind unerträglich. Gegen diese Bilder gibt es keine Waffen und keine Argumente, sie werden selbst zu Waffen in einem asymmetrischen Krieg, sie sprechen den Gegner immer schuldig.

## »Kindermörder Israel«

Aber nicht alle Kinder sind gleich. Im Nahostkonflikt kommt es entscheidend darauf an, wer diese Kinder auf dem Gewissen hat. Gerade die Nahostregion ist für Kinder eine gefährliche Umgebung. In den brutalen Machtkämpfen zwischen terroristischen Clans, islamistischen Fanatikern und skrupellosen Diktatoren sterben täglich unschuldige Kinder. Rund 9000 Kinder sind es nach Erhebungen von UNICEF 2014 allein in Syrien gewesen. Jesidische Mädchen wurden vergewaltigt und versklavt.

Solche Nachrichten lösen weltweit Empörung und Twitter-Hashtags aus, sie treiben aber kaum einen deutschen Demonstranten auf die Straße. Kein Zweifel: Im Opferranking belegen die palästinensischen Kinder unangefochten Platz eins, allerdings nur die Kinder aus Gaza und der Westbank. Für die palästinensischen Kinder in Jordanien etwa interessiert sich die Welt noch heute genauso wenig wie 1970, als unter König Hussein von Jordanien im berüchtigten »Schwarzen September« schätzungsweise 40000 Palästinenser – darunter auch viele Kinder – getötet wurden. Dieses Massaker des Vaters des heutigen Königs Abdullah II. ist längst nur noch eine historische Fußnote, eingereiht in die blutige Geschichte dieser Region. Nicht die Zahlen der Opfer sorgen für öffentliche Anteilnahme, sondern das Gesicht des Gegners. Dass Israel diese Kinder tötet, macht den Unterschied ums Ganze. Nur dann findet ihr Leid großen medialen Niederschlag.

Wer aber zeigt die Bilder palästinensischer Kinder, die nicht Israel, sondern die Palästinenser selbst auf dem Gewissen haben? Bildmaterial dazu gäbe es reichlich. Zum Beispiel das Bild von Hassam Abo, einem 14-jährigen Jungen. Er war im April 2004 israelischen Soldaten am Hawara-Checkpoint bei Nablus aufgefallen. Ein schmächtiges Kind, gerade mal 130 cm groß, stand in einer Warteschlange, wie so viele Kinder, als die Grenzen noch passierbar waren und sie sich als Lastenträger ein paar Schekel verdienen konnten. Doch der kleine Hassam, Sohn eines Lebensmittelhändlers, hatte keine Apfelsinen oder Oliven geladen, sondern unter seinem roten Sweatshirt einen Sprengstoffgürtel um den Bauch gebunden bekommen, ohne auch nur zu ahnen, was das für ihn und seine möglichen Opfer bedeutete: Hassam Abo war geistig leicht behindert. Ein ferngesteuerter Roboter befreite das Kind von den Nagelbomben. Und dann kniete der Junge nieder, nur noch mit seiner Unterhose bekleidet, die er eingenässt hatte, und weinte bitterlich. Er flehte um sein Leben bei denen, die sein Leben gerade gerettet hatten. Herzzerreißend und eine einzige Anklage an die Hamas, die diesen Jungen missbraucht hatte. Sie hatte ein Kind in den sicheren Tod geschickt, um andere Menschen zu töten. Seiner Mutter hatten die Auftraggeber 100 Schekel, damals etwa 18 Euro, für ihren Sohn und dessen Märtyrertod versprochen. Er wäre der jüngste Selbstmordattentäter gewesen. Sein Bild hätte einer Friedensdemonstration und der Parole »Kindermörder Hamas« gut gestanden. Das Foto des am Ende glücklich ausgegangenen Dramas ist problemlos bei der Nachrichtenagentur Reuters zu besorgen und passt gut auf eine DIN-A2-Pappe.

Es ist nicht das Kindeswohl an sich, das die Menschen weltweit empört. Warum skandieren die Menschen nicht »Kindermörder Boko Haram«, nachdem sich ein Selbstmordattentäter in der Stadt Potiskum in Nigeria in einer Jungenschule in die Luft gesprengt und 48 Kinder getötet hat? Warum nicht »Kindermörder Islamischer Staat«, nachdem die schwarz vermummten Killer allein im Irak 700 Kinder getötet oder verstümmelt haben? Warum nicht »Kindermörder Syrien«, nachdem Diktator Assad Aleppo bombardieren ließ? Warum nicht »Kindermörder Nordkorea«, weil dort Kinder verhungern, wie alle Welt seit Jahrzehnten weiß. Stattdessen rufen sie »Kindermörder Israel«. Und wenn schon der Nahostkonflikt den Deutschen besonders am Herzen liegt, könnten sie auch »Kindermörder Hamas« rufen. Aber auch das tut keiner. Ist es also vielleicht weniger das Mitleid mit den palästinensischen Kindern als das Ressentiment gegen den Judenstaat, das so viele Menschen auf die Straße treibt? Das so wichtige Gefühl des Mitleidens, der Einfühlung und Solidarität mit leidenden Menschen, wird politisch instrumentalisiert. Im Medienkrieg wird aus dem Rohstoff Mitleid scharfe Munition, wird aus dem Gefühl eine perfide Waffe, gegen die es keine Verteidigung geben kann. Selbstverständlich ist Mitleid allein nicht antisemitisch, wohl aber die Strategie, es propagandistisch gegen Israel auszunutzen.

## Antisemitisch aus Sorge um Israel

»Mitleid ist kein Antisemitismus«, stellt auch Theo Sommer in einem Kommentar für *Zeit-Online* fest. Um in keiner Weise auch nur in den Anfangsverdacht zu geraten, einseitig zu sein, was übrigens einem Kommentator allemal erlaubt wäre, spricht Sommer wie alle Israelkritiker erst einmal von »beiden Seiten«. Sein Mitleid gelte beiden Seiten. Auch den Israelis, die im Sommer 2014 vor den immer besseren Raketen der Hamas Schutz suchen müssten, aber die seien schließlich »ein leichtes Opfer für die israelische Abwehr, die 90 Prozent von ihnen vom Himmel holt«. Sollen sich die Israelis also nicht so haben? »Auch sind es keine V1 oder V2, die deutschen Lenkwaffen Wernher von Brauns, die im Zweiten Weltkrieg London verheerten; die wenigen, die es bis zum Einschlag schaffen, richten nur geringen Schaden an.« Da können die Familien in Tel Aviv aber von Glück reden, dass Deutschland den Beschuss nicht wieder selbst in die Hand genommen hat. Und weiter schreibt Sommer: »Bisher haben die Raketensalven der Hamas erst drei israelische Todesopfer gefordert ...« Das wird die Familie des 38-jährigen jungen Zivilisten nicht trösten, der von einer Rakete zerfetzt wurde, als er israelischen Soldaten am Grenzübergang Erez Lebensmittel bringen wollte. Vom vierjährigen Daniel Tregerman, den noch am letzten Tag des Gazakriegs eine Mörsergranate zerfetzte, ganz zu schweigen. Oder den etwa dreißigjährigen Beduinen, den es in der Nähe des Atomreaktors Dimona traf. Vermutlich muss Israel dankbar sein, dass es nicht gleich auch noch den Reaktor erwischte. Ein Aufschrei der Atomkraftgegner übrigens wurde zu diesem delikaten Detail, nämlich einer beinahe ausgelösten atomaren Katastrophe, nicht vermeldet. Dabei verkündete die Hamas, man habe den Reaktor treffen wollen, gezielt und bewusst, ein atomarer Massenmord mit Ansage. Ist der Beschuss eines Atomreaktors kein Kriegsverbrechen, nur weil er danebengegangen ist? Man stelle sich nur einen Augenblick vor, eine Rakete sei auf einem Acker bei Biblis eingeschlagen.

Das Existenzrecht Israels als deutsche Staatsräson sei eine gute Sache, meint der Autor abschließend noch, aber man müsse sich schon Gedanken machen, »ob oder wie weit Israel denn die Zukunft seiner Existenz durch die eigene Politik sichert, erschwert oder gar gefährdet«. Keine Sorge, Herr Sommer, abgesehen davon, dass dies die Grundsatzfrage ist, die sich jedes Land stellen sollte, bestimmen diese Gedanken die tägliche politische Auseinandersetzung in Israel. Heftig wird über die Frage des jüdischen Staatscharakters gestritten, über die soziale Kluft, über den Puddingpreis, über den Umgang mit der arabischen Minderheit, über die Integration der afrikanischen Flüchtlinge und über die Siedlungspolitik und den richtigen Weg zur Lösung des Konflikts mit den Palästinensern. Doch nur die letzten beiden Punkte interessieren die deutsche Öffentlichkeit. Ob dies allerdings die existenzentscheidenden sind, ist zumindest fraglich. Israelische Innenpolitik ist mindestens so kompliziert wie die deutsche. Trotzdem weiß nicht nur Theo Sommer genau, was Israel tun müsste. Wie anmaßend diese Haltung ist, wird spätestens klar, wenn wir uns die Situation umgekehrt vorstellen, wenn also Israel zum Beispiel den Deutschen erklärte, wie sie das Problem der Zuwanderer zu lösen hätten: nämlich alle aufnehmen, vom ersten Tag an Freizügigkeit und Arbeitserlaubnis, intensive soziale und schulische Betreuung der Kinder, Begegnungszentren zur Pflege der Herkunftskultur sowie berufliche Weiterqualifizierung. Alles vernünftige und sympathische Vorschläge, die aber nicht ganz problemlos umzusetzen sind und auf heftige Widerstände stoßen dürften.

Der deutsche Drang aber, dem Judenstaat die Leviten zu lesen, ist umso heftiger, je störrischer sich Israel der deutschen Bevormundung widersetzt. Das hat, fast selbstredend, »nicht das Geringste mit Antisemitismus zu tun«, befreit sich der Autor von einem Vorwurf, den niemand erhoben hat.

Wie Sommer fühlen sich alle, die in Deutschland Kritik an Israel üben, reflexartig aufgerufen, sich in aller Form zunächst einmal dafür zu entschuldigen, dass sie es tun. Man weiß ja, Auschwitz und so. Bei dieser besonders schweren deutschen Vorerkrankung sollte man lieber vorsichtig sein. Aber andererseits wissen wir schließlich am besten, was Kriegsverbrechen sind, wir haben da ein besonderes Näschen und sagen, was Sache ist. Aber ist das antisemitisch, nur weil es gegen Israel geht, den Staat der Juden? Nein, denn Auschwitz war gestern und hat als »jederzeit einsetzbares Einschüchterungsmittel oder Moralkeule oder auch nur Pflichtübung« langsam ausgedient. Geradezu entfesselt brandete damals in der Paulskirche der Applaus für Martin Walser auf. Auschwitz wurde zum Alteisen gepackt. Wer jetzt unerschrocken und frei von dieser historischen Hypothek den Mainstream des Israel-Bashings bedient, kann sich des Beifalls sicher sein und sich als mutigen Querdenker feiern lassen, dafür, dass er ein vermeintliches Tabu bricht. Ungemütlich wird es dagegen für den, der sich öffentlich positiv zu Israel äußert. Da reicht schon eine kleine Israelflagge, die jemand aus seinem Fenster hängt.

Ein Student wollte bei einer Demonstration in Duisburg nach dem Gazakrieg 2008/2009 seine Solidarität mit Israel zeigen und ließ den blauen Davidstern aus seiner Wohnung wehen. Polizeibeamte traten seine Wohnungstür ein, zerrten die Flagge unter dem Grölen der Massen auf der Straße aus dem Fenster und nahmen das provozierende Corpus Delicti gleich mit. Ein Polizeisprecher rechtfertigte diesen Eingriff in die Demonstrationsfreiheit mit »gefahrenabwehrenden Gründen«. Der Student traute sich erst am Abend wieder in seine Wohnung, weil sie von israelfeindlichen Demonstranten belagert wurde, die »Tod Israel« brüllten, »Verrecke« und »Scheißjude«. Israelkritik der robusten Art.

## Israelkritik: ein Tabu, das keins ist

Der Begriff »Israelkritik« ist ohnehin eine singuläre Wortschöpfung für den speziellen Gebrauch. Nicht einmal der deutscheste aller deutschen Wortbewahrer, der Duden, kennt dieses Wort, bietet stattdessen (»meinten Sie?«) aber immerhin »israelkritisch« als Alternative an. Niemand käme auf die Idee, die Annektierung und brutale Unterdrückung Tibets mit dem Wort »Chinakritik« zu belegen. Auch der Duden nicht: Er schlägt stattdessen »Chinarinde« vor. Oder gibt es eine »Syrienkritik«, weil dort eine ganze Bevölkerung abgeschlachtet wird? Der Duden schlägt »Systemkritik« vor und ist damit unfreiwillig sogar beim Kern des Problems angelangt: Es hat nämlich durchaus System, dass es nur im Nahostkonflikt den speziellen Fachbegriff »Israelkritik« gibt. Es ist ein Hinweis darauf, dass es besonders viele Menschen sind, denen es ein großes Anliegen ist, dieses Land als Ganzes zu kritisieren. Nicht um einzelne, konkrete Punkte der Kritik geht es, sondern um das Land an sich. Das ist tatsächlich einmalig. Die Liste der Länder, deren Politik gegenüber der eigenen oder gegenüber der Bevölkerung der Nachbarländer empörend und daher kritikwürdig ist, ist lang, aber in keinem Fall wird dadurch die Grundsatzfrage nach der Berechtigung der Existenz des Staates aufgeworfen. Selbst Deutschland durfte nach dem Ende des Zweiten Weltkriegs sicher davon ausgehen, dass es weiterhin als Staat, wenn auch in veränderten Grenzen, existieren würde. Zu keinem Zeitpunkt gab es eine Deutschlandkritik. Wer das Recht auf »Israelkritik« einfordert, will sagen dürfen, dass es folgenlos erlaubt sein muss, auch öffentlich für die Abschaffung des Judenstaates einzutreten. Ihm reicht es eben nicht, das Recht auf Kritik an der israelischen Siedlungspolitik einzufordern, denn jedem ist klar, dass es dieses Recht selbstverständlich gibt und dass es umfänglich wahrgenommen wird. Den »Israelkritikern« aber geht es nicht um konkrete politische Einzelfragen, nicht um Details, sondern ums Ganze und vor allem um die grundsätzliche Frage der Moral. »Ausgerechnet die Juden«, empören sich die Nachkommen der Täter und werfen den Opfern von gestern vor, ihre Morallektion nicht gelernt haben.

So gehört es zum rhetorischen Standard der Israelkritiker, dass das Land einen »hemmungslosen Vernichtungskrieg« gegen die Palästinenser führe (Ex-Arbeitsminister Norbert Blüm), womit die Israelis folglich mit den Nazis auf einer Stufe stehen. Als besonders verwerflich und völkerrechtswidrig gilt die Besatzungspolitik. Räumt Israel aber, wie Anfang September 2005, den Gazastreifen, dann heißt es: Israel überlässt die Palästinenser ihrem eigenen Schicksal, entzieht sich der Verantwortung. Der *Stern* brachte damals das doppelseitige Foto eines Trümmerfelds, das bis zum Horizont reicht, und den anklagenden Titel: »Ruinöse Hinterlassenschaften«. In der dazugehörigen Textzeile erfährt der Leser: »Nur Trümmer liegen dort, wo einst eine Reihe schmucker Häuser stand«, zerstört von den Planierraupen der israelischen Armee. Was der Leser nicht erfährt: Die palästinensische Autonomiebehörde hatte ausdrücklich auf der völligen Zerstörung der israelischen Siedlungen bestanden, um die darniederliegende heimische Bauwirtschaft mit Neuaufträgen wiederzubeleben. Unerwähnt blieb auch, dass palästinensische Jugendliche eine zurückgelassene Synagoge in der Netzarim-Siedlung begeistert niedergebrannt hatten. Der *Stern*-Leser dagegen hat Israels Politik der »verbrannten Erde« abgespeichert.

Nun gibt es ja gute Gründe, sich über die Besetzung von Territorien anderer Völker zu empören. Auffällig aber ist, dass die Empörung nirgendwo auch nur annähernd so groß ist wie hier. Nehmen wir nur mal zum Vergleich die Saharauis. Nie gehört? Warum eigentlich nicht? Seit über dreißig Jahren leben sie als Flüchtlinge in einem unwirtlichen Grenzgebiet zwischen Algerien, Marokko und der Westsahara. 200 000 Menschen. Eine 2000 Kilometer lange Wallanlage und Landminen versperren ihnen den Zugang zu ihrem Land, ihrer Heimat. Der internationale Gerichtshof hat das Selbstbestimmungsrecht der Saharauis anerkannt, seit 1991 soll es ein von der UNO beschlossenes Referendum geben. Es gibt ein UNO-Mandat zur Überwachung der Grenze, aber nicht zur Einhaltung der Menschenrechte. Etwa 500 Saharauis sind als politische Gefangene in Marokko verschollen. Kein Aufschrei. Warum ist die Welt über Marokko nicht annähernd so empört wie über Israel?

Weil für Israel heute gilt, was für Juden schon immer galt: »Israel steht unter anderen Gesetzen der Beurteilung als andere Völker der Welt; ob wir nun wollen oder nicht – was wir Israelis tun, vollzieht sich auf einer Bühne –, unser Los hat sie gezimmert. Art und Unart anderer Völker wird selbstverständlich hingenommen. Aber alle Welt darf auf Publikumssitzen lümmeln und Israel anstarren (…) und wehe, wenn wir nicht als Halbgötter über die Szene schreiten.« Diese Sätze stammen von Richard Beer-Hofmann, dem großen österreichischen Dramatiker und Lyriker, wobei das Zitat nicht ganz richtig ist, denn er schrieb sie schon 1913, also lange vor der Shoa und lange vor der Staatsgründung Israels. Und da, wo »Israel« steht, steht im Original »Jude«, aber das eine ist so wahr wie das andere.

Die Linguistikprofessorin Monika Schwarz-Friesel von der TU Berlin spricht von »antisemitischen Klischees«, die »im Gewand des Anti-Israelismus« daherkommen. »Man muss nicht einmal das Wort Jude benutzen, um sich bequem und gut geschützt antisemitisch zu artikulieren. Wir erleben tagtäglich sehr scharfe, sehr harsche Kritik an Israel, und wenn sie nicht in die alten Strategien des Antisemitismus verfällt, dann kommt auch niemand, auch nicht aus der Antisemitismusforschung, auf die Idee, dies antisemitisch zu nennen. Aber es gibt eben Menschen, die sich obsessiv auf Israel fixieren.«

Israel wird mit anderen Maßstäben beurteilt als jedes andere Land, so wie es für Juden kein Entrinnen aus dem »magischen Judenkreis« gibt, wie es Ludwig Börne einst nannte. Stets sind die Kriterien der Beurteilung andere, wird mehr und Besseres, eine höhere Moral erwartet, ganz so, als ob Auschwitz kein Vernichtungslager, sondern eine Schule der Menschlichkeit gewesen wäre – für die Opfer. Dass geschlagene Kinder häufiger selbst schlagen als Kinder, die keine Gewalt erfahren haben, ist eine psychologische Binsenweisheit. Oft wirkt sich deshalb die schwere Kindheit eines Gewaltverbrechers strafmindernd auf sein Urteil aus. Auch bei romantisch verklärend »Aufständische« genannten Terrorbewegungen führt die Erfahrung politischer Unterdrückung zu verständnisvollen Abschlägen in der öffentlichen Empörung. Nur bei Israel gelten andere Moralgesetze, andere Maßstäbe – weil es der jüdische Staat ist. Kaltes Urteil und kein einfühlendes Verständnis.

Vielen »Israelkritikern« ist in Wahrheit nicht die Politik des Staates, sondern seine Existenz ein Dorn im Auge. Und so wenig, wie der Jude durch freundliches Verhalten den Antisemiten dazu bringen wird, ihn zu mögen, so wenig wird Israel durch eine andere Politik diese »Kritiker« überzeugen. Die Hamas sagt es in dankenswerter Klarheit. »Free Palestine«, was nichts anderes heißt als: frei von jüdischer Präsenz, und zwar in ganz Palästina. Das aber trauen sich hierzulande nur die wenigsten zu sagen, auch weil nicht viel Fantasie nötig ist sich auszumalen, wie die neuen Herren sich ihrer jüdischen Untertanen entledigen würden, wenn sie die Macht dazu hätten. Ein Blick in die Nachbarländer Syrien und Irak oder auf das Schicksal der »Ungläubigen« im Kalifat des IS reicht dafür vollkommen aus. Oder in die deutsche Geschichte. Schwingen in der Begeisterung für »Free Palestine« vielleicht sogar uneingestandene eigene Vernichtungswünsche mit?

Wer sich der Hamas-Forderung »Free Palestine« anschließt, tritt bewusst oder unbewusst eben nicht für eine gerechte Friedenslösung, nicht für ein selbstbestimmtes, demokratisches Palästina an der Seite des demokratischen Nachbarn Israel ein, sondern für die Vernichtung des Judenstaates. Für diese »Israelkritiker« wird das Land auch dann noch ein »Schurkenstaat« bleiben, wenn alle Siedlungen geräumt sind und Israel zu einem jüdischen Reststaat geschrumpft ist. Fast dankbar scheint daher jede Nachricht über eine Ausweitung der Siedlungen aufgenommen zu werden, weil sie den Hass gegen Israel rationalisiert und legitimiert. Wo diese Siedlungen gebaut werden und aufgrund welcher Rechtsprechung, spielt keine Rolle, so genau kennt man sich da ohnehin nicht aus. Siedlung ist Siedlung, und die sind pfui. Entsprechend heftig ist die Abwehr, wenn dem eigenen Antisemitismus die Tarnkappe »Antizionismus« entzogen wird. Der Wunsch nach »Free Palestine« ist der Wunsch nach der Auslöschung des jüdischen Staates Israel. Und das ist Antisemitismus in reinster Form. Und wie es keinen politischen Maulkorb für »Israelkritiker« gibt, kann es auch keinen für die Analyse dieses Vernichtungswunsches geben. Nicht Weg-, sondern Hinschauen ist nötig, und die Frage, wer Israel moralisch wie in die Pflicht nimmt.

## Der 3-D-Test

Im Frühjahr 2004 fand in Berlin eine Konferenz über Antisemitismus in Europa statt, die unter anderem genau dieser Frage nachging. Gastgeber war der damalige Präsident der Europäischen Kommission Romano Prodi. Ziel war es, neue Strategien zu entwickeln, um dem zunehmenden Antisemitismus in Europa begegnen zu können. Unter den geladenen Gästen war auch der damalige israelische Minister für Diasporafragen Natan Sharansky. Er schlug einen einfachen Test vor, um legitime Israelkritik und antisemitische Kritik besser auseinanderhalten können. Es bedürfe, wie im Kino, einer 3-D-Brille, um zu einem scharfen Bild der Lage zu gelangen. Genau das erwarte er sich von seinem Test mit den drei Ds: Wer Israel dämonisiere, delegitimiere oder doppelte Standards an das Verhalten Israels anlege, der müsse sich nicht mehr fragen, warum er ein Antisemit gescholten wird.

Wer zum Beispiel die Vernichtung der Juden unter den Nazis auf eine Ebene stelle mit der Politik Israels gegenüber den Palästinensern, argumentiere antisemitisch. Nun sind Nazivergleiche ohnehin ebenso dämlich wie beliebt. Es ist die billigste Methode, einen politischen Gegner kaltzustellen. Wer aber Israel mit einem solchen Vergleich überzieht, macht den Judenstaat zum Inbegriff des Bösen und aus den jüdischen Holocaustopfern Täter. Wie schnell das passieren kann, hat 2007 der 82. Bischof von Eichstätt, Gregor Maria Hanke, unter Beweis gestellt. Der Gottesmann verglich die Situation der Palästinenser in Ramallah mit der Situation der Juden im Warschauer Getto. Und das, nachdem er morgens in Yad Vashem Bilder aus dem Warschauer Getto gesehen hatte, also durchaus wusste, was er womit verglich. Ertappt ruderte der Bischof rasch zurück, aber die Fragen blieben: Wie kommt der gute Hirte auf diesen Vergleich? Welche Gefühle haben sich da Bahn gebrochen? Was wollte er mit seinem Vergleich eigentlich sagen? Planen die Israelis die Vernichtung des palästinensischen Volkes? Werden Palästinenser systematisch ermordet? Ist Ramallah ein Getto, in dem die Menschen eingepfercht sind, ausgehungert, wahllos erschossen werden und auf den Abtransport in die Vernichtungslager warten?

Mehr als jeder vierte Deutsche zieht nach einer Umfrage der Friedrich-Ebert-Stiftung von 2014 Parallelen zwischen dem Handeln Israels und dem Handeln der Nazis, fast 40 Prozent stimmten der Aussage zu, dass Israel einen »Vernichtungskrieg« gegen die Palästinenser führt.

Ein weiteres antisemitisches Argumentationsmuster sei es, nach Sharansky, wenn Israel mit einer anderen Elle gemessen wird als andere Staaten. Ein schönes Beispiel dafür sind die denkwürdigen Menschenrechtskonferenzen der Vereinten Nationen, die in böser Regelmäßigkeit Israel die Verletzung der Menschenrechte vorhalten, während Folter und Knechtschaft in China,

Kuba, Syrien oder im Iran ungeschoren davonkommen. Der französische Schriftsteller Pascal Bruckner sprach anlässlich der besonders skandalösen UN-Konferenz in Durban 2001 von einer »Lynchjustiz gegenüber israelischen Organisationen und allen Personen, die man verdächtigte, Jude zu sein«. Israel gehöre vor das internationale Strafgericht in Den Haag, forderten die Teilnehmer, erinnert sich Bruckner, während »antisemitische Karikaturen und Exemplare von *Mein Kampf* und der *Protokolle der Weisen von Zion* herumgereicht wurden«. Unter einem Foto Hitlers hieß es, dass Israel niemals existiert hätte und die Palästinenser ihr Blut nicht hätten vergießen müssen, wenn er siegreich gewesen wäre. Einige israelische Delegierte seien physisch bedroht worden, und man habe ihnen sogar »Tod den Juden« zugerufen.

Dagegen verblasst der Jahrzehnte andauernde doppelte Standard bei der Frage, ob Israels 1930 gegründetes Rettungswesen »Magen David Adom« vom Internationalen Roten Kreuz anerkannt wird, zu einer harmlosen Fußnote der Geschichte. Erst nachdem Israel den roten Davidstern gegen eine politisch neutrale rote Raute auf weißem Grund eingetauscht hatte, durfte es 2006 unter das Dach des IRK. Der rote Halbmond der arabischen und islamischen Ambulanzen oder der Rote Löwe des Iran wurden nie beanstandet.

Es gibt keinen Staat der Welt, bei dem irgendjemand auf die Idee käme, sich über dessen Existenzberechtigung Gedanken zu machen und damit dessen Legitimität in Zweifel zu ziehen. Nur bei Israel wird immer wieder munter und gerne auch öffentlich darüber gestritten. Selbst Überlegungen, eine neue jüdische Heimstatt zu suchen, irgendwo auf der Welt, werden mal ernsthaft, mal scherzhaft angestellt. Die knapp neunzigjährige Grande Dame des amerikanischen Journalismus, Helen Thomas, gab zu ihrem Abschied in den Ruhestand den Israelis noch einen Rat mit auf den Weg. Sie sollten doch nach »Polen, Deutschland, Amerika oder sonst wohin« zurückkehren. Auch der frühere Intendant des SWR, Peter Voß, erlaubte sich als Moderator des ARD-Presseclubs das Gedankenspiel, dass sich Israel »langfristig dort nicht halten kann«. »Ich glaube«, so der Moderator damals wörtlich, »wir werden irgendwann die Israelis wieder in Europa aufnehmen.« Er glaube nicht mehr an eine Änderung der inneren Reifungsprozesse in der arabischen Welt, eine Mentalitätsveränderung, die arabischen Nachbarn seien einfach unbelehrbar und voller Hass. Auch wenn die Ratlosigkeit des Moderators nachvollziehbar ist, käme doch niemand auch nur im Ansatz auf die Idee, ein Land aufzulösen und seine Bevölkerung zu evakuieren, nur weil die Nachbarn weder mit dem Staat noch seinen Bewohnern in Frieden leben können.

Der 1947 von der Völkergemeinschaft beschlossene Staat war ausdrücklich ein Staat, in dem die Juden eine sichere Heimat finden sollten, was seine Nachbarn aber nicht daran hinderte, diesen Staat gleich wieder von der Landkarte putzen zu wollen. Es sei ein Überbleibsel des Kolonialismus und nicht mehr zeitgemäß, behaupten die Israelauflöser gern. Vergleichbare Staaten, die ebenfalls Ergebnis kolonialer Selbstherrlichkeit sind, wie der Irak, wie Syrien oder Jordanien, mit willkürlich gezogenen Grenzen auf der Landkarte, stehen dagegen nicht auf dem Prüfstand.

Antisemitismus ist breiter aufgestellt, als gemeinhin angenommen wird, und beschränkt sich nicht auf die Schändung jüdischer Friedhöfe. Juden als Weltverschwörer, dieses alte antisemitische Stereotyp, hat seine Entsprechung in der Dämonisierung des Judenstaats gefunden. Israel ist an allem schuld. Ein ganzes Volk sitzt auf der Anklagebank. Einem »Deutschlandkritiker« würde es kaum in den Sinn kommen, pauschal »die Deutschen« für das Handeln ihrer Regierung verantwortlich zu machen. Es ist mal die SPD, mal die CDU, mal sind es beide.

Der Antisemitismusforscher Andreas Zick von der Universität Bielefeld hat viele Studien zur Gretchenfrage: »Was hat Israelkritik mit Antisemitismus zu tun?« verfasst. In einer 2004 veröffentlichten Untersuchung (»Antisemitismus in Deutschland«) kommt er zu folgenden Schlüssen: »An einer Kritik einer israelischen Politik ist so lange nichts auszusetzen, solange sie ohne antisemitische Anleihen auskommt. Sie muss sich jedoch mindestens dann dem Vorwurf des Antisemitismus u. E. zu Recht aussetzen, wenn sie das Existenzrecht Israels und sein Recht auf Selbstverteidigung aberkennt, die israelische Politik mit einem doppelten Standard beurteilt, also bestimmte politische Maßnahmen seitens Israels scharf verurteilt, jedoch seitens anderer Länder duldet, historische Vergleiche der israelischen Palästinenserpolitik mit der Judenverfolgung im Dritten Reich bemüht oder antisemitische Stereotype auf den israelischen Staat überträgt. Auf diese Weise wird Israel zum ›kollektiven Juden‹ gemacht und mithilfe klassischer antijüdischer Stereotype abgewertet und isoliert. Umgekehrt muss damit eine Kritik an der Politik Israels, für die Juden insgesamt verantwortlich gemacht werden, als antisemitisch bezeichnet werden.« Dabei unterscheidet Zick zwischen dem ganz »normalen« Antisemitismus, der sich in einer grundsätzlichen Ablehnung des Judentums und in offener Judenfeindschaft ausdrückt, und dem »transformierten« Antisemitismus, der nicht offen, sondern subtil zutage tritt und sich gerne auch am Thema Israel abreagiert. In diese Kategorie gehören auch jene, die den berühmten »Schlussstrich« unter die Gräueltaten der Großväter ziehen möchten, die meinen, irgendwann sei es genug mit der Schande. Weil es also nur selten um eine echte politische Auseinandersetzung mit Israel, sondern um ganz andere, unbewusste Motive, die mit der eigenen Gefühlslage zu tun haben, geht, sind auch nur die wenigsten Israelkritiker durch Argumente zu beirren. Ganz so, wie der Antisemit eben keinen Juden für seinen Antisemitismus braucht, muss der Israelkritiker auch nicht wirklich Bescheid wissen, was dort genau passiert, um sein politisches Urteil zu fällen. Es ist die »großmäulige Besserwisserei der Wenigwisser in Europa«, die schon Wolf Biermann angewidert hat. Sie ist immun gegen Aufklärung und hält jede Nachricht aus Israel, die das Land beschreibt, als wäre es ein x-beliebiger Staat auf der Welt, für eine Falschmeldung oder für Propaganda der israelischen Regierung. Die Medien sind ohnehin in jüdischer Hand, das weiß man ja.

Der Weltkirchenrat hat bei einer Konferenz im Mai 2013 in Beirut ein gutes Beispiel für Besserwisserei abgeliefert: Es sei nicht weiter hinnehmbar, dass Israel Christen und Muslime gleichermaßen diskriminiere und Jerusalem als »besetzte Stadt« halte. Wo war der Weltkirchenrat, als Jordanien den jüdischen Teil der Heiligen Stadt erst plattgewalzt und dann über 19 Jahre besetzt gehalten hat? Wie entschlossen waren die Kirchenmänner, als 2007 die Hamas nach ihrem Putsch in Gaza als Erstes Rami Ajjad, den Besitzer des einzigen christlichen Buchladens in Gaza-City, entführte und anschließend ermordete? Oder christliche Läden und Schulen mit Brandbomben beglückte? Zum Schluss der Erklärung des Weltkirchenrates übrigens, immerhin der Vertreter von 349 christlichen Kirchen, wird es dann richtig verräterisch: Die Kirchenmänner warnen eindringlich vor der »Manipulation der öffentlichen Meinung durch zionistische Lobbys«. Die antisemitische Verschwörungstheorie in Reinform. Sie hätten auch sagen können, dass die Christen in Israel sicherer leben als in allen arabischen Ländern ringsherum. Das jedenfalls weiß der griechisch-orthodoxe Pater Gabriel Naddaf aus Nazareth und hat es vor dem Menschenrechtsrat der Vereinten Nationen in Genf im Herbst 2014 jedem gesagt, der es hören wollte: Im gesamten Nahen Osten seien Christen all ihrer demokratischen Rechte beraubt und Hunderttausende ermordet worden. Nur in Israel, dem »Staat der Juden«, seien sie sicher. Deshalb tritt er dafür ein, dass Christen sich zum israelischen Militär melden sollten. Viele tun das bereits freiwillig, Naddaf will daraus eine Wehrpflicht machen.

Wenn es also diese »jüdischen Lobbys« gibt, die uns Journalisten ständig sagen, was wir schreiben und senden dürfen, warum ist das Bild Israels dann so verheerend? Warum sehen wir in Zeitungen zum Thema Israel bevorzugt Siedler, radikale Orthodoxe mit schwarzen Hüten und langen Zöpfen, schwer bewaffnete und finster dreinblickende Soldaten? Und wie lässt sich erklären, dass die Zahl der Israelgegner seit Jahren wächst und sie problemlos auf der Straße für die Zerstörung Israels werben können? Seit Jahrzehnten zum Beispiel auf dem al-Quds-Tag. Der hat eine lange und üble Tradition, auch in Deutschland. Er gilt als weltweite Demonstration zur Befreiung von Jerusalem, man könnte auch sagen: zur Vertreibung der Juden. Nichts anderes jedenfalls hatte sein berühmter Gründer und sogenannter Revolutionsführer, Ayatollah Ruhollah Chomeini, im Sinn, als er 1979 zum ersten Mal dazu aufgerufen hat und ihm allein in Teheran 3,5 Millionen Menschen gefolgt seien sollen. Seitdem wird weltweit und unerschütterlich zum alsbaldigen Sturm auf Jerusalem geblasen. Es werden israelische Flaggen dem Feuer übergeben und es wird zur »Zerschlagung und Vernichtung des zionistischen Staates« aufgerufen, wenn man so will, eine internationale und dauerhafte Kriegserklärung gegen einen Staat, den die Völkergemeinschaft 1947 beschlossen hat. Selbst der als reformerisch gepriesene neue iranische Präsident Hassan Rohani ließ wissen: »Was die Zionisten in Gaza machen, ist ein unmenschlicher Völkermord, daher muss die islamische Welt heute einheitlich ihren Hass und Widerstand gegen Israel erklären.« In Deutschland finden sich seit 1980 jedes Jahr aufrechte Judenhasser unter dem al-Quds-Banner ein. Gerufen werden sie von dem iranischen Regime nahestehenden Organisationen wie der in Deutschland vertretenen Terrororganisation Hisbollah oder anderer islamistischer Gruppen und Grüppchen.

Dass Menschen durch die Straßen ziehen und »Tod für Israel« skandierten, war lange ein wenig unangenehm für das internationale Ansehen Deutschlands, aber man ließ die Hetzer vorüberziehen, lediglich Auswüchse wurden geahndet. Wie zum Beispiel die palästinensische Familie, die ihrem Kleinkind eine Sprengstoffattrappe um den Bauch gebunden hatte, als würde sie ihr Kind nur zu gerne in den Märtyrertod für die Befreiung Palästinas schicken – da schritten die Behörden ein. Immerhin fanden die oft mager besuchten Demonstrationen schließlich sogar Eingang in die Verfassungsschutzberichte, aber viel Schlimmes konnten die Beamten nicht entdecken. Man achtete peinlich darauf, antisemitische Untertöne zu unterdrücken. So dürfen seit Jahren keine Plakate mit arabischen Parolen mehr gezeigt werden, aber lange war es kein Problem, arabische Hetze verbal zu verbreiten, die deutschen Ordnungshüter verstanden die Sprache nicht. Levi Salomon aber vom Jüdischen Forum für

Demokratie versteht Arabisch, und er weiß, an wen die Aufmärsche gerichtet sind. An Juden wie ihn. Seit Jahren verfolgt er das Treiben derer, die offen das Ende des Staates Israel fordern. Das Ende seines Staates, obwohl er Deutscher ist und in Deutschland lebt.

## »Der Traum, so zu leben wie alle anderen« – Zu Besuch bei Levi Salomon

Vor seinem Büro gibt es keine Polizisten. Sie stehen um die Ecke, auf der Hauptstraße. Sicher ist sicher. Sein Arbeitsplatz befindet sich in einem größeren Gebäudekomplex, in dem verschiedene jüdische Einrichtungen untergebracht sind. Ein großer Raum, ein langer Tisch und ein Blick durch eine große Fensterwand auf die grauen Hausfassaden von Ost-Berlin. Wir besuchen Levi Salomon.

Papiere, die sich auf dem langen Konferenztisch mitten im Raum stapeln, werden zur Seite geschafft, Getränke kommen auf den Tisch. Levi Salomon, der erste Antisemitismusbeauftragte der Jüdischen Gemeinde Berlin, betreibt seit 2008 unter anderem die Internetseite des Jüdischen Forums für Demokratie und gegen Antisemitismus (JFDA). Hier sammelt und verbreitet er Informationen über rassistische, antisemitische und homophobe Vorfälle in Deutschland. »Ich glaube, in Deutschland gibt es keine Einrichtung, die diese Arbeit so wie wir macht. Es gibt sehr viele Institutionen, die machen auch gute Arbeit, aber die sind nicht so schnell wie wir«, sagt Levi Salomon nicht ohne Stolz. Ihre Website schmückt ein Zitat von Theodor W. Adorno: »Antisemitismus ist das Gerücht über die Juden.«

Levi Salomon ist ein zutiefst einsamer Mensch. Als er 1991 aus der Sowjetunion nach Deutschland auswandern konnte, war er voller Hoffnung, heute fühlt er sich verloren und allein. »Ich frage mich jeden Tag: Was mache ich überhaupt hier? Und warum mache ich diese Arbeit hier? Wer braucht das? Jeden Tag sage ich mir: Du Dummkopf, warum machst du das, bist du ein Idiot? Es ist nicht normal, was du machst, aber am nächsten Tag mache ich weiter.«

Salomons Forum ist gut vernetzt mit den zivilgesellschaftlichen und staatlichen Institutionen. Von dort bekommen er und seine Mitstreiter regelmäßig Informationen über antisemitische und rassistische Vorfälle aus der Region, die sie selbst untersuchen und dann bewerten. Bundesweite Vorfälle sammeln sie aus der Presse, die solche Ereignisse unterschiedlich engagiert in ihrer Berichterstattung wahrnimmt. Viele Zwischenfälle kommen gar nicht in die Nachrichten, sagt er. Hilfreich sind ihnen deshalb vor allem auch private Zuschriften. Zum Alltag gehören die klassischen rechtsradikalen Anschläge, wie die Schändung jüdischer Friedhöfe. Die sind immerhin nicht mehr geworden, aber leider auch nicht weniger. Der Bodensatz des deutschen Antisemitismus eben, bei dessen Verdammung sich alle schnell einig sind. Zu schaffen macht Levi Salomon der Hass auf den jüdischen Staat, der Antisemitismus der Mitte und vor allem der muslimische Antisemitismus, der seit Ende der Neunzigerjahre immer stärker geworden sei. Den, so sagt er, spalten die Deutschen gerne von ihren eigenen judenfeindlichen Haltungen ab, als seien muslimische Jugendliche Ausländer und hätten deshalb mit der deutschen Gesellschaft nichts zu tun. Dabei sind sie in der Regel hier geboren, aufgewachsen, zur Schule gegangen, deutsche Muslime mit deutschem Pass.

Levi Salomon hatte einen sowjetischen Pass. Er wurde 1958 in eine jüdische Familie in Baku geboren, aber seine Eltern hatten Angst, ihr Jüdisch-Sein zu zeigen, keine Feiertage außer den großen, kein Shabbat, aber die Brit Mila, die Beschneidung. Wer abends in die Synagoge ging, musste morgens um seinen Job fürchten. Sein Vater, ein Arzt, habe immer nur heimlich über Mittelsmänner an die jüdische Gemeinde gespendet und sei nur in die Synagoge gegangen, wenn es keiner gesehen hat. Levi Salomon wuchs nicht nur jüdisch auf, sondern auch auf der Straße, wo er mit Gleichaltrigen aus vielen unterschiedlichen Nationen spielte, deren Eltern die Goldgräberstimmung in der Boomstadt Baku angezogen hatte. Er lernte so spielerisch mehrere Sprachen, vor allem die Sprachen der muslimischen Nachbarn sind ihm bis heute bestens vertraut: Persisch, Türkisch, Russisch natürlich, Tatarisch und andere, vieles, was heute kaum noch einer spricht. Nur Jiddisch hat er nicht gelernt, weil seine Eltern als Juden nicht auffallen wollten. Auch seinen Namen trägt er erst seit 1998, Levi Salomon, wie sein Rabbiner-Großvater es wollte.

Seine Eltern hatten ihn stattdessen Vadim genannt. Ein Tarnname, den er sich erst in Deutschland abzulegen traute. In seinem sowjetischen Pass stand als Nationalität »jüdisch«. Ein Stempel und ein Makel. 1991 konnte er dann mit seiner kleinen Familie ausreisen, endlich nach Israel. Keiner in seiner Verwandtschaft hätte sich vorstellen können, je in Deutschland zu leben. So hatte er ein Visum und alles für Israel vorbereitet, seine Habe war in einem Container auf dem Weg dorthin. Da warnte ihn ein Freund, der gerade in Israel angekommen war, das Land sei nicht einfach für Einwanderer. Unerträglich heiß, miserable Unterkünfte in Verschlägen, keine Jobs, selbst Professoren würden sich als Straßenfeger durchschlagen. Also doch Deutschland? Levi Salomon kam erst einmal mit einem Gästevisum. Vorsichtshalber. Dann blieb er. War es die richtige Entscheidung? »Eindeutig falsch. Es war der Traum, so zu leben wie alle anderen. Und nur in Israel kannst du das. Hier lebst du als Jude nicht wie jeder andere Mensch, du bist anders hier. Du wirst nicht unterdrückt, aber du bist anders. Deswegen war es falsch aus meiner Sicht, dem Rat meines Freundes zu folgen. In Israel wäre ich ein ganz normaler Bürger gewesen.« In Deutschland aber ist er »der Jude«. Wenn er auf einer Gesellschaft ist und außer dem Gastgeber niemanden kennt, dann geht es so lange gut, bis er seinen Namen nennt: Levi Salomon. »Man redet dann sofort anders mit mir als mit anderen Menschen, dann ändert sich die Sprache sofort.« Natürlich erkenne man an seinem Akzent, dass er nicht aus Berlin stammt, vielleicht ein Russe, aus dem Ostblock. Und solange er nur über Russland redet, ist alles entspannt, selbst in den Tagen der Ukrainekrise sei das so gewesen, aber sobald seine jüdische Identität ins Spiel kommt, kippt die Stimmung. Sie werde nicht aggressiv oder bösartig, nur anders. Er könne es schwer beschreiben, aber es seien die Antennen, die ihn warnen. Wenn er sagt, er sei Russe, sei alles in Ordnung. »Dann kommt ›Jude‹ und ›Israel‹, und dann ist alles völlig anders.« Deshalb sei er in Deutschland lieber Russe als Jude.

Aber Levi Salomon ist Jude. Und deshalb treffen ihn die großen, in den Feuilletons der Meinungsblätter geführten intellektuellen Debatten um Walser, Grass, Augstein anders als Herrn und Frau Mustermann von nebenan. Oder die Beschneidungsdebatte: Diese Auseinandersetzung habe sein Innerstes als Jude getroffen. Noch vor einigen Jahren habe er es, im Unterschied zu Russland, als unproblematisch empfunden, als Jude hier zu leben. Aber jetzt nach zwanzig Jahren in Deutschland ertappe er sich dabei, wie er seinen Kindern rate, nicht unbedingt über ihre jüdischen Wurzeln zu sprechen, sondern sie zu verheimlichen. Er würde sich nicht trauen, auf der Straße eine Kippa zu tragen. Nicht dass ihm konkrete Gefahr drohe, sicher würde ihm nichts passieren, solange er sich in den richtigen Stadtteilen der Stadt bewege. Aber schon dass er darüber nachdenken muss, zeige, dass sich das Klima für Juden verändert habe. Sonnig war es nie, aber jetzt ist es bewölkt bis düster. Das Gespräch stockt. Eine längere Pause.

Am Fenster zur Straße hetzen viele Menschen von der Arbeit nach Hause. Es ist windig und abweisend draußen. Levi Salomon wirkt erschöpft. »Du kannst einen Antisemiten nicht mit Argumenten erreichen. Das wäre naiv.« Aber wie dann? Er zuckt resigniert mit den Schultern. Seine Arbeit wendet sich nicht an Antisemiten. Er will die anderen erreichen, will warnen und dokumentieren, nicht hinnehmen, dass so viele Zwischenfälle unbekannt bleiben. Vielleicht lässt sich so demokratischer Widerstand mobilisieren. Vielleicht bleiben Juden so nicht auf sich allein gestellt. Vielleicht lässt sich die Einsamkeit damit durchbrechen. Hat er nicht jüdische Freunde? »Ja, viele«, sagt Salomon spontan, als würde er sich selbst Mut machen. Und wie viele, auf die er sich verlassen kann? »Nicht viele.«

Wir lassen ihn den Satz »Israel ist für mich …« vollenden: »… meine Heimat. Ja. Meine geistige Heimat auf jeden Fall«, er fühle sich aber zu alt und zu schwach, um noch einmal einen neuen Anfang zu machen, um endlich so zu leben wie jeder andere Mensch auch. Deutschland sei keine Heimat für ihn geworden. »Ich meine damit nicht den Staat, nicht die Politik, sondern die normalen Menschen.«

Menschen zum Beispiel, die im Sommer 2014 auf die Straßen

gegangen sind und von denen er sich in Mithaftung genommen sah für etwas, das 3000 Kilometer Luftlinie von seinem kleinen Büro entfernt passierte.

# »Juden ins Gas« – Deutschland im Sommer 2014

Der Sommer 2014 begann mit einer Schreckensnachricht, deren dramatische Auswirkungen in der deutschen Öffentlichkeit lange nicht erkannt wurden. Drei israelische Jungen im Alter von 16 und 19 Jahren waren Mitte Juni 2014 auf dem Nachhauseweg in der Nähe der Stadt Hebron verschleppt worden. Sie wollten von der Schule nach Hause trampen. Das ist schon in Deutschland eine Art des Nachhausewegs, die Eltern den Angstschweiß auf die Stirn treibt, geschweige denn im Westjordanland. Die Jugendlichen und ihre Eltern wohnten nämlich nicht im sogenannten Kernland Israel, sondern in der Westbank.

## Eine Entführung und drei Morde

Bald kursierten die ersten Bilder der Vermissten Eyal Yifrah (19), Gilad Shaar (16) und Naftali Fraenkel (16), drei nette Jungs von nebenan, im Internet.

In Israel wurden sofort böse Erinnerungen an eine andere Entführung wach, die über fünf Jahre andauerte und das Land bis heute tief traumatisiert hat, die Entführung des damals 19-jährigen Soldaten Gilad Schalit. Er war im Austausch für 1027 in Israel wegen zum Teil schwerster Terrordelikte inhaftierter Palästinenser freigelassen worden. Aus der zunächst nüchternen Nachricht wurde eine mit enormer Sprengkraft, und Kundigen war eines klar: Israel wird alles daransetzen, die Jungen zu finden, tot oder lebendig. Und so geschah es auch. Zunächst konzentrierte sich die Suche nach den Entführten auf den Raum Hebron. Soldaten durchkämmten die Stadt.

Während ganz Israel unter Schock stand, sickerte die Nachricht in Deutschland erst langsam ein. Rasch war die Rede von vier »Religionsschülern«, was immer sich der Leser und Zuschauer darunter auch vorstellen mochte, Priesterseminaristen?, Klosterschüler?, Internatszöglinge?, und je länger die vergebliche Suche andauerte, desto lauter wurden die Fragen in Deutschland: Was haben »Talmud-Schüler« überhaupt im palästinensischen Westjordanland zu suchen? Kurzerhand und konsequenterweise wurden aus den Jugendlichen »Siedler«, als hätten sie ihre Entführung selbst provoziert oder in Kauf genommen. Selbst schuld. Abgesehen davon, dass es nicht die Entscheidung der Jugendlichen, sondern die ihrer Eltern war, ausgerechnet dort wohnen zu wollen, wird wohl kaum jemand das Schicksal der Jungen für eine angemessene Strafe für die Wahl des falschen Wohnortes halten. Dennoch: Empathie mit den Vermissten, mit den um das Leben ihrer Jungen bangenden Eltern, ist eher verhalten. Sie leben auf besetztem Land und zahlen nun den Preis, was sich wenige Tage später bewahrheiten sollte, denn die drei hatten ihren Leichtsinn zu trampen mit dem Tod bezahlt. Statt nun die Entführung und den dreifachen Mord zu skandalisieren, gerieten die israelische Innenpolitik und der Umgang mit diesem Verbrechen ins Zentrum der publizistischen Behandlung. Die Empörung beispielsweise darüber, dass sich Israels Ministerpräsident Benjamin Netanjahu erdreistete, sofort die Hamas als Drahtzieher des Verbrechens zu benennen, schlug hohe Wellen. Zwar gab es in der Tat zunächst weder ein Bekennerschreiben noch eine Lösegeldforderung, weshalb sich Netanjahus Anschuldigungen auf eher dünnem Eis zu bewegen schienen. Vielleicht aber wusste der israelische Geheimdienst mehr, als in die Öffentlichkeit gelangte, vielleicht vermutete der Premier auch einfach nur richtig, dass die Hamas verantwortlich war. Jedenfalls startete das israelische Militär unverzüglich eine große Suche, die sofort als völlig überzogen angeprangert wurde. Die Bilder von verängstigten palästinensischen Familien, weinenden Kindern, zeternden Frauen und bis an die Zähne bewaffneten israelischen Soldaten trugen nicht dazu bei, Mitleid mit den Entführten und den um sie bangenden Israelis zu empfinden. Dass man aber, um dreifaches Leben zu retten, nicht den Klingelknopf drückt und höflich abwartet, bis jemand aufmacht, war dem deutschen Publikum nur schwer zu vermitteln. Zu einleuchtend klang der politische Schluss, die rechte Regierung Netanjahu nutze die Entführung nur als Vorwand, um bei der Gelegenheit unliebsame palästinensische Kämpfer zu verhaften. Tatsächlich wurden sechs Palästinenser getötet, es gab über 300 Festnahmen, darunter auch 51, die im Austausch für den Soldaten Gilad Schalit freigepresst worden waren.

Politisch willkommen aber war der israelischen Regierung die Eskalation ausgerechnet im Westjordanland eher nicht. Der palästinensische Präsident Mahmud Abbas versprach, bei der Suche nach den Verbrechern mitzuhelfen, und seine Fatah setzte die Polizei auch in Marsch, doch die Jugendlichen blieben zunächst verschwunden. Begierig wurden die Unschuldsbekundungen der Hamas aufgesogen und für bare Münze genommen. Und je eifriger und länger alle suchten, umso schlüssiger schien die These vom Kriegstreiber Netanjahu, der nur einen Vorwand brauchte, um eine neue Schlacht gegen die Palästinenser vom Zaun zu brechen. Es fehlte nicht viel und man hätte den Israelis unterstellt, sie hätten die Entführung selbst inszeniert. Dabei sei Netanjahu bei einer Kabinettssitzung selbst dann noch dafür eingetreten, »moderat« vorzugehen, als klar war, dass die Jugendlichen ermordet worden waren, berichten Beobachter der linken israelischen Tageszeitung *Haaretz*. Das hatte einen simplen Grund: Die Regierung wollte mit allzu drastischen Razzien nicht ausgerechnet den Rivalen der Hamas, die im Westjordanland regierende Fatah, schwächen. Doch für solche Feinheiten war längst kein Platz mehr im groben Wahrnehmungsraster der allgemeinen deutschen und internationalen Empörung. Auf der Anklagebank saßen längst andere.

Der israelische Botschafter in Deutschland, Yakov Hadas-Handelsman, zum Beispiel, der sich schon kurz nach der Entführung in einem Interview im Deutschlandfunk für die militärische Suche rechtfertigen musste. Nicht die Vertretung der Palästinenser in Deutschland oder ein Sprecher der mutmaßlichen Entführer von der Hamas wurden von Moderator Dirk Müller inquisitorisch befragt, sondern der Vertreter der Opfer. Der

Botschafter versuchte dem aufgebrachten Journalisten zu erklären, dass die Mittel, die Israel einsetze, kein Selbstzweck seien,
sondern notwendige Mittel, um die Jugendlichen aus den Händen ihrer Entführer zu befreien. »Das ist Gewalt«, bescheinigte
ihm der Interviewer. Was er denn von Israel erwarte, wollte der
Botschafter wissen, »dass wir sitzen und warten, dass sie unsere Kinder entführen, dass sie uns töten, dass sie unsere Staats-
bürger um Mitternacht mit Raketen angreifen, nur weil sie dort
wohnen?« Nun hätte Herr Müller kurz einräumen können, dass
er sich auch in die Gefühle der Eltern versetzen könne oder dass
auch Deutschland vermutlich einen seit einem Jahrzehnt andauernden Raketenbeschuss nicht gelassen hinnehmen würde, dass
auch die Bundesregierung nicht so hartherzig wäre, gekidnappte
Jugendliche ihrem Schicksal zu überlassen, aber Herr Müller
vertut seine Chance und fährt dem Botschafter über den Mund:
»Herr Hadas-Handelsman, meine Aufgabe ist hier, Sie zu fragen.
Sie antworten.« Sehr schneidig, der Kollege.

Keine zwei Wochen später finden Schüler die Jungen ver-
scharrt unter einem Steinhaufen in einem Gebüsch auf einem
Feld in der Nähe von Hebron. Die Leichen waren nach ihrer Ermordung verbrannt worden, eine besonders perfide Tat, wenn
man weiß, dass für Juden eine Verbrennung ihrer Toten eine
schwere Sünde ist. Die Täter dürften das gewusst haben. Aber
wer waren die Täter?

Die Entführung war offenbar von langer Hand geplant. Zu
diesem Schluss jedenfalls kommt ein FBI-Beamter, der die Auf-
zeichnung des Hilferufs eines der gekidnappten Teenager untersuchte. »Ich wurde entführt«, flüstert der Junge völlig verängstigt
in sein Handy. Auf Hebräisch mit starkem arabischem Zungenschlag brüllt jemand dazwischen: »Kopf runter.« Schüsse fallen.
Dann der Jubel der Mörder. »Drei«, sagt einer auf Arabisch, »wir
haben drei erwischt.« Dann lachen sie. Diese erschütternde Se-
quenz wird mehrfach im israelischen Fernsehen ausgestrahlt.

Man hatte das FBI eingeschaltet, weil einer der Jugendlichen
nicht nur einen israelischen, sondern auch einen amerikanischen Pass besessen hatte. Die Analyse des FBI ergab, dass die

von den Kidnappern verwendeten Pistolen mit Schalldämpfern ausgerüstet waren und dass insgesamt zehn Schüsse auf die im Auto der Entführer sitzenden Jugendlichen abgefeuert wurden. Die Entführung und Ermordung der Jugendlichen war also kein Zufallsverbrechen, sondern ein kalkulierter Mord durch drei Palästinenser, die, wie sich bald herausstellte, tatsächlich enge Kontakte zur Hamas hatten. Zwei Tatverdächtige werden identifiziert, aber zunächst nicht gefasst. Einer von ihnen heißt Marwan Qawasmeh, 29, ein Friseur und Student der Islamwissenschaften. Er gehört zur berüchtigten Familie Qawasmeh aus Hebron, den Statthaltern der Hamas im Westjordanland. Der traditionsreiche Clan ist stolz auf die 17 Familienmitglieder, die sich als Attentäter in die Luft gesprengt und dabei schon 120 Israelis ermordet haben. Marwan Qawasmeh verlängert die Familiengalerie der Märtyrer. Gemeinsam mit dem zweiten Tatverdächtigen, dem 32-jährigen Amer Abu Aisheh, starb er bei einem Schusswechsel mit israelischen Soldaten, als sie versuchten, sich der Festnahme zu entziehen. Und auch der dritte Tatverdächtige, Hassam, Marwans Bruder, gehört zur Familie Qawasmeh. Er wird verhaftet und gesteht, dass er aus Gaza für die Morde bezahlt worden war.

Doch selbst der Täternachweis führt zu keinem Meinungsumschwung, sondern zu einer bizarren Verständnisallianz mit der Hamas. Israels Politik habe die Hamasführung so gefährlich geschwächt, argumentieren sie, dass die Hamas offenbar nicht mehr alle Kämpfer unter Kontrolle habe. Wenn es jetzt schlimmer komme, wenn sich jetzt radikalisierte Islamisten rächten, wenn fortan die umherschweifenden Terroristen des »Islamischer Staat« (IS) den Ton angeben sollten, dann liegt die Verantwortung dafür bei der Regierung in Jerusalem. Die arme Hamas, sie kann nicht anders. Auch deren Raketenbeschuss hat sich Israel selbst eingebrockt, weil die Hamas der eigenen Bevölkerung zeigen muss, »dass sie da ist und dass sie sich nicht alles gefallen lässt«, weiß Michael Lüders zum Beispiel, gefragter Nahostexperte in allen Medien. Und es könnte sogar noch schlimmer kommen, wenn Israel sich weiter wehrt. »Wenn Menschen in Gaza, die nichts mehr zu verlieren haben, zum Schluss kommen, dass die Hamas ihre Probleme nicht löst, könnten sie auf ISIS setzen. Die ISIS-Extremisten profitieren von der aktuellen Eskalation in Gaza.« Hätte Israel also lieber stillgehalten?

Einen Tag nachdem die verbrannten Leichen der israelischen Jungen gefunden wurden, passiert ein grauenvoller Rachemord. Der 16-jährige Palästinenser Mohammed Abu Chedeir war auf dem Weg zur Moschee abgefangen, übel zugerichtet und anschließend vermutlich bei lebendigem Leibe verbrannt worden. Eine bestialische Tat von bestialischen Tätern, die sich für ihre blinde Rache irgendein Zufallsopfer ausgesucht hatten. Die israelische Polizei braucht wenige Tage, um die Mörder ausfindig zu machen, Mitglieder einer ultrarechten jüdischen Terrorzelle, die die Tat, wie in Israel üblich, vor Polizisten nachstellen mussten und sich zu der Ermordung und Verbrennung des unschuldigen Jungen bekannten. Ihr Tatmotiv: blinder Hass auf Araber und Rache für den Mord an den israelischen Teenagern. Das Entsetzen in Israel ist groß. Premierminister Netanjahu ruft den Vater des Jungen an und drückt sein Beileid aus, er sei, wie die Bürger Israels, »tief erschüttert von dem abscheulichen Mord«. Eine »verabscheuenswürdige« Tat, die »von keinem menschlichen Wesen akzeptiert werden« kann, beteuert Netanjahu und versucht, die Wogen zu glätten. *Haaretz* und *Yedioth Ahronoth* veröffentlichen jeweils auf der Titelseite ein Foto des ermordeten Jungen. *Al-Hayat al-Jadid*, die offizielle Tageszeitung der Palästinensischen Autonomiebehörde, dagegen zeigt an diesem Tag eine Karikatur: Einem orthodoxen Juden fließt der Speichel aus dem Mund voller Begierde, ein hilfloses Baby zu verschlingen, während ein israelischer Soldat ihm teilnahmslos den Rücken zukehrt.

Im Wettlauf um die öffentliche Wahrnehmung liegt schon bald der 16-jährige Palästinenserjunge ganz vorne. Die Ermordung der israelischen Jugendlichen durch die Hamas dagegen und die Empörung in Israel darüber ist rasch aus den Schlagzeilen. Als ein Palästinenser Ende Oktober 2014 in Jerusalem mit seinem Auto in eine Menschenmenge rast, die harmlos auf die Straßenbahn wartet, und dabei Chaya Zissel Braun, ein Baby von drei Monaten, und Karen Mosquera, eine 22-Jährige aus Ecuador, tötet, wird dieser Anschlag in einem Artikel der *Frankfurter Rundschau* als Antwort auf die drei Monate zurückliegende Ermordung des Palästinenserjungen gewertet, ohne dass konkrete Hinweise auf diese Vermutung benannt werden. »Seitdem der 16-jährige Mohammed Abu Chedeir entführt, misshandelt und angezündet wurde, herrscht Hochspannung in der ›Heiligen Stadt‹«, erfährt der Leser. Dass dieser Mord zweifelsfrei ein Racheakt für die Ermordung der drei israelischen Jugendlichen war, wird den Lesern nicht in Erinnerung gerufen. Auslöser der »Hochspannung« ist jetzt die israelische Mordtat, nicht die Entführung und Ermordung durch Palästinenser. Ursache und Wirkung werden umgedreht. Die drei Siedlerkinder sind Geschichte und komplett vergessen. Doch selbst die jüdischen Opfer des aktuellen Anschlags stehen nicht im Fokus des Artikels. Ein Baby und eine junge Frau sind getötet worden. Doch nicht ihre Angehörigen kommen zu Wort, sondern der Vater von Mohammed Abu Chedeir. Klar, was liegt näher, als an diesem Tag unversöhnliche palästinensische Töne einzusammeln. Die Mörder seines Jungen sind gefasst, sie stehen bereits vor Gericht, aber es geht ihm offenbar nicht schnell genug. »Der Mord an meinem Sohn ist ein Bruch, der ein Zusammenleben unmöglich gemacht hat.« Folgt daraus, dass der Anschlag auf harmlose Tramfahrgäste gerechtfertigt ist? »Die Lage wird weiter eskalieren«, warnt der Vater. Man wird sich also auf einiges gefasst machen dürfen, ist das Fazit des Artikels. Aber wenn schon der unterstellte Zusammenhang zu den drei Monate zurückliegenden Ereignissen beleuchtet werden sollte, dann hätte die Bluttat an den Siedlerkindern, die immerhin zum Ausbruch des Gazakrieges beigetragen hat, zwingend erwähnt werden müssen, und auch ihre Eltern hätten befragt werden müssen. Jedenfalls dann, wenn es um eine objektive Analyse der Situation gegangen wäre und nicht um einseitige Stimmungsmache. Von den »Siedlerkindern« wohnte übrigens nur eines in einer Siedlung. Nachträglich wird so die Vorgeschichte des Gazakrieges verzerrt.

# Der 50-Tage-Krieg

Am 8. Juli 2014, sieben Tage nach der Ermordung der drei Siedlerjungen und nach dramatisch verstärktem Raketenbeschuss aus Gaza, schlägt Israel zurück. Der neue Gazakrieg nimmt seinen Lauf, mit den aus früheren Kriegen bekannten, aber immer wieder erschütternden Folgen: Zivilisten sterben, »wehrlose« natürlich, wie stets hinzugefügt wird. Als ob es bewaffnete Zivilisten geben könnte. Und als ob die, die die Hamas mit ihren Raketen auf Ashkelon, Ashdod, Tel Aviv oder in Beer Sheva im Visier hat, keine wehrlosen Zivilisten seien. Diese Zivilisten aber haben einen kleinen »Nachteil«, der dafür sorgt, dass sie nicht ins Rampenlicht kommen: Nur wenige werden getötet, die meisten »nur« verletzt oder traumatisiert. Wer will daraus eine Schlagzeile machen? Todesangst zerrt zwar an den Nerven, zermürbt, macht krank, aber sie ergibt keine Bilder. Flugabwehrstellungen an den Stränden südlich von Tel Aviv, die, wäre es nach dem grünen Pazifisten Christian Ströbele gegangen, dort nicht stünden, sind keine eindrucksvollen Bilder. Und auch die schmucklosen Betonkästen in Sderot sind keine Zierde. Tote dagegen machen etwas her. Israel sorgt für seine Bürger, die Hamas für ihre Bilder. Die israelischen Zivilisten, die nur um ihr Leben rennen, zählen nicht bei der täglich einsetzenden Opferzählung, die insbesondere vonseiten der Hamas in die Notizblöcke aufgebrachter Journalisten diktiert wird. Mit verheerender Wirkung, denn die Bombardements der israelischen Luftwaffe treffen Zivilisten, obwohl vor jedem neuen Angriff genau diese mit Flugblättern gewarnt und aufgefordert werden, ihre Häuser lieber zu verlassen. Ein hoher US-General bestätigte Israel später ausdrücklich, es habe »außergewöhnliche Anstrengungen« unternommen, die Zivilbevölkerung zu schonen. Viele fliehen, zu viele aber bleiben in ihren Häusern, weil sie nicht wissen, wohin sie fliehen sollen, weil sie ihr Zuhause schützen wollen oder weil sie den Anordnungen der Hamas Folge leisten, als menschliche Schutzschilde den Kampf gegen Israel zu unterstützen. Eine Taktik, die in einem später von der israelischen Armee gefundenen Handbuch der Hamas beschrieben ist: die bewusste Verlagerung des Schlachtfeldes in die Städte. Das zwinge Israel, »den Gebrauch der Waffen und Taktiken einzuschränken, die zu unnötigen Verlusten oder Schäden ziviler Einrichtungen führen könnten. Sie haben es deswegen schwer, den maximalen Nutzen aus ihren Waffen zu ziehen.« Auch die libanesische Terrororganisation Hisbollah beherrschte diesen militärischen Trick bestens: Eine israelische 500-Kilo-Bombe hatte während des Libanonkrieges am 25. Juli 2006 im Grenzgebiet zwischen Syrien, dem Libanon und Israel vier neutrale UN-Beobachter in ihrem Posten zerfetzt. Der damalige UN-Generalsekretär Kofi Annan beschuldigte umgehend Israel dieses »offenbar absichtlichen und koordinierten Angriffs« auf den UN-Stützpunkt. Dabei hätte Annan es besser wissen müssen, denn nur sieben Tage vor seinem Tod schrieb einer der UN-Soldaten eine verzweifelte Mail an das UN-Hauptquartier in New York, die Hisbollah würde Stellungen um den UN-Stützpunkt aufbauen und von dort Raketen abfeuern. »Sie benutzen uns als menschliche Schutzschilde, um die israelische Armee und israelisches Territorium angreifen zu können«, hieß es wörtlich. Aber niemand rührte sich, die UN überließ die Blauhelme ihrem Schicksal und opferte sie so zum Wohle der Hisbollahpropaganda.

## Mit der Hamas durch Berlin

Der neue Gazakrieg ist fünfzig Tage in den Schlagzeilen. Und mit den immer blutigeren Bildern von sterbenden Kindern und wehklagenden Frauen, die auf den Trümmern ihrer Häuser sitzen, steigt der Hasspegel gegen Israel und gegen die Juden in Europa. Auch in der deutschen Öffentlichkeit gibt es bald kein Halten mehr. Bundesweit gehen die Menschen für den Frieden in Nahost auf die Straßen. Aber nicht der Hamas und ihren militärischen Ablegern gilt der Zorn der Aufgebrachten, sondern allein Israel.

Die zunächst friedlichen Friedensdemonstrationen enden gänzlich unfriedlich. Es kommt zu Übergriffen auf Unbeteiligte, nur weil sie durch eine Kippa als Juden zu erkennen sind. Es gibt Schmierereien an Synagogen und Sprechchöre wie »Jude, Jude, feiges Schwein, komm heraus und kämpf allein«, was nicht wie ein Aufruf zu einem Lynchmord klingt, sondern einer ist. Plötzlich kommen die alten Bilder wieder hoch: brennende Synagogen, gejagte Menschen, der hetzende Mob. Plötzlich wird sichtbar, wie tief der Antisemitismus sitzt und wie schnell er abrufbar ist und nach oben drängt. Der Firnis der Scham ist dünn. Der Hass auf Juden feiert fröhliche Urstände in Deutschlands Großstädten. Über Facebook organisierte Spontandemonstrationen ziehen durch Bochum und Gelsenkirchen und brüllen unter anderem »Hamas, Hamas, Juden ins Gas«. Und in Essen marschiert ein Mob mit bis zu einhundert Teilnehmern in der Nacht des Shabbat zur Alten Synagoge, wo Parolen wie »Kindermörder Israel« und »Polizisten schützen Zionisten« gegrölt werden. Die Essener Synagoge ist kein sakraler Bau mehr, sondern eine städtische Einrichtung für jüdische Kultur. Es geht den Demonstranten darum, Zeichen zu setzen, und da ist eine Synagoge, die einst von den Nazis in Brand gesetzt wurde, ein idealer Ort für die Botschaft der Antizionisten. In Köln rufen Linke zu einer Friedenskundgebung auf und zeigen sehr unfriedliche Transparente: »Israel trinkt das Blut unserer Kinder aus den Gläsern der UN« oder »Entfernt den Tumor ›Israel‹«. Selbst das eigentliche Friedensziel wird klar benannt, die Auslöschung des Staates Israel: »From the river to the sea – Palestine will be free!« Von der »Zwei-Staaten-Lösung« ist nirgendwo mehr die Rede. Doppelzüngigkeit jedenfalls kann man diesen Friedensdemonstranten nicht vorwerfen. Während weltweit aufgewühlte Menschen für ein Ende des Krieges demonstrieren, werden gleichzeitig Hunderte unschuldiger Menschen durch die islamistische Terrormiliz IS massakriert. Doch weder die Jesiden, die vor ihren Schlächtern in die Berge fliehen, noch die anderen Opfer des IS können auch nur ansatzweise mit einer solchen Solidaritätswelle rechnen wie die Palästinenser in Gaza. Stattdessen sollen bei einer Kundgebung der Palästinafreunde in Bonn Kinder mit Fahnen der IS gesehen worden sein.

Immerhin, auf dem Frankfurter Römerberg werden sich am 1. September 2014 Demonstranten versammeln, um gegen den Terror der Hamas und den des Islamischen Staates zu protestieren und ihre Solidarität mit Israel und mit den Jesiden zu bekunden. Kurdische und israelische Fahnen werden einträchtig nebeneinander wehen. Knapp zwei Monate zuvor waren andere Parolen zu hören, laut und deutlich. Die Frankfurter Polizei hatte bereitwillig ihr Dienstmegafon überlassen, damit sich die Demonstranten mit ihrem Schlachtruf »Kindermörder Israel« ausreichend Gehör verschaffen konnten. Den gleichen Service bot auch die Polizei in Hagen kostenlos an. Weil die Demonstranten ihr eigenes Sprachrohr daheim vergessen hatten, bekamen sie die Polizeitüte. Kein Problem, meinte später der Hagener Polizeipräsident Frank Richter in einem WDR-Interview, die Parole »Kindermörder Israel« hätte gerufen werden dürfen. Man habe so zur Entspannung der Lage beigetragen. »Hagen ist eine Stadt mit einem großen Migrantenanteil, sodass solche Demonstrationen auch aus dem Ruder laufen können.« Nur die Muslime nicht erzürnen, sie könnten es übel nehmen. »Wir sind mit dem Verlauf der Veranstaltung zufrieden«, stellte der Polizeipräsident am Ende erleichtert fest. Das mag auch daran gelegen haben, dass der Polizei Plakate mit »Früher Hitler, heute Israel« als nicht besonders störend aufgefallen waren.

»Jude, Jude, feiges Schwein, komm heraus und kämpf allein!«, »Palästina bis zum Sieg« oder auch »Intifada bis zum Sieg!«, dröhnte es etwa durch Berlin. Auch da waren die Ordnungshüter zunächst nicht gerade sprungbereit. Das politische Deutschland war kurzzeitig wie gelähmt, befand sich in einer Art Schockstarre. Konnte das alles wahr sein, was sich da vor aller Augen abspielte? Da waren sie plötzlich wieder, der Juden hassende Mob und Menschen, die sich fürchteten, mit einer Kippa oder einem kleinen Davidstern um den Hals das Haus zu verlassen. Die Übergriffe auf deutsche Juden häuften sich. Teilnehmer berichteten von bürgerkriegsähnlichen Situationen bei einer Demonstration in Essen. »Ich habe bei keiner politischen Veranstaltung so viel Angst gehabt wie auf dieser«, sagt Jan Dieren, Vorsitzender der

Jusos im Kreis Wesel und einer der Organisatoren einer pro-israelischen Gegendemonstration, einer von wenigen. Als die Situation zu eskalieren drohte, forderte die Polizei schließlich Linienbusse an und ließ die Gegendemonstranten nach Mülheim bringen. Ausnahmezustand auf deutschen Straßen, entfesselter Judenhass.

Erst Mitte Juli findet die Politik langsam die Sprache wieder und ist anschließend umso aufgebrachter, bemüht die langen Schatten der Reichspogromnacht und fordert entschiedenen Widerstand gegen diesen neuen Hass, der alle offenbar überrascht hat. Währenddessen wird 3000 Kilometer entfernt immer heftiger gekämpft. Die Bomben auf Gaza und die Bodentruppen, die vorrücken, um die Terrortunnel und die Raketenabschussrampen zu zerstören, hinterlassen eine Spur der Verwüstung, viele Tote und schreckliche Bilder, die Israel mit jedem Tag, den der Krieg dauert, stärker treffen. Der Raketenbeschuss durch die Hamas aber geht unvermindert weiter, was vielen Lesern, Kommentatoren und Demonstranten zumindest insgeheim Bewunderung für den heroischen Widerstand abnötigt. Wie es sich für die ins Visier genommenen Bürger in Israel anfühlt, beschreibt Sarah Stricker in ihrem bemerkenswerten Kriegstagebuch in der *Jüdischen Allgemeinen* und der *Süddeutschen Zeitung*. Sie kümmert sich zum Beispiel um Gabi, eine neunzigjährige Holocaustüberlebende in Tel Aviv. Sie besucht sie jede Woche, ruft sie regelmäßig an und fragt, ob sie auch in den Schutzraum gegangen sei. »Schätzchen«, sagt sie, »wie soll ich denn bitte da mit meiner Hüfte hinkommen? In anderthalb Minuten schaffe ich's nicht mal aus dem Sessel.« Dann werde sie eben kommen und ihr helfen, meint Sarah Stricker. Gabi: »Nichts da! Glaubst du, ich will eine Deutsche auf dem Gewissen haben? Nein, nein, wenn ich mal vor unseren Schöpfer trete und er über Gut und Böse entscheidet, möchte ich, dass die Schuldverhältnisse eindeutig sind.« Dass die Menschen in Israel von einer Sekunde zur nächsten in ihre Schutzräume flüchten müssen, wird zwischen Spree und Isar achselzuckend zur Kenntnis genommen. Eine Leserin von Sarah Strickers Blog ist empört: »Wieso lebst Du in Israel? Warum nicht in Gaza? Weißt Du, wie Dein Text klingt? Als würden die Israelis angegriffen.« Ein anderer schreibt: »Du Judenschlampe! Was fällt Dir ein, so was zu schreiben! Ich hoffe, Du entspannst Dich schön beim Yoga, während Israel kleine Kinder lyncht. Geh doch ins Gas!« Ein Schuft, der behauptet, wer Israel kritisiere, sei ein Judenhasser. So deutlich wie hier wird die sonst so gern geleugnete Verbindung zwischen Israelfeindschaft und eliminatorischem Judenhass selten formuliert.

Nur wenige fragen, warum es eigentlich keine Bunker für die Menschen in Gaza gibt. An der israelischen Blockadepolitik, die angeblich verhindert, dass Beton geliefert wird, kann es jedenfalls nicht liegen, wie spätestens mit den Bildern der entdeckten Tunnelanlagen immer klarer wird. Die Wahrheit ist schlicht und hässlich. Das Material für zivile Schutzräume wurde in diese unterirdischen Gänge gesteckt. Schockstarre in Israel, Schulterzucken in Deutschland. Ebenso wenig, wie der Tod von 160 Kindern beim Bau dieser Tunnel größere Erwähnung findet. Immerhin, erste Berichte über Raketen, die aus Schulen, Moscheen, UN-Einrichtungen, Wohnhäusern und Krankenhäusern abgefeuert werden, dämpfen die Zustimmung für den Freiheitskampf der Palästinenser kurzzeitig. Das israelische Militär (IDF) gibt allein für den Zeitraum vom 8. Juli bis 5. August 2014 folgende Zahlen an: 260 Raketen wurden von Schulen abgefeuert, 127 von Friedhöfen, 160 von Moscheen und anderen religiösen Einrichtungen, 50 von Krankenhäusern sowie 597 von sonstigen zivilen Einrichtungen, wo Menschen wohnen, lernen und arbeiten. Insgesamt wurden in dieser Zeit 3360 Raketen auf Israel gefeuert, 2303 schlugen ein, 115 davon in Wohngebieten. 3,5 Millionen israelische Zivilisten waren in Gefahr.

Das klare Bild trübt sich ein bisschen ein und mit ihm die Bereitschaft, die Bilder überhaupt noch an sich heranzulassen. Im ARD-Deutschlandtrend Anfang August glauben 64 Prozent der Befragten, dass beide Konfliktparteien für diesen Krieg verantwortlich sind. Israel allerdings ein bisschen mehr (15 Prozent) als die Hamas (14 Prozent). Die überwiegende Mehrheit (69 Prozent) will aber, dass sich Deutschland raushält. Die »Ohne Michel«-Kampagne der Fünfzigerjahre gegen die Wiederbewaffnung des Landes lässt herzlich grüßen und macht klar, welchen Schutz es Israel im Ernstfall bietet, dass Deutschland die Sicherheit des Judenstaates offiziell zur Staatsräson erhoben hat. Das Ergebnis dieses politischen Stresstests fürchtet nicht nur die Kanzlerin.

Ernst wird es erst, als eine Rakete der Hamas nahe des internationalen Flughafens von Tel Aviv einschlägt, die Fluglinien »Israel – Nein danke« sagen und sich nicht mehr in die Krisenregion trauen. Plötzlich kommt der Krieg auf die Anzeigentafeln im Terminal 1 in Frankfurt am Main. Das führt allerdings immer noch nicht dazu, das zynische Kalkül der Hamas zu benennen und zu verurteilen. Weder offiziell noch auf der Straße. So kann die Hamas weiter ungeniert die Deckung der Bevölkerung suchen, während ihre Anführer sich in der Bunkerzentrale unter dem Al-Shifa-Krankenhaus verstecken. Israel kennt die Bunker: In den Achtzigerjahren hat man sie bei einer Grundsanierung des Krankenhauses selbst eingerichtet. Die Palästinenser verlassen sich darauf, dass dieses Ziel für die israelischen Bomber tabu sein wird. Wenige Monate später wendet die Terrorarmee des IS die gleiche Strategie im Kampf um die Stadt Kobane in Syrien an. Die Luftangriffe der Amerikaner zur Unterstützung der verteidigenden Kurden werden ebenfalls Zivilisten töten, weil es aus der terroristischen Logik des asymmetrischen Krieges eben kein Entrinnen gibt. Die Empörung aber wird ausbleiben, die Opfer nicht gezählt werden. Der entscheidende Unterschied bei der öffentlichen Reaktion? Die Hamas kämpft gegen Israel. Das legitimiert in den Augen von Millionen Menschen jedes Mittel.

## Die Explosion des Judenhasses

Die Israelhasser sind gut vernetzt. Sie sind in den arabischen Ländern ebenso präsent wie im Westen und erfreuen sich auch intellektuellen Zulaufs. So meldet sich etwa der italienische Philosoph Gianni Vattimo zu Wort. Zwar ist die italienische Radiosendung »La Zanzara« – die »Mücke«, bei der Vattimo zu Gast ist, nur Fachleuten der italienischen Medienwelt vertraut, aber das ändert sich jetzt. Der Philosoph, der für kurze Zeit Abgeordneter des Europaparlaments war, wird plötzlich auch in Deutschland in sozialen Netzwerken gefeiert. Europa solle Gelder sammeln, damit die Hamas endlich »bessere Raketen« bekomme. »Ich würde die zionistischen Bastarde am liebsten erschießen«, spricht der Philosoph, der sich selbst als »gewaltlose Person« bezeichnet. Schade nur, dass er selbst einst vom Militärdienst befreit und daher kein guter Schütze sei, fügt er bedauernd an. Und in guter linker Tradition fordert er internationale europäische Brigaden wie einst die Freiwilligen im Spanischen Bürgerkrieg, um die Hamas in ihrem gerechten Kampf gegen das Übel Israel zu unterstützen. Israel sei »noch ein wenig schlimmer als die Nazis«. Dass Vattimo in den Achtzigerjahren Mitbegründer des »schwachen Denkens« (»il peniero debole«), einer philosophischen Strömung in der italienischen Philosophie, war, freut nur die Spötter, aber dass er 2002 den »Hannah-Arendt-Preis« für politisches Denken erhalten hatte, macht sprachlos. Ralf Fücks, als Vorstand der Heinrich-Böll-Stiftung, attestiert Vattimo, er mache sich »zum Sprachrohr des zeitgenössischen Antisemitismus im Gewand eines militanten Antizionismus«, und bittet dringend darum, über eine Aberkennung des angesehenen Preises nachzudenken. Sonst aber schweigen die Betroffenen betroffen, und Vattimo bleibt geehrt, räumt aber schließlich ein, dass er sich für seine Aussagen schäme. Jedenfalls für einige. Am »Schurkenstaat Israel« nämlich wolle er festhalten, erklärte er in einem Interview mit *Haaretz*, ebenso an seiner Aussage, Israel würde die Auslöschung des palästinensischen Volkes betreiben und Israelis seien damit auch nicht besser als die Nazis. Da hatte der Philosoph des schwachen Denkens dann endgültig jede antisemitische Tarnung abgelegt.

Inzwischen wird die ohnehin lückenlose Bewachung jüdischer Einrichtungen weiter verstärkt. Man ist vorgewarnt, kann aber in Wuppertal nicht verhindern, dass drei Männer mehrere Molotowcocktails auf die Synagoge schleudern und in die Nacht verschwinden. Der Sachschaden ist gering, verletzt wird niemand, aber der Anschlag sitzt in den Köpfen derer, denen er gegolten hat: deutschen Juden, siebzig Jahre nach Auschwitz. Entsprechend alarmiert und bestürzt reagieren die jüdischen Gemeinden von Flensburg bis Passau. Immer mehr melden sich zu Wort und beschreiben ihre Angst: »Wir achten beispielsweise darauf, nicht zu laut Hebräisch zu sprechen«, wird ein Professor für internationales Management zitiert. Ein jüdischer Student aus Berlin berichtet von Freunden, die Angst haben, ihre Davidsterne zu zeigen und sich als Juden zu erkennen zu geben oder an Pro-Israel-Demonstrationen teilzunehmen, während seine Kommilitonin den Davidstern trotzig weiter trägt, aber darauf achtet, dass man ihn nicht sieht. Sie sitze zwar nicht auf gepackten Koffern, aber sie sei bereit, dem Rat ihrer Eltern zu folgen und in die USA oder nach Israel auszuwandern: »Obwohl Deutschland schon zu meiner zweiten Heimat wurde und ich das Land von ganzem Herzen liebe. Hoffentlich kommt es nicht dazu.« Einem jungen Rabbiner in Frankfurt am Main droht ein palästinensischer Anrufer, er werde dreißig Juden umbringen, wenn seiner Familie in Gaza etwas passieren sollte. Auch der Einwand, dass der Rabbiner in Frankfurt ein Deutscher ist und keinen Einfluss auf den Krieg dort hat, kann den Anrufer nicht beruhigen. Jeder Jude haftet für Israel. Angst? Natürlich, sagt der Rabbiner, aber Angst sei kein guter Ratgeber.

Die ersten Beschwichtiger melden sich zu Wort. Der normale Bodensatz an Antisemitismus in Deutschland habe sich nur ein bisschen lauter bemerkbar gemacht. Also alles halb so wild? Ja, meint ausgerechnet Wolfgang Benz, der über zwanzig Jahre der Leiter des renommierten »Zentrums für Antisemitismusforschung« an der Technischen Universität Berlin war. Ein Mann, der es wissen muss, dessen Name mittlerweile aber vor allen denen einfällt, die Antisemitismus in diesem Land kleinreden wollen. Es habe sich nicht um antijüdische Demonstrationen gehandelt, sondern um Proteste gegen Israel. Nicht die Juden seien gemeint gewesen, sondern die israelische Politik. Und warum werden dann Synagogen und nicht die israelische Botschaft angegriffen? Und was ist mit dem Gebrüll »Juden ins Gas«? Das seien schlimmstenfalls »blödsinnige Parolen« gewesen, die dann von den Medien hochgeschaukelt wurden. Damit werde seit dreißig Jahren »Politik und Stimmung« gemacht, ganz im Sinne der israelischen Regierung, die ein Interesse daran habe, dass »jede Kritik an ihren Handlungen als Antisemitismus verstanden wird«. Und der Bundesregierung gibt er mit auf den Weg, Freunden die Wahrheit zu sagen und nicht zu kneifen. »Die Regierung muss nicht aus Angst vor einer energischen Demarche des israelischen Botschafters oder einem wütenden Anruf des Premiers Netanjahu anders reagieren gegenüber einem schaurigen Krieg, als sie das in anderen Regionen tun würde, wo der Regierung Verurteilungen aus humanitären Gründen leicht von den Lippen gehen.« Damit spricht er vielen aus dem Herzen, und deshalb gibt es tagelang keinen anderen Kronzeugen für die Harmlosigkeit der neuen Judenfeinde als Wolfgang Benz, als ob der Emeritus sein feines Institut verwaist zurückgelassen hätte. Dabei gibt es eine Nachfolgerin, die sich nun auch zu Wort meldet, aber längst nicht so häufig zitiert wird: »Jede Frau«, sagt Stefanie Schüler-Springorum, »kennt doch das Gefühl, nachts im Dunkeln irgendwo langzulaufen und Angst zu haben. Auch wenn man rational wahrscheinlich keine statistische Grundlage hat. Man soll Menschen ihre individuellen Bedrohungsgefühle nicht absprechen wollen.«

Zumal die Faktenlage ziemlich eindeutig ist und Bedrohungsgefühle durchaus rechtfertigt: Der Antisemitismusbericht der Bundesregierung kam schon zwei Jahre vor der Explosion des neuen Judenhasses auf deutschen Straßen zu einem erschreckenden Zustandsbericht, der eigentlich niemanden beruhigen konnte. Schon gar nicht die in Deutschland lebenden Juden. Danach gibt es eine »bis weit in die Mitte der Gesellschaft verbreitete Gewöhnung an alltägliche judenfeindliche Tiraden und Praktiken«, basierend auf »weitverbreiteten Vorurteilen, tief verwurzelten Klischees und auf schlichtem Unwissen über Juden und das Judentum«, wie es einer der Experten, der Historiker Peter Longerich, zusammenfasste. Andreas Zick von der Universität Bielefeld stimmt ihm darin zu: »Anders als andere Adressaten-Gruppen von Vorurteilen werden Juden als vergleichsweise statushöhere Gruppe der Gesellschaft wahrgenommen; dies legen auch die nach wie vor gängigen Stereotype von Juden als geschäftstüchtig, intelligent und überheblich nahe. Auffällig ist, dass sich selbst in den modernen Ausdrucksformen des Antisemitismus traditionell mythische Bilder der Konspiration und Weltherrschaft, alte Stereotype und ein universal unterstellter Zionismus widerspiegeln.«

Nach einer Studie der Friedrich-Ebert-Stiftung zum Thema Rechtsextremismus stimmen neun Prozent der Befragten folgenden drei Aussagen zu:

- Noch heute ist der Einfluss der Juden zu groß.
- Die Juden arbeiten mehr als andere Menschen mit üblen Tricks, um das zu erreichen, was sie wollen.
- Die Juden haben einfach etwas Besonderes und Eigentümliches an sich und passen nicht so recht zu uns.

Die Mehrzahl dieser Antisemiten ist natürlich nicht gewaltbereit und schändet keine jüdischen Friedhöfe oder beschmiert Synagogen, aber sie lehnt Juden ab. Die Bestürzung nach jeder neuen Erhebung, nach jeder neuen Expertise ist groß und allgemein. Alle sind sich einig, dass diese resistente antisemitische Grundhaltung in der deutschen Bevölkerung weder ein Ruhmesblatt für die Bemühungen, Antisemitismus hierzulande zu bekämpfen, ist noch eine Aufforderung, sie gar zu tolerieren. Und sie macht Angst, vor allem, wenn sie sich wie im Sommer 2014 so handfest und lautstark manifestiert. Deshalb verschärft Bundesjustizminister Heiko Maas die Tonlage: »Jeder, der sich auf diese Art und Weise mit dem Judentum anlegt, legt sich auch mit dem deutschen Rechtsstaat an.« Markig, aber weitgehend folgenlos.

Die erste Bewährungsprobe nämlich findet zeitnah statt, beim jährlichen »al-Quds-Tag« in Berlin, der seine besondere Aktualität und Brisanz dadurch hat, dass er in diesem Jahr ausgerechnet parallel zu den Kämpfen um Gaza 2014 ausgerichtet wird. Zwar achten die Veranstalter mittlerweile peinlich darauf, das Wort »Jude« durch »Zionist« zu ersetzen, und sie versuchen, die übelsten Parolen zu unterbinden. Aber an ihrem Ziel gibt es auch im Sommer 2014 keinen Zweifel: Israel muss weg. Zur Not schlucken sie dafür auch einige Kröten. Seit an Seit mit Christen und sogar Juden ziehen sie »Gemeinsam gegen Zionismus und Antisemitismus« zu Felde. So dürfen selbst Vertreter dieses »Schurkenstaates« an der Spitze des Zuges mitlaufen, zwei Vertreter der »Neturei Karta«, einer winzigen ultraorthodoxen jüdischen Sekte, die aus religiösen Gründen die Existenz des Staates Israel bekämpft.

Levi Salomon und seine Internetplattform JFDA listen penibel alles auf. Er findet Ungeheuerliches: »Zionisten trinken Blut!!! – Tote Kinder landen bei McDonald's – Rabbi Abe Finkelstein trinkt Kinderblut«, hat einer auf braune Pappe geschrieben. Die alte antisemitische Fälschung *Die Protokolle der Weisen von Zion*, die in der arabischen Welt seit Langem eine Wiedergeburt feiern und zum Bestseller geworden sind, wird hier in einer irrwitzigen Mischung aus Weltverschwörung und Horror zu einem grauenhaften Gebräu. Benjamin Netanjahu, der sich als Teufel mit bluttriefendem Mund und Davidstern auf der Stirn über ein verletztes palästinensisches Kind beugt und dem: »Can't get enough«, ich kann nicht genug davon kriegen, in den Mund gelegt wird. Auch Theodor Herzl darf nicht fehlen. Auch er ist als Teufel dargestellt, mit blutverschmiertem langem Bart. Zusammen mit dem Teufel Israel brütet er ein Ei aus. Der satanische Jude aus dem Mittelalter auf dem Ku'damm zu Berlin. Die Polizei hat alle Hände voll zu tun, diesen Unrat einzusammeln. Ein freundlicher Polizist ringt mit einem Rechtsradikalen um ein antisemitisches Plakat, das Hitler als Playmobilfigur mit einem fetten Davidstern zeigt. Als er es endlich eingezogen hat, versucht er einem jungen Mann sein rechtsradikales T-Shirt mit der Reichskriegsflagge auszureden: »Wie wäre es, wenn Sie das T-Shirt jetzt einfach mal ausziehen?« – »Nee«, sagt der Rechte, grinst und schlägt immerhin seinen Regenmantel über das inkriminierte Brustbild. Dann lässt er sich zusammen mit einem palästinensischen Demonstranten Arm in Arm fotografieren. Sein Kumpel im Geiste trägt einen bestickten Schal, auf dem die Umrisse Israels zu erkennen sind.

Alle Ortsnamen sind arabisch geschrieben, und Tel Aviv gibt es auf der Karte nicht. Darüber steht: »Wir werden gewinnen«, ein einig Palästina ohne Juden.

Dass Rechtsradikale sich ausgerechnet unter Muslimen so wohlfühlen, verwundert zunächst, ist aber durchaus folgerichtig. Der gemeinsame Feind Israel schweißt zusammen. Was aus dieser seltsamen Bruderliebe am Ende wird, wird sich zeigen. »Bomben auf Israel«, wie es in einem populären rechtsradikalen Landserlied heißt, das könnte auch ein Gassenhauer der Hamas in Gaza sein. Auch Parolen wie »Zionisten sind Kriegstreiber« unterschriebe die Hamas blind. Und selbst mit Teilen der Linken ist sich der stramme Rechte durchaus darin einig, dass die USA komplett unter jüdischer Kontrolle und Israel der einzige Aggressor ist, ohne den es in der Welt friedlicher zuginge.

## Kein Aufstand der Anständigen

Die Stimmung in der Hauptstadt im Sommer 2014 ist angespannt. Auf dem Weg zur Auftaktkundgebung zur diesjährigen al-Quds-Demo am Adenauerplatz laufen wir eher zufällig neben zwei jungen Männern und einer jungen Frau mit Kinderwagen her. Sie haben keine Fahnen bei sich, haben kein Palästinensertuch um den Hals geschlungen, sie wirken wie junge Flaneure, sorglos und unbeschwert, wenn da nicht das Gerede wäre. »Ich wünsche der Hamas mal richtige Raketen, die endlich auch Tel Aviv mal richtig treffen.« – »Genau!«, pflichtet einer der jungen Männer seinem Freund bei. »Genau!«, meint auch die junge Frau und schubst ihren Kinderwagen energisch an. »Die wollen doch nur die Palästinenser klein halten, das wollen die Juden doch nur. Und wegen so ein paar dreckiger Soldaten haben sie unschuldige Kinder abgemurkst«, sagt der andere, an den schicken Auslagen des Ku'damms vorbeischlendernd, und fügt jedem seiner Sätze ein schwäbisch gefärbtes »Das issch doch die Wahrheit« hinzu. Die Gruppe hatte sich offenbar schon lange in Schwung geredet. Sie ziehen an einem älteren Mann vorbei, der an seinem klapprigen Fahrrad ein Israelfähnchen hängen hat und »Shalom« ruft. »Ja, auch Shalom – das ist der wirkliche Terror, das issch doch die Wahrheit.« Nach ein paar Einlassungen über die gesteuerten Medien, die alle nur für Israel schreiben, nach der vorsichtigen Einschränkung, es gäbe vielleicht auch gute Juden, obwohl man selbst keine kenne, erreicht das Grüppchen den Adenauerplatz. Hier haben sich die Gegner Israels aufgestellt, ihre Transparente gezückt, die ersten Schlachtrufe geprobt, nun lauschen sie den letzten scheppernden Rednern, berauschen sich gegenseitig an ihrem Hass auf Israel. Die Behörden wollen eine Wiederholung der antisemitischen Exzesse der vergangenen Tage verhindern. Der Veranstalter ruft nochmals auf: Keine arabischen Parolen! Aber es werden trotzdem schwarze Fahnen mit arabischen Schriftzeichen geschwenkt, blutverschmierte Puppen in die Kameras gehalten und zahllose Poster mit Kinderleichen in den bedeckten Himmel der Hauptstadt gereckt. »Der einzige Antisemit ist der Zionist«, steht auf dem ersten Wagen des Protestzuges, aber was ein Zionist ist, kann eine junge Frau, die in eine palästinensische Fahne gehüllt eben noch glühend und voller Inbrunst »Palästina versinkt im Blut, keiner etwas tut« skandiert hat, auf die Schnelle nicht erklären, als sie von einer Passantin gefragt wird. Sie muss weiter. »Seid ihr alle taub und stumm, Israel bringt unsere Kinder um.« Unter Buhrufen und Trillerpfeifen einer Antifa-Kundgebung am anderen Ende des Adenauerplatzes setzt sich der Zug dann in Bewegung. Schon beim ersten Israelfähnchen am Straßenrand rastet die Menge aus und ist nur schwer zu bändigen. »Helm auf«, befiehlt ein Polizist. Nach kurzem Gefecht geht es dann wieder halbwegs gesittet weiter. »Wo ist die Demokratie, Palästina sah sie nie«, »Deutsche Medien lügen, lasst euch nicht betrügen« und »Kindermörder Israel«. Auch Kinder singen aus voller Kehle mit.

Noch hält das Wetter. In einem Bistro auf dem Kurfürstendamm gibt ein älterer, leger gekleideter Herr noch ein paar Eiswürfel in seinen Hugo, die Luft ist schwül an diesem Tag in Berlin. An ihm vorbei ziehen wütende, kreischende, zornige Menschen. Das Eis in seinem Getränk schmilzt langsam. Die Menschen des

Protestzuges werden immer hitziger. Keine auch noch so mickrige Flagge des Staates Israel in einer der Seitenstraßen entgeht den Demonstranten, die sich mit Gebrüll und Trillerpfeifen auf den Gegner stürzen. Ein proisraelischer »Provokateur«, wie ihn *Zeit-Online* später nennen wird, gerät kurz in polizeilichen Gewahrsam. Parolen wie »Israel vergasen« oder »Sieg Heil«-Rufe, die Reporter des *Tagesspiegel* und der *Berliner Zeitung* gehört haben, hat die Polizei nicht gehört, wie sie später erklärt. Kleinere Regenschauer besänftigen hin und wieder die Gemüter, ein heftiger Regenguss nimmt bei einem Zwischenstopp kurz vor der Gedächtniskirche den anfänglichen Schwung dann fast gänzlich raus. Der ein oder andere Teilnehmer verschwindet diskret in den Schächten der Berliner U-Bahn, vom Platz schallt es »Takbir!« und wird von den zum nächsten Zug eilenden Menschen noch kurz mit »Allahu Akbar« (»Gott ist der Größte«) beantwortet. Dann ist der Spuk vorbei.

»Wir erleben hierzulande gerade eine Explosion an bösem und gewaltbereitem Judenhass, die uns alle schockiert und bestürzt«, meint fassungslos der damalige Präsident des Zentralrats der Juden in Deutschland, Dieter Graumann, angesichts der Ausschreitungen in deutschen Innenstädten. Für Juden in Deutschland sei es die schlimmste Zeit seit 1945, es sei »purer Hass gegen Juden«. Für seine Amtsvorgängerin, Charlotte Knobloch, ist es die »bedrohlichste Zeit nach 1945«. Sie rät allen Juden in Deutschland, sich derzeit »nicht als Jude erkennbar zu machen«, das Risiko, Ziel eines Angriffes zu werden, sei sonst zu groß. Den Aufrufen zur Solidaritätsdemonstration mit Israel folgen vorwiegend Juden. Keiner der Teilnehmer, die trotz heftigen Regens aus Anlass des bevorstehenden al-Quds-Tages zu einer kleinen Pro-Israel-Kundgebung am Ku'damm in Berlin kommen, leugnet die grausame Konsequenz einer Kriegsführung, die Israel aufgezwungen wird. Zunächst ein Häufchen Versprengter, dann aber, trotz einsetzenden Regens, ein paar Hundert, 600 meinten die Veranstalter, und mit Prominenz am Start. Volker Beck, Dirk Niebel, Carsten Voigt, Lea Rosh natürlich. »Lange lebe Israel« ertönt. Für viele

Juden ruft ausgerechnet dieser Krieg mit seinen antisemitischen Folgen schlagartig wieder in Erinnerung, wie wichtig es ist, dass es einen jüdischen Staat gibt. Die einseitige Verurteilung Israels führt auch jene Juden zu einer Solidarisierung, die sich sonst entschieden gegen die Politik der Regierung Netanjahu aussprechen. Vor allem aber ist es die Erkenntnis, dass sich kaum einer ihrer nicht jüdischen Freunde dafür interessiert, wie sie sich fühlen. Wie geht es der Familie, den Freunden in Israel? Kaum einer hierzulande will das wissen. Der Krieg dort macht Juden hier einsam. Und auch wenn sich die meisten nicht direkt gefährdet fühlen, sie sind es. In Deutschland herrscht Anschlagsalarm, kein offizieller, aber ein stiller.

Der 25. Juli 2014, der al-Quds-Tag, geht zu Ende. Es ist ungemütlich geworden, der Regen fällt jetzt heftiger, aber die Stadt kann aufatmen. Es gab keine Verletzten, nur zwei vorläufige Festnahmen. »Gewalt und Hass gehören nicht in unsere Gesellschaft«, lässt der Regierende Bürgermeister verbreiten. Air Berlin nimmt seine Flüge nach Tel Aviv wieder auf. Nichts Neues also in Nahost. Immerhin macht der Krieg kurz Pause. Aber er ist noch lange nicht zu Ende. Die Tunnel der Hamas, mit denen sie Angst, Schrecken und Tod nach Israel bringen wollten, 32 an der Zahl, sind weitgehend zerstört. Erste Verhandlungen beginnen. Beide Parteien wissen, dass Krieg keine Lösung ist, sondern dass Krieg nur tötet.

In Deutschland macht sich die Politik an die Aufräumarbeiten. Es gibt wackere Initiativen, die nicht wollen, dass jetzt wieder zur Tagesordnung zurückgekehrt wird. Aber es gibt keinen »Aufstand der Anständigen«. Das müssen die Juden im Land dieses Mal selbst richten. Unter dem Motto: »Steh auf!« versammelt sich am 14. September 2014 in Sichtweite des Holocaust-Mahnmals und im Schatten des Brandenburger Tors die größte Demonstration nach den beschämenden antisemitischen Ausfällen auf deutschen Straßen. Ein paar Tausend sind es geworden. Immerhin.

Nach fünfzig Tagen schweigen die Waffen endlich wieder, und zwar länger als nur für einen Tag. Waffenstillstand, aber kein

Frieden. Die Opfer werden gezählt. Der palästinensische Chef-unterhändler bei den Friedensverhandlungen, Saeb Erekat, ver-breitet die ersten Zahlen und spricht von »Völkermord«. 12 000 Palästinenser seien gestorben, 96 Prozent von ihnen Zivilisten. Das liegt deutlich über den Angaben der UN (2100), die von drei Viertel Zivilisten ausgeht. Israel verkündet, jedes zweite Opfer seien palästinensische Kämpfer gewesen. Aber das sind politi-sche Nachhutgefechte, und sie ändern nichts mehr an dem Urteil gegen Israel: Es hat den Krieg militärisch gewonnen, aber mora-lischer Sieger ist die Hamas.

Das Urteil in Talkshows und Interviews ist entsprechend ein-hellig gegen Israel: unverhältnismäßig, gnadenlos, ein Kriegsver-brecher.

# »Tut mir leid, dass ich so skeptisch bin« – Zu Besuch bei Ahmad Mansour

Wir treffen uns in Berlin-Friedrichshain. Er ist etwas zu spät, entschuldigt sich, er sei gerade noch im Fernsehstudio gewesen, wo er zu muslimischem Antisemitismus befragt worden war, wozu auch sonst. Der Autor und Psychologe Ahmad Mansour ist in diesen Tagen ein gefragter Mann, weil er versucht zu erklären, was niemand sich erklären kann. Was ist los mit den deutschen Muslimen, besonders den jungen in diesem Land? In wenigen Tagen wird ihm der alle zwei Jahre vom Land Berlin ausgelobte »Moses-Mendelssohn-Preis zur Förderung der Toleranz gegenüber Andersdenkenden und zwischen den Völkern und Religionen« verliehen. Auf der Website des Preises steht: »Ahmad Mansour ist ein weltoffener, junger Aufklärer im Geist Moses Mendelssohns, der aktiv und mutig dazu beiträgt, unsere Gesellschaft toleranter werden zu lassen.« Gratulation. Mansour winkt bescheiden ab.

Wir treffen uns in einem italienischen Lokal mit vielen Tischen auf dem Gehsteig, es ist noch Sommer, aber man fröstelt schon. Warum hier? Weil er sich hier sicherer fühlt als in den Stadtteilen, in denen er mit muslimischen Jugendlichen arbeitet, sicherer als in Neukölln zum Beispiel oder im Wedding. Hat er Angst? »Na, eines Tages wird es sicher auch mich treffen«, sagt er und lacht etwas gequält. »Während des Gazakrieges 2009 hab ich wirklich Angst gehabt. Zu vielen Demos bin ich nicht mehr hingegangen, die Polizei meinte, das sei zu gefährlich für mich. Ich habe viele blöde Briefe bekommen und Anrufe. Auch E-Mails natürlich, jede Menge, die waren nicht wirklich schön.« Aber unterkriegen lasse er sich nicht. Ganz zur Not würde er auch Berlin den Rücken kehren und in der Heimat seiner Frau untertauchen können. In den dunklen Wäldern des Hochschwarzwaldes würde ihn niemand vermuten. Er lacht. In Berlin gäbe es Stadtteile, in die traue er sich nicht mehr, insbesondere nachts. Aber das würde er anderen auch nicht raten. Es sagt das unaufgeregt, aber bestimmt. Den Namen

»Esther Schapira« zum Beispiel würde er weder im Wedding noch in Neukölln an die Klingel schreiben. So schlimm? So schlimm!

Den Moses-Mendelssohn-Preis hat vor Jahren auch sein Landsmann Teddy Kollek, der legendäre Bürgermeister von Jerusalem, bekommen. Bei dem Begriff »Landsmann« wird die Sache für Ahmad Mansour aber kompliziert, und damit sind wir schon mitten im Problem.

Mansour ist 1979 in der Kleinstadt Tira geboren. Wenn man die Autobahn von Tel Aviv nach Haifa nimmt, ist Tira eine der kleinen arabischen Siedlungen neben dem Highway links. Tira liegt also in Israel, aber in Tira leben ausschließlich Palästinenser. Mansour ist also Israeli, Muslim und Palästinenser. Und in Deutschland? Da ist er vorsichtshalber nur Palästinenser. Das sei definitiv leichter für ihn, sagt er, dann würden ihm keine blöden Fragen gestellt, sondern er habe sofort alle Sympathien auf seiner Seite. Die deutsche Mehrheitsgesellschaft empfindet er als zutiefst israelfeindlich, aber beim Wort »Palästinenser«, so erzählt er, würden sie dahinschmelzen. Egal welche Partei? »Das ist völlig egal. Bei manchen Grünen merke ich eine klare und offene antisemitische Haltung. Bei den Linken sowieso. Bei der CDU weniger, und bei der SPD? Die habe ich abgeschrieben. Tut mir leid, dass ich so skeptisch bin.«

Er erzählt von einer Begegnung mit einem weiblichen SPD-Mitglied, einer smarten Frau mit »Migrationshintergrund«. Er hatte gerade eine andere Auszeichnung für sein Engagement entgegennehmen dürfen. Die Frau habe ihn beiseitegenommen, von Migrantin zu Migrant sozusagen, und ihm gesagt, er müsse aufpassen, wenn er seine Community weiter so schlechtrede. Das habe ihn zutiefst beunruhigt, es sei auch kein Einzelfall. Richtig unangenehm könnte es allerdings werden, wenn er auf der Sonnenallee, wo viele Araber wohnen, sagen würde, er sei Israeli. Da würde er vermutlich erst höflich korrigiert, aber wenn er darauf bestünde, hätte er ein ernstes Problem. Also bleibt er lieber Palästinenser. »Wenn ich zum Beispiel in Neukölln bin und irgendjemand fragt mich, woher ich komme, und ich dann sage, um keine Diskussion zu haben, ich komme aus Palästina, dann ist es egal, ob es ein Tunesier ist oder ein Libanese oder einer aus Libyen, die sagen dann gleich: Ja, wir unterstützen dich.« Es gäbe einfach Stadtteile in Berlin, die seien nichts für Juden. Nicht erst seit dem letzten Gazakrieg, sondern schon seit Jahren. Die hasserfüllten Parolen auf den Demonstrationen seien schrecklich und einer aufgeklärten Gesellschaft unwürdig, aber sie seien nicht neu. Er kenne eine Familie, die in Kreuzberg ihre beiden Kinder in einer Schule mit mehrheitlich arabischstämmigen Schülern eingeschult hätte. Juden. »Mutig«, sagen wir. »Nein, verantwortungslos«, sagt Ahmad Mansour. Die Kinder würden regelmäßig als »Judas« verhöhnt, und niemand unterbinde das, aus Angst vor der Reaktion der muslimischen Schüler.

Erst mit 13 Jahren ist Ahmad Mansour bewusst Juden begegnet. Damals half er als Kind seinem Vater an einer Tankstelle bei Tira, wo junge Israelis regelmäßig Freitagnacht auf dem Rückweg von Tel Aviv nach Haifa einen Stopp einlegten und tankten. »Ich fand diese Leute faszinierend, wie sie lebten, wie sie gekleidet waren, lässig und locker, wie sie sprachen. Und wie sie lachten.«

Er war damals so alt wie die Kinder und Jugendlichen, um die er sich in Berlin kümmert. Aber es war nicht nur die Begegnung an der Tankstelle von Tira, die Ahmad Mansour verwirrt hat. Viel schlimmer und noch erschütternder waren für ihn die Bilder aus dem ersten Golfkrieg, als Raketen auf Tel Aviv und Haifa ganz in seiner Nähe fielen und die Menschen in die Bunker flüchteten. Nicht seine Nachbarn in Tira. Sie tanzten vor Freude auf den Dächern. »Ich habe zunächst gar nicht verstanden, was da passiert ist«, sagt er. Als der Imam aber davon sprach, dass die Selbstmordattentäter nun im Paradies seien, da spürte er, dass da etwas grundsätzlich nicht in Ordnung war. Er fing an, Radio zu hören, zunächst, weil er wissen wollte, ob wegen des Raketenbeschusses aus dem Irak die Schule ausfallen würde. Dann aber habe er angefangen, auch israelisches Fernsehen zu schauen, und habe dabei die westliche Kultur entdeckt. »Das hat mich total neugierig gemacht, ich wollte das unbedingt kennenlernen.« Später ging er dann auf die Universität nach Tel Aviv. Allein unter Juden. Bis heute ist er mit den meisten befreundet, Freunde fürs Leben. Keine Diskriminierung? »Natürlich wurde ich manchmal vom Militär oder der Polizei gestoppt, und die haben mich untersucht. Und natürlich habe ich im Flughafen oft etwas länger gebraucht und wurde auch etwas anders kontrolliert, aber das erlebe ich als Teil der Gesellschaft, das ist manchmal nicht schön, aber Apartheid ist das nun wirklich nicht. Auch alle meine Brüder durften studieren und arbeiten.« Drei Jahre bevor er nach Deutschland kam, hatte Mansour sich bei einem israelischen Handykonzern beworben. »Die werden nie einen Araber nehmen«, hatte ihm sein Vater gesagt, ihn aber zum Bewerbungsgespräch gefahren, weil er damals selbst noch keinen Führerschein hatte. »Ich habe den Job drei Jahre gemacht, und am Ende war ich der Chef von ganz vielen Juden. Ich habe diese Diskriminierung oder gar Apartheid nie erlebt.« Vielleicht hat er auch nur Glück gehabt. Es gibt auch andere Erzählungen. »Aber ich wurde nie erniedrigt, und ich habe mich nie in meiner Würde verletzt gefühlt.«

Seit Jahren arbeitet der Diplom-Psychologe in der muslimischen Community und engagiert sich gegen Antisemitismus und gegen den verhängnisvollen Begriff von »Ehre«. Es sind in Deutschland geborene, muslimische Jugendliche. Sie wachsen in einem patriarchalischen Familienkontext auf, erleben die Gewalt der Väter oder, schlimmer noch, oft auch deren Ohnmacht in einer Gesellschaft, die diese Männer nicht braucht. Anders als »draußen« in Deutschland würden die Väter in ihrer Familie nicht infrage gestellt. »Traue keinem über dreißig, das gab es bei uns nicht.« Die Geschichte der Eltern wird nicht hinterfragt, sie wird automatisch übernommen. »Dazu kommt, dass wir kein kritisches Denken haben. Wenn ich Jugendliche frage, was Ehre ist, dann sagen sie einfach nur: Bei uns ist es so. Genau das macht den IS so attraktiv für junge Leute. Das sind Leute, die mit dieser Freiheit überhaupt nicht klarkommen. Sie brauchen Halt, sie brauchen Orientierung, sie brauchen Leute, die ihnen sagen, was sie zu tun haben, wann sie beten sollen und wann sie schlafen dürfen, wen sie heiraten dürfen, welcher Arbeit sie nachgehen dürfen. Die erkennen bei den Jugendlichen sofort ihre Schwachstellen. Die erkennen, was die Lehrer nicht erkennen. Die erkennen, was die Eltern nicht erkennen. Die Kinder wissen nicht, wie man sich mit Worten wehren kann, sie übernehmen alles von ihren Eltern und glauben, das sei die Realität.« Und beim Thema Palästina sei das nicht anders. Das sei fester Bestandteil der Identität, von Generation zu Generation ungeprüft weitergeschleppt. Inklusive der Opferrolle. »Wenn ich in Deutschland nicht ankomme, dann sind es die Juden, die mir mein Land genommen haben.« Israel ist schuld. Basta.

Mansour ist Gruppenleiter bei HEROES e.V., einem Projekt, das ursprünglich aus Schweden stammt und dort von der Königin selbst gefördert und unterstützt wird. In der deutschlandweiten Initiative engagieren sich muslimische Jugendliche aus diesen »Ehrenkulturen«, wie Mansour sagt, gegen die Unterdrückung von Frauen, gegen Vorurteile. Und auch gegen jede Form des Antisemitismus. Jugendliche sollen gute Helden werden, Vorbilder, das ist das Prinzip. Das gehe immer so lange gut, wie es im Nahen Osten einigermaßen ruhig ist. Aber jeder neue Krieg sei ein neuer Rückschlag. Drastisch war das im Sommer 2014 zu sehen. Dabei sei Antisemitismus keineswegs ein Thema, das nur die Religiösen in der muslimischen Gemeinschaft umtreibe, es sei genauso das Hauptthema der Liberalen. »Ich habe viele arabische Freunde in den arabischen Ländern, auch sehr liberale Muslime, die waren sich aber in einem alle einig: beim Thema Palästina und Gaza.« Selbst die Mordbanden des Islamischen Staates (IS) schreckten nicht viele, denn die seien ohnehin vom israelischen Geheimdienst bezahlte Schergen. Wie bitte? »Israel ist an allem schuld«, sagt Mansour, »diese Haltung ist selbst bei eher liberalen Arabern verbreitet, bei Jugendlichen ohnehin und sogar bei manchem Verbandsvertreter von Muslimen. Wie bitte? Ja, sie sagten ihm das nicht nur offen ins Gesicht, sie verbreiteten es auch im Internet und auf ihren Facebook-Seiten. Diese Verschwörungstheorien hätten großen Zulauf, weil viele »Muslime nicht gelernt haben, wirklich zu denken. Sie haben das Gefühl, sie müssen ihre Religion beschützen. Deshalb kann es nicht sein, dass innerhalb ihrer Religion so ein Ungeheuer wie zum Beispiel die IS entsteht. Dafür brauchen sie einen Sündenbock. Und da bieten sich die Juden wie immer einfach ganz wunderbar an.« Das habe nichts mit dem Gazakrieg zu tun, das sei ein ganz generelles und sehr bequemes

Muster: »Die Zionisten sind einfach für alles verantwortlich, was in meinem Leben, in meiner Gesellschaft schiefläuft: dass ich nicht integriert bin, dass mein Land brennt, dass es im Irak und in Syrien Probleme gibt. Das sitzt ganz tief.« Erklärt das den Hass vieler Muslime, den sie plötzlich und zum blanken Entsetzen des aufgeklärten deutschen Bürgertums auf deutschen Straßen herausbrüllten? »Ganz und gar nicht«, meint Mansour, diese Gedanken seien immer da gewesen, die Menschen hätten sich nur nicht getraut, sie auch zu äußern.

Der muslimische Judenhass sei erschreckend, aber nicht neu. Er sei vor ein paar Tagen bei einer Veranstaltung mit muslimischen Müttern zum Thema Dschihad gewesen, bei der es darum ging, warum so viele ihrer Söhne in den Krieg zögen, nach Syrien, in den Irak, zum IS. Er sei wie von selbst davon ausgegangen, dass die in Deutschland geborenen oder aufgewachsenen jungen Mütter ihre Kinder nicht in einen solchen Wahnsinn schicken würden. Nein, würden sie auch nicht, erzählt Mansour und macht eine Pause. »Es sei denn, es geht um Palästina, das ist etwas anderes.« Mütter aus der zweiten oder dritten Generation! Und wenn ihre Kinder in diesem Wahnsinn sterben? Dann seien sie stolz auf sie. Ein Märtyrer in der Familie bringt alle ins Paradies. »Und es ist natürlich viel, viel leichter, zu sagen, mein Kind ist ein Held, als zu sagen, er ist für nichts gestorben. Das erspart mir, darüber nachzudenken, ob er vielleicht doch umsonst gestorben ist.«

Die besser gebildeten und reflektierteren Jugendlichen würden immer sagen, nicht die Juden, sondern die Zionisten seien das Problem. »Schon die Art und Weise, wie sie das Wort Zionist aussprechen, ist voller Wut und Hass, der Zionist ist einfach der Sündenbock.« In dieser Hinsicht sei der Gazakrieg mit seinen schrecklichen Bildern tatsächlich verheerend gewesen. Die Hamas habe auf ganzer Strecke gewonnen und sich als Opfer feiern lassen. »Dieser Sieg wurde nicht nur in Gaza gefeiert, sondern überall, auch bei den Arabern in Israel.« Sie haben nicht militärisch gewonnen, sondern in der Öffentlichkeit. »Sie haben mit den Bildern so gut gespielt, dass es keine andere Möglichkeit gab, menschlich gesehen, dass man auf der Seite von Israel hätte stehen können. Die Mehrheit der deutschen Gesellschaft war überwiegend auf der Seite der Palästinenser.« Dabei habe es ihn angewidert, wie die Palästinenser Leichen demonstrativ in die Linsen der Weltpresse gezerrt, mit den Toten Schindluder getrieben und die Würde der Menschen mit Füßen getreten hätten. »Ich frage euch, es gab viele Anschläge in Israel, habt ihr ein einziges Mal Leichen von Israelis gesehen? Am 11. September? Hat jemand bei der tagelangen Berichterstattung eine einzige Leiche gesehen?«

Ein wunder Punkt, vielleicht der wundeste, sei die Aufklärung in den Schulen hierzulande. Da sei allen Beteuerungen und viel guten Willens zum Trotz zu wenig passiert. Natürlich gebe es auch gute Projekte, aber erstens viel zu wenige und zweitens seien viele nur kosmetischer Natur. Sie holten die jungen Muslime emotional in keiner Weise dort ab, wo sie stünden. »Nach jeder Randale fragen sich wieder alle erschrocken, wo kommt der Hass auf die Juden nur her? An deutschen Schulen wird das Dritte Reich behandelt, der Holocaust, vielleicht nicht gründlich genug, aber es passiert was. Aber was davon nehmen junge Muslime tatsächlich auf und was wissen sie dann wirklich über die Vernichtung der Juden? Es ist schließlich nicht ihre Geschichte, also können sie sich ihr auch leichter emotional entziehen.« Viele, auch die mit einer guten Ausbildung, würden nur mit den Achseln zucken. Nicht unser Ding. Viele meinten obendrein, dass das Geld, das Deutschland als Wiedergutmachung an Israel zahle, nur dazu diene, die Palästinenser zu vernichten. Und sechs Millionen? So viele Juden habe es in Deutschland doch nie gegeben. Die Leugnung des Holocaust sei sehr verbreitet. Und die Medien seien, natürlich, alle jüdisch unterwandert.

Allerdings habe das Fernsehen zunehmend an Einfluss verloren. Während die Eltern noch den ganzen Tag antisemitische Hetzsender laufen ließen, zögen sich die Kinder an ihre Laptops zurück. Und was dort passiere, beunruhige ihn noch viel mehr, sagt Mansour. Keiner würde sich da auf die seriösen Online-Portale von *Spiegel, Welt* oder *Zeit* verirren, sie würden sie im Zweifelsfall nicht einmal kennen. Ihr Wissen besorgen sie sich untereinander, sie posten unter Gleichgesinnten, tauschen Nachrichten aus, ohne diese zu hinterfragen. Eine abweichende Meinung, etwa gegen die Hamas, zu vertreten, führe zum Ausschluss aus der Facebook-Gemeinde. »Eine muslimische Frau hatte sich an einer Diskussion beteiligt. Die Hamas habe auch Mitschuld an dem, was in Gaza passiert, schrieb sie. Daraufhin wurde sie als Hure beschimpft. Sie solle von einem Juden vergewaltigt werden, hieß es in einem Kommentar.« Die Jugendlichen müssten lernen, Fragen zu stellen. Kritisch zu denken. Ihre eigene Meinung zu bilden. Zu forschen, zu recherchieren. »Aber das ist unbekannt in diesem Kulturkreis.« Während des Gazakriegs 2014 sei ihm verstärkt bewusst geworden, dass man den Jugendlichen erst beibringen müsse, wie man die sozialen Medien benutzt. Vor allem Minderjährige sind den Bildern schutzlos ausgeliefert. Lehrer berichten ihm, dass viele Schüler, insbesondere wenn wieder Krieg sei in Nahost, nachts nicht mehr schlafen würden, sehr aggressiv seien und gegen Juden redeten.

Mansour kennt das aus seiner eigenen Kindheit. Er erinnert sich an Bilder vom Massaker von Sabra und Schatila, das libanesische Milizionäre unter den Augen der israelischen Armee an Palästinensern verübt hatten. Er konnte tagelang nicht schlafen. »Mein Vater verfluchte Gott, meine Mutter weinte, meine Tante schrie, und ich habe diese Bilder gesehen. Und was erwartest du für einen Sechsjährigen?« Dass die Eltern ihn aufklären, beruhigen, trösten? Keineswegs. Sie unterstützen und nähren den Hass, behaupten, dass die deutschen Medien einseitig Partei für Israel einnehmen würden. Diese Wahrheit wird ihnen insbesondere von Al Jazeera nahegebracht. »Ich sage ganz klar – Al Jazeera ist längst ein Medium der Muslimbrüder geworden, es sind Leute, die der Hamas Gruß- und Glückwunschbotschaften schicken und behaupten, dass IS vom Mossad trainiert werde.«

Ahmad Mansour war zwei Jahre lang Mitglied der Islamkonferenz. Seine Erfahrungen sind ernüchternd. Kaum jemand wollte das heiße Eisen Antisemitismus anpacken. Im Gegenteil. Einer der muslimischen Vertreter habe ihm gesagt, Antisemitismus gäbe es nicht, das sei nur jüdische Propaganda. Wie manche Jugendlichen, die sich beschweren, dass beim leisesten Antisemitismusverdacht alle auf die Straße rennen würden, aber wenn es um die palästinensischen Belange ginge, interessiere das ja keinen Hund. »Die Menschenrechte sind nur für den Westen und für die Juden«, heißt es dann. Deutschland habe diese brisante antisemitische Grundstimmung nicht ernst genommen, sie unter Verweis auf die Muslime bequem ausgelagert.

Ahmad Mansour ist oft verzweifelt, dass es so wenig mutige Stimmen aus den eigenen Reihen gibt. Sein ägyptischer Freund, der Politologe Hamed Abdel-Samad, ein unerschrockener Kritiker der Islamisten, weil er selbst mal einer war, mache eine tolle aufklärerische Arbeit. Selbst eine Fatwa, die ein hoher Geistlicher über ihn verhängt habe, schrecke ihn nicht. Aber er werde nur in Talkshows eingeladen, bei Fachtagungen sei er nicht gefragt. Und dass er jetzt nach Japan zu seiner Frau auswandere, sei eine Schande für unsere Demokratie: »Wir haben versagt.«

Ahmad Mansour ist oft in Israel. Nicht mehr so oft in Tira. Die Menschen dort beginnen, ihn zu schneiden. »Ich merke von Jahr zu Jahr, dass ich immer weniger Kontakte habe. Ich bekomme weniger Besuch als vor fünf Jahren. Damals konnte ich mich nicht retten vor Freunden aus meiner Jugendzeit, die mich sehen wollten, und heute fahre ich mit meiner Frau hin, und dann sitzen wir alleine da.« Sein Vater weiß, was er in Deutschland macht, und übergeht es durch Schweigen. Seine Mutter weiß es auch, aber ihr sei es egal. Und seine Brüder? »Sie finden meine Arbeit scheiße. Aber wir bleiben Brüder. Damit komme ich klar.«

Der Sommer ist noch kälter geworden. Ahmad Mansour muss nur zwei Straßen weiter. Da wohnt er. Ein Palästinenser unter Deutschen, der lieber ein Israeli wäre.

# Der multikulturelle Antisemitismus

»Bist du Jude?« Eine einfache Frage, manchmal aber auch eine gefährliche. Daniel Alter antwortete wahrheitsgemäß und musste danach ins Krankenhaus. Alter ist Rabbiner und war bis Ende 2014 Antisemitismusbeauftragter der Jüdischen Gemeinde Berlin. Er zog sich mit der Wahrheit einen Jochbeinbruch zu. Am 28. August 2012 wurde er in dem eher kleinbürgerlich-friedlichen Berliner Stadtteil Friedenau, in dem er mit seiner Familie wohnt, am helllichten Tag von mehreren Jugendlichen krankenhausreif geschlagen. Die Zeitungen melden muslimische Jugendliche als Täter. Doch Daniel Alter besteht darauf, nicht von »Arabern« oder »Muslimen« überfallen worden zu sein, sondern von einer Gruppe »stumpfer, hasserfüllter Schläger«, die nur arabisch aussahen. Die Täter wurden nie ermittelt und konnten nicht zur Rechenschaft gezogen werden. Der Anschlag aber löst tiefes Entsetzen aus, obwohl es nicht der erste Angriff mit muslimischem Hintergrund auf einen Rabbiner in Deutschland war. In Frankfurt wurde ein Rabbiner Opfer eines Anschlages durch einen jungen Afghanen, aber die Richter waren sich nicht über den antisemitischen Hintergrund im Klaren, obwohl Sajed A. »Saujude« oder »Scheißjude« gerufen haben soll. Rabbiner Zalman Gurevitch konnte nur durch eine Notoperation gerettet werden. Dennoch bekam Sajed A. lediglich dreieinhalb Jahre Gefängnis für gefährliche Körperverletzung – anstatt für versuchten Totschlag. Ihm wurde zugutegehalten, dass er noch mehrfach hätte zustechen können, wenn er den Rabbiner wirklich hätte umbringen wollen. Völlig unzweifelhaft dagegen war die Attacke zweier Jugendlicher, die im Sommer 2013 in einem Offenbacher Einkaufszentrum den Rabbiner Mendel Gurewitz anpöbelten und angriffen. Er konnte nur im Auto eines zufällig vorbeifahrenden Freundes entkommen. Die 14-Jährigen zeigten später Reue, sie hätten auch nicht mehr gewusst, was damals in sie gefahren sei.

Waren es früher fast ausschließlich rechtsradikale Täter, sind es mittlerweile in der Mehrzahl muslimische Jugendliche. Anetta Kahane von der Amadeu Antonio Stiftung warnt schon seit Langem vor dieser zunehmenden Gewalt gegen Juden. »Es gibt in letzter Zeit mehr körperliche Attacken als in den vergangenen Jahren – vor allem in Großstädten«, sagt sie. »Leider sind es meist junge Migranten.« Sie sehen sich als Opfer des Nahostkonflikts. Und sie wissen, dass viele Deutsche diese Argumentation durchaus teilen. »Sie fühlen sich durch das, was die Mehrheitsgesellschaft denkt, nicht gerade entmutigt«, stellt Kahane trocken fest.

Der muslimisch grundierte Antisemitismus in Deutschland ist fester Bestandteil des Lebens muslimischer Jugendlicher hierzulande geworden. Bereits im Jahr 2007 untersuchte das Bundesinnenministerium den Antisemitismus unter muslimischen Schülern in Deutschland. Bei ihnen waren judenfeindliche Gesinnungen dreimal so häufig verbreitet wie bei Nichtmuslimen. Waren Brandanschläge oder Hakenkreuzschmierereien an jüdischen Einrichtungen früher rasch und nahezu ausnahmslos rechtsradikalen Tätern zuzuordnen, tut sich die Polizei heute mit einem klaren Anfangsverdacht deutlich schwerer. Als 2014 auf die Bergische Synagoge in Wuppertal-Barmen des Nachts mehrere Molotowcocktails geschleudert wurden, war ein rechtsradikaler Hintergrund bald ausgeschlossen, obwohl der Anschlag genau diese Handschrift getragen hatte. Einer der drei verhafteten Täter entpuppte sich als Palästinenser, doch seine Tat hätte genauso gut von einem Neonazi sein können. Das ist verblüffend und widerlegt einmal mehr die eingängige These, wonach der aus dem Nahostkonflikt resultierende Hass auf Israel und der alte Hass auf Juden fein säuberlich voneinander zu trennen seien und keinesfalls verwechselt werden dürften. Wenn der Staat Israel gemeint sein soll, warum schleudert ein Palästinenser seinen Brandsatz dann nicht gegen die israelische Botschaft, sondern gegen ein jüdisches Gotteshaus? Und wenn es gegen die Juden geht, warum sind dann plötzlich Neonazis auf politischen Demonstrationen gegen Israel zu finden und laufen sogar Seit an Seit mit südländisch aussehenden Menschen, denen sie sonst bevorzugt mit Springerstiefeln und Schlagring begegnen? Hier verkumpeln sich Rechtsradikale mit Muslimen, und sie verstehen sich prächtig: Denn sie hassen sowohl die Juden als auch den Judenstaat. »Hitler hätte alle verbrennen sollen, aber wir führen das zu Ende«, zitiert ein junger Muslim aus Duisburg seine Kumpel.

Der junge Mann outet sich in einem geschützten Raum, im Theaterprojekt von Ahmad Mansour. Teil seiner Sozialarbeit gegen Antisemitismus. Ein Jahr lang haben die Jugendlichen ein Stück über ein KZ entwickelt. Sie waren in Auschwitz, haben sich das erste Mal mit dem Holocaust auseinandergesetzt und auch zum ersten Mal näher mit dem Nahostkonflikt. All das hat ihre Wahrnehmung verändert. Mansour, der selbst zum Judenhasser erzogen wurde, weiß, was arabische Jugendliche denken, wie sie ticken und wie sie sprechen. Es ist seine Sprache und es ist seine eigene Geschichte. Und wenn er auf Arabisch »Juden, Juden, wir kommen« hört, übersetzt er das auch schon mal für die weniger sprachgewandte deutsche Polizei, die am Rande antiisraelischer Großdemonstrationen für die Einhaltung der behördlichen Auflagen zuständig ist. »Juden, Juden, wir kommen« klingt für ungeübte Ohren nur grenzwertig und ist noch kein Grund, die Brüller aus dem Verkehr zu ziehen. Ahmad Mansour kann diesen Schlachtruf aber einordnen – als Ruf islamistischer Krieger, als klaren Aufruf zur Gewalt. Und er überhört auch nicht, dass es um Juden und eben nicht um Zionisten oder Israelis geht.

Ahmad Mansour arbeitet mit seinem Projekt HEROES gegen mächtige Gegner. Nicht die Jugendlichen sind das Problem, sondern der Einfluss der Eltern, die Gehirnwäsche arabischer Medien und Imame als letzte Instanz. Und dieser Wahrheitsanspruch der Väter und Imame sei einfach unantastbar. Kinder aus dieser brisanten Gemengelage zu lösen, ihnen die Augen zu öffnen, das ist eine Arbeit, die Zähigkeit, Geduld und Autorität verlangt. Es ist eine Heldenarbeit für ihn, aber auch für die Jugendlichen selbst. Deshalb heißt sein Projekt »HEROES«. Es fordere von den jungen Migranten einen enormen Mut, zu sagen: »Ich stehe für die andere Seite ein, ich lehne es ab, Vorurteile über Juden zu verbreiten, ich lehne es ab, die Juden für alles Unglück in dieser Welt verantwortlich zu machen.« Da gibt es Gegenwind von allen Seiten. Und deshalb sind sie Helden. »Wir schaffen es immer wieder«, sagt Mansour, »die Eltern zu gewinnen, durch diese Anerkennungspädagogik, durch diese Schaffung von Räumen, wo diesen Jugendlichen zugehört wird, wo sie ihre Meinung sagen können.«

Aber das ist leichter gesagt als getan. Schon wegen der Eltern. Viele schauen fast ausschließlich arabische Hetzkanäle, von Al-Manar, der der libanesischen Terrororganisation Hisbollah zugerechnet wird und täglich bis zu 50 Millionen Zuschauer hat, bis Al-Quds, der rund um die Uhr antisemitische Propaganda der Hamas verbreitet, oder Al Jazeera, der auch nicht davor zurückschreckt, Juden als blutsaugende und kinderschlachtende Monster zu beschreiben. Er hat weltweit eine Reichweite von 190 Millionen Zuschauern. Hier werden arabische Haushalte auch in Neukölln mit der iranischen Serie »Sahras blaue Augen« beglückt, die bereits zuvor auf dem türkischen Satellitensender TV5 zur besten Sendezeit zu sehen war. Der Film spielt im Gazastreifen und schildert, wie Israelis Handel mit den Organen von palästinensischen Kindern treiben. Auch die DVD dieser Hasspropaganda ist in Berlin erhältlich. Sie lag zum Beispiel neben anderen antisemitischen Machwerken auf dem Büchertisch im Hof der Mevlana-Moschee in Kreuzberg bei der »Berlin 5. Kitap Fuari«, der jährlichen Buchmesse im Kiez. So werden die Selbstmordattentäter für Syrien oder die IS rekrutiert, eine Seelenvergiftung, an der sich auch die Al-Nur-Moschee in Berlin-Neukölln beteiligt.

In diesem schäbigen Siebzigerjahre-Betonbau mitten im Industrieviertel trat im Juli 2014 ein Prediger auf, der seine Gläubigen zur Tötung aller Juden aufrief: »O Gott, vernichte die zionistischen Juden. Sie sind keine Herausforderung für dich. Zähle sie und töte sie bis zum letzten. Lasse keinen übrig.« Solche Reden brachten dem aus Dänemark angereisten Wanderprediger, Imam Abu Bilal Ismail, zwar innerhalb einer Woche 15 Strafanzeigen ein, aber unter seinen Gläubigen hat er viele neue Anhänger gefunden. Die Moscheeverbände in Deutschland weisen den Verdacht, dass in ihren Reihen antisemitisch gedacht, argumentiert oder gar gepredigt wird, entrüstet von sich. Die judenfeindlichen Textstellen des Koran (»Allah schlag sie tot – Gott bekämpfe sie« – Sure 9, Vers 30) werden geflissentlich übersehen oder als harmlos runtergestuft, statt sie kritisch zu hinterfragen oder mit den Gemeindemitgliedern zu diskutieren. »Der Hass ist völlig außer Kontrolle geraten«, sagt Mansour, »die Verbände haben vielfach keine Gewalt mehr über die Jugendlichen.«

Längst nämlich hat sich der Hass von der realen israelischen Politik abgekoppelt. Dass die Entscheidungen der rechten Koalition in Israel, etwa zum Ausbau der verhassten Siedlungen, auf Abwehr und Kopfschütteln der Meinungsführer in Deutschland, quer durch die Parteien- und Medienlandschaft führen, begünstigt einen gefährlichen Trugschluss. Es sind nicht die konkreten Ereignisse der vier Flugstunden entfernten Region. Es geht um Grundsätzliches und nicht um Tagespolitik, die die Jugendlichen hier so wenig im Blick haben wie ihre verständnisvollen Apologeten. Es geht um Scham und Ehre, um das Gefühl, Opfer zu sein und sich nicht wehren zu können. Das allerdings sind Gefühle, die hier in ihrer deutschen Lebenswirklichkeit entstanden sind. Die »Unterdrückung der palästinensischen Brüder und Schwestern« durch Israel ist eine ideale Projektionsfläche für das eigene Minderwertigkeitsgefühl. Dass der winzige Judenstaat noch immer existiert, dass 200 Millionen Araber und unzählige Muslime in aller Welt diesem »zionistischen Gebilde« noch immer nicht den Garaus machen konnten, ist eine schwer zu ertragende Kränkung. Je weniger Israel seinem Zerrbild gleichen würde, umso heftiger würde dieses verteidigt, denn eine so schöne Projektionsfläche gibt nicht leichtfertig auf, wer sie so nötig braucht. Bei keinem anderen Thema können die Jugendlichen, und nicht nur sie, auf so viel Verständnis, Anteilnahme und Solidarität hoffen, auch außerhalb ihrer Community. Der Schlüssel zur Bekämpfung des Antisemitismus bei Muslimen in Deutschland liegt nicht in Jerusalem, sondern in Berlin. Der Anteil der ausländischen jungen Erwachsenen ohne Berufsabschluss, so der Regierungsbericht zur Lage der Zuwanderer in Deutschland, liegt fast dreimal so hoch wie bei jungen Deutschen (30,5 Prozent zu 10,9 Prozent). Kein Wunder, dass die Arbeitslosenquote bei Ausländern mehr als doppelt so hoch ist. Das führt aber nicht dazu, das Leben selbst in die Hand zu nehmen, sich gegen Diskriminierung zu wehren, sondern zu einer bequemen Schuldzuweisung. Es sind die anderen. Und so singen sie nur allzu gern das hohe Lied von der ewigen Schuld der Juden und des Judenstaates mit ihrer ökonomischen Allmacht, die die Teilhabe der Schwächeren ausschließt. Auch das verbindet viele muslimische mit rechtsradikalen Jugendlichen. Wer nicht in den Chor einstimmt und lautstark mitgrölt, wird als Verräter ausgestoßen.

Ähnliches hat die aus Syrien stammende arabisch-amerikanische Psychiaterin Wafa Sultan schon rund zehn Jahre zuvor erlebt, als sie in einer Live-Sendung ausgerechnet auf Al Jazeera in ruhigem, aber entschiedenem Ton ihren Überdruss an muslimischem Selbstmitleid zum Ausdruck brachte. Wafa Sultan warf ihren Glaubensbrüdern und -schwestern schon lange vor dem Syrienkrieg und vor dem Terrorregime des IS vor, sie hätten ihre Religion zum Instrument von Krieg und Terror verkommen lassen. Nicht um einen Kampf der Kulturen ginge es ihnen, sagte sie, sondern um eine Auseinandersetzung zwischen »Zivilisation und Rückständigkeit«. »Die Juden haben die Tragödie des Holocaust hinter sich, und sie haben die Welt gezwungen, sie zu respektieren – mit ihrem Wissen und ihren Leistungen und nicht mit Terror oder Gejammer. Wir haben keinen einzigen Juden gesehen, der sich in einem deutschen Restaurant in die Luft gesprengt hat. Wir haben keinen Juden gesehen, der eine Kirche zerstört hat oder protestiert, indem er andere Menschen umbringt. Die Muslime haben drei Buddha-Statuen zerstört. Aber wir haben keinen einzigen Buddhisten gesehen, der eine Moschee oder eine Botschaft abgebrannt oder einen Muslim umgebracht hat.« Ein in das Gespräch zugeschalteter Imam rang mit der Fassung. Widerworte war er nicht gewohnt, Widerworte einer Frau gleich gar nicht. Über eine Million Mal wurde der Clip kurz nach seiner Ausstrahlung angeklickt.

Die meisten der Jugendlichen, um die sich Ahmad Mansour

kümmert, haben sich in diesem von Wafa Sultan beklagten Selbstmitleid gut eingerichtet und glauben an die jüdische Weltverschwörung, die dazu dient, Muslime überall auf der Welt zu unterdrücken und zu verfolgen. Israel ist schuld, der Judenstaat. Deshalb marschieren Anhänger der Hamas neben Salafisten, Sunniten und Schiiten, die sich sonst bis aufs Messer bekämpfen und umbringen, friedlich vereint gegen Juden, den gemeinsamen Erzfeind.

Experten sprechen von einem »importierten Antisemitismus«, der hier auf fruchtbaren Boden fällt. Der Sprecher der Jüdischen Gemeinde Hamburg, Daniel Killy, weiß, wer sich über diese zollfreie Ware besonders freut: »Die deutschstämmigen Antisemiten haben bislang ihr Maul gehalten – jetzt nutzen sie den Aufwind, den die Islamisten ihnen bescheren.« Dahinter können sie sich gut verstecken, doch der Kölner Antisemitismusforscher und Historiker Günther Jikeli verweist auf einen beliebten Trugschluss bei dieser Abspaltung: »Wir reden immer von muslimischen Jugendlichen. Das sind aber deutsche Jugendliche, das sind deutsche Zustände, das sind deutsche Jungs, die hier geboren wurden, wie auch ihre Eltern. Es ist die zweite oder gar dritte hier geborene Generation.« Es sind also unsere Kinder, und ihr Antisemitismus ist auch unser Problem. Aus dieser Erkenntnis müssten Konsequenzen gezogen werden, fordert Jikeli.

Zum Beispiel in der Schule. Viele Lehrer schwanken zwischen Fassungslosigkeit und Resignation. Fassungslos waren zum Beispiel die Lehrer einer Frankfurter Grundschule, als auf dem Schulhof das »Gaskammerspiel« gespielt wurde. Kinder der vierten Klasse spielten die Nazis und die Zweitklässler die Juden. Resigniert, weil sie »Jude« als Schimpfwort lieber nicht antisemitisch deuten, sondern als ein Schimpfwort, das völlig losgelöst von seinem historischen Kontext zu verstehen sei. Der Holocaust sei vielen muslimischen Jugendlichen kaum zu vermitteln, es sei nicht ihre Geschichte, sie fühlen sich nicht verantwortlich. »Viele pädagogische Ansätze und Zielsetzungen, die in Deutschland nach 1945 mit Blick auf einen homogen deutschen Adressatenkreis formuliert worden waren, müssen angesichts multikulturell zusammengesetzter Lerngruppen erweitert beziehungsweise ganz reformuliert werden«, weiß Bernd Fechler, ehemaliger pädagogischer Leiter der Bildungsstätte Anne Frank in Frankfurt. Dem muslimischen Antisemitismus unter Jugendlichen kann man nicht nur mit geschichtlicher Aufklärung beikommen, sie speisen ihren Hass auf Juden aus dem Nahostkonflikt. Fechler und seine Kollegen berichten von einem Schülerprojekt zum Thema Rassismus. Bei einer Sammlung von Beispielen für Zivilcourage schlug ein Schüler die »Selbstmordattentäter von Palästina« vor. Je stärker sich Pädagogen ablehnend gegenüber diesem Vorschlag äußerten, umso vehementer setzte sich ein Großteil der Klasse dafür ein.

Aber wie ist es um das Wissen der Lehrer selbst bestellt? Oft sehr dürftig, was auch daran liegt, wie Schulbücher diesen Stoff behandeln. Seit 2010 gibt es eine Kommission, die im Auftrag der Bundesregierung Israel- und Deutschlandbilder in Schulbüchern untersucht. In einem ersten, 2012 veröffentlichten Zwischenbericht zeigte sich, dass Israel in den über 400 untersuchten Schulbüchern ausschließlich im Zusammenhang mit dem Nahostkonflikt dargestellt wurde. Dass Israel eines der führenden Länder in der IT-Branche ist mit den weltweit meisten Patentanmeldungen, dass das Land die zweithöchste Veröffentlichungsrate an Buchveröffentlichungen pro Kopf hat, das alles passt nicht ins Bild des Aggressors Israel. Auch die letzten Wirtschaftsdaten der Weltbank für das Westjordanland von 9 Prozent Wirtschaftswachstum (2010 und 2011) stören das Schwarz-Weiß-Bild. Israelis sind die Täter, Palästinenser die Opfer. So wird der Sechstagekrieg im renommierten Westermann-Schulbuchverlag als Angriff Israels umgedeutet. »Israel erklärte seinen Luftschlag am 5. Juni 1967 gegen die arabischen Nachbarländer mit der Notwendigkeit, einem koordinierten arabischen Angriff zuvorkommen zu müssen.« Historisch korrekt, aber dennoch irreführend, denn die Formulierung suggeriert, dass es sich womöglich um eine politische Schutzbehauptung gehandelt habe. Die Abriegelung des Roten Meeres durch Ägypten und die Kriegserklärung des ägyptischen Präsidenten Nasser gegen Israel gut eine Woche vorher werden den Schülern nicht verschwiegen, aber auf diese Weise relativiert. Wer weiß schon, ob Ägypten der Kriegserklärung auch einen Angriff hätte folgen lassen?

Auch das Olympiaattentat in München von 1972 sieht Westermann in gnädigem Licht. Die Palästinenser hatten »das Trauma von Flucht und Vertreibung« langsam überwunden und sich fern der Heimat, »in der Diaspora, in der Fremde, politisch« neu organisiert. Damit ist auch gemeint, dass sie sich jetzt auch außerhalb Israels Gehör verschafften, um auf ihre Probleme aufmerksam zu machen. »Sie verübten auch spektakuläre Attentate im internationalen Kontext: Das aufsehenerregendste war eine Geiselnahme bei den Olympischen Spielen in München 1972, als eine palästinensische Terrorgruppe einen Teil der israelischen Olympiamannschaft in ihre Gewalt brachte.« Dass es fast die komplette Mannschaft war und dass elf Israelis den Tod fanden, braucht der Schüler vermutlich nicht zu wissen. Stattdessen: »Auch Flugzeugentführungen gehörten zum Repertoire des palästinensischen Terrors.« Als ob zum Abschluss eines guten Essens noch ein Schnaps gehört.

Ganz bizarr wird es dann aber bei der Darstellung des Jom-Kippur-Krieges. 1973, also ein Jahr nach dem Olympiaattentat, griffen die Armeen Syriens und Ägyptens Israel am höchsten jüdischen Feiertag, dem Versöhnungsfest Jom Kippur, an. So aber steht es nicht im Westermann-Schulbuch. Der Jom-Kippur-Krieg erhält hier zunächst einen weiteren, den arabischen Namen: »Ramadan-Krieg«, weil Jom Kippur damals zufällig auf den Ramadan fiel. Einfühlsam beschreiben die Schulbuchautoren die Not von Nassers Nachfolger im Amt, Anwar El Sadat, und der arabischen Nachbarn, die immer noch an den Niederlagen aus den vergangenen 25 Jahren gegen den Judenstaat zu knabbern hatten. Wegen des Stolzes! »Sadat (glaubte) zunächst, einen Achtungserfolg gegen Israel zu benötigen, nicht zuletzt auch, um das arabische Trauma zu überwinden.« Versteht man ja. Deshalb auch der Überraschungscoup. Es ließ sich auch aus Sicht der Autoren zunächst ganz gut an: »Der Vorstoß der arabischen Armeen im Golan und im Sinai verlief zunächst erfolgreich.« Aber: »Schnel-

len arabischen Siegen folgte jedoch ein israelischer Gegenschlag.«
Wer dafür empfänglich ist, wird hier gedanklich rasch ein »leider« ergänzen.

Wer diese tendenziöse Geschichtsschreibung Schülern weitergibt, darf sich nicht wundern, wenn sich insbesondere unter muslimischen Zöglingen das Feindbild Israel festigt. Und niemand muss sich wundern, wenn es dann durch Zufall einen wie Daniel Alter aus Friedenau trifft. »Wir müssen«, sagt Daniel Alter, »in einer breiten Mehrheit der Gesellschaft das Bewusstsein verankern, dass der Kampf gegen Antisemitismus und gegen Rassismus zwar auch den Interessen der jüdischen Gemeinschaft dient, dass es aber kein Kampf für das Judentum, für die jüdische Gemeinschaft ist, sondern dass dieser Kampf gegen Antisemitismus ein Kampf für die Kerninteressen und für den Erhalt und die Stärkung jeder demokratischen Zivilgesellschaft ist.« Er wünsche sich im Übrigen, dass das Bekenntnis seiner muslimischen Freunde, Islam bedeute Friede, nicht nur gepredigt, sondern auch gelebt werde. Zwar bewegt er sich in der Öffentlichkeit nur noch mit einer seine Kippa verdeckenden Baseball-Mütze, aber er zieht sich nicht zurück. Es sei trotzdem nach seiner ersten Attacke wieder von einer Gruppe arabischer Jugendlicher angesprochen worden, ob er Jude sei, und er habe wieder »Ja« gesagt. Einer der Jugendlichen habe sofort losgebrüllt: »Ich hasse alle Juden.« Er habe aber nur ruhig nachgefragt, wie viele Juden er denn kenne. »Keinen.« Es sei der Beginn eines guten Gespräches gewesen.

## »Hier zu leben, ist wirklich nicht einfach« –
## Zu Besuch bei Eldad Beck

Der Samstagmorgen, an dem wir mit Eldad verabredet sind, ist ein richtig guter Tag für gute Laune und nette Leute. Es riecht schon nach Sommer, obwohl im Kalender noch Frühling ist. Die Menschen wagen sich zum ersten Mal mit kurzen Hemden auf die Straße, Mütter und Väter schieben ihre Kinderwagen in die Sonne, aus den Backstuben riecht es nach frischen Brötchen. Es ist einfach ein perfekter Tag. Wir sind mit Eldad Beck und seinem Mann am Prenzlauer Berg verabredet, der besten Adresse für hippe Menschen. Wer es sich leisten kann, wohnt hier. Die Mieten sind explodiert, die Quadratmeterpreise für eine Eigentumswohnung durch die Decke geschossen. Eldad und sein Mann lieben das Viertel, sie sind hier heimisch geworden, obwohl sie beide Fremde sind. Sein Mann ist Österreicher, Eldad kommt aus Israel. In bestimmten Situationen sagte er aber lieber, er sei Österreicher, was faktisch korrekt ist, denn er hat auch einen österreichischen Pass. Das gestaltet den Umgang mit Nachbarn und neuen Bekannten erst mal leichter, als wenn er sich gleich als Israeli outet. Er muss dann keine blöden Fragen beantworten, die Eldad nicht scheut, aber als Österreicher wird er in Ruhe gelassen, was das Leben deutlich entspannter macht.

Zwei Schritte, kurz um die Ecke, noch zwei Kinderwagen ausgewichen, und wir sind da. Eldad hat sein Stammcafé ausgesucht, schräg, plüschig, rau und mit einem Charme, der sich erst Stammgästen wirklich erschließt, nichts für die Laufkundschaft. Breite, durchgesessene und etwas abgewetzte Sofas aus Omas Nachlass, wackelige Tischchen, knarrende Holzdielen, ein cooler Typ an der Bar, der sich mit der Zubereitung von Cappuccino abmüht. Aus den Lautsprechern dröhnt klassische Rockmusik, ein Hauch von Tabak liegt noch in der Luft.

Wir suchen uns eine kleine Ecke, möglichst weit weg von Bob Dylan, »Hey! Mr Tambourine Man, play a song for me«, der sich leider nicht leiser stellen lässt. Technisch vermutlich schon, aber ohne Musik kommt der Wirt nicht in die Puschen. »Ohne ihn«, dabei deutet Eldad mit einer kleinen Kopfbewegung auf seinen Mann, »hätte ich Deutschland schon längst verlassen. Es ist eine Last. Hier zu leben, ist wirklich nicht einfach.« Mit diesem Paukenschlag beginnt unser Gespräch an diesem perfekten Samstagmorgen, in einem perfekten Viertel mit perfekt zufriedenen Menschen auf der Straße, mit einem Mann, der seit zwölf Jahren hier lebt und sich fremd und unverstanden fühlt.

Eldad Beck ist Deutschlandkorrespondent von *Yedioth Ahronoth*, der größten und populärsten Tageszeitung Israels. Er berichtet aus einem Land, das – so lange ist es auch wieder nicht her – ihm einen gelben Stern auf sein T-Shirt genäht hätte, oder als bekennendem Schwulen den »Rosa Winkel«. Aber das ist Geschichte, jetzt sitzt er in der Stadt, die unter jungen Israelis so angesagt ist wie keine andere Metropole. Deutschland hat sich verändert, es ist das neue Deutschland, weltoffen, tolerant, multikulti, jedenfalls wenn man nicht so genau hinschaut. Aber Eldad Beck schaut sehr genau hin, es ist sein Beruf. Und so beschreibt er in seinen Reportagen und Büchern ein Deutschland, das sich schönredet und schönschreibt. Dieses andere, das neue Deutschland, ist für ihn Schönfärberei, ein Persilschein in eigener Sache, ausgestellt und bestätigt von prominenten und in Deutschland über allen Verdacht erhabenen Persönlichkeiten wie Avi Primor, dem ehemaligen Botschafter Israels in Deutschland, oder dem Historiker Moshe Zimmermann. Auch Uri Avnery gehört für ihn in diesen Reigen. »Sie sagen genau das, was die Deutschen hören wollen, eine perfekte PR-Maschine«, meint er, aber seinen Alltag bildet das nicht ab, und das schmerzt ihn: »All die Menschen, die alles, was uns wichtig ist, infrage stellen, werden hier Popstars. Seit dem Moment, in dem ich angefangen habe, die israelischen Positionen zu erklären, anstatt nur zu kritisieren, werde ich nicht mehr ins Fernsehen oder ins Radio eingeladen. Ich existiere eigentlich nicht.«

Wir kennen Eldad schon ein paar Jahre. Unsere journalistischen Wege haben sich immer mal wieder gekreuzt. Wir haben uns ausgetauscht und bei der Recherche unterstützt. Er ist sehr bewusst nach Deutschland gegangen, mit großer Begeisterung und Neugier. Die Neugier ist geblieben, die Begeisterung verflogen. Wir begegnen einem Mann, der plötzlich einsam wirkt. »Ich glaube, dass tatsächlich eine große Enttäuschung bei mir stattgefunden hat, weil ich glauben wollte, dass Deutschland sich geändert hat. Und dass ich in Deutschland mehr Verständnis finden werde für Sachen, die mir wichtig sind, das Judentum und mein Israel. Herauszufinden, dass es nicht so ist und dass viele Deutsche aus dem Vergangenen nichts gelernt haben, hat bei mir tatsächlich eine emotionale Reaktion verursacht, die aus der Enttäuschung kommt, aber inzwischen nicht mehr nur emotional ist. Die Deutschen gehen mir nicht mal mehr auf die Nerven, sondern ich mache mir Sorgen um Deutschland, weil ich glaube, dass da etwas absolut falsch läuft, das Land entwickelt sich absolut falsch.«

Draußen ziehen junge Familien vorbei, unbeschwert und ausgelassen. Die kleine Terrasse des Cafés füllt sich mit sympathischen Menschen. Ein Cappuccino, die *taz*, eine Zigarette, die wärmende Frühjahrssonne. Ein aufgeklärtes, großbürgerliches Publikum freut sich auf das Wochenende. Die Kinder buddeln im Sand. Die Fahrradfahrer tragen Helm. »Intellektuell fühle ich mich total bedroht«, sagt Eldad nach einer kurzen Pause, als hätten ihn seine harschen Worte eben selbst überrascht. Aber er verstärkt sie noch: »Isoliert und bedroht. Als Mensch, nicht nur als Israeli und Jude.« Aber durch wen bedroht? »Durch die Dummheit der öffentlichen Debatten in Deutschland, die Tabuisierung zu vieler Probleme, die existenziell für Deutschland sein sollten. Deutschland lehnt sich zufrieden zurück, junge Israelis kommen in die Stadt, und tatsächlich riecht es nicht mehr nach Gas in diesem Land. Man hat nichts mehr gegen Juden, und wenn, dann würde man es nicht sagen, man weiß schließlich, was sich gehört.«

Eldad hat ein gutes Gespür dafür, wenn Deutsche irgendwann aber doch mal was sagen möchten. Er versteht die Nuancen eines Gesprächs, spürt, wenn sein Gegenüber dazu ansetzt, die »kritischen« Fragen zu stellen, die sich ihm unweigerlich aufdrängen, kaum dass er weiß, dass ihm ein Jude, mehr noch: ein Israeli ge-

genübersitzt. Eldad kennt diese Fragen. Es sind immer die gleichen. Keine, wie man sie an jeden anderen richten würde: Wie ist das Wetter bei euch zu Hause, wie lebt ihr, was kostet ein Bahnticket, wie lange dauert die Universitätsausbildung, wie sind die Jobaussichten danach? Neulich seien sie in Vietnam unterwegs gewesen, im Urlaub. Alles wunderbar und faszinierend, auf einem Schiff in der Bucht von Halong, ein Muss für jeden Vietnamtouristen. Bis sie auf zwei Männer aus Deutschland trafen. Plötzlich gab es eine komische Stille, und in die platzte einer der beiden jungen Männer mit seinen »kritischen« Fragen. Der Mann wollte nicht nur eine Frage stellen, sondern eine »kritische« Frage, weil man als Deutscher eben nur eine kritische Frage an einen Israeli richten kann. »Warum schafft ihr es nicht, Frieden mit den Palästinensern zu schließen?« Da war sie, die Frage, mitten in Vietnam, im Urlaub bei einer Kahnpartie. Aber wenn Eldad Kinder hätte, käme diese Frage auch am Sandkasten am Kollwitzplatz, wenn er in der Fabrik arbeiten würde in der Mittagspause, wenn er Altenpfleger wäre beim Windelnwechseln. Die Frage klingt zunächst harmlos, aber sie beinhaltet für Eldad zwei Zumutungen, die sich in einem kleinen Wort verstecken: »ihr«. Eldad Beck, der in Berlin lebende Israeli, dem die jungen Männer in Vietnam begegnen und über dessen politische Haltung sie nichts wissen, wird in Mithaftung genommen. Das ist die erste Zumutung. Die zweite ist eine Unterstellung. Es sind die Israelis, die es nicht schaffen, Frieden mit den Palästinensern zu schließen. Sie sind schuld. Wäre es ein unvoreingenommenes Interesse, würde die Frage lauten: Warum ist es so schwierig für Palästinenser und Israelis, eine friedliche Lösung zu finden? Aber die Leute wollen nicht begreifen, dass zum Frieden zwei gehören. Die »kritische Frage« ist in Wahrheit keine Frage. Es ist nur die phrasenhafte Einleitung für den Schuldspruch. Sie fragen nicht, sie wissen bereits, wer verantwortlich ist: Israel ist an allem schuld. Das sitzt so tief, dass eine Argumentation sinnlos ist. Eldad versuchte trotzdem, dem Mann sachlich zu antworten. Aber ihm wurde sofort klar, dass sich die Mühe auch diesmal nicht lohnte, denn für seinen Gesprächspartner war klar, dass alles, was er, der Israeli, sagen würde, Propaganda ist.

»Viele Deutsche glauben ja ohnehin, dass der Holocaust zu propagandistischen Zwecken von Juden und Israelis benutzt wird. Und das ist tatsächlich eine Lose-lose-Situation. Man kann eigentlich nichts machen, denn Antisemitismus ist nicht unser Problem, es ist das Problem der Antisemiten. Das heißt, wir können nicht die Aufgabe haben, ein Problem zu lösen, das nicht unser Problem ist. Wir Juden haben andere Probleme, mit denen wir uns, glaube ich, sehr gut auseinandersetzen. Es gibt eine sehr lebendige Debatte, sowohl in jüdischen Gemeinden als auch in Israel, über Themen wie Rassismus usw. Wir machen schon unsere Arbeit, keine Sorge«, Eldad lacht. »Die Arbeit von Antisemitismusbekämpfung in Deutschland muss aber von den Deutschen gemacht werden, und das findet absolut nicht statt, weil man mit dieser Idee lebt, dass Deutschland nach dem Zweiten Weltkrieg mit der Besatzung und der Teilung schon alles erledigt und den Preis gezahlt habe. Die Deutschen haben sozusagen die Konsequenzen aus der Vergangenheit gezogen und sind sich sicher: Es gibt ein anderes, neues Deutschland. Falsch, absolut falsch, weil es nicht die Wahrheit ist. Der Holocaust wird nicht unterrichtet oder kommt nicht an. All diejenigen, die behaupten, dass sie zu viel vom Holocaust im Fernsehen gesehen haben, sind diejenigen, die die Sendungen nicht gucken. Es ist eine Minderheit, die sich mit dieser Thematik beschäftigt, aber die Mehrheitsgesellschaft hat noch immer dieses Problem. Und früher oder später wird es viel massiver zu spüren sein, weil die Menschen sich einfach die Freiheit nehmen werden, sich wirklich so zu äußern, wie sie auch denken. In Deutschland denken viele Leute etwas, sagen es aber nicht, sondern haben sehr gute Methoden der Tarnung entwickelt, um ihre Meinung zu äußern.«

Eldad erlebt, wie junge Israelis durch die Straßen und Kneipen Berlins ziehen. Für sie ist es das neue Deutschland und weit weg von dem Land, das ihre Großeltern ermordet hat. Zum Teil sprechen sie natürlich nur schlecht Deutsch, sie verstehen nur wenig und verstehen deshalb nichts. »Die hören diese Tarnung nicht, aber mit der Zeit, wenn man die Sprache wirklich spricht und wenn man hören will, ist es viel problematischer.« Ihm ist es vor zwölf Jahren, als er aus Wien nach Deutschland kam, ähnlich ergangen. Und das Fatale daran sei, dass viele junge israelische Touristen eher dem linksliberalen Spektrum angehörten, sich offen kritisch zur Politik ihres Landes äußerten und deshalb dafür von Deutschen besonders geliebt würden. Israelische Kronzeugen der Anklage. Wenn er dagegen Israel die Stange halte, sei er sofort ein Faschist. »Es ist einfach nicht zu fassen. Die Dummheit der öffentlichen Debatte über das Thema Israel ist bedrückend für ein entwickeltes Land.«

Eldad kam auf dem Höhepunkt der Zweiten Intifada nach Deutschland. Als er seinen Journalistenkollegen offenbarte, er sei aus Israel, wandten sie sich von ihm ab. Sie wollten nichts wissen aus seinem Land, weil sie schon alles zu wissen glaubten. Sie haben sich nie für das Land interessiert und nicht für ihn. Sie haben nicht ernsthaft nachgefragt, was er denkt, wen er wählt, wie er die Politik Israels bewertet. Genau wie seine Reisebekanntschaft in Vietnam Jahre später, hatten auch sie sich bereits ein festes Bild gemacht, das sie nicht erschüttern wollten. Die Recherche ist, wie man unter Kollegen gerne sagt, der Tod jeder guten Story. Das war nicht nur bei seinen Printkollegen so, auch Fernseh- und Hörfunkkollegen zeigten die kalte Schulter. Seitdem ist er, wenn er seine Ruhe haben will, eben Österreicher und kein Israeli mehr. Dabei hätten seine journalistischen Kollegen durchaus von ihm profitieren können. Eldad spricht fließend Arabisch, schon während seiner Militärzeit hat er Interviews mit PLO-Vertretern geführt, obwohl damals der Kontakt zur PLO strikt untersagt war; er hat für die österreichische Regierung bei Projekten in der Westbank mitgearbeitet, unter anderem für eine Blindenschule in Dschenin. Aber möglicherweise wollten seine Kollegen an seinen Erfahrungen nicht teilhaben, um ihr Schwarz-Weiß-Bild nicht plötzlich in Farbe sehen zu müssen. Eldad bekam als Entwicklungshelfer mit, wie selbst seine israelischen Kollegen den Palästinensern auf den Leim gingen. Auf Englisch bekamen sie die Antworten, die sie hören wollten, auf Arabisch sagten sie genau das Gegenteil. »Die Idee von Koexistenz, die Idee von einer Zwei-Staaten-Lösung war nirgendwo präsent. Vom Büro Arafat bis zum letzten Kindergarten im Flüchtlingslager. Im Gegenteil. Überall hat man von ganz Palästina gesprochen.« Tagsüber hat er in Ramallah und in anderen Orten der Westbank gearbeitet, und abends fuhr er dann nach Tel Aviv. Zwei Welten, die nichts miteinander zu tun hatten. Er habe seinen israelischen Freunden immer wieder gesagt: »Ihr wisst nicht, was da läuft. Das hat mit Frieden absolut nichts zu tun.« Und mit Ausbruch der Zweiten Intifada fand er sich dann auf das Schrecklichste bestätigt.

Zu seinen Aufgaben in Deutschland gehört die intensive Beobachtung der deutschen Presse zum Thema Israel. Schon damals sei ihm aufgefallen, dass Israel keineswegs geschont werde, dass Israel zu kritisieren alles andere als ein Tabu war, ganz im Gegenteil: »Israel wurde dämonisiert, dadurch dass die Menschen in Israel absolut entmenschlicht wurden.« Der Fokus seiner Kollegen war ausschließlich auf das Leid der Palästinenser gerichtet, denen ja ohne Zweifel auch Grausames widerfahren sei und widerfährt, wie Eldad sofort unterstreicht, aber keiner habe die Gründe dafür genannt. Das erinnere ihn an das deutsche Leid: »Natürlich hat die deutsche Bevölkerung am Ende des Krieges gelitten. Die Frage ist nur, warum.« Während wir Eldad zuhören, fällt uns selbst etwas auf, das an seine Beobachtung anknüpft. Dieselben Menschen, die den deutschen Vertriebenenverbänden Revanchismus vorwerfen, wenn sie über ihre Heimat Schlesien oder Ostpreußen reden, beharren wie selbstverständlich auf dem Rückkehrrecht der Palästinenser für Kinder und Kindeskinder bis in alle Ewigkeit.

»Es gibt«, sagt Eldad, »tatsächlich viele interessante Bezüge und Parallelen zwischen dem, was in Deutschland passiert, und wie die Situation im Nahen Osten behandelt wird. Und es ist schon bemerkenswert, dass es in der Berichterstattung über die Intifada so gut wie keine Berichte über die normalen Menschen in Israel gab. Das heißt, sie haben Israelis nur als Soldaten, als Siedler und als Ultraorthodoxe gesehen. Dass die Menschen sich zu Hause versteckt haben, weil sie Angst hatten, Bus zu fahren, in einem Café zu sitzen, also die furchtbare Angst vor der Situation, die damals in Israel herrschte – kein Wort. Jedenfalls zu wenige Berichte. Und dadurch war es eine Übermenschlichung der

Palästinenser, die mit ihren Schicksalen spürbar wurden und mit denen man sich deshalb leicht identifizieren konnte, gegenüber einer Entmenschlichung der Israelis, die nur als Prototypen in ihrer ›Uniform‹ auftraten und deshalb fremd bleiben mussten. Die Israelis wurden eben nicht so dargestellt, dass man mit ihnen hätte mitfühlen können. Und das hat mich am meisten schockiert und gestört. Und es geht bis heute so. Es geht bis heute so!«

Die Musik ist inzwischen etwas leiser, der Mann am Tresen wird munter, und wir haben einen neuen Kaffee bestellt. Eldads Entsetzen über die Gefühlskälte, die ihm und seinem Land entgegenschlägt, ist zum Greifen spürbar. Einen langen Moment herrscht Stille. Seine Worte hallen in uns nach, und auch der Vergleich zwischen den vertriebenen Deutschen damals und den Palästinensern heute. Kann es sein, dass sich auch deshalb so viele hierzulande für die palästinensische Seite interessieren, weil sie sich unbewusst identifizieren, weil sie sich selbst als Opfer der Juden sehen? Das palästinensische Vertreibungsschicksal als Projektionsfläche für das deutsche Trauma der Vertreibung? Andererseits: Vertriebene und Flüchtlinge gibt es millionenfach auf der ganzen Welt, ohne dass für ihr Leid hierzulande besondere Empathie spürbar wäre. Warum also bei den Palästinensern? Weil sie als einzige Opfer der Juden und damit auf eine irrationale Weise mit der deutschen Geschichte verbunden sind? Ohne den verlorenen Krieg keine Vertreibung, ohne Holocaust keine deutsche Schande? »Die Deutschen werden den Juden Auschwitz nie verzeihen«, diese bittere Deutung des israelischen Psychoanalytikers Zvi Rex ist für Eldads Mann nicht abwegig. Er ist selbst Analytiker und kann Eldad helfen, dieses Land zu verstehen. Doch die Einsamkeit bleibt.

Weder während des zweiten Libanonkrieges noch im Gazakrieg 2008/2009 habe sich an der Abwehr seiner Kollegen etwas geändert. Am Ende gab es dann noch die Geschichte der Gaza-Hilfsflottille, »wo die Menschen nicht einmal zwei Sekunden gewartet haben, um zu fragen: Moment, was ist da los? Sofort: Die Israelis schon wieder!« Eldad war in letzter Zeit sehr viel für seine Zeitung in der arabischen Welt unterwegs, in Ägypten und

Tunesien, aber auch in der Türkei. Er hat deutlich gespürt, wie der Antisemitismus auch dort zugenommen hat und dass es dabei nicht allein um Israel geht, sondern um den Hass auf Juden. Hass der Muslime, der nach Deutschland schwappt, und der sei auch unter Migranten in Deutschland virulent, täglich manifest und zum Teil sogar heftiger als in deren Herkunftsländern: »Hier gibt es eine Symbiose zwischen ihrem und dem unbewussten Vernichtungsantisemitismus der Deutschen. Und die Leute fühlen sich einfach bestärkt durch das, was sie von der Mehrheitsgesellschaft der Deutschen hören.«

Aus den Lautsprechern tönt ein Gitarrensolo von Jimi Hendrix. Der Mann hinter dem Tresen ist mit dem Abwasch der vergangenen Nacht beschäftigt. Geschirrgeklapper.

Eldad ist nicht resigniert oder verbittert. Er ist verzweifelt. Auch über die deutschen Medien. Für besonders verhängnisvoll hält er das Programm der Deutschen Welle, weil es weltweit verbreitet werde, auch in die arabische Welt. »Die machen arabische Propaganda. Die laden mich ein, weil ich Arabisch spreche, aber inzwischen gehe ich nicht mehr hin, weil ich keinen Koscher-Stempel geben will für einen Sender, der hauptsächlich antiisraelisch ist.« Er sei leider abgestempelt, habe ein eindeutiges Etikett. Dabei sei er kein Rechter, sondern ein Liberaler. »Aber auch das, was ich als Liberaler zu sagen habe, wird von den guten linken Deutschen nicht akzeptiert.« Stattdessen gäbe es einflussreiche Think Tanks, die die Seite der Islamisten nicht unterstützen, aber durch naives Verständnis hoffähig machten. »Bei orthodoxen Juden bekommen sie eine schwere Allergie, aber die Islamisten auf dem Tempelberg – wie wunderschön, was für eine Kultur!« Deutlicher könne man Antisemitismus in Deutschland nicht beschreiben: »Die absolute Ablehnung, Juden zu akzeptieren, wie sie sind, vor allem religiöse und orthodoxe Juden.«

Sein Vater stammt aus Österreich und dessen Mutter, Eldads Großmutter, ursprünglich aus dem Sudetenland. Die Familie seines Vaters wurde zum großen Teil von den Nazis ermordet, die der Mutter hatte sich schon sehr früh nach Eretz Israel gerettet. Vielleicht sind es diese verrückten Biografien, die Eldad zu dem Vergleich von Vertriebenen und Palästinensern angeregt haben. Als wir ihn am Ende bitten, den Satz »Israel ist für mich ...« zu vollenden, wissen wir, warum so wenige ihn wirklich fragen: »... ein Wunder! Wirklich. Israel ist für mich ein Wunder und ein Symbol für Freiheit, für Vielfalt, für Toleranz, für Buntheit, für Überleben und für Hoffnung auf eine bessere Welt. Und dass Israel in den letzten sehr schwierigen 15 Jahren das geblieben ist, was es ist, ist für mich ein Zeichen, dass es wirklich ein Wunder ist.«

# Die Rolle der Medien

Hatte man ihm etwas in den Morgenkaffee getan? Hatte er aus Versehen statt nach Doppelherz zu Crystal Meth gegriffen, bevor er am 18. Juli 2014 in das ARD-Morgenmagazin geschaltet wurde? Der frühere Bundestagsabgeordnete und kampferprobte »Israelkritiker« Jürgen Todenhöfer war jedenfalls mal wieder gut in Fahrt. Während der Anmoderation sah man ihn in tiefer Erschütterung auf einem Trümmerberg in Gaza sitzen. Der sensible Gast aus Deutschland schaute traurig auf die wie zufällig ins Bild verstreuten Spielsachen und Puppen um ihn herum. Der Zuschauer weiß weder, wer das Haus zerstört hat, noch, wer darin gewohnt hat. Aber auf den Trümmern sitzt Jürgen Todenhöfer mit seiner Botschaft: »Kindermörder Israel«.

## Der Mann, der durch den Tunnel kam

Als er ins Morgenmagazin geladen wird, steht die israelische Bodenoffensive kurz bevor. Und was das heißt, weiß offenbar niemand besser als Jürgen Todenhöfer. »Der bisherige Krieg ist ein maßloser Angriff Israels auf Gaza. (…) Wenn jetzt die Bodenoffensive dazukommt, wird nicht die Hamas zusammenbrechen. Aber es bricht das kleine Volk von Gaza zusammen, das dort in einem Käfig auf dem engsten Flecken der Welt lebt.« Aufgewühlt berichtet er von schutzlosen Menschen und zerstörten Häusern in Gaza, während er in Ashkelon nur eine zertrümmerte Sauna in einem Haus gesehen habe, das von den offensichtlich nicht sonderlich effektiven Raketen der Hamas getroffen worden sei. Auf seiner Facebook-Seite hatte Todenhöfer den Kampf der Hamas mit dem »aussichtslosen Kampf der Indianer in Amerika« verglichen. Ihn hätten die Hamas-Bomben an die Pfeile der Indianer erinnert, die diese »aus purer Verzweiflung« gegen die weißen Siedler abgeschossen hätten, hieß es. Während er von über 200 Toten in Gaza zu berichten weiß, habe es in Israel »nur einen Toten« geben. Es sind diese drei Buchstaben, die sich zum harmlosen Wort »nur« fügen, die aus einer vermeintlich sachlichen Mitteilung ein ressentimentgeladenes Opferranking machen. Damit wird die militärische Auseinandersetzung ihres politischen Kontextes enthoben. Die Vorgeschichte und damit die Gründe für den israelischen Angriff werden ebenso ausgeblendet wie der Verlauf und die Bedrohung Israels. Wer die meisten Toten hat, ist das Opfer, also unschuldig, wer militärisch stärker ist, ist der Kriegsverbrecher, so schlicht, so falsch, so ideologisch. Besonders deutlich wird das wenig später. Während des Interviews laufen im Hintergrund unscharfe Schwarz-Weiß-Bilder, auf denen dunkle Punkte zu sehen sind. Es sind Bilder der israelischen Luftaufklärung. Sie zeigen Hamas-Terroristen beim Verlassen ihrer heimlich nach Israel getriebenen Tunnel. Aber das erfährt der Zuschauer nicht. Das Kriegsdekor läuft unkommentiert im Hintergrund, bis sich der einfühlsame Jürgen Todenhöfer plötzlich umblickt und etwas unvermittelt erklärt, dass er selbst einen dieser Tunnels benutzt habe, um ins hermetisch abgeriegelte Gaza zu gelangen und mit dem Leid der Palästinenser (»eines der gequältesten Länder der Welt«) eins zu sein. Nun dienten die gezeigten Tunnel erstens weder dem Reiseverkehr für Polittouristen noch dem problemlosen Einkauf in Tel Aviv, sondern waren die Vorbereitung einer groß angelegten mörderischen Selbstmordinvasion der Hamas, die sie für Rosch Haschana 2014 geplant hatten. Deshalb waren sie, zweitens, auch auf israelischer Seite noch verschlossen, um unentdeckt zu bleiben, weshalb drittens kaum anzunehmen ist, dass die Hamas die Einstiegsluken ausgerechnet für Jürgen Todenhöfer geöffnet und damit ihre große Aktion gefährdet hätte. Wenn überhaupt, dann war es einer der vielen Tunnel aus und nach Ägypten, die er für die Einreise benutzen durfte. Obwohl er vermutlich durchaus auch offiziell aus Israel über den Grenzübergang Erez hätte kommen können und möglicherweise auch gekommen ist. Das aber hätte natürlich deutlich weniger Glamour gehabt. Dass durch diese Tunnel nach Ägypten schon damals nicht nur Pitabrote nach Gaza geliefert, sondern auch

Waffen, Munition und Raketen geschmuggelt wurden, weiß der Experte natürlich, aber er sagt es nicht. Nein, die Menschen in Gaza hätten begonnen, »wie Maulwürfe Tunnel in Nachbarländer zu graben, um manchmal für ein paar Tage oder Stunden Freiheit zu schnuppern«, schreibt er in einem seiner Frontberichte.

Nicht nur Charlotte Knobloch, die ehemalige Präsidentin des Zentralrats der Juden in Deutschland und Präsidentin der Israelitischen Kultusgemeinde München und Oberbayern, ist fassungslos über diese hasserfüllte Berichterstattung und schreibt in einem offenen Brief an Todenhöfer: »Mir ist unbegreiflich, wie verantwortungsvolle und seriöse Medien Ihnen ein Forum bieten können, um Ihre Anschauungen zu verbreiten, die offensichtlich jeden Bezug zur Realität verloren haben.« Sie sorgt sich geradezu um Todenhöfer: »Sie sind in einer Weise voreingenommen und beseelt von islamistischem Gedankengut, dass ich mir ernsthaft Sorgen um Ihren Gemütszustand mache (…). Goldrichtig analysierte Verteidigungsministerin Ursula von der Leyen, Ihnen seien die Argumente ausgegangen. Als ›politischen Geisterfahrer‹ identifizierte Sie Agrarminister Christian Schmidt, und Außenpolitikexperte Karl-Georg Wellmann riet Ihnen, sich in fachärztliche Behandlung zu begeben.« Doch Jürgen Todenhöfer hat eine große Fangemeinde. Seine kruden Thesen und seine Augenzeugenberichte finden Leser, Zuhörer und Zuschauer. Er ist ein gefragter Talkshowgast und Experte. Seine Stimme wird gehört und vor allem im Netz weiterverbreitet – weil er sagt, was viele glauben und glauben wollen, weil er ihre Voreingenommenheit mit dem Nimbus des engagierten Wohltäters und Augenzeugen versieht.

## Bildbeschaffer für die Bilder im Kopf

Israel ist das Land mit der höchsten Dichte an Korrespondenten weltweit und ist doch nicht größer als das Bundesland Hessen. Aber die Hoffnung, wir würden entsprechend vielfältig über den Nahostkonflikt informiert, erfüllt sich leider nicht. Im Gegenteil, viele Medien bedienen und festigen die gängigen Vorurteile gegen den Staat Israel. Damit bedienen sie den Mainstream, aus dem sie kommen. Sie sind die Bildbeschaffer für die Bilder im Kopf.

Nun ist es ziemlich verzwickt, in der Fülle der Berichterstattung verlässliche Werte dafür zu ermitteln, wie tendenziös verkürzt der Nahostkonflikt wahrgenommen wird. Ein Beispiel ist erneut der Gazakrieg 2014. Der Sprachwissenschaftler Anatol Stefanowitsch von der TU Berlin hat Schlagzeilen deutscher Medien im Zeitraum vom 6. bis 11. Juli 2014 untersucht. Er wollte wissen, ob es tatsächlich eine Israel benachteiligende und die Hamas und die Palästinenser schonende Berichterstattung gegeben hat. Sein Ergebnis: »Eine systematische Asymmetrie in der Darstellung der Akteure.« In 170 Schlagzeilen wurde Israel 92 Mal als treibender, als kriegerisch Handelnder dargestellt, die Hamas nur in 42 Beispielen. Das ist insofern bemerkenswert, als zu diesem Zeitpunkt bereits bekannt war, dass die Hamas alles unternommen hatte, Israel zu provozieren und zu einem Gegenschlag herauszufordern.

Daneben gab es bestenfalls neutral gehaltene Überschriften, die den Krieg losgelöst von jeder Verantwortung erscheinen ließen. »In Nahost herrscht wieder Krieg«, lautete eine. Wenn Israel zurückschießt, wird es ausdrücklich genannt (»Israelische Angriffe«); wenn die Hamas Raketen auf Israel abschießt, werden die Akteure dagegen gerne unterschlagen: »Wieder Raketenangriffe auf Tel Aviv« heißt es dann, als kämen sie vom Mars. Aber warum diese Verzerrung der Berichterstattung? Stefanowitsch vermutet dahinter schlicht »eingeschliffene Denkmuster, (...) die weitgehend unbewusst reproduziert werden«.

Der von den Raketen aus Gaza von Anfang an am meisten betroffene Ort Sderot war lange nur Insidern ein Begriff. Die Kleinstadt in Sichtweite des Zaunes, der den Gazastreifen von Israel trennt, ist eine prima Zielscheibe für die Schützen aus Gaza. Die 25 000 Einwohner stehen seit dem 16. April 2001 quasi unter einem Raketen-Dauerbeschuss, ohne dass es die Völkergemeinschaft oder die Medien wirklich interessiert hätte. Ein Drittel der

Bewohner leidet mittlerweile unter dauerhaften Angstzuständen, berichten Mitarbeiter von NATAL, einem Stresszentrum in Tel Aviv, das sich um diese Menschen kümmert. Es gibt keine UNO-Resolution, keine Friedensdemonstrationen deutscher Pazifisten vor Ort, auch keinen Konstantin Wecker, der sich im Frühjahr 2003, kurz vor Beginn des Irakkriegs, als lebender Schutzschild nach Bagdad aufgemacht hatte. Auch Bürger der deutschen Partnerstadt Berlin-Zehlendorf wurden nicht gesichtet. Die seit 1975 bestehenden Kontakte seien durch »die Terroranschläge« in der letzten Zeit »zum Erliegen gekommen«. Aber sie würden natürlich sofort wieder aufgenommen, »sobald etwas Ruhe eingekehrt ist«. Das kann länger dauern und legt die Frage nahe, was denn der tiefere Sinn einer solchen Städtepartnerschaft ist, wenn sie sich darin erschöpft, mitzuteilen, dass man gerne wieder vorbeischaut, wenn Solidarität nichts mehr kostet.

Der Terror aus Gaza ist zum Alltag in Sderot geworden. Vom Ertönen des Frühwarnsystems »Zeva Adom«, Farbe Rot, an bleiben den Bewohnern zwanzig Sekunden, um einen sicheren Schutzraum zu erreichen. Zwanzig Sekunden, die nur deshalb meist ausreichen, weil jedes Haus und jede Straße in Sderot einen Schutzraum hat. Die Stadt ist übersät mit 5000 kleinen, wenig schmuckvollen Betonunterständen. Das »Pech« der Betroffenen aus journalistischer Sicht war lange der Umstand, dass es dank eines massiven israelischen Raketenabwehrsystems lange so gut wie keine Opfer gab.

Der Fall Sderot zeigt eindrucksvoll, wie herzlich gleichgültig den Palästinenserfreunden nicht nur Israel, sondern auch die Palästinenser selbst sind. Schon aus Sorge um die Zivilbevölkerung, die rund um die Raketenwerkstätten und Abschussrampen wohnt, hätten sie das Thema in die Schlagzeilen bringen und auf die politische Agenda der Weltgemeinschaft setzen müssen. Dass die Sprengstoffherstellung in Wohngebieten immer wieder zu »Arbeitsunfällen« mit vielen Toten, übrigens auch Kindern, führt, hätte Friedensfreunde umtreiben müssen, ebenso wie der Zynismus, dass diese Toten natürlich als Märtyrer gelistet werden, denn auch sie sind ja gefallen im Kampf für die Befreiung

Palästinas. Als bei einer Hamas-Militärparade am 23. September 2006 aus Anlass einer Feier zum Jahrestag des Abzugs der Israelis aus Gaza ein Lastwagen mit Munition explodierte und 19 Menschen, darunter auch Kinder, zerfetzte, beschuldigte die Hamas prompt Israel, mit Kampfbombern in die Menge gefeuert zu haben. Gezielte Desinformation. Doch nicht nur aus Sorge um die zivile Nachbarschaft der Bombenbauer hätten diejenigen, denen die Palästinenser wirklich am Herzen liegen, alarmiert sein müssen. Keiner, der halbwegs politisch bei Sinnen war, konnte davon ausgehen, dass Israel unbegrenzt stillhalten würde. Und so war es nur eine Frage der Zeit, bis Israel die Kriegserklärung der Hamas annehmen und beantworten würde. Zeit, die politisch hätte genutzt werden können und müssen, wenn es tatsächlich darum gegangen wäre, Menschenleben in Gaza zu retten. Hätte es internationalen und öffentlichen Druck auf die Hamas gegeben, hätte die UN sich auf die Seite der beschossenen israelischen Zivilisten gestellt und es damit nicht Israel allein überlassen, seine Bevölkerung zu schützen, wäre dies der zugleich beste Schutz der palästinensischen Zivilbevölkerung gewesen. Abgesehen davon hätte eine solche politische Intervention zum Schutz der israelischen Zivilbevölkerung auch die Glaubwürdigkeit in Jerusalem erhöht und damit die Chance, im Sinne des Friedensprozesses politisch etwas bewegen zu können. Doch der Raketendauerbeschuss, dem nicht nur Sderot, sondern zunehmend auch andere Städte Israels ausgesetzt waren und sind, fand in den Medien erst dann Niederschlag, als es galt, über den ersten Gazakrieg im Dezember 2008 zu berichten, die »Operation gegossenes Blei«.

Die israelische Militärzensur blockierte damals ebenso wie die in Gaza regierende Hamas jede unmittelbare Berichterstattung aus den Kampfgebieten. Die Journalisten konnten nur von einer israelischen Anhöhe aus nach Gaza filmen und dort die gewaltigen Einschläge israelischer Bomber zeigen. Auf der verzweifelten Suche nach möglichen Drehorten und thematisch passenden Bildern zog der Medientross nun erstmals wenige Kilometer weiter nach Sderot. Mittlerweile hatte sich herumgesprochen, dass dort bis dahin über 8600 Raketen eingeschlagen waren. Besonders massiv war der Beschuss Sderots, nachdem Israel 2005 den Gazastreifen geräumt hatte. Allein im Jahr des Abzugs – der Rückzug wurde im August 2005 abgeschlossen – schlugen in Israel 179 Raketen ein. 2006 verfünffachte sich die Zahl der Angriffe auf 946. Als Ende September 2007 die Hamas in einem Putsch den Gazastreifen unter ihre Kontrolle brachte, beruhigte ein Kommentator von RIAS Radio seine Zuhörer, es gebe keinen Grund zur Sorge. »Das Einzige, was seither – seit der Machtübernahme der Hamas – in Gaza Konjunktur hat, ist der Widerstandskampf, das heißt die Nadelstiche mit Kassam-Raketen, oft gegen benachbarte israelische Ortschaften wie Sderot.« Hier bezeichnet ein deutscher Journalist die Bombardierung von Kindergärten und Schulen in Israel als »Nadelstiche«. Wie geht es eigentlich dem achtjährigen Jungen, dessen Bein wenige Tage nach dem Bericht amputiert werden musste?

Die Kaltschnäuzigkeit, mit der der Kommentator über die Angst, die Schlaflosigkeit, die Verletzungen und die Traumatisierung, insbesondere der sonst so teilnahmsvoll erwähnten Kinder, hinwegschreibt, ist keine Ausnahme. In der Berichterstattung werden bis heute die Raketen gerne kleingeschrieben: »Selbst gebastelt«, verfügen sie über »keine große Sprengkraft«, richten nur Schäden an Häusern an und zerstören nur ziemlich selten etwas. Ein eher lächerlicher Versuch, das hochgerüstete Israel ein bisschen zu piesacken. »Man wünscht sich fast«, schreibt Henryk M. Broder bissig, »einer dieser Feuerwerkskörper möge dort landen, wo solche Sätze geschrieben werden, nur um zu sehen, wie gelassen die Fachleute für angewandte Pyrotechnik darauf reagieren.«

Nachdem im Januar 2009 die »Operation gegossenes Blei« mit einer einseitigen Waffenstillstandserklärung durch Israel endete, zog der Medientross wieder ab. Israels Waffen schwiegen, aber der Raketenbeschuss auf Israel hielt an. Jeden Tag. Das aber fand in den deutschen Abendnachrichten nicht mehr statt. Sderot und andere Zielorte des palästinensischen Raketenterrors waren wieder auf sich allein gestellt. Erst als Israel die »Nadelstiche« satt hatte und Ende 2012 zurückfeuerte, war das Medieninteresse wieder geweckt. »Nahost-Kämpfe fordern viele zivile

Opfer – Im Gazastreifen fließt weiter Blut«, lautet die Schlagzeile im *Handelsblatt.* »Bei israelischen Luftangriffen sterben Frauen und Kinder«, erfährt der Leser in der Unterzeile. Aber statt wenigstens jetzt über die Vorgeschichte dieser »Daily Terror«-Soap zu berichten, nach dem bewährten Serienprinzip: »Was bisher geschah«, wird die Täter- und Opferseite einfach umgedreht. Nicht Israel wehrt sich, sondern die Hamas: »Die Hamas rächt sich und feuert Raketen auf Tel Aviv.« Zwischen den Angriffen Israels, so beruhigt der *Stern* seine Leser, gebe es »noch sporadischen Raketenbeschuss Israels aus dem Gazastreifen«, was dann eher so klingt wie beim Wetterbericht: leichte Regenschauer am Nachmittag.

Dabei waren es selbst in einem vergleichbar ruhigen Jahr wie 2011 für Sderot immer noch zwei Raketenangriffe pro Tag. Im Hinterhof des Polizeipräsidiums lassen sich die Überreste des Raketenterrors bis heute gut besichtigen. Eine gigantische Menora aus Raketenresten schmückt das Stadtbild in ganz eigener und trotziger Weise. Aber die Newsschwelle nimmt der tägliche Raketenterror erst sehr viel später wieder, als im Juli 2014 ein neuer Raketenrekord von 3253 Raketen auf Israel zu vermelden ist. Man möge sich nur einen kurzen Augenblick vor Augen halten, wie die Stimmungslage in Deutschland wäre, wenn beispielsweise eine grenznahe Stadt wie Traunstein durch österreichische Separatisten in ähnlicher Weise angegriffen würde.

Fahrlässig werden Halbwahrheiten verbreitet und manchmal sogar Falschmeldungen, die interessante Rückschlüsse auf die verantwortlichen Redakteure zulassen. Würde etwa eine Agenturmeldung zu einem deutschen oder, um in der Region zu bleiben, einem palästinensischen Giftgasangriff auf dem Monitor eines *Focus*-Redakteurs auftauchen, so würde er vermutlich tun, was ein guter Journalist zu tun hat bei einer so dramatischen Meldung: zumindest stutzig werden, zweifeln, dann recherchieren. Es sei denn, es geht um Israel. Dann drängt die Zeit, und es kann auch ungeprüft rausgehen. So titelte Focus-Online am 5. Mai 2013: »Syrien reagiert nicht auf Israels Giftgasangriff.« Damit hatte ein seriöses Nachrichtenmagazin etwas behauptet, das selbst den entschiedensten Israelkritikern nicht in den Sinn gekommen wäre. Eineinhalb Stunden blieb diese Falschmeldung online, bis sie der Verlag dann verschämt durch die neue Schlagzeile: »UN-Ermittler suchen nach Quelle für Nervengas Sarin« austauschte. Der Verlag sah dennoch keinen Grund, eine eigene Richtigstellung einzurücken, schließlich habe der Leser nach dieser sensationellen Überschrift gewiss auch den ganzen Artikel gelesen und dabei festgestellt, dass die Schlagzeile falsch sein müsse. Ein Highlight medialer Rabulistik. Wenn schon der zuständige Redakteur die Schlagzeile für passend hielt, warum sollten sie dann die Leser infrage stellen? Dass man dem Judenstaat alles, auch einen Giftgasangriff, ohne Weiteres zutraut, hat natürlich nichts mit Antisemitismus zu tun. Entsprechende Vorwürfe weist der Chefredakteur gegenüber dem Deutschen Presserat entschieden zurück. Dem *Focus* sei eine journalistische Panne unterlaufen, mehr nicht. Aber nicht die erste in diesem Zusammenhang.

Unvergessen und mittlerweile fast legendär ein ähnlicher Titel aus dem Hause *Focus*: »Israel droht mit Selbstverteidigung«, das war 2006. Hintergrund dieser Schlagzeile waren Meldungen aus dem Iran, der ungerührt und zielstrebig an einer Atombombe bastelte und auch schon wusste, wo er diese abwerfen wollte. Dafür, dass eine solche Nachricht in Tel Aviv weniger gelassen gelesen wird als in der *Focus*-Heimat München, hatte der Texter der Schlagzeile offenbar keine ausreichende Empathie. Wie auch, Deutschland war ja nicht gemeint. Aber diese Schlagzeile bediente eine ganz andere Angst, dass nämlich der Weltfrieden durch einen Staat riskiert wird, weil er sich wehrt, vielleicht sogar, bevor es zu spät ist. Folgerichtig und ganz am Puls der deutschen Friedensfreunde schreibt deshalb dann auch kein Geringerer als Günter Grass am 10. April 2012 unter der Überschrift: »Was gesagt werden muss« in der *Süddeutschen Zeitung*: »Die Atommacht Israel gefährdet den ohnehin brüchigen Weltfrieden.« Das ist nicht nur die Haltung eines alternden Poeten, sondern sie ist Gemeingut. Die *Welt am Sonntag* kommt 2012 in einer repräsentativen Umfrage zu dem Ergebnis, dass zwar jeder zweite Befragte (48 Prozent) der Ansicht sei, vom Iran ginge die größere Gefahr für den Frieden aus, dass aber unter den Wählern der Linken 52 Prozent in Israel die größere Bedrohung für den Weltfrieden sehen. Ähnliche Umfragen im Auftrag der EU kamen zu den gleichen Ergebnissen.

Um die Gnadenlosigkeit Israels zu unterstreichen, werden die Reporter und Kommentatoren nicht müde zu berichten, dass die Zivilbevölkerung des Gazastreifens in einem »Gefängnis mit Meerblick« im »dichtesten besiedelten Gebiet der Welt« eingepfercht lebt beziehungsweise »in einem Käfig auf dem engsten Flecken der Welt«, wie es der einfühlsame Jürgen Todenhöfer im Morgenmagazin formuliert hatte. Vom *Deutschen Ärzteblatt* bis zum *Freitag*, von der *Neuen Westfälischen* bis zur FAZ, alle Agenturen, Zeitungen und selbst die Tagesschau haben diesen offenkundigen Unsinn lange nachgebetet. Auch beim Gazakrieg 2014 war das ähnlich. Dabei weiß jeder, der jemals in Gaza oder im Gazastreifen war und die Grundrechenarten beherrscht, dass das nicht stimmen kann. Selbst Tel Aviv etwa ist ebenso dicht besiedelt wie der Gazastreifen, ohne dass es übrigens die Hamas jemals davon abhalten würde, ihre Kassam-Raketen genau in diese Richtung abzufeuern. Und natürlich ist etwa Mumbai fünf Mal so dicht besiedelt, selbst Basel oder München verweisen den Gazastreifen auf die hinteren Plätze im Ranking. Aber wie kommt eine solche offenkundige Falschmeldung auf den Markt? Die Quelle für die Einwohnerdichte Gazas soll auf eine Meldung der Palästinensischen Ärzte- und Apothekervereinigung Deutschland e.V. zurückgehen. Dort war in einer Pressemeldung zum Gazakrieg zum ersten Mal die Rede von dem am »dichtesten besiedelten Gebiet der Welt«. Aber warum haben alle diesen Unsinn weitergetragen und nachgetextet?

Nun ist es ja einleuchtend, dass die Palästinenser solche Propaganda in Umlauf bringen. Wer einen Krieg militärisch nicht gewinnen kann, der muss ihn auf anderem Gebiet führen in der Hoffnung, wenigstens dort zu punkten. Erklärungsbedürftig aber ist, warum es ihnen von unseren Medien so leicht gemacht wird.

Das vielleicht legendärste Beispiel hierfür ist der Fall des am

30. September 2000 zu Beginn der Zweiten Intifada angeblich vor laufender Kamera von israelischen Soldaten in den Armen seines Vaters erschossenen Palästinenserjungen Mohammed al-Durah. Wer seinen Namen bei Google eingibt, kommt mühelos auf 200 000 Einträge. Und obwohl es bis heute weder einen Beweis gibt, dass das Kind gestorben ist, noch, dass es lebt, obwohl viele Indizien sogar für eine mögliche Kamerainszenierung sprechen und die weltweit verbreitete Version von der kaltblütigen vorsätzlichen Ermordung des Kindes durch israelische Scharfschützen nachweislich falsch ist, wird der »tote kleine Märtyrer Mohammed« politisch und ideologisch weiterhin erfolgreich vermarktet. Der Fall des Mohammed al-Durah ist ein Lehrstück darüber, wie wir als Zuschauer und Journalisten wissentlich und unwissentlich zu Parteien werden im Medienkrieg, in der Schlacht um die Wahrheit oder um das, was dafür gehalten wird.

## Ein Massaker, das keines war, und andere kleine Irrtümer

Im Kampf um die politische Deutungshoheit gibt es weder Scham noch Grenzen. Ein Klassiker ist das Beispiel des Massakers von Dschenin, einer palästinensischen Kleinstadt mit rund 40 000 Einwohnern im Westjordanland. Anfang April 2002 rückte die israelische Armee in das Flüchtlingslager von Dschenin ein. Mit der Operation »Defensive Shield« reagierte Israel auf einen palästinensischen Selbstmordanschlag kurz zuvor in Nordisrael, bei dem 14 Israelis ums Leben gekommen waren. Die beiden Attentäter kamen aus Dschenin, der Hochburg der Terrorzellen. Die Operation des israelischen Militärs sollte deren Infrastruktur zerschlagen und war militärisch auch ein Erfolg, publizistisch allerdings ein Gau. Denn kaum waren die israelischen Truppen in Dschenin eingerückt, berichteten palästinensische Augenzeugen von 600 bis 800 Toten, manche sprachen sogar von 1000 Opfern, von einem »Massaker« an der Zivilbevölkerung. Von israelischen Panzern wurde berichtet, die über Männer gerollt seien, die man vorher nebeneinander auf die Straße gelegt habe, und von ausgehobenen Gruben, die zu Massengräbern wurden. Nicht von ungefähr erinnerten die Schilderungen an die Massenhinrichtungen im Holocaust. Alle Medien beteiligten sich an der Verbreitung dieser Gräuelberichte, ohne dass ein einziger Berichterstatter die Augenzeugen vernommen beziehungsweise selbst vor Ort gewesen wäre, mit einer Ausnahme: die israelische Reporterin Amira Hass. Die linke Journalistin genießt hohes Ansehen unter Palästinensern, weil sie seit Jahren für deren Rechte eintritt und eine der entschiedensten Kritikerinnen der israelischen Regierungspolitik ist. Sie verbrachte mehrere Tage im Lager Dschenin. Ihr Bericht erschien am 19. April 2002 in der *Haaretz*: »Es gibt Anhaltspunkte für intensive Gefechte. Doch mit der angemessenen Zurückhaltung kann bereits gesagt werden, was nicht im Flüchtlingslager von Dschenin geschah: Es gab dort kein Massaker. Es gab weder einen Befehl von oben, noch wurde eine Initiative vor Ort durchgeführt, um absichtlich und systematisch unbewaffnete Menschen zu töten ... Sowohl Zeugenaussagen von Kommandeuren und Kämpfern in Dschenin, von denen viele Reservisten waren, die für den Zweck der Operation einberufen wurden, wie auch Zeugenaussagen von denen, die die Ereignisse durch verschiedene andere Möglichkeiten beobachtet haben, widerlegen Behauptungen über ein Massaker. Die Kämpfe waren intensiv, wie man es in dicht bebautem Gelände und besonders vor dem Hintergrund der schnellen israelischen Erfolge in anderen Gebieten – besonders in der Altstadt von Nablus – hatte erwarten können. Bewaffnete Palästinenser schossen, sie verminten Häuser und Straßen und sprengten sie in die Luft. Die Soldaten, die Schwierigkeiten hatten, vorzurücken, benutzten Bulldozer und erlitten schwere Verluste.« Ein authentischer Bericht ohne Niederschlag bei uns, anders als die unzähligen Berichte vom Hörensagen. Dabei genießt Amira Hass gerade wegen ihres Engagements für die Rechte der Palästinenser und einen palästinensischen Staat sonst größte Hochachtung und Glaubwürdigkeit im Ausland.

Die internationale Verurteilung Israels ließ nicht lange auf sich warten. Ein Sprecher des UNO-Hilfswerks für Palästina-Flüchtlinge (UNRWA) bezeichnete die Situation als »schreckliche humanitäre Katastrophe«. Der UNO-Gesandte Terje Rød-Larsen äußerte sich nach einem Besuch des Flüchtlingslagers Dschenin schockiert über die dort herrschenden Zustände. Er sprach von einem »unfassbaren Grauen«; das Lager sei so vollkommen zerstört wie nach einem »Erdbeben«. Jessica Barry vom Internationalen Komitee des Roten Kreuzes nannte die Lage »völlig katastrophal«. Diese prominenten Stimmen wurden selbstverständlich breit in den Medien wiedergegeben und verstärkten so die palästinensische Version des »Massakers von Dschenin«. Aus Propaganda wurden Nachrichten. Schnell kamen Forderungen auf, Shimon Peres, damals israelischer Außenminister, müsse unverzüglich seinen Friedensnobelpreis zurückgeben. In Frankreich plädierten 250 Wissenschaftler und Intellektuelle dafür, bis zur Aufnahme »ernsthafter Verhandlungen mit den Palästinensern« die »kulturellen und wissenschaftlichen Beziehungen« zu Israel einzufrieren.

Erst als Israel einer Untersuchung der Vorfälle in Dschenin durch die UN zugestimmt hatte, legte sich die Empörung ein wenig. Vier Monate später stellte die UN in ihrem Untersuchungsbericht fest, dass von einem Massaker in Dschenin nicht die Rede sein könne. Es habe 75 Tote gegeben, darunter auch Zivilisten, aber die Mehrzahl seien bewaffnete palästinensische Kämpfer gewesen. Auch 23 israelische Soldaten seien unter den Opfern.

Doch statt Kritik an der vorschnellen und fahrlässigen Berichterstattung zu üben, wurde der im Auftrag der UN-Vollversammlung und von Generalsekretär Kofi Annan selbst vorbereitete Bericht in der öffentlichen Wahrnehmung eher als Fußnote behandelt. Das Ereignis selbst, um das es ging, lag monatelang zurück, zu weit jedenfalls, als dass es die Presse noch sonderlich interessierte, zumal angesichts des enttäuschenden Ergebnisses, das bis heute gern ignoriert wird. Stattdessen dient das »Massaker von Dschenin« weiter als Beweis für den »hemmungslosen Vernichtungskrieg« gegen die Palästinenser. Eine Formulierung, mit der Norbert Blüm schon 2002, kurz nach dem Ereignis, heftige Reaktionen ausgelöst hatte. Auch dann, als längst alle Fakten auf dem Tisch liegen, hält er unbeirrt daran fest und wiederholt den Vorwurf bei jeder passenden Gelegenheit, auch noch sieben Jahre später in der ARD-Sendung »Hart aber fair« am 21. Januar 2009.

Das Beispiel Dschenin ist ein besonders spektakulärer, beileibe aber nicht der einzige Beleg für eine verzerrte, allein Israel verurteilende Berichterstattung. Besonders beliebt ist auch die immer wiederkehrende Berichterstattung über die angeblich dramatische Versorgungslage im Gazastreifen. Im Januar 2008 gingen rührende Bilder um die Welt: Das palästinensische Parlament tagte bei Kerzenlicht, weil Israel angeblich den Strom gekappt hatte. Bei genauem Hinsehen allerdings wäre zu sehen gewesen, dass die Bilder inszeniert waren. Dummerweise war nämlich vergessen worden, die Vorhänge ganz zuzuziehen, sodass das gleißende Tageslicht verräterisch nach innen gelangen konnte. Die Hamas hatte die Presse erst in den Raum gelassen, nachdem sie ihn notdürftig verdunkelt hatte. Warum haben die Kollegen dabei mitgespielt? Oder die Bilder von einer Klinik ohne Stromversorgung und einem Frühgeborenen in einem Beatmungskasten, mit der Meldung, dass in den örtlichen Kliniken sechs Patienten wegen des Stromausfalls hätten sterben müssen. Hier hatte man vergessen, die Monitore im Hintergrund abzuschalten. Dass Israel eines der Kraftwerke, das Gaza versorgt, keineswegs abgestellt, sondern nur nach eigenen Angaben damals um fünf Prozent zurückgefahren hatte, ging im allgemeinen Empörungstaumel der Journalisten weitgehend unter. Ebenso der Umstand, dass die Hamas selbst das einzige Kraftwerk in Gaza lahmgelegt hatte, der besseren Bilder wegen.

## Antisemiten sind immer die anderen

Nun mag ja das Herz heftig für die eine oder andere Seite schlagen, die journalistische Aufgabe besteht aber darin, nicht einfach alte Bilder zu wiederholen, sondern neue zu finden, nachzufragen und auf Antworten zu bestehen und diese auch dann

118

zu verbreiten, wenn sie die politische Ruhe und das eigene Bild von der Welt stören. Als Journalisten arbeiten wir immer mit Klischees. Der Amerikaner ist dick, der Türke alt und schlecht rasiert, der Franzose mit seinem Baguette verwachsen und der Italiener steht auf Pasta und liegt ansonsten faul am Meer. Das mag als Einstieg in eine Story witzig sein, man muss die Kunden da abholen, wo sie sind, sagt man in der Branche, aber dann muss die Aufklärung kommen, um Zuschauern und Lesern zu einem eigenen, mündigen Urteil zu verhelfen. Im Falle Israels steht der Kunde meist da, wo wir ihn hingelotst haben. Er hält Israel für ein waffenstarrendes, undemokratisches großes Land, das vorzugsweise von radikalen faschistischen Siedlern, orthodoxen Juden und jungen Leuten, meist Soldaten, bewohnt wird, die es sich auf Kosten der unterdrückten Palästinenser gut gehen lassen. Zweifellos gibt es in Israel rechtsradikale Siedler und jüdisch-religiöse Extremisten, und leider nimmt ihre Zahl zu. Es ist aber noch immer eine vergleichsweise kleine Minderheit, auch wenn ihr politischer Einfluss seit Jahren bedauerlich wächst, weil die Regierungen mit ihnen immer wieder opportunistisch paktieren, statt ihnen Einhalt zu gebieten. Die große Mehrheit der Israelis aber ist nicht rechtsradikal, hat keine Sympathien für die Siedler, wünscht sich eine Zwei-Staaten-Lösung und ist nicht einmal sonderlich religiös, was angesichts der religiösen Radikalisierung der Nachbarländer erstaunlich genug ist. Es wäre also an der Zeit, Leser und Zuschauer genau dort wieder abzuholen, wo mediale Schwarz-Weiß-Zeichnungen sie hingeführt haben, und ein differenziertes Bild des Heimatlandes des arabischen Israeli Ahmad Mansour zu zeichnen, in dem es die freieste arabischsprachige Presse im ganzen Nahen Osten gibt, auch wenn sich damit kein Grimme-Preis gewinnen lässt.

In den Journalismus drängt es häufig Menschen, die sich mitteilen möchten und besonders empfänglich für Beifall sind. Das Selbstbild, zumal des politischen Journalismus, ist dabei zumindest das eines besonders kritischen und unbestechlichen Geistes. Selten lassen sich Anspruch und Zuspruch von außen so leicht in Deckung bringen wie im Falle Israels. Je heftiger die Anklage, je empörter und einseitiger die Emphase, umso größer die Unterstützung. Die wenigen, meist jüdischen Stimmen verstärken nur die negative und selbstgerechte Pose, insbesondere wenn das hässliche »A«-Wort fällt. Denn so sicher, wie der Israeli böse ist, ist der Jude gut und hört Klezmermusik, die wiederum dem Journalisten auch sehr gefällt. Den Holocaust verurteilt er natürlich aufs Schärfste, und die untergegangene jüdische Kultur verehrt er. Ein Antisemit also kann er nicht sein. Er mag den ewigen Diasporajuden der Literatur, nur den erfolgreichen Juden im eigenen Land, den Israeli, den findet er hässlich.

Journalisten attestieren sich gerne gegenseitig, natürlich keine Antisemiten, sondern schon qua Beruf über jeden Verdacht erhaben zu sein. Schließlich sind sie im Dienste der Aufklärung unterwegs und als vierte Gewalt stets auf der Seite der Schwachen. Und deshalb sind sie zwangsläufig an der Seite des palästinensischen David und nicht des israelischen Goliath. Antisemiten sind immer die anderen. Wenn nun aber 15 bis 20 Prozent der Deutschen als latent antisemitisch gelten oder wenn 8 bis 10 Prozent sich in Umfragen offen antisemitisch äußern, ist das erstens kein Klacks, sondern eine Menge – nämlich mehr als fünf Millionen Erwachsene –, und zweitens würde es gegen jede statistische Erfahrung sprechen, dass darunter alle Gesellschafts- und Berufsgruppen vertreten sind, nur keine Journalisten.

## Warum Karikaturen manchmal danebengehen, aber viel verraten

Klaus Stuttmann ist ein bekannter und geschätzter Karikaturist. Vermutlich mag auch er die Juden. Für den *Tagesspiegel* zeichnete er anlässlich des Gazakriegs 2008/2009 eine Karikatur unter dem Titel »Israel wehrt sich«. Da rollt ein Panzer mit israelischer Flagge durch eine Trümmerwüste. Tote Kinder pflastern seinen Weg. Aus dem rauchenden Kanonenrohr spricht der gesichtslose Panzerfahrer: »Es ging nicht anders. Unser Auftreten hätte bei diesen Kindern so einen Hass erzeugt, dass aus ihnen später lauter Selbstmordattentäter geworden wären!« Fast gleichlautend hatten Adolf Eichmann und Alois Brunner die organisierte Endlösung begründet: Man hätte die jüdischen Kinder ermorden müssen, um sich vor ihrer späteren Rache zu schützen und damit Schaden vom deutschen Volk abzuwenden. Die einzige Frage, die sich hier stellt, ist, ob Klaus Stuttmann diesen Kontext kennt, ob ihm also bewusst oder unbewusst Antisemitismus die Feder geführt hat. Beifall ist ihm jedenfalls sicher: Viele seiner Leser sehen in Israel genau das: den ebenso skrupellosen wie zynischen Kindermörder. Ein Staat und eine Religion werden pauschal in Haftung genommen. Nach der klassischen Definition handelt es sich also um schnörkellosen Antisemitismus. Stuttmanns Zeichnung führte zu einer, in diesem Kontext eher seltenen Beschwerde beim Deutschen Presserat. Seinen Kritikern hält der Künstler vor, sie sollten sich lieber über das Töten von Kindern und anderen Zivilisten beschweren als über seine Zeichnung. Er habe nur »nachdenklich stimmen« wollen, »aufrütteln, alarmieren, die Augen öffnen«, verteidigt sich Stuttmann. Das Lachen solle im Hals stecken bleiben. Der Presserat verwarf die Beschwerde, sie sei unbegründet. Kritik an der Politik Israels sei kein Antisemitismus. In dem Konflikt zwischen Palästinensern und Israelis seien eben auch viele Kinder umgekommen, und nur das habe die Karikatur zuspitzen wollen. Der Karikaturist stelle den Staat Israel nicht als Mörder dar, der grundlos Kinder tötet. Genau: Der Künstler lässt den israelischen Panzerfahrer ja einen Grund für sein Handeln benennen, auch wenn der wie aus einem Lehrbuch des historischen Antisemitismus stammt. Die Hintergründe des Krieges würden hier nicht beleuchtet, meinte der Presserat noch. Auch das stimmt, ist aber genau das Problem.

Wie tief und fest verwurzelt die antisemitische Grundfärbung gerade in den Medien gelegentlich ist, zeigt auch ein anderes bemerkenswertes Beispiel, ebenfalls aus der *Süddeutschen Zeitung* und ebenfalls eine Karikatur. Dieses Mal hat der Künstler allerdings nicht vorsätzlich, sondern unbedarft gehandelt. Als Burkhard Mohr für die *Süddeutsche Zeitung* Ende Februar 2014 die Übernahme des Nachrichtenaustauschdienstes WhatsApp durch den Internetgiganten Facebook aufs Korn nehmen darf, rutschte ihm die Feder aus: Mark Zuckerberg, der junge und milliardenschwere Boss von Facebook, bekam eine lange und krumme Nase ins Gesicht. Gewelltes Haar und Krakenarme, fertig war der böse Jude. Er giert nach Macht und Geld und verschlingt ohne Skrupel alles, was sich ihm in den Weg stellt.

Einem aufmerksamen Drucker soll es zu verdanken sein, dass der Druck der Karikatur umgehend gestoppt wurde, sodass die missratene Zeichnung »nur in einem kleinen Teil der Fernauflage erschienen« sei, wie eine Verlagssprecherin beruhigte. »Nach kurzer Beratung wurde diese Karikatur in der folgenden Ausgabe geändert«, schrieb die *Süddeutsche Zeitung* am Tag nach dem Desaster. Da wäre man gerne Zeuge gewesen, um welche »Beratung« es sich da wohl gehandelt haben könnte. Gab es Fürsprecher (»halb so wild«), gab es Angsthasen (»rasch raus damit«), gab es Hardliner (»die Juden sollen sich nicht so haben«)? Der Künstler selbst zeigte sich tief zerknirscht und gab »in Anbetracht öffentlicher Reaktionen« Folgendes artig zu Protokoll: »Antisemitismus und Rassismus sind Ideologien, die mir völlig fremd sind. Umso mehr hat es mich erschüttert, dass eine meiner Karikaturen nun in diesem Licht erschienen ist.« Ja, in welchem Licht soll eine Zeichnung denn sonst erscheinen, die wie ein Nachdruck aus dem *Stürmer* aussieht?

Burkhard Mohr, Jahrgang 1959, ist natürlich kein Antisemit, bedient sich aber klarer antisemitischer Stereotypen. Die Krake ist ihm im Nachhinein peinlich. Das viel schlimmere Detail aber fällt ihm gar nicht auf, zumindest erwähnt er es nicht, obwohl es seit Jahrhunderten zum festen Kanon antisemitischer Hervorbringungen gehört: die Judennase. Mark Zuckerberg, Kind jüdischer Eltern, bekommt eine krumme Nase ins Gesicht gezeichnet. Und viel gelocktes Haar, die klassische Ikonografie für jeden guten Antisemiten.

Als die Panne öffentlich wurde, hat der Künstler rasch gehandelt und den Juden Zuckerberg durch einen Computerbildschirm ersetzt. Ende gut, alles gut? Eigentlich nicht, denn ein fahler Nachgeschmack bleibt und die Frage, warum, wenn schon nicht dem Künstler, so doch wenigstens dem diensthabenden Redakteur der Meinungsseite kein Licht aufgegangen ist. Zeitungsseiten werden, bevor sie in den Druck gehen, vielfach geprüft und redigiert. Hofft der Leser jedenfalls. Nutzt aber nichts, wenn es in den Verantwortlichen genauso denkt wie im Künstler selbst.

Auch Mathias Hühn hat es auf Israel abgesehen. Er ist freiberuflicher Karikaturist und nicht nur bei der *taz* ein beliebter Zeichner. Er liefert der linkskritischen Leserschaft die nötigen Schmunzelbildchen für den politischen Alltag. Im Gazakrieg 2014 nimmt er Israel als Schuldigen aufs Korn: Ein israelischer Panzer rückt auf ein bereits völlig zerschossenes Schulgebäude vor. Im obersten Stockwerk harren noch ein paar Kinder schutzlos aus. Von gesichtslosen Soldaten im Panzer gesprochen, gibt der Künstler einen menschenverachtenden Dialog zum Besten. In einer Sprechblase sind Kinder als kleine Strichmännchen dargestellt, mit Fragezeichen und dann durchgestrichen. Kinder? Egal, soll das heißen. Der Panzerschütze beruhigt die Skrupel des Kameraden: »Es gibt eben Zweitklässler und Menschen zweiter Klasse.« Also Feuer frei! Hier führt nicht das Unbewusste die Feder, sondern klarer Vorsatz: Israelische Soldaten töten vorsätzlich Kinder. Ein schönes Beispiel für Antisemitismus nach dem 3-D-Test: Delegitimierung, Dämonisierung, doppelter Standard. Israelis werden als Kindermörder dämonisiert.

Es gibt aber auch ein anderes Beispiel, bei dem ein Künstler gegen seinen Willen antisemitisch benutzt wird. Ernst Kahl zeichnet ebenfalls regelmäßig bissige Karikaturen für die *Süddeutsche Zeitung*. Er freut sich, wenn sie erscheinen, die Konkurrenz ist groß. Als er aber, aufgeschreckt durch einen Anruf, am 2. Juli 2013 durch die *SZ* blättert, kann er nicht glauben, was er da sieht: Eine seiner Zeichnungen, die ein widerliches und unersättliches Monster mit scharfen Zähnen und Hörnern und mit Messer und Gabel in der Hand darstellt, dem durch ein Zimmermädchen neue Nahrung geliefert wird, steht im Feuilletonteil als Illustration zu einer Rezension zweier Bücher, die sich kritisch mit Israel auseinandersetzen. »Deutschland serviert. Seit Jahrzehnten wird Israel, teils umsonst, mit Waffen versorgt«, lautet die Bildunterschrift. Das Zimmermädchen ist Deutschland, das Monster Israel. Autor der Buchbesprechungen ist der stellvertretende SZ-Chefredakteur und frühere Nahostkorrespondent Heiko Flottau. Seine Leser wissen, dass er Israel nicht mag. Israel ist das Land, »das ständig seine Grenzen erweitert«, was sich anhört, als habe Israel alle Kriege als Gebietserweiterungsschlachten geführt, es ist das Land, das statt »jüdischer Ohnmacht« nun »jüdische Macht« zeigt und versucht ist, sie zu missbrauchen, ein Land, das den »harmlosen Raketenbeschuss« durch die Hamas eher selbst provoziert hat und eben das Land ist, dem Deutschland hörig ist: »Deutschland glaubt, seine Urschuld – den Mord an sechs Millionen Juden – dadurch gutmachen zu müssen, dass es alle Abwege, die Israel geht, schweigend deckt. Ein Fehler, der sich eines Tages bitter rächen könnte.« So gesehen, passte Kahls Zeichnung wie gemalt.

Sie war allerdings ursprünglich für die Zeitschrift *Der Feinschmecker* gedacht und lag offenbar im Bestand der *Süddeutschen Zeitung* – und so bediente sich jemand des Bildes, ohne den Künstler gefragt zu haben. Kahl selbst, so beteuerte er sofort, hätte das Bild nie für diesen Kontext freigegeben. »Ich wäre gern vorher gefragt worden. Dann hätte ich mit Sicherheit Nein gesagt«, erklärt er der *Jüdischen Allgemeinen*.

Aber wie kann es zu einer solchen Panne kommen? Oder war es vielleicht gar keine Panne? Die verantwortliche Redakteurin des zuständigen innenpolitischen Ressorts ist keine Unbekannte: Franziska Augstein. Sie sei sich keiner Schuld bewusst, sagt sie. Das kann ja sein, da das Unbewusste eine doch erhebliche Rolle gerade in der Frage, wie antisemitisch bin ich eigentlich, spielt. Sie fühlt sich auf der sicheren Seite und lässt ihre Kritiker wissen: »Ernst Kahls gehörntes, hungriges Monster hat mit den antisemitischen Klischees nichts zu tun.« Das stimmt. Aber der Text macht die antisemitische Musik: »Israels Feinde halten das Land für einen gefräßigen Moloch.« Aber nachdem es nun zu solchen Missverständnissen geführt habe, sei es vielleicht besser gewesen, ein anderes Bild gewählt zu haben. Um des lieben Friedens willen. Einsicht jedenfalls sieht anders aus und lässt den Verdacht bewussten Handelns entstehen. Die Redaktion der *Süddeutschen* ließ dann noch wissen: »Die Veröffentlichung der Zeichnung in diesem Kontext war ein Fehler.« Antisemitisch ertappt, sozusagen.

Antisemitismus ist nicht vererbbar wie eine Krankheit, aber er wird durchgereicht über Generationen. Journalisten sind nicht häufiger Antisemiten als der Durchschnitt derer, für die sie arbeiten, und sie haben wie jeder andere ihre eigene Familiengeschichte auf dem Buckel. Der Direktor des Fritz Bauer Instituts in Frankfurt, Raphael Gross, nennt es das »ganz spezifische Programm«, dem diese Nachkriegsgeneration folgt. Darin unterscheiden sich Journalisten nicht von ihrer Kundschaft. Das Problem ist nur, wenn sie in dieser Weise antisemitisch grundiert sind, sind sie es mit großer öffentlicher Wirkung. Und je weniger sie sich die Grundierung eingestehen, umso gefährlicher wird es. Wenn sie sich dagegen trauen, das eigene »spezifische Programm« zu öffnen, dann kann das nicht nur für sie, sondern auch für ihre Leser äußerst erhellend sein.

Der Egon-Erwin-Kisch- und Adolf-Grimme-Preisträger Cordt Schnibben hat seine Ambivalenz so aufrichtig und mutig öffentlich gemacht wie kaum einer unserer Kollegen: »Da sind diese gelegentlichen antisemitischen Reflexe, die ich mit großem geistigem Aufwand unter Kontrolle bringen muss. Warum suche ich, wenn mir Juden begegnen, nach jüdischen Gesichtszügen? Warum tendiere ich dazu, sie sofort für arrogant, gerissen und unehrlich zu halten? Da ist diese mich verstörende Kälte behinderten Menschen gegenüber, warum schießt mir sofort das Wort Krüppel in den Kopf? Warum reagiere ich auf Krüppel und Juden intoleranter als auf Schwarze und Schwule, die in meiner Kindheit keine Rolle spielten?« Das sei die Sehnsucht seiner Generation, »der Generation der Täterkinder, vor der Vergangenheit der Eltern zu fliehen«. Möglicherweise hätte »die konkrete Auseinandersetzung mit der Radikalisierung unser Eltern in den Dreißigerjahren uns bewahren können vor der naiven Bewunderung von Mao, Fidel Castro, Pol Pot und Co.«. Die antisemitische Prägung, wie sie Cordt Schnibben in seiner *Spiegel*-Reportage »Mein Vater, ein Werwolf« so eindrucksvoll beschrieben hat, begünstigt eine selektive Wahrnehmung Israels. Was ins Raster passt, wird wahrgenommen und abgespeichert und verstärkt damit eben jene Prägung. Aus »typisch jüdisch« wird »typisch israelisch« und umgekehrt. Eine Wechselwirkung, die durch die Medien ständig vergrößert wird. Wie erfolgreich, lässt sich an den Umfragen ablesen, die dann entsetzt kommentiert werden.

Meinungsumfragen sind zu einer Art dauerndem Volksentscheid geworden, ohne dass das Volk entscheiden darf. Es sind Momentaufnahmen für die Stimmungslage der Nation. Aber welche Meinungen werden da eigentlich abgefragt? Sie basieren ganz entschieden auf dem, was die Medien melden, welche Themen sie setzen und wie sie berichten. Die abgefragte Haltung zum Nahostkonflikt ist dann das Ergebnis der Berichterstattung, denn keiner der Kunden kann sich ein eigenes Bild der Lage machen, er ist ausschließlich angewiesen auf Nachrichten, Reportagen, Kommentare. Daraus speist sich seine anschließend abgefragte Meinung. Und für Israel werden die Ergebnisse immer verheerender, je gründlicher Israel publizistisch in die Zange genommen wird. Von Umfrage zu Umfrage steht der Judenstaat schlechter da. Beim Gazakrieg 2008/2009 waren nur 13 Prozent der Befragten einer Umfrage der Illustrierten *Stern* zufolge der Meinung, Israel trage die Schuld am Ausbruch des Krieges, beim Gazakrieg 2014 glaubte jeder zweite (52 Prozent), dass die Hamas und Israel gleichermaßen Schuld auf sich geladen haben.

## Koscher-Stempel für das eigene Ressentiment

Das freilich gibt die Berichterstattung der Fakten allein nicht her. Analyse und Meinungsartikel sind nötig. Dafür braucht es Experten oder Juden. Am besten natürlich jüdische Experten. Und noch besser jüdische Experten, die dem eigenen Ressentiment zum Koscher-Stempel verhelfen. Ein Jude nämlich, so der weitverbreitete Irrtum, kann ja kein Antisemit sein, denn er ist ja Jude. Das ist zwar von ähnlich bestechender Logik, wie zu behaupten, dass ein Deutscher nichts gegen Deutschland haben könne, denn er ist ja Deutscher, aber so intellektuell schlicht es auch ist, so überzeugend erscheint es auf den ersten Blick. Dabei hat der jüdische Selbsthass eine lange Geschichte. Es gibt ihn, seit es Antisemitismus gibt, also seit es Gründe gibt, lieber nicht der gehasste Jude sein zu wollen. Und spätestens seit Theodor Lessings grandioser Fallstudie (»Der jüdische Selbsthass«) ist klar, warum es für manche Juden so einen unwiderstehlichen Reiz hat, sich mit den Judenhassern zu identifizieren und sich so selbst vom jüdischen Makel zu befreien, wohl wissend, dass es aus dem »magischen Judenkreis« kein Entrinnen gibt. Schon 1832 stellte Ludwig Börne fest: »Es ist wie ein Wunder! Tausend Male habe ich es erfahren, und doch bleibt es mir ewig neu. Die einen werfen mir vor, daß ich ein Jude sei; die Anderen verzeihen es mir; der Dritte lobt mich gar dafür; aber alle denken daran. Sie sind wie gebannt in diesem magischen Judenkreise, es kann keiner hinaus.« Kein Jude und nach Auschwitz auch kein Deutscher. Das ist erschreckend und setzt dem logischen Denken offenbar enge Grenzen. Die Antisemiten schließen ein Bündnis des Hasses mit den jüdischen Selbsthassern zur Überwindung ihrer Furcht vor dem langen Schuldschatten. Oder, um es mit dem österreichischen Philosophen Otto Weininger, selbst ein bekennender Frauen- und jüdischer Selbsthasser, zu sagen: »Der Verbrecher überwindet durch den Haß, nicht durch die Liebe, die Furcht.«

Rolf Verleger ist Wissenschaftler und Jude: Der Psychologieprofessor aus Lübeck hat zwar alle Ämter in der jüdischen Gemeinde eingebüßt, wird aber trotzdem als »gläubiger Jude in Deutschland« (SWR) und damit als besonders glaubwürdiger Israelkritiker gerne rumgereicht. Als Wissenschaftler ist er in normalen Zeiten eher weniger gefragt, aber als Israelhasser hatte er plötzlich mediale Hochkonjunktur. Alle wollten ihn: Rundfunk, Fernsehen, Zeitungen. Und Verleger liefert: »die Israelis« richten »in Gaza ein Massaker« an, den antisemitischen Mob auf der Straße nennt er eine »verständliche Empörung«; er macht sich lustig über die »komischen Raketen«, vor denen die Menschen offenbar trotzdem in Deckung gehen; nennt die israelische Regierung ein »klerikalfaschistisches Amalgam« und so weiter, bis die Leitung glüht. Rolf Verleger ist ein klassisches Beispiel für diese Art der Selbstreinigungsanlage antisemitisch grundierter Redaktionsstuben. In der *Jüdischen Allgemeinen* outet ein Kollege, wie es zu der wundersamen Karriere des Rolf Verleger kam. Als in Nahost gerade mal wieder ein neuer Krieg ausgebrochen war, diskutierten die Planungsredakteure, ob man das alte und auch gestandene Kollegen ermüdende Thema »Nahostkonflikt« um neue Aspekte bereichern könne, »weiterdrehen« heißt das bei Journalisten. »Es muss doch Juden geben, die das scheiße finden«, sagte ein Kollege. Der war schnell gefunden, siehe oben, und Verlegers Karriere war perfekt. Die des Uri Avnery, auch immer gerne genommen, verblasst derzeit, er war schon zu oft dran und wird auch nicht jünger.

Noch viel lieber ist dem Israelkritiker allerdings der Holocaust-überlebende als Kronzeuge. Das ist sein Ass im Ärmel. So hat er die Juden sowieso am liebsten: geläutert, einsichtig und an seiner Seite. Plötzlich ist auch er, der so oft zu Unrecht als Antisemit Gescholtene, für alle sichtbar in einem Boot mit den Juden. Vielleicht nicht mit denen, die sich bei einem »befreiten Palästina« noch rasch in Sicherheit bringen müssen, sondern mit den richtigen, den guten. Die dürfen dann ausnahmsweise sogar aus Amerika kommen, dem Land, aus dem sonst, abgesehen von Israel selbst natürlich, alles Übel kommt. 327 Holocaustüberlebende konnte das »International Jewish Anti-Zionist Network« mobilisieren. Das musste man jedenfalls einer Meldung der Deutschen Presse-Agentur entnehmen: »Massaker an Palästinensern – Holocaustüberlebende geißeln Gazakrieg.« Und weil *dpa* über jeden Zweifel erhaben ist, haben viele Zeitungen genau das berichtet: Holocaustüberlebende klagen an. Israel tötet ziel- und wahllos Palästinenser. Israel begeht ein Massaker. Und wer weiß besser, was ein Massaker ist, als Menschen, die dem Holocaust entkommen sind? 327 Holocaustüberlebende in Stellung gebracht gegen die bösen Juden in Israel. Die Kosten für die Anzeige hatten sich gelohnt. Selbst der *Spiegel* hatte in der ersten Begeisterung von Holocaustüberlebenden berichtet und erst später eingeräumt, dass das so nicht ganz richtig war. Man hätte allerdings selbst bei flüchtiger Lektüre der Anzeige erkennen können, dass es weniger Überlebende als deren Nachkommen waren, die hier unterzeichnet hatten, nämlich 310 von 327. Das macht den Aufruf nicht gegenstandslos, aber die moralische Wirkung wäre eine andere gewesen. Wer sich dann auch noch die Mühe gemacht hätte, die Initiatoren ein wenig unter die Lupe zu nehmen, hätte schnell festgestellt, dass das »International Jewish Anti-Zionist Network« eine Einrichtung ist, die Israel einen Apartheidstaat nennt, für das Rückkehrrecht aller Palästinenser eintritt und für die bedingungslose Freilassung aller palästinensischen Gefangenen in Israel plädiert, in der Summe also für die Auflösung des Staates Israel ist. Gut, dass sich die Verantwortlichen schon mal in die sicheren USA geflüchtet haben und sich nicht der Hamas ausgeliefert sehen. Auslöser der Unterschriftensammlung war übrigens eine Anzeige des Friedensnobelpreisträgers und Holocaustüberlebenden Elie Wiesel. Er hatte dazu aufgerufen, die Hamas solle endlich das Opfern von Kindern unterbinden, die sie als menschliche Schutzschilde missbrauche. »Die Juden haben schon vor 3500 Jahren Kinderopfer abgelehnt. Jetzt muss es die Hamas tun.« Er habe gesehen, wie jüdische Kinder verbrannt wurden, »jetzt muss ich sehen, wie muslimische Kinder als menschliche Schutzschilde missbraucht werden – in beiden Fällen von denen, die den Tod anbeten.« Seine Anzeige fand medial eine weit geringere Resonanz, weil sie sich nicht gegen Israel richtete, sondern gegen die Hamas. Die Tageszeitung *The London Times* lehnte einen Abdruck sogar komplett ab, man befürchtete negative Leserreaktionen.

## Die Kronzeugenfalle

Rolf Verleger kennt die deutsche Medienlandschaft. Er weiß, wofür er gebraucht und missbraucht wird. Israelische Experten dagegen gehen oft naiv in die Kronzeugenfalle. Sie kommen aus einem Land, in dem heftig und leidenschaftlich gestritten wird über den richtigen politischen Weg, in dem selbst im Parlament die Schlagkraft der Argumente zuweilen allzu wörtlich genommen wird und in dem es einen absolut tabufreien Diskurs gibt. Vor allem aber kommen sie aus einem Land, das sie trotz aller Unterschiede lieben, um das sie sich sorgen, für das sie kämpfen. Es ist ihr Land und es ist vielleicht das einzige auf der Welt, in dem Juden keine Erfahrung mit Antisemitismus machen und deshalb auch keine ausreichenden Abwehrkräfte dagegen entwickeln können.

Als Ari Shavit, einer der einflussreichsten Journalisten Israels und Kolumnist für die linke Tageszeitung *Haaretz*, während des Gazakriegs 2008/2009 einen vernichtenden Artikel in einer der großen amerikanischen Zeitungen veröffentlichte, in dem er seine Regierung wegen ihrer aggressiven, erfolglosen militärischen Operation kritisierte, konnte er sich vor begeisterten Zuschriften kaum retten: »Kritik an Israel gibt dem Autor einen Ehrenplatz in den internationalen Medien«, erinnert er sich fünf Jahre später. »Aber es fiel mir schwer, einige der begeisterten Reaktionen auf meinen Artikel zu lesen. Unter den Feiernden waren Friedenssucher aus Schweden und Gratulanten aus Kalifornien, aber auch offensichtliche Antisemiten. Zu meiner Verwunderung wurde mein Text von Israel-Hassern von rechts und links, Christen und Muslimen begeistert aufgenommen. Als ich ihre kalten Briefe las, versprach ich mir, nie wieder zu vergessen, dass ich zu einem kleinen, verfolgten Volk gehöre, das sich viele in der Welt wegwünschen. Ich werde nie vergessen, dass der jüdische Staat, das jüdische Volk und die Juden als Individuen dunkle Impulse unter Millionen von Menschen wecken.«

Natürlich sei es an der Zeit für das israelische Militär, vorsichtiger und intelligenter mit seiner gewaltigen Schlagkraft umzugehen. »Aber keine von Israels Sünden kann eine Rechtfertigung für die Rückkehr eines solchen Israel-Hasses sein. Winston Churchill bombardierte Dresden, Franklin Roosevelt bombardierte Tokio und Harry Truman zerstörte Hiroshima und Nagasaki. Kein anständiger Mensch in der Welt denkt, dass wegen dieser unverhältnismäßigen Aktionen diese großen Führer zu Kriegsverbrechern gemacht wurden. Bill Clinton griff in Serbien ein, Tony Blair im Irak und Barack Obama in Afghanistan. Kein ehrlicher Mensch in der Welt glaubt, dass wegen dieser Schläge Großbritannien und die Vereinigten Staaten illegitime Staaten wären.« Nur bei Israel sei das anders, weil es der Staat der Juden ist. »Wenn Juden handeln, wie jede andere Nation handeln würde in einer ähnlichen Situation, ist das Ergebnis Wut auf seine Existenz.« Shavit hat die Lektion gelernt und wird sich nicht wieder als Kronzeuge gegen Israel instrumentalisieren lassen. Aber es gibt genügend andere Juden, die willig zur Stelle sind und sich über den giftigen Applaus freuen, und sie erfreuen sich seit Jahren reger Nachfrage.

Als Norman Finkelstein *(Die Holocaust-Industrie)*, der Israel schon einmal Gestapo-Methoden vorgeworfen hatte – was zunächst nicht weiter ins Gewicht fiel, weil ihn da noch kaum jemand kannte –, im Jahr 2000 den Jüdischen Weltkongress, die Claims Conference und überhaupt alle angriff, die sich um die finanziellen Ansprüche der Überlebenden gegenüber Deutschland kümmerten, konnte er sich vor Zuspruch kaum noch retten. Seine Hasstirade gegen Elie Wiesel, gegen die Zionisten und alle, die den Deutschen unangenehme Schuldgefühle bereiten, schaffte es sofort in die Bestsellerlisten. Bei einer Lesung und Debatte seines Buches in der Berliner Urania fanden nicht alle Platz, die im zujubeln wollten. Unter den Finkelstein-Fans standen auch Neonazis, erkennbar an ihren Transparenten. Für den Autor kein Problem. Er verstand es nicht und fuhr ohnehin zwei Tage später zurück nach New York. In Europa aber und zumal in Deutschland vergrößert jede Hass-Schrift, jeder tendenziöse Zeitungsartikel, jeder jüdische Kronzeugenauftritt die Kluft zwischen Juden und Nichtjuden, weil sie die Hemmungen senken, dem Unbewussten freien Lauf zu lassen. Direkt und unvermittelt, auch im Kleinen.

Der langjährige Seesener CDU-Ratsherr gerät damit in die Schlagzeilen. Ihm waren kurz alle Sicherungen durchgebrannt, als er auf seiner Facebook-Seite schrieb: »Juden sind scheiße.« Den Eintrag verfasste er »aus der Emotion heraus« nach dem grausamen Rachemord jüdischer Terroristen an einem jungen Palästinenser in Israel. Er bereue mittlerweile, er sei kein Judenhasser. Dass er damit kurzerhand alle Juden haftbar macht für die Tat dreier Mörder, die gesucht, gefasst und vor Gericht gestellt wurden, ist ihm dabei selbst in der Entschuldigung nicht bewusst geworden. Später trat er von allen Ämtern zurück. Das Problem ist aber: Es denkt so in ihm, und jetzt kam's raus. Vielleicht war er selbst ein wenig erschrocken über das, was in ihm steckte.

# »Judenhass, da weiß man doch sofort, woran man ist« – Zu Besuch bei Raphael Gross

Er ist Schweizer und fährt immer mit dem Fahrrad durch die Stadt. Und mit Helm und seiner Satteltasche. Wir sind mit ihm im Jüdischen Museum Frankfurt verabredet. Aber das Wetter ist schön, und wir setzen uns ans Ufer des Mains, in Sichtweite des Museums, das Raphael Gross seit 2006 leitet. Er ist Historiker, leitet das Leo Baeck Institute in London (seit 2001) und ist Direktor des renommierten Fritz Bauer Instituts in Frankfurt (seit 2007). Er hat sich lange mit der Geschichte des Antisemitismus befasst. Der Begriff selbst aber, sagt er, sei völlig schwammig, ein politischer Kampfbegriff vielleicht, aber ansonsten führt er eher in die Irre: »Er bietet eigentlich keine Erklärung, auch wenn er sehr gern und wahrscheinlich zu häufig benutzt wird.« Antisemitismus, ein Schlagwort aus dem 19. Jahrhundert. Natürlich leuchtet ihm ein, dass Journalisten diesen Begriff benötigen, genauso wie Politiker, weil sie zuspitzen und polemisieren müssen, aber oft vernebele er mehr, als er erhelle. Wenn wir miterleben, dass ein Mann wie im Sommer 2014 mit einer Kalaschnikow vier Menschen im Jüdischen Museum in Brüssel niedermäht, dann ist das, meint Gross, keineswegs jemand, der sich da im Amok in Rage schießt, sondern er tut dies überlegt und mit einem klaren Vorsatz: »Es scheint jemand zu sein, der wirklich daran glaubt, dass es richtig ist, diese Menschen umzubringen.« Natürlich haben er und seine Mitarbeiter diesen Anschlag von Anfang an nicht als schlichte »Schießerei«, wie manche Nachrichtenagenturen gemeldet hatten, betrachtet, sondern als einen antisemitischen Anschlag. Über erhöhte Sicherheitsmaßnahmen für sein Haus will und kann er nicht reden, aber über den Täter, einen aus Syrien heimgekehrten 29-jährigen Franzosen mit algerischen Wurzeln. Einer der vielen ideologisch hoch motivierten jungen Männer, die sich dem Dschihad angeschlossen haben und dann zurückkommen, kampferfahren und ideologisch aufgeladen. »Das ist ein Modell, das man befürchten muss«, sagt Gross unaufgeregt, aber deutlich. Es sei eine Situation, die ihn an die Freikorps erinnere, die aus dem Ersten Weltkrieg in die Weimarer Republik zurückgekommen seien, meistens aus Kämpfen an der Ostfront. Es waren hoch motivierte Antikommunisten, Antidemokraten, sie waren militärisch ausgebildet und haben dann eben Außenminister Walther Rathenau und den Abgeordneten der Nationalversammlung, Matthias Erzberger, ermordet. »Man hat also ein Potenzial von ausgebildeten Ideologen, die eigentlich in einem anderen Krieg geschult wurden, aber die zurückkamen und in ihrer Freizeit in der Demokratie das weitergeführt haben, was sie konnten, nämlich Krieg zu führen und Terror zu verbreiten, und insofern gibt es dort eine mögliche historische Parallele.«

Und der junge Attentäter in Brüssel? Ja, ein Antisemit. Daran bestehe kein Zweifel, aber dieser Begriff helfe letztlich nicht weiter, um diesen Mordanschlag zu begreifen. Man könne ihn natürlich und für alle, die eine Ordnung auch in der Unordnung haben wollen, einordnen in den ewigen Strom von judenfeindlichen Gefühlen, die angeblich immer schon da waren und da sein werden, aber der Begriff als Schlagwort schränke die Analyse nur ein, eine höchst unproduktive Praxis. »Das Interessante ist ja, dass die meisten Leute, die über Antisemitismus forschen, ihn auch bekämpfen wollen. Das ist in den historischen Wissenschaften eher die Ausnahme: Wenn ich die Römer erforsche, will ich sie nicht unbedingt bekämpfen und besiegen.«

Raphael Gross spricht mit einem charmanten schweizerischen Zungenschlag. Er wägt ab: Antisemitismusforscher leisten einen wichtigen Beitrag, aber die Ergebnisse befriedigen ihn nicht immer. Er ist der ewigen Wiederholung überdrüssig: Du bist ein Antisemit, nein du! Das ist für ihn eine Sackgasse. Dann sei das nur noch ein Gespräch, in dem der eine sagt, dass der andere lügt. Die Möglichkeit, den anderen noch zu bewegen und ihn zu einer Einsicht zu führen, ist damit versperrt. Man sehe das auch an den häufig automatisierten Reflexen muslimischer Verbände, die sagen: Antisemiten? Wir doch nicht! Das hat mit uns nichts zu tun!

Das ist ganz gegen den Islam! Bei denen auf einem »Doch« zu beharren, führe nicht weiter. Wichtiger ist ihm als Historiker, dass man Muslimen verständlich macht, dass es nicht ausreicht, den Vorwurf des Antisemitismus abzuwehren, sondern sich zu fragen, wie weit durch ihre religiöse Tradition Formen des Hasses und von Hass bestimmte Auffassungen vorgezeichnet sind. Diese Auseinandersetzung ist im Christentum zum Teil geführt worden. Manche Christen hätten mittlerweile durchaus erkannt, dass Christen nicht nur Nächstenliebe gepredigt hätten, sondern grauenhafte Feldzüge gegen Juden geführt haben; dass die Kreuzfahrer nicht nur im Heiligen Land gewütet hätten, sondern schon vor ihrer Abfahrt in der Heimat, beispielsweise in Speyer, wo sie Pogrome gegen Juden angezettelt haben.

Viele Christen, auch christliche Institutionen, hätten sich durchaus ihren tief verwurzelten und tradierten Strömungen gegen Juden gestellt. Das sei im Islam in der Weise nicht geschehen. Ein schmerzhafter und zutiefst verstörender Prozess. Was er nicht mehr hören kann, aber immer wieder hört, ist das Argument, arabische Moslems könnten schon deshalb keine Antisemiten sein, weil sie selbst Semiten sind. Er nennt es eine »Primitivfalle«, aus der man nicht herauskommt und vor allem nicht weiterkommt. »Damit sieht man schon, der Begriff ist tatsächlich untauglich, also warum brauchen wir ihn? Können wir da nicht genauer sein in dem, was wir bezeichnen wollen?« Ihm würden klarere Zuschreibungen gefallen: Antijudaismus, Judenfeindschaft, Judeophobie. Oder ganz einfach: »Judenhass, da weiß man doch sofort, woran man ist.«

Immer wieder wird Raphael Gross um Rat gefragt, wenn es darum geht, ob man Israel kritisieren darf, ohne gleich ein Antisemit zu sein. Eine Frage, die viele sowohl aus dem rechten als auch aus dem linken Spektrum umtreibt. Man möchte Israel gerne des Völkermords bezichtigen, ohne dafür gleich gescholten zu werden. So wie man seinen Nachbarn einen Zuhälter nennen möchte, ohne dafür gleich eine Verleumdungsklage zu riskieren. Wie also unterscheidet man einen waschechten Antisemiten von einem Israelkritiker, wollte eine große Zeitung von ihm wissen.

Waschecht seien Kleidungsstücke, die man auch bei hohen Temperaturen ohne Risiko waschen könne, aber diese Fragestellung selbst sei schon das Problem, sie ziele am Ende nämlich nur darauf, für die eigenen Ressentiments, die tief sitzenden Vorurteile, über die sich viele nicht einmal im Klaren seien, einen Freibrief zu bekommen. Er würde lieber den Judenhass als auslösendes Phänomen genauer untersuchen. Hass ist ein besserer Begriff für ihn als »Vorurteil«. Vorurteile seien oft harmlos. »Gegen Vorurteile muss man ja nicht ankämpfen, wenn wir ehrlich sind, die sind ja auch manchmal ganz schön«, sagt Gross und fügt hinzu: »Aber gegen Hass schon. Hass bestimmt mein eigenes Tun. Ich glaube, wenn es denjenigen, den ich hasse, nicht mehr gibt, dann geht es mir besser.« Als Betroffener, als Jude, gegen den sich der Hass richtet, könne er nicht einfach sagen, Antisemitismus interessiert mich nicht. Bei einem Vorurteil könne einem das völlig gleichgültig sein, bei Hass aber nicht. Wenn ein Mensch voller Hass mit einer Kalaschnikow ins Museum stürme, wie in Brüssel, »dann kann ich nicht sagen, ich interessiere mich nicht für Antisemitismus oder für dessen Hass«. Man müsse Hass gegenüber sehr wachsam sein und abwehrbereit, man kann ihn nicht ignorieren. Das wäre tödlich.

Bei den hasserfüllten Demonstrationen in Deutschland sei es ähnlich: Warum gibt es diese Hassgefühle? »Es reicht nicht, es sich einfach zu machen und zu sagen, die gibt es wegen des deutschen oder europäischen Antijudaismus oder wegen der antijüdischen Tradition, das glaube ich nicht.« Das müsse man sich gründlicher ansehen. Wenn der, der hasst, davon ausgehen kann, dass viele seinen Hass teilen, dann werde es gefährlich. Wenn der Antisemit in einer »Blase von Zustimmung ist«, dann habe sein Hass auf Juden ein anderes Niveau erreicht. Der Antisemit versuche, nicht allein zu bleiben, er suche Zustimmung, hoffe auf Beistand, »daher gibt er sein Projekt von Anfang an als moralisches aus und empfindet es auch so: Die Juden sind hinterhältig, sie schneiden den Kindern die Köpfe ab, sie machen Geld auf krummen Wegen. Das ist ein moralischer Kampf gegen unmoralische Mächte. Und da will man normalerweise ja immer, dass die anderen einem beistehen.« Das sei das Prinzip bei jeder dieser Demonstrationen, diese Sehnsucht nach Gemeinschaft. Was daraus folge, wenn die Transparente wieder eingerollt sind und die Rufe »Kindermörder Israel« verhallt sind, das sei eine wichtige Frage, auf die aber auch er keine Antwort wisse.

Erhält er jetzt mehr antisemitische Briefe oder Mails als früher? Was steht zum Beispiel im Gästebuch seines Museums? Gross lacht: »Die meisten Leute schreiben, dass die Beleuchtung nicht besonders gut ist in einem Raum und dass es mehr Stühle geben solle.« Bei den Mails sieht es schon etwas anders aus, da dort die Anonymität größer sei, aber mancher traue sich auch hier, mit vollem Namen und echter Anschrift, aus der Deckung. Ein Mann habe ihm neulich einen sehr bezeichnenden Brief auf diesem Weg geschrieben. Der Vater des Mannes war NSDAP-Mitglied, ein sehr frühes sogar, und er, der Sohn, versuchte ihm nun nachzuweisen, dass die Israelis alle Massenmörder seien. Das sei der klassische Fall der Selbstentlastung von der Geschichte. Da komme man auch mit einer politischen Argumentation nicht recht weiter. Auch nicht durch Mails, die er natürlich anfangs geschrieben habe, aber die hätten zu keinem produktiven Dialog geführt, sondern die Lage eskaliert. »Vielleicht gibt es so etwas wie ein spezifisch deutsches Sonderphänomen der Nachholocaustära, dass wir eine Generation von Flakhelfern haben und NSDAP-Kindern, die dann einem ganz spezifischen Programm folgen.« Und was für ein Programm ist das genau? Der Historiker lächelt und zuckt die Schultern. Das ist deutsche Gegenwart. Dafür ist er als Historiker kein Experte. Aber wie gegenwärtig die Vergangenheit ist, wenn es um Juden und um Israel geht und wie generationenübergreifend, das, so ergänzen wir, zeigt ja nicht zuletzt der Zuspruch auf den Antiisrael-Demos für den Flakhelfer Günter Grass. Ob sich Grass darüber wohl freut? Diese Frage bleibt einen Moment in der Luft hängen. »Nun«, sagt Raphael Gross in seiner bedächtigen Schweizer Ruhe, »das weiß ich nicht«, man müsse ihn selbst fragen. Im Übrigen funktioniere so die Popkultur, aber das, bitte, sei eine private Anmerkung. Klar, Popkultur ist eindeutig Gegenwart und ist nicht sein direktes Fach. Jetzt müsse er aber wieder zurück in sein Museum. Es bekommt demnächst einen Erweiterungsbau, unter anderem für die Geschichte der Familie von Anne Frank. Und das ist eindeutig Geschichte. Deutsche Geschichte.

# Die kühnste Staatsgründung des Jahrhunderts

Purim ist ein fröhliches Fest. Es ist das Fest, das an die Errettung der Juden vor der Verfolgung des persischen Despotenhöflings Haman erinnert, der alle Juden im Perserreich an einem Tag ermorden lassen wollte, »alle Juden vom Knaben bis zum Greis, Kinder und Frauen an einem einzigen Tag«. Er wollte sie »vertilgen, erschlagen, vernichten und ihre Habe als Beute zu plündern«, wie es im Buch Esther überliefert ist. Die Urfassung des Holocaust 400 Jahre vor Christi Geburt. Aber genau diese Königin Esther vereitelte den blutigen Plan und rettete die Juden. Purim ist also das Fest des Überlebens, an dem sich die Kinder verkleiden. Eine Art jüdischer Fasching, nicht ganz so laut und nicht betrunken. Es ist eines der Feste, das die bittere Erfahrung der Juden über Jahrtausende widerspiegelt: »Sie haben versucht uns umzubringen, wir haben überlebt, lasst uns essen.«

## Der Schutz der Juden ist Sache der Juden

Über sechzig Jahre dauerhafter Bedrohung haben Israel nicht mürbe gemacht, im Gegenteil, Juden sind nach wie vor der festen Überzeugung, in keinem Land so sicher zu sein wie in Israel. Daran haben weder die zahlreichen Kriege gegen Israel etwas geändert noch der zermürbende Raketenbeschuss aus Gaza oder die Bedrohung durch die Atombombe des Iran. Das Land weiß allerdings auch, dass es sich auf niemanden verlassen darf außer auf sich selbst und auf seine Stärke.

»Der Schutz der Juden ist Sache der Juden, keiner wird das übernehmen«, das ist die bittere Schlussfolgerung eines Mannes, der hilflos mitansehen musste, wie überforderte deutsche Polizisten die Geiselbefreiung der israelischen Mannschaft bei den Olympischen Spielen 1972 in München übten und wie alles in einem blutigen Chaos endete. Zvi Zamir war damals Chef des israelischen Geheimdienstes Mossad. Er hatte die schwere Aufgabe, den Tod der israelischen Athleten nach Hause zu melden, an seine Ministerpräsidentin Golda Meir persönlich. »Sie sagte: ›Zvika, nu – wie war's?‹, ich sagte: ›Golda, was – wie war's?‹ – Sie dann: ›Sie sind doch befreit worden, oder?‹ – Ich: ›Golda – sie sind nicht befreit worden. Keiner von ihnen lebt.‹« Noch heute kann sich Zvi Zamir, 1925 in Polen geboren, nur unter Tränen an diesen demütigenden Moment erinnern. Drei der palästinensischen Terroristen des »Schwarzen September« hatten ihren Anschlag überlebt. Wenige Wochen später wurden sie freigepresst. Wie alle anderen Terroristen, die zuvor auf deutschem Boden Juden umgebracht hatten, wurden auch sie aus Deutschland ausgeflogen. Niemand wurde hier je zur Rechenschaft gezogen. In Israel ließ man es nicht dabei bewenden. Keiner der Attentäter hatte noch ein langes Leben.

Zvi Zamir war damals für die gezielten Tötungen verantwortlich, die Steven Spielberg in seinem Film *München* (2005) so dramatisch nacherzählt hat. Zvi Zamir hat damals wie heute eisern dazu geschwiegen. Nur eines verrät er in einem Interview, das wir 2012 mit ihm geführt haben: »Golda war nicht glücklich darüber, dass wir zu Dingen gezwungen wurden, die Kulturstaaten nicht tun. Ich sagte zu ihr: Sieh, Golda, es gibt keinen Schutz vor den Terroristen. Die Terroristen bewegen sich frei in Europa, und keine Regierung unternimmt etwas dagegen. Golda mochte das überhaupt nicht. Ich habe sie dann nicht mehr einbezogen. Ich bin gegangen. Ich wusste, was ich zu tun hatte. Ich musste alles unternehmen, um weitere Angriffe zu verhindern.« Nach einer Pause fügt er hinzu: »Wir müssen das Volk Israel vor einer Shoa schützen, das sitzt tief in unserem Bewusstsein. Es wird keine weitere Shoa geben.«

Dieses Bewusstsein, nie wieder »wie die Lämmer zur Schlachtbank« zu gehen, ist tief verwurzelt im kollektiven Narrativ Israels. Auch der EL-AL-Pilot Uri Bar Lev, der selbst drei Anschläge auf die zivile Luftfahrt überstanden und einen davon nur durch einen halsbrecherischen Sturzflug vereitelt hat, sagt: »Sie glaubten, dass man sich mit Terroristen einigen kann, aber Terrorismus schließt jede Einigung aus. Terrorismus ist gegen jede Art von Gesetz und Verständigung. Im Gegenteil: Es ist das Wesen des Terrorismus, das Gesetz zu brechen.« Und er, der als Pensionär amerikanische Piloten gegen Terroranschläge trainiert, geht noch einen Schritt weiter: »Ich denke, wenn Europa und die Welt in den Siebziger-jahren den Terrorismus bekämpft hätten, wäre 9/11 nicht passiert. Jeder hat aber Angst gehabt und sich nur um seine eigenen Interessen gekümmert. Lieber nichts tun, ich halte mich da raus, denn jedes Eingreifen ist immer mit Gefahr verbunden. Das war auch bei mir so. Ich habe mit dem Leben gespielt, Gott gespielt. Woher sollte ich wissen, dass es klappt? Aber man muss wenigs-tens versuchen, den Terrorismus zu bekämpfen. Man muss etwas tun.« Darauf zu hoffen, dass ihnen jemand beisteht, versagen sich viele Juden, sie sind zu oft enttäuscht worden. »Sie werden uns schützen«, sagt Zvi Zamir, »aber nicht in gleicher Weise, wie es der Staat Israel tut. So ist das. Die Erfahrung zeigt, dass es kei-nen Schutz gibt. Es gibt Hilfe und Sympathie, aber um zu schüt-zen, muss man bereit sein, auch mit Blut zu zahlen, und das tut keiner.«

Wie recht er hat, wurde einmal mehr im Herbst 2014 deut-lich, als es darum ging, den mühsam ausgehandelten Waffenstill-stand zwischen Israel und der Hamas dauerhaft zu garantieren. Eine Strategie zur Sicherung des Überlebens beider Seiten ist die durch internationale Kräfte überwachte Entmilitarisierung des Gazastreifens. Israel schlug vor, dass insbesondere Deutschland sich an einer solchen Friedensmission beteiligen sollte. So enga-giert aber hierzulande ein Ende des Krieges gefordert wurde, so merkwürdig still wurde es, als den großspurigen Worten Taten folgen sollten. Die Mehrheit der Deutschen ist strikt dagegen, sich da hineinziehen zu lassen. Selbst der damit einhergehende Schutz der palästinensischen Zivilbevölkerung schien nicht ver-lockend genug. Vom damit verbundenen Schutz der Menschen in Israel ganz zu schweigen. Sollte für einen kurzen Moment bei den Befragten des ARD-Deutschlandtrends die Erkenntnis da gewe-sen sein, dass der Aufenthalt unter der Hamas doch nicht ganz so gemütlich werden könnte, wie es uns etwa der Palästinafreund

Jürgen Todenhöfer so einfühlsam geschildert hatte? Sollte es am Ende gar nötig sein, Israel mit einem »robusten Mandat« vor der Umsetzung der Hamas-Charta zu schützen? Deutsches Soldatenblut für jüdische Zivilisten?

Schon in seinem Geburtsjahr 1948, als die arabischen Nachbarn den jungen Staat, noch bevor er ausgerufen war, gleich wieder auslöschen wollten, war Israel auf sich gestellt. Noch vor der historischen Abstimmung über einen Judenstaat mobilisierte die Arabische Liga alle politischen und vor allem alle militärischen Kräfte für einen Krieg gegen die Juden. 400000 arabische Soldaten stehen 30000 schlecht ausgerüsteten Kämpfern der Hagana gegenüber – ohne Schutz der Briten, ohne Unterstützung der Welt. Keine 2000 Maschinenpistolen stehen zur Verfügung, keine Panzer, keine Flugzeuge. Damit ist kein Staat zu machen, geschweige denn einer zu verteidigen. Es schien das sichere Aus für einen Staat zu sein, den es noch gar nicht gab. Doch wenige Wochen vor der Proklamation des jüdischen Staates geschah ein diplomatisches Wunder: Ein aus der Tschechoslowakei kommendes Flugzeug lieferte die ersten Waffen für die Hagana: 200 Gewehre und 40 Maschinengewehre. Tags darauf ein zweites Wunder: mit 4500 Gewehren, 200 Maschinengewehren und 5 Millionen Patronen, wieder aus der ČSSR, schlüpft die »Nora«, ein italienisches Frachtschiff, durch die Seeblockade der Briten. Die heikle und kostbare Fracht war unter Tonnen von Zwiebeln und Kartoffeln versteckt. Als schließlich noch 54 Flugzeuge der Firma Messerschmidt aus Restbeständen des Zweiten Weltkriegs eintreffen, gelingt es Ben-Gurion, die täglichen Angriffe der arabischen Nachbarn abzuwehren. Der große Angriff der Nachbarn steht aber erst noch bevor.

Kaum jemand hat das Wunder der Geburtsstunde Israels so liebevoll beschrieben wie der große israelische Schriftsteller und Friedensaktivist Amos Oz. Nicht so sehr der 14. Mai 1948, als Ben-Gurion den Staat Israel ausrief, sondern jene denkwürdige Nacht sechs Monate zuvor, als im fernen New York die Vereinten Nationen darüber abstimmten, wie Palästina nach dem Abzug der britischen Besatzungsmacht zwischen Juden und Arabern aufgeteilt werden sollte, hat sich ins Gedächtnis des damals acht Jahre alten Amos Oz eingebrannt. Es war der 29. November 1947. Shabbat war gerade vorbei, und die Menschen waren auf die Straßen gelaufen an die öffentlichen Lautsprecher mit der Direktübertragung aus Lake Success, in der Nähe von New York. Sie selbst hörten am Radiogerät des Nachbarn mit, der es auf den Balkon gestellt hatte, das einzige Radio in der Nachbarschaft. Eine monotone Stimme fragte die Mitgliedsstaaten der Völkergemeinschaft, wer für den Judenstaat war, wer dagegen und wer sich enthielt. Die Anspannung war zum Greifen nah, die Gesichter der vor dem Holocaust nach Palästina geflohenen Menschen wie erstarrt. »Kein Wort, kein Husten«, erinnert sich Oz, »keine Schrittgeräusche, keine Mücke summte. Nur die (…) raue Stimme des amerikanischen Sprechers.« Dann das Ergebnis: 13 Staaten dagegen, darunter Griechenland und die Türkei, 10 Enthaltungen, darunter Großbritannien, und 33 dafür, darunter die Sowjetunion und die USA. Deutschland hatte aus gutem Grund noch keine Stimme in der Runde der Völker.

»Mein hochgebildeter, wohlerzogener Vater stand dort«, erinnert sich Amos Oz, »und schrie aus voller Brust, nicht Worte, nicht Wortspiele, keine zionistischen Parolen und keine Jubelrufe, sondern einen langen, nackten Schrei wie vor der Erfindung der Worte.«

Ben-Gurion übrigens, so will es die Überlieferung, hat die entscheidende Abstimmung verschlafen. Er war an diesem Abend besonders früh zu Bett gegangen. In einem Hotel am Toten Meer. Um Mitternacht klopfte es an seiner Tür, er stand auf und schaute aus dem Fenster seines Hotels: Am Strand tanzten die Menschen, jubelten, umarmten sich. In seinem Tagebuch notierte er: »Ich konnte nicht tanzen, ich wusste, dass uns ein Krieg bevorstand und dass wir die Elite unserer Jugend in diesem Krieg verlieren würden.« Ein prophetischer Realist, wie sich leider zeigen sollte.

Der Wortlaut der Proklamation des neuen Staates ein halbes Jahr danach passt auf zwei Schreibmaschinenseiten. Fast flehentlich ruft Ben-Gurion den Feinden Israels entgegen: »Wir strecken allen Nachbarstaaten und ihren Völkern die Hand zum Frieden und auf gute Nachbarschaft entgegen.« Aber sie stehen schon vor den Toren Jerusalems und halten die Heilige Stadt umzingelt, weshalb Ben-Gurion nach Tel Aviv ausweichen muss. Dabei hatte die Mehrheit der Palästinenser den Teilungsplan der Vereinten Nationen durchaus begrüßt, schließlich waren sie Nachbarn, Arbeitskollegen, Freunde sogar. So aber wurden sie von ihrer Führung um ihren eigenen Staat gebracht, ein betrogenes Volk, von Anfang an. »Der Staat Israel ist geboren«, hatte Ben-Gurion am Ende seiner Rede gerufen, dann war er zu Bett gegangen, aber die Nacht war kurz.

Noch zweimal wird er geweckt – beim ersten Mal wird ihm mitgeteilt, dass der amerikanische Präsident Truman den neuen Staat anerkennt, und um fünf Uhr wird er gebeten, eine Radioansprache an das Volk der Vereinigten Staaten zu richten, was er auch unverzüglich tut. Kaum steht die Radioleitung, hören die entsetzten Hörer das Aufheulen von Flugzeugmotoren und den Lärm gewaltiger Detonationen. Ben-Gurions Ruf nach Versöhnung, nach einem Neuanfang in Frieden, war noch in der Nacht zum 15. Mai 1948 verhallt im Granatenhagel und den Brandbomben der angreifenden Armeen Ägyptens, Jordaniens, Syriens, des Libanon und des Irak. Keine acht Stunden nach der Geburt des Staates Israel. 650 000 Juden gegen 30 Millionen Araber. Kein Wunder, dass viele an ein Wunder glauben, dass es diesen Staat noch heute gibt. Kein Wunder auch, dass die arabische Welt die Schmach, gegen einen solchen Zwergenstaat verloren zu haben, bis heute nicht verwunden hat.

Die »kühnste Staatsgründung des Jahrhunderts«, muss selbst der Israel gegenüber eher distanzierte *Spiegel* fast anerkennend anmerken. Rudolf Augstein, sein Herausgeber und in späteren Jahren wahrlich kein großer Freund Israels, schreibt zum zwanzigsten Jahrestag der Staatsgründung, sehr realistisch die Überlebenschancen Israels einschätzend: »Dieser jüdische Staat hatte von je nur das Existenzminimum. Man kann ihm nichts wegnehmen, ohne ihn zu ruinieren.« Oder, um es mit dem großen Historiker des jüdischen Widerstandes, Arno Lustiger, zu sagen:

»Wenn die Araber die Waffen endlich niederlegen, wird es keinen Krieg mehr geben. Aber wenn Israel die Waffen niederlegt, wird es kein Israel mehr geben.«


## Traum und Albtraum

Seit 2008 zieht eine besondere Ausstellung durch Deutschland, die Schweiz und Österreich. Zum sechzigsten Geburtstag Israels beziehungsweise zum sechzigsten Jahrestag der palästinensischen Katastrophe, wie die Ausstellungsmacher es wohl eher nennen würden. »Die Nakba – Flucht und Vertreibung der Palästinenser 1948« zeigt, wer an der deprimierenden Lage der Palästinenser schuld ist, und zwar ausschließlich: die Juden und ihr Staat. Das jedenfalls ist die Grundaussage der auf Kirchentagen und in Schulen gezeigten Schau. So weit, so falsch, aber vielleicht aus ehrenwerten Motiven? Zusammengestellt wurde sie vom »Verein Flüchtlingskinder im Libanon e.V.« aus dem baden-württembergischen Pfullingen. Doch schaut man sich den Veranstalter genauer an, wird man rasch fündig und riecht den Braten. Der Verein arbeitet nämlich eng mit einem libanesischen Kinderhilfsprogramm zusammen, der »National Institution of Social Care and Vocational Training« (NISCVT). Warum auch nicht? Kinder sind besonders schutzbedürftig und schutzlos. Gut, dass sich Menschen um sie kümmern. Auf deren englischer Internetseite allerdings stutzt der Betrachter: Palästina wird dort als ein »zurzeit« noch besetztes Gebiet beschrieben, und auf einer Landkarte, im Grün der Hamas gehalten, werden schon mal im Vorgriff weder Tel Aviv noch der Staat Israel abgebildet. Das kann passieren und ist auch schon Prominenteren passiert: Die Evangelische Kirche Deutschlands (EKD) verteilte bei einer Pressekonferenz in Israel eine Nahostkarte, auf der das Gastland nicht verzeichnet war. Syrien, Jordanien und ein Staat namens »Sinai« waren dort eingetragen, auch den Gazastreifen gab es, die Westbank und die »von Israel besetzten« Golanhöhen. Nur Israel nicht. Möglicherweise sei der Name Israels »beim Kopieren der

Karte herausgefallen«, zitierte der Nachrichtensender n-tv den etwas ungelenken Pressesprecher der EKD.

Bei NISCVT liegt die Sache anders, wie man auf ihrer Facebook-Seite am 7. Januar 2014, am sogenannten »Tag der Märtyrer«, sehen konnte: Fotos von Kindern in Tarnanzügen und mit Waffenattrappen. Alles ein blöder Zufall, alles also halb so wild? Vermutlich nicht, denn den schwäbischen Ausstellungsmachern geht es nach eigenem Bekunden darum, den »Kampf der Opfer gegen die Tätersicht« zu fördern, sie wollen also dezidiert keine Aufklärung, sondern eine neue Sichtweise, in der die Rollen klar verteilt sind. Nicht einmal die sonst gern benutzte Formel der Beschwichtiger, man müsse in diesem Konflikt »beide Seiten« sehen, womit sie ohnehin nur die eine, die jüdische Seite meinen, wenn es um die Schuldfrage geht, wird bemüht, sondern man stellt sich dem »Kampf« für eine vermeintlich gute Sache. Die Sache, das sind die entrechteten Palästinenser. Finanziert wurde die Veranstaltung nicht vom Ministerium für Propaganda und Desinformation, sondern vom Evangelischen Entwicklungsdienst und von der Stiftung Entwicklungs-Zusammenarbeit des Landes Baden-Württemberg. Und es gab und gibt jede Menge prominente Unterstützer und Förderer von Norbert Blüm bis Günter Grass, von Peter Scholl-Latour bis Stéphane Hessel.

Nun spricht nichts dagegen, sich die Folgen einer einzigartigen und unter besonderen historischen Bedingungen erfolgten Staatsgründung vor Augen zu führen. Und natürlich gilt auch für historische Zäsuren der abgewandelte alte Lehrsatz: Wenn zwei das Gleiche erleben, ist es noch lange nicht dasselbe. Die Erfüllung des jüdischen Traums wurde zum arabischen Trauma. Man kann auch durchaus darüber nachdenken, ob es wirklich klug ist, wenn Israel ein Gesetz verabschiedet, das die Erinnerung an die »Nakba«, die »Katastrophe« der Palästinenser, nicht verbietet, wie unermüdlich behauptet wird, aber doch einschränkt, indem es Fördergelder für entsprechende Veranstaltungen streicht. Trotzdem gibt es nicht nur unter den neuen israelischen Historikern, sondern auch in der Bevölkerung ein Bewusstsein dafür, dass auch diese Staatsgründung mit Gewalt und mit Unrecht einherging. Der Diskurs darüber ist möglich und findet unbehindert statt, im Gegensatz etwa zur Türkei. Dort landet im Knast, wer an den Völkermord an den Armeniern erinnern will. Und auch hierzulande tourt keine Wanderausstellung, die sich dieser Frage widmete. Aufschlussreich ist, wie die Nakba-Ausstellungsmacherin Ingrid Rumpf das Ziel ihrer Arbeit und die breite und prominente Unterstützung definiert: Es sei ein Zeichen »gegen die permanente Antisemitismusdebatte«, die »vor allem von deutsch-israelischen und christlich-jüdischen Gesellschaften, jüdischen Gemeinden und aus Kreisen der Linken getragen wird«, wird Ingrid Rumpf in der *Welt* vom 27. Oktober 2012 zitiert. Selten wird der Antizionismus so ehrlich bei seinem antisemitischen Namen genannt.

Ohne Zweifel war der 14. Mai 1948 ein schicksalhafter Tag für Juden und Araber; ein Tag, dessen Auswirkungen bis heute die Weltpolitik bestimmen. Für die Juden ging an diesem Tag das 2000-jährige Exil zu Ende. Für die Palästinenser bedeutet dieses Datum den Beginn der »Nakba« – der massenhaften Flucht aus ihren Dörfern und Siedlungen. Oder handelte es sich um eine Vertreibung, um eine ethnische Säuberung? Den Menschen, die ihre Heimat verloren haben, ist die Begrifflichkeit ziemlich egal, nicht aber denen, die Politik damit machen. Die Palästinenser sind ein Faustpfand im Kampf gegen das »zionistische Gebilde«. Bis heute unterhalten die Vereinten Nationen zwei Flüchtlingswerke, die UNRWA (United Nations Relief and Works Agency for Palestine Refugees in the Near East) für die Palästinenser und ein allgemeines für den Rest der Welt. Die UNRWA existiert seit 1949, und sie wird mindestens so lange existieren, wie der Palästinakonflikt nicht gelöst ist. Alles, was Zweifel sät an der Opferrolle der Palästinenser, wird hier genauso konsequent unterschlagen wie in der »Nakba«-Ausstellung, bei der eine komplizierte Wahrheit durch gefälschten Kitsch ersetzt wird. So fehlen natürlich nicht die Schlüssel, die eines Tages wieder die Türen ihrer Häuser in Haifa und anderswo öffnen werden. Und dazu anrührende »Augenzeugenberichte«. Auf Schautafel 12 etwa darf unter der Überschrift »Erlebtes – Flüchtlinge erzählen ihre

147

Geschichte« der erst fünfjährige Mohammed Farhat ausführlich schildern, wie seine Familie 1948 vertrieben wurde. Das wird er vermutlich nicht aus eigenem Erleben beisteuern, sondern aus der Erzählung der Eltern oder der Ausstellungsmacher. Trotzdem wird er zu einem Kronzeugen für das Elend seines Volkes: »Mein Großvater weint manchmal, denn er glaubt nicht, dass er seine Heimat Palästina in seinem Leben noch einmal wiedersehen wird.« Das Ganze wird dann noch abgerundet durch einen hübschen Kalender, den man für 15 Euro erwerben kann. Der Kalender ist zeitlos und über die Jahre immer wieder brauchbar, vermutlich weil sich auch am Schicksal der Palästinenser nichts ändern wird. Es gibt ihn in vielen verschiedenen Sprachen. Nur nicht auf Ivrit, was inkonsequent ist und erstaunt, neigt der deutsche Palästinafreund doch sonst nicht zur Zurückhaltung, wenn es darum geht, den Nachkommen der Opfer der Shoa die Leviten zu lesen. Mangels hebräischer Sprachfassung entgehen den israelischen Enkelkindern die Schilderungen der Barbarei ihrer Großväter. An ganz prominenter Stelle steht natürlich das »Massaker von Deir Yassin«, dem »254 Menschen zum Opfer fielen«, als eine Kommandoeinheit der jüdischen Untergrundkämpfer der Irgun noch vier Wochen vor der Staatsgründung am 9. April 1948 das arabische Dorf überfiel, um Panik zu verbreiten und möglichst viele Palästinenser zur Flucht zu bewegen. Wie viele Menschen damals dabei starben, ist bis heute unklar, was die Ausstellungsmacher aber unterschlagen und stattdessen die Propagandazahl als objektive Wahrheit verbreiten. In der ARD-Dokumentation »1948 – Jüdischer Traum. Arabisches Trauma: Wie der Staat Israel entstand« von Gabriela Hermer spricht ein palästinensischer Zeitzeuge, der als Zwanzigjähriger an den Kämpfen gegen die Zionisten beteiligt war. »Die Behauptungen, die damals in die Welt gesetzt wurden, wie etwa Frauen, die vergewaltigt wurden, das war unwahr. Alles, was über die Opfer geschrieben wurde, war unwahr. Deir Yassin hat 93 Märtyrer verloren.« Dennoch wurde unmittelbar nach dem Überfall mit der Zahl der Opfer Propaganda und Politik gemacht.

1998 enthüllt der damals beteiligte palästinensische Journalist Hazem Nusseibeh in einer BBC-Dokumentation, warum und wie die Zahlen manipuliert wurden. Der Journalist fragte den palästinensischen Anführer Dr. Khalidi, wie er mit den Opferzahlen umgehen und wie er überhaupt über Deir Yassin berichten solle. »Er sagte mir, wir müssen es so hoch hängen wie nur möglich. Er schrieb dann eine Presseerklärung, in der er behauptete, dass Kinder umgebracht, schwangere Frauen vergewaltigt und alle möglichen anderen Gräueltaten begangen worden seien.« Eine bewusste Manipulation zu Propagandazwecken. Sie hatte fatale Folgen: Keine drei Tage später verübten Araber unter den Augen der Briten einen Anschlag auf einen jüdischen Konvoi und töteten dabei 77 Menschen: Ärzte, Krankenschwestern, Studenten, die zum Teil bei lebendigem Leib verbrannten. Zivilisten, unter denen fast auch der Vater von Amos Oz gewesen wäre, der Arzt, den aber eine Grippe ans Bett gefesselt hatte. Dieses Massaker aber, vom Arabischen Hohen Komitee als »Heldentat« gepriesen, taucht in der »Nakba«-Ausstellung so wenig auf wie in der gesamten öffentlichen Wahrnehmung. Nun hilft es den Betroffenen wenig, Opferzahlen und Anschläge gegeneinander aufzurechnen. Was aber hilfreich ist, auch wenn es der Intention der Ausstellungsmacher entgegensteht, ist, sich die Schicksale der Vertriebenen oder der Geflüchteten ein bisschen näher anzuschauen.

Gabriele Hermer hat das in ihrem Film getan und zum Beispiel die Familie von Abu Issam gefunden. Ein Teil lebt heute im Libanon, der andere Teil ist nach Israel zurückgekehrt, nach Akko, in das Haus des Vaters. Israel hatte damals angeboten, 100 000 palästinensische Flüchtlinge aufzunehmen, aber die arabischen Staaten beharrten auf der Rückkehr aller oder keiner. Abu Issam hatte Glück: Mithilfe der UNO konnte er zurück nach Hause, weil ein Teil der Familie noch in Israel geblieben war. Vertrieben und zurückgekehrt. Daraus lässt sich kein politisches Kapital schlagen und auch nicht daraus, dass Abu Issam mit ganzem Herzen Israeli ist. Er ist Lastwagenfahrer, darf wählen, genießt alle Rechte und Pflichten eines Israelis, fast alle, korrigiert er sich. Sein größter Wunsch nämlich sei es, dass seine Enkel endlich dürften, was ihm verwehrt blieb: in der israelischen Armee zu dienen. Was für unsere Ohren klingt wie die Aussage eines verwirrten Alten, ist tatsächlich nicht so selten: Ein Viertel der arabischen Bürger Israels ist nach einer neuen Umfrage bereit, für den Staat der Juden zu kämpfen.

Auch Leon Levi, Direktor des international renommierten Rambam-Krankenhauses von Haifa und Neffe des früheren Bürgermeisters der Stadt, Shabtai Levi, wäre ein guter Zeitzeuge. Er könnte erzählen, wie sein Onkel fast flehentlich die Araber seiner Stadt damals beschworen hat, Haifa nicht zu verlassen. Sie seien doch Freunde und Nachbarn und bräuchten einander. »Die Juden unternehmen alle Anstrengungen, um die arabische Bevölkerung zu überreden, in ihren Wohnungen zu bleiben und ihr normales Leben weiterzuführen«, berichten britische Polizisten am 26. April 1948 an ihr Hauptquartier in Jerusalem. Aber es half nichts, die meisten flohen.

Auch Saada Suleiman aus Hawassa, einem arabischen Dorf nahe Haifa, passt nicht in die »Nakba«-Propaganda. Sie erinnerte sich, als wir sie 1998 interviewten, noch sehr genau an den Tag der Staatsgründung Israels: Die heute über Neunzigjährige verkaufte als kleines arabisches Bauernkind Milch und Joghurt an jüdische Nachbarn, denen sie oft beim Anzünden der Shabbatkerzen behilflich war. Das friedliche Miteinander fand ein jähes Ende. Als eines Nachts der Imam alle Dorfbewohner zusammenrief und ihnen mitteilte, sie sollten weggehen, um nicht zwischen die Linien der israelischen Armee und der arabischen Kämpfer im Dorf zu geraten, gingen Saada und ihre Familie davon aus, in wenigen Tagen zurückzukehren. So hatten die arabischen Führer es ihnen versprochen. Doch aus den Tagen sind Jahrzehnte geworden. Saada lebte damals in einem palästinensischen Flüchtlingslager bei Tyros im Südlibanon. Das Lager war ursprünglich für 5000 Menschen ausgelegt, später wohnten 20000 auf engstem Raum. Längst wäre Saada weggezogen, aber die libanesische Regierung verbot den Palästinensern, ein Grundstück oder eine Wohnung außerhalb des Lagers zu kaufen. Sie sind staatenlos und weitgehend rechtlos, Bürger zweiter Klasse, ohne Pass, ohne

Staatsbürgerschaft. Saada fühlte sich deshalb von den arabischen Bruderstaaten verraten und politisch missbraucht. Ihre Hoffnung auf eine bessere Zukunft für ihre Enkel richtet sich schon lange nicht mehr auf die libanesische Regierung und auch nicht auf die Hisbollah, sondern ausschließlich auf Allah, der eines Tages vielleicht ihre Gebete erhören und ihnen Frieden schenken wird. Sie wartete also auf ein Wunder. Dass heute etwa 20 Prozent der Israelis Araber sind und dort mehr demokratische Rechte genießen als in allen anderen arabischen Staaten ringsherum, das stört das einseitige Konzept der Ausstellung. Ebenso erfahren die Besucher nicht, dass es lebensgefährlich ist, wenn Juden sich in das Gebiet der palästinensischen Autonomie verirren, wie es im Jahr 2000 zwei Reservisten in Ramallah passierte, die anschließend von einem Mob vor laufender Kamera gelyncht wurden.

Aber ist Saada überhaupt eine Vertriebene?

Der renommierte israelische Historiker Benny Morris verneint das. Die wirklichen Fälle von Vertreibung, also Fälle, in denen Araber von jüdischen Soldaten aufgefordert wurden, ihr Haus sofort zu räumen, schätzt er auf sehr viel geringer als immer behauptet. »Ich denke, dass es deutlich weniger Fälle von Vertreibung im eigentlichen Sinne gab«, sagt er, »also Fälle, in denen Araber in ihren Häusern blieben und von jüdischen Soldaten aufgefordert wurden, ihr Dorf innerhalb der nächsten 24 Stunden zu verlassen. Davon waren etwa 100 000 Menschen betroffen – oder weniger. Ich würde sagen«, erklärt Morris, »dass die meisten Menschen aus Angst vor den Kriegsfolgen geflohen sind. Sie hatten befürchtet, dass sich die Kämpfe bis in ihre Dörfer ausweiten. Außerdem wollten sie später nicht unter jüdischer Herrschaft leben.«

Vertreibung ist, gleichgültig wo sie stattfindet und warum, ein nicht hinzunehmendes Unrecht und völkerrechtswidrig. Das aber trifft auch auf die Vertreibung der Juden aus arabischen Ländern zu. Insgesamt etwa 850 000 Juden mussten ihre arabische Heimat verlassen, von Marokko bis Tunesien, von Ägypten bis Irak. Viele über Nacht. Auch eine Zahl, die gerne in der Schuldbilanz unterschlagen wird. Noch 1948 war beispielsweise Bagdad zu einem Drittel jüdisch. Erst als der Zionismus zum Kapitalverbrechen erklärt wurde, mussten bis 1950 über 135 000 Juden das Land verlassen. Ihr zurückgelassenes Vermögen im Irak wurde beschlagnahmt, nur einen Koffer mit 50 Kilogramm durften sie nach Israel mitnehmen. Und anders als die arabischen Nachbarn hat Israel alle jüdischen Flüchtlinge mit großem Aufwand integriert – eine Erfolgsstory. Aber solche eher unangenehmen, dem Propagandaziel abträglichen Details verschweigt die »Nakba-Schau«. Charlotte Knobloch nennt sie deshalb »eine absolut perfide Instrumentalisierung des Nahostkonflikts zwischen Israel und den Palästinensern auf Basis einer geschichtsverfälschenden Darstellung«. Wer die tendenziöse Ausstellung nicht zeigen will, wird öffentlich beschimpft.

»Hurra, wir knicken ein«, titelt die *taz*, »vor der jüdischen Lobby«, liest der Leser automatisch mit. »Wenn stramme Pro-Israel-Patrioten das Verbot einer Ausstellung fordern, dann steht die Meinungsfreiheit nicht mehr hoch im Kurs«, schreibt Daniel Bax in seinem Kommentar. Klar, weil die Medien ohnehin von Juden unterwandert sind und die Politik sich nicht mehr traut. Kein Wunder also, wenn Oberbürgermeister, wie der von Freiburg, einknicken oder Jugendverbände von Grünen und Linkspartei in München ein Verbot der Ausstellung fordern. Die Gründe für den Protest interessieren den eifrigen Kollegen nicht und die Argumente dringen nicht zu ihm durch, dafür sorgt die Blockade im eigenen Kopf, wenn es um Sympathien mit Israel geht. Aber warum ist das so?

## Die Normalität einer gestörten Beziehung

Seit einem halben Jahrhundert bemüht sich Deutschland und bemüht sich Israel, die Beziehungen zwischen beiden Ländern zu normalisieren. Ein schwieriges Unterfangen, weil die Normalität nach dem Holocaust nun mal die gestörte Beziehung ist. Dennoch haben beide Länder ihr Bestes zur Überwindung der Sprachlosigkeit getan. Seit fünfzig Jahren werden Botschafter ausgetauscht.

Es bedurfte damals der gesamten Autorität David Ben-Gurions, seine Landsleute darauf einzustimmen, mit dem Volk, das gerade versucht hatte, alle Juden auszurotten, diplomatische Beziehungen einzugehen. Für seine Gegner in der Knesset blieb das deutsche Volk ein Nazivolk, ein Volk von Massenmördern. Die Einfuhr von Büchern, Zeitschriften und Zeitungen aus Deutschland war verboten. Es bestand ein totaler Boykott gegen deutsche Produkte, und alle sprachen vom »Volk der Mörder«. Willy Brandt als Regierender Bürgermeister von Berlin griff 1961 diese tief sitzenden Vorbehalte in einer Rede vor dem Herzl-Institut in New York auf: »Selbstverständlich kann Deutschland nicht chemisch frei sein von Nazismus (…) Dazu war das Gift der nationalsozialistischen Lehre zu tief in den Volkskörper gedrungen.«

Auch Adenauer hatte seine liebe Mühe, den Deutschen die neue Braut schmackhaft zu machen. Umfragen Anfang der Fünfzigerjahre zeigten, dass jeder dritte Deutsche (34 Prozent) noch deutlich antisemitisch eingestellt war. Nach einer Allensbach-Erhebung sprachen sich damals 40 Prozent der Deutschen dezidiert gegen eine »Wiedergutmachung« aus, und die Aufnahme diplomatischer Beziehungen stand ebenfalls nicht ganz oben auf der Wunschliste der Deutschen. Der Holocaust, von dem eine breite Öffentlichkeit erst 1978 durch eine amerikanische Serie gleichen Titels geruhte Kenntnis zu nehmen, war allenfalls ein »Unrecht«, das »im Namen des deutschen Volkes« geschehen sei. Aber irgendwie musste man mit dieser lästigen Hypothek zurechtkommen, glaubte Adenauer: »Wir hatten den Juden so viel Unrecht getan, solche Verbrechen an ihnen begangen, dass sie irgendwie gesühnt werden mussten oder wiedergutgemacht werden mussten, wenn wir überhaupt wieder Ansehen unter den Völkern der Erde gewinnen wollten.« Man wollte wieder dazugehören und nicht mehr das Schmuddelkind in der Weltgemeinschaft sein. Eine Einsicht allerdings, die nicht auf dem eigenen Mist gewachsen war, sondern durch andere Kräfte befördert wurde: »Die Macht der Juden auch heute noch, insbesondere in Amerika, soll man nicht unterschätzen«, wusste Adenauer, »und daher habe ich sehr überlegt und habe sehr bewusst – und das war von jeher meine Meinung – meine ganze Kraft darangesetzt, so gut es ging, eine Versöhnung herbeizuführen zwischen dem jüdischen Volk und dem deutschen Volk.« Es brauchte also den ganzen Einsatz, denn Deutschland fürchtete obendrein das Schlimmste: die Anerkennung der DDR durch die arabischen Staaten.

Am 12. Mai 1965 war es aber dann doch so weit. Deutschland schickte einen armamputierten Berufsoffizier der Wehrmacht nach Israel, den ehemaligen Major im Generalstab Rolf Friedemann Pauls, was dort nicht auf spontane Sympathie traf. Israel wiederum entsandte Asher Ben-Natan nach Bonn, einen Wiener Juden, der nach dem Krieg in amerikanischer Uniform Nazitäter aufspürte. Man blieb also seiner eigenen Geschichte treu. Israels Präsident David Ben-Gurion hatte Ben-Natan persönlich darum gebeten, die schwierige Aufgabe zu übernehmen. Dabei ging es ihm vermutlich weniger um die Aussöhnung der Völker als um die Frage des israelischen Überlebens. Die Aufnahme offizieller Beziehungen diente zunächst vor allem dem Zweck, Waffen aus der Bundesrepublik zu erhalten.

Es war eine schwierige Mission, denn es gab ein internationales Embargo, dem sich Deutschland angeschlossen hatte. Und es war eine überlebenswichtige Mission, denn die Existenz des jüdischen Staates war zwar von den Vereinten Nationen beschlossen worden, aber sie war auch nach zwei gewonnenen Kriegen noch keineswegs gesichert. »Ich hatte einen guten Freund in Deutschland, der nicht in ganz Deutschland beliebt war, nämlich Franz Josef Strauß, der uns viel geholfen hat«, sagt Asher Ben-Natan, als wir ihn im Jahr 2011 treffen, und meint damit die umstrittenen deutschen Rüstungsgeschäfte mit Israel. »Ich habe das nicht Geschäfte genannt, sondern Wege, Israel Waffen zu verschaffen auf allen möglichen oder unmöglichen Wegen. Das war eine Operation, nicht ein Geschäft.« Für diese Operation war er dringend auf Verbündete angewiesen. Berührungsängste konnte und wollte er sich nicht leisten. »Waffen haben keine Nationalität. Sie haben keine Geschichte«, sagt Ben-Natan Jahrzehnte danach mit der gleichen lakonischen Selbstverständlichkeit, die ihn damals hatte handeln lassen. Asher Ben-Natan, den viele

Deutsche, so blond und stattlich, wie er war, für einen Doppelgänger von Curd Jürgens hielten, war ein optimaler Botschafter für Israel in Deutschland. Axel Springer sollte nicht zuletzt durch ihn seine tiefe Liebe zu Israel entdecken, und Ben-Natan erleichterte diese Freundschaft das Leben in Deutschland. Eine Freundschaft, die für beide prägend wurde. »Die meisten hatten ja eine braune Vergangenheit«, erinnert sich Ben-Natan, als wir ihn kurz vor seinem Tod noch in einem Altersheim in Tel Aviv befragen konnten. »Braune Vergangenheit meint nicht, dass sie alle Verbrecher waren. Es waren auch Parteimitglieder, die selbst keine Verbrechen begangen haben. Das waren die Mitläufer.« Geredet wurde über diese Vergangenheit eher nicht. »Allgemein haben die Leute es vorgezogen, nicht zu reden. Schwamm drüber. Sie wussten ja, dass ich es weiß. So schrieb ein Staatssekretär über mich an seine Schwester: Der Botschafter kennt meine braune Vergangenheit, aber er ist ein Gentleman.«

Während die Annäherung beider Staaten auf diplomatischer und politischer Ebene ohne größere Pannen über die Bühne ging, wurde Israel in den Köpfen vieler Deutscher bald zum Objekt eines irrationalen Hasses. Nach dem siegreichen Sechstagekrieg 1967 bejubelte man die Israelis noch für ihren grandiosen »Blitzkrieg«. Der junge und durch seinen Roman *Die Blechtrommel* weltberühmt gewordene Günter Grass bot sich an, die Arbeiter, die aus den israelischen Fabriken an die Front abgezogen waren, zu ersetzen. Moshe Dayan wurde zum neuen Rommel, zum »Wüstenfuchs«. Auch alle Zeitungen des Springer-Verlages stellten sich eindeutig auf Israels Seite und trugen so zur deutschen Begeisterung über den militärischen Erfolg des jüdischen »David« gegen den arabischen »Goliath« bei – aber eben auch zur vehementen Ablehnung Israels durch die studentische Linke. Springer sei nicht wegen seiner Hinwendung zu Israel angegriffen worden, sondern es habe umgekehrt funktioniert, dass »er für uns war, das war ein Grund, gegen uns zu sein. Das ist nicht sehr logisch, aber die Logik spielt nicht mit«, sagt Asher Ben-Natan verschmitzt. Aus dem jüdischen Underdog der Staatengemeinschaft war über Nacht eine siegreiche Militärmacht geworden.

Doch je stärker und überlebenstüchtiger Israel wurde, umso mehr Sympathien büßte es ein. Der Respekt schlug schon bald in Ablehnung um. Der Schwache, der von den Eltern ermordete Jude, wurde posthum von den jungen Linken adoptiert und geliebt. Der Judenstaat aber, Symbol des starken, wehrhaften Juden, der auf die Vormundschaft getrost verzichten konnte, wurde zum neuen Feindbild. Die Jungen machten dort weiter, wo die Alten aufgehört hatten. »Es ist leichter, die Mordopfer von gestern zu beklagen, als sich zu den Mordopfern von heute zu bekennen«, stellte Axel Springer fest. Er selbst aber war fest entschlossen, »die historische Chance zu nutzen, die der Herr der Geschichte offensichtlich meinem Volk eingeräumt hat. Sie heißt: Dem Staat Israel fest durch alle Fährnisse zur Seite zu stehen.«

Unmittelbar nach Kriegsende reiste Springer mit Ben-Natan in das von Israel zurückeroberte und vereinte Jerusalem und kaufte sich ein Domizil mit Blick auf die Altstadt. Überliefert ist, dass er das ihm angebotene Grundstück auf einem Hügel ablehnte, weil es einem Deutschen nicht zustehe, auf die Stadt herabzuschauen. Stattdessen bezog er ein Apartment gleich neben dem legendären King David Hotel.

Zwei Tage nach dem Ende des Sechs-Tage-Krieges ließ er sich von Teddy Kollek, dem Bürgermeister von Jerusalem, durch die wiedergewonnene Stadt führen. »Eine Vision war Wirklichkeit geworden«, erinnerte sich Springer bei der Eröffnung der von ihm gespendeten Bibliothek des Israel-Museums 1969. »Es gehört zu den Wundern meines Lebens, dass sich das erfüllte.« Ohne das zuverlässige Werben der Springer-Presse um Verständnis für Israel, das der Verleger damals sogar im bis heute gültigen Mitarbeiterstatut verankerte, wäre die Stimmung wohl schon viel früher und heftiger gekippt. So aber wurde der Nahostkonflikt im Westen zunächst zum Generationenkonflikt. Auf der einen Seite die Unterstützung der Eltern für das freie Amerika und seine Verbündeten im Nahen Osten, auf der anderen Seite der Kampf der Töchter und Söhne gegen das Bollwerk des Imperialismus und für die Freiheit der unterdrückten Völker, egal, wo man sie fand: Vietnam, Nicaragua oder eben Palästina. Die Palästinenser waren die neuen Revolutionäre, und es spielte keine Rolle, wie viel Blut an ihren Händen klebte. »Für die Revolution ist alles gut. Alles erlaubt. Man dachte nicht bis zu Ende, sondern suchte Schlagworte, und das waren schöne Schlagworte«, erinnert sich der greise Asher Ben-Natan.

»USA-SA-SS«, war der alles übergreifende Schlachtruf in Berlin und Frankfurt am Main, der Palästinenserschal das sichtbare und modisch korrekte Zeichen der revolutionären Gesinnung und der Begeisterung für das neue Idol Jassir Arafat, den Mann, der in den Siebzigerjahren mit Terroranschlägen die Welt zwang, ihn und seine PLO zur Kenntnis zu nehmen. Doch selbst als die PLO im Februar 1970 mit ihren Anschlägen auf die zivile Luftfahrt auch deutsche Reisende in Angst und Schrecken versetzte (»Die Angst fliegt immer mit«, *Abendzeitung München*), reagierte die Öffentlichkeit überraschend verständnisvoll. Man selbst war ja nicht gemeint und nur das Kollateralopfer der zunehmend lästigen Allianz mit Israel. Warum also unnötige Risiken eingehen? Als die Spieler von Borussia Mönchengladbach zu einem Spiel gegen die israelische Nationalmannschaft fliegen mussten, half kurzerhand die deutsche Luftwaffe aus. Trainer Hennes Weisweiler: »In meiner Mannschaft sind einige Spieler Millionen wert. Wegen der vorangegangenen Attentate war mir eine Linienmaschine zu riskant.« So landete 1970 zum ersten Mal eine deutsche Militärmaschine in Tel Aviv. Die deutschen Kicker siegten 6:0 vor ausverkauftem Stadion, unter den Zuschauern der Zwölfjährige Yakov Hadas-Handelsman, der spätere israelische Botschafter in Berlin.

Selbst der Überfall auf die israelische Olympiamannschaft in München führte keineswegs zu einer Welle des Mitgefühls für Israel. Die Spiele wurden für 24 Stunden unterbrochen, aber nicht abgebrochen. Auf der Anzeigetafel für den Wettkampf im 100-m-Hürdenlauf der Frauen zwei Tage nach dem Anschlag stand hinter der israelischen Athletin Esther Shahamorov nur ein lapidares N. A., nicht anwesend. Sie war eine der Überlebenden, aber aus verständlichen Gründen nicht mehr angetreten. Auch der Gastgeber Deutschland, der außerstande gewesen war, der jüdischen Mannschaft ausreichenden Schutz zu bieten, hielt mehr nicht für geboten. Statt aus Respekt vor den Toten und als Zeichen der Solidarität wenigstens für die eigene Mannschaft die heiteren Spiele für beendet zu erklären, rannten, sprangen und radelten fast alle deutsche Athleten weiter im Kampf um Medaillen. Nur einer nicht: der Sprintmeister Manfred Ommer. Und die Leichtathletin Ellen Tittel versprach, immerhin, im Falle eines Sieges die Medaille an ihre israelischen Kameradinnen zu schicken. Den 100-m-Hürdenlauf der Damen gewannen übrigens zwei deutsche Läuferinnen aus der DDR, die ihre Medaillen behielten. Am Ende der Spiele gab es eine Schweigeminute für die elf israelischen Opfer, das war's. Einmal und nie wieder. Aber es gab eine besondere Grußadresse für die palästinensischen Genossen, die Ulrike Meinhof aus ihrer Zelle in Stammheim formulierte. Sie nannte das Olympiaattentat »eine zutiefst proletarische Aktion, die in sich alle Momente des revolutionären Kampfes vereinigt hat, wie es das in Deutschland noch nie gegeben hat«. Und den ermordeten Israelis gibt sie noch eines gesondert drauf: »Israel verliert Krokodilstränen. Es hat seine Sportler verheizt wie die Nazis die Juden – Brennmaterial für die imperialistische Außenpolitik.«

## Israel am Abgrund

Die Belohnung für seinen unermüdlichen Terroreinsatz bekam Jassir Arafat schon zwei Jahre später. Er wurde durch einen Auftritt am 13. November 1974 vor der UN-Vollversammlung in den Adelsstand der Völkergemeinschaft erhoben. In Uniform, mit Kufiya und einem umgeschnallten Pistolenhalfter warb er dafür, Israel aufzulösen, und bekam tosenden Beifall. Auch in Deutschland. Vor allem in der Generation derer, die die Verdrängung der Nazizeit nicht länger zuließen, aber jetzt einem Mann zujubelten, der den lebenden Juden in Israel (und nicht nur dort) den Krieg erklärt hatte und sie ins Jenseits wünschte. Dabei fanden sie schnell Verständnis auch in anderen politischen Lagern.

Nur drei Jahre nach der »Resozialisierung« des Terrorpaten Arafat war die Empörung über die terroristische Vergangenheit eines anderen Politikers ungeteilt. Nun ging es freilich nicht um die Palästinenser und ihren Präsidenten Jassir Arafat, sondern um Israel und Menachem Begin, der 1977 in das Amt des Ministerpräsidenten gewählt worden war. Ihn hatte seine Vergangenheit als Untergrundkämpfer der Irgun gegen die britische Besatzungsmacht und sein blutiger Anschlag auf das King David Hotel 1946 mit 91 Toten eingeholt. Das war zwar lange her, aber politisch in diesem Fall nicht verjährt. Der Anschlag war Teil der blutigen Gründungsgeschichte Israels. Begins entschiedener Gegner hieß Ben-Gurion. Er war es, der geschickt, aber auch mit harter Hand und unter blutigen Opfern die jüdischen Untergrundkämpfer entmachtet und in die reguläre Armee, die Hagana, gezwungen hatte, ein für die politische Staatsbildung unabdingbarer Kraftakt. Diese Durchsetzung des staatlichen Gewaltmonopols hat kein palästinensischer Führer je gewagt. Schon gar nicht Arafat: Unter seiner Verantwortung lieferten sich die Hamas, der islamische Dschihad, die Tansim – der militärische Flügel der Fatah, den Arafat selbst aufgerüstet hatte – einen blutigen Terrorwettlauf, begleitet von kriminellen Bandenkriegen und Korruption. Ben-Gurion aber hatte gewusst, dass Demokratie keinen Aufschub und kein Zögern verträgt. Dabei hatte er in einem tatsächlichen Dilemma gesteckt: Israel kämpfte um das nackte Überleben, und es hätte keinen ungünstigeren Zeitpunkt gegeben, einen internen Machtkampf zu führen. Aber eben auch keinen besseren.

Die Abneigung gegen Menachem Begin war einhellig und unerschütterlich, er war und blieb der erste »Terrorist« im Lande, jedenfalls in den Augen vieler empörter deutscher Leitartikler (»Terrorist und Staatsmann«), die zuvor vergleichsweise verständnisvoll und milde auf das terroristische Wirken der Palästinenser geblickt hatten. Israel war damit einen deutlichen Schritt weiter auf dem Weg zum »Schurkenstaat«.

Dass ausgerechnet Begin den historischen Friedensschluss mit Ägypten zustande brachte und dafür die Sinai-Halbinsel, immerhin ein Gebiet, das zweieinhalbmal so groß ist wie Israel, räumte, änderte daran nur wenig. Übrigens hätte er bei dieser Gelegenheit gerne auch den Gazastreifen an Ägypten abgetreten, das aber lehnte dankend ab. Begin und der ägyptische Präsident Sadat unterzeichneten das Abkommen von Camp David und erhielten 1978 den Friedensnobelpreis. Der Rest ist Geschichte: Sadat, der sogar den mutigen Schritt gewagt hatte, in der Knesset zum israelischen Volk zu sprechen, musste diesen Mut mit seinem Leben bezahlen. Doch weder der Friedensnobelpreis noch Sadats tragische Ermordung durch Killer aus dem Umfeld der Moslembrüder haben ihm in Deutschland auch nur annähernd zu einer vergleichbaren Popularität verholfen wie dem Palästinenserpräsidenten. Spätestens als auch Arafat die schwedische Ehrung zuteil geworden war, war dessen Blutspur Geschichte und sakrosankt. Begins Terrorvergangenheit dagegen wurde immer wieder zu passender und unpassender Gelegenheit aufgewärmt (»der einstige Terrorist«, *Der Spiegel*; »Ex-Terrorist«, *Die Zeit*). Gern übersehen wurde, wie unglaublich dieser Friedensvertrag eigentlich war. Nicht nur Sadat hatte Mut bewiesen, sondern auch Begin, der bereit war, Frieden mit seinem Feind zu schließen, der nur vier Jahre zuvor erneut versucht hatte, das Land zu vernichten und obendrein Gebiete zu räumen, die Israel so verlustreich erobert hatte, im sogenannten Jom-Kippur-Krieg von 1973.

Am höchsten jüdischen Feiertag, dem Versöhnungsfest, fasten fast alle Israelis, sie telefonieren nicht, sie sehen kein Fernsehen. Eine Nation in religiöser Versenkung. Der beste Zeitpunkt für einen Überraschungsschlag, dachten sich die Kriegsherren in Ägypten und Syrien. So arg- und wehrlos wird Israel lange nicht mehr sein. Die Angreifer nahmen den verhassten Judenstaat gleich von zwei Seiten in die Zange, vom Suezkanal im Westen und den Golanhöhen im Osten. Der damalige israelische Botschafter und Nachfolger von Ben-Natan, Eliashiv Ben-Horin, sprach von einer besonderen »arabischen Niedertracht«, ausgerechnet an Jom Kippur anzugreifen, und verglich es für die deutsche Öffentlichkeit mit einem Überfall auf Christen an

Heiligabend. Israel war für kurze Zeit am Rande eines Abgrunds. Man habe vor einem neuen Holocaust gestanden, beschrieb ein israelischer Kommandeur die dramatische Lage damals. Die Gegner verfügten über fast 1500 Panzer, denen ganze 177 auf israelischer Seite gegenüberstanden. Erst in der zweiten Kriegswoche gewann Israel allmählich wieder die Hoheit über das eigene Staatsgebiet und vertrieb die Syrer vom Golan und die Ägypter von der Sinai-Halbinsel. Unter hohen Verlusten: 2500 israelische Soldaten fielen.

Israel siegte freilich nicht nur aus eigener Kraft. Ohne massive Unterstützung durch die USA wäre Israel verloren gewesen. Der damalige amerikanische Außenminister Henry Kissinger, ein vor den Nazis geflohener deutscher Jude aus Fürth, bangte persönlich mit Israel. Er ermahnte Israel, alle Waffen in die Schlacht zu werfen: »Nehmt, was ihr habt. Wir werden alles ersetzen.« Das war nicht einfach, denn Europa sperrte den Luftraum für amerikanische Flugzeuge und selbst Willy Brandt blockierte den Nachschub für Israel von deutschen US-Stützpunkten. Als israelische Frachter amerikanische Waffen laden wollten, verwies man sie in internationale Gewässer zurück. In Bonn machte man sich nur Sorgen, wie die arabischen Länder auf die Nachricht reagieren würden, erführen sie von der indirekten Waffenlieferung aus Deutschland. Die Sorge um die eigene Ölversorgung war wichtiger als die Sorge um den bedrängten Judenstaat. Israelisches Blut für deutsche Öllieferungen? Es war immerhin Oktober und der Winter stand vor der Tür.

Am 6. Oktober 1973 war Israel überfallen worden. Zwei Wochen später stand die israelische Armee nach erbitterten Kämpfen kurz vor Kairo und Damaskus. Israel hatte den vierten Krieg in seiner jungen, 25-jährigen Geschichte gewonnen und dabei Grenzgebiete erobert. Sie dienten der Absicherung des eigenen Territoriums. Vom Golan sollten nie wieder Fischer auf dem See Genezareth von Syrern wie Tontauben abgeschossen werden, der jüdische Teil Jerusalems nie wieder geschändet werden, wie unter jordanischer Besatzung, aus dem Libanon sollte der Norden Israels nicht mehr beschossen werden. Nach jedem Waffengang wurde Israel als Besatzungsmacht angeprangert und von den Vereinten Nationen aufgefordert, die eroberten Gebiete schnellstens wieder zu räumen.

Nun liegt es aber in der Natur eines jeden Krieges, dass man ihn gewinnen oder verlieren kann. Wenn man ihn verliert, steht man schlechter da als zuvor. Wer in die Spielbank geht und alles auf Rot setzt, wird wenig Chancen haben, vom Croupier den Einsatz wieder zurückzubekommen, weil die Kugel auf Schwarz gefallen ist. Diese bittere Lektion galt zu allen Zeiten und überall auf der Welt. Nur wenn es um Israel geht, gelten die Gesetze der politischen Schwerkraft nicht mehr. Wie es zur Situation der Besatzung gekommen war, spielte keine Rolle, genauso wenig wie die Sicherheitsinteressen Israels. Vielleicht sollte das im Kopf haben, wer jetzt entsetzt beklagt, wie kompromisslos sich die Regierung weigert, die Westbank zu räumen. Ein Schritt, der auch deshalb erhitzt in Israel diskutiert wird, weil die Erfahrungen mit früheren Räumungen nicht spontan zur Wiederholung ermutigen. Dabei waren ironischerweise ausgerechnet konservative Regierungen immer wieder bereit, einen hohen Preis zu zahlen. So bedeutete die Räumung des Sinai Ende der Siebzigerjahre eine Zwangsumsiedlung von 7000 dort siedelnden Juden. Der damalige Verteidigungsminister und langjährige oberste Buhmann aller Israelkritiker, Ariel Scharon, befehligte die Räumung. Selbst ein auf 100 Milliarden US-Dollar geschätztes Ölfeld und damit die Möglichkeit einer eigenen, unabhängigen Energieversorgung wurde Ägypten überlassen. Israel räumte im Mai 2002 die letzten Stellungen im Südlibanon und erfüllte damit seine Verpflichtungen gemäß Resolution 425 des UN-Sicherheitsrates. Die Hisbollah verbuchte die Räumung als Sieg, und die Palästinenser sahen sich in der Annahme bestätigt, nur der bewaffnete Kampf führe zum Sieg, und rüsteten prompt zur Zweiten Intifada. Gleichzeitig wurde der Südlibanon zum militärischen Vorposten gegen Israel: 12 000 Raketen wurden in Stellung gebracht, Festungsanlagen und ein gewaltiges Tunnelsystem wurden gebaut, nur zu einem einzigen Zweck: um Israel anzugreifen. Die ersten Opfer dieser Kriegsvorbereitung waren die beiden israelischen Soldaten Ehud

Goldwasser und Eldad Regev. Ihre Leichen durfte Israel erst 2008 im Austausch für vier palästinensische Häftlinge in Empfang nehmen. Besonders die Räumung des Gazastreifens 2005 war ein innenpolitischer Kraftakt ohnegleichen. Ariel Scharon hat ihn bestanden. Aber es hat das Land nicht einen Schritt dem Frieden näher gebracht. Im Gegenteil: Wie beim Abzug aus dem Libanon feierte die Hamas die Räumung des Gazastreifens als Sieg und bedankte sich mit einem Dauerbeschuss durch Kassam-Raketen.

Die Sorge, dass sich bei der Räumung der Westbank wiederholen könnte, was bislang nach jedem Abzug passiert ist, treibt auch jene um, die in Israel ein Ende der Siedlungspolitik und den weitgehenden Rückzug auf die Grenzen von 1967 fordern. Was sie von den nassforschen Besserwissern in Deutschland unterscheidet, ist, dass sie sich auskennen. Sie wissen, dass Israel nach einer vollständigen Räumung des Westjordanlandes an der schmalsten Stelle nur noch 15 Kilometer breit wäre. 15 Kilometer, die auf der einen Seite vom Meer und auf der anderen Seite vom Staat Palästina begrenzt wären. Das wäre in Berlin die Entfernung zwischen Alexanderplatz und Olympiastadion. Auch ohne die Erfahrungen des Holocaust und nach offiziell acht Kriegen seit der Staatsgründung kann einem da mulmig zumute werden. Der Flughafen und die Hauptverkehrswege von Norden nach Süden wären dem Beschuss eines jeden Angreifers mit Kurzstreckenraketen schutzlos ausgeliefert. Auch die im Vergleich zum Gazastreifen ungleich bessere Ausgangsposition für Raketen, die auf Tel Aviv gerichtet sind, dämpft den Mut zum politischen Selbstmord. Wer das höher gelegene Westjordanland hält, hat eine ideale Schussposition auf alles, was in diesem 15 Kilometer schmalen Korridor kreucht und fleucht.

Schon nach dem Sechstagekrieg hatte das amerikanische Verteidigungsministerium die Frage untersucht, welchen Schutzraum Israel für seine Verteidigungsinteressen brauche. Die Sachverständigenkommission kam damals zum Schluss, dass »Israel, rein militärisch betrachtet, verpflichtet ist, einen Teil der besetzten arabischen Gebiete beizubehalten, um sich strategisch verteidigungsfähige Grenzen zu schaffen«. Mittlerweile hat sich die Militärtechnik rasant weiterentwickelt, die Reichweite der Raketen hat zugenommen, ihre Zielgenauigkeit wurde perfektioniert. Das Pentagon hat deshalb für Amerika seine minimale strategische Verteidigungstiefe fast verdoppelt. Nun könnte man den 15-Kilometer-Streifen in Israel verdoppeln oder verdreifachen, dank der Hightech-Geschütze wären solche Distanzen selbst auch dann nur ein Witz.

Doch es geht nicht nur um militärische Argumente, es geht um das Gefühl, schutzlos ausgeliefert zu sein. Die wochenlangen Kämpfe der Islamisten um das syrische Kobane, ein mittelgroßes Dorf, führen den Israelis die eigene Bedrohung vor Augen, und sie sehen die Bilder vor ihrer Haustür anders als wir. Alle, die hierzulande in anschwellend empörten Kommentaren nach den Grenzen von 1967 rufen, sollten sich vielleicht ein nettes Häuschen in dem verbleibenden Küstenstreifen kaufen. Wenn sie klug sind, nehmen sie aber nicht einmal eine Ferienwohnung dort. Mühelos haben die Islamisten in den Nachbarstaaten ungleich größere Gebiete überrannt. Israel wäre nicht mehr lebensfähig und ein Spielball der Vernichtungsgelüste seiner Nachbarn. Umso erstaunlicher ist es, wie viele Israelis bereit sind, dieses Risiko dennoch einzugehen. Menschen, die im Ernstfall dieses Wagnis mit ihrem Leben bezahlen müssen.

Die Riege der deutschen Nahostexperten dagegen, die genau wissen, wie die Palästinenser ihren eigenen, natürlich demokratischen Staat erhalten, alle Menschen dort glücklich und zufrieden leben und damit nicht nur der Nahe Osten, sondern die ganze Welt befriedet werden kann, muss nicht befürchten, in Haftung genommen zu werden, wenn die politischen Wunschträume an der Realität scheitern sollten. Eines weiß Israel schon jetzt: Deutschland wird sich raushalten. Pazifistisch, kaltherzig und reinen Gewissens. Und wenn es Israel dieses Mal nicht mehr packen sollte, werden alle bei Klezmerklängen traurig sein. Das geschlagene Israel aber, der schwache Jude, wird an die Brust gedrückt und ins Herz geschlossen. Noch aber ist es nicht so weit.

Noch ist Israel militärisch stark und nur medial schwach. Sei's drum.

»Gott schütze mich vor meinen Freunden, vor meinen Feinden schütze ich mich selbst«, lautet eine alte jüdische Überlebensweisheit. Mit ihr kann man zwar keinen Sympathiewettbewerb gewinnen, aber überleben. So trotzig ungeschickt wie Israel verhält sich medial kaum ein anderes Land. Besser stark als beliebt, ist die Devise aller verantwortlichen Politiker. Die Konsequenz aus der langjährigen Erfahrung, dass der Judenstaat es seinen Kritikern ohnehin nie recht machen kann, hat zu einer politischen Taubheit geführt. Als Juden sich »wehrlos zur Schlachtbank führen ließen«, wurden sie bemitleidet und verachtet. Als Israel sich erfolgreich militärisch behauptete, wurde es als Besatzer verurteilt. Wenn Israel eroberte Gebiete räumt, wie im Libanon oder den Sinai, dann ist das ein Zeichen seiner Schwäche oder, wie in Gaza, ein empörender, weil selbstherrlich einseitiger Schritt. Wenn Israel den Raketenterror aus Gaza ohne größere Gegenwehr erduldet, ist das keine Schlagzeile wert. Wenn Israel dagegen vorgeht, wird es weltweit zur medialen Zielscheibe. Wenn Israelis bei Selbstmordattentaten sterben, ist dies der Beweis für die verzweifelte Situation der Palästinenser, die sich nicht mehr zu helfen wissen. Wenn Israel die lebenden Bomben mit gezielten Tötungen ausschaltet, handelt es sich um Mord. Wenn Israel die Stellungen der Hamas angreift, ist das ein Kriegsverbrechen, weil diese sich inmitten von Wohngebieten befinden und dort auch Zivilisten sterben. Kurz gesagt, seit seiner Staatsgründung lebt der Judenstaat mit der Erfahrung, dass es am Ende immer heißt: Israel ist an allem schuld. Wer sich in diese Erfahrung einfühlen würde, könnte vielleicht verstehen, warum insbesondere die Kritik aus Deutschland in Israel ungehört verhallt. Zu echter Freundschaft gehört eben nicht in erster Linie, den Freund zu belehren und ihm mal ordentlich die Meinung zu sagen, auch wenn der gar nicht danach gefragt hat, wie hartnäckig behauptet wird, sondern Empathie und vor allem die Bereitschaft, den Freund zu beschützen, notfalls mit dem eigenen Leben.

»Aber du hast es auch nicht leicht«, schrieb *taz*-Kolumnist

Deniz Yücel so treffend im Kontext der Debatte um die antisemitischen Hasstiraden Jakob Augsteins. »Du weißt, dass deine Vorfahren nicht ganz koscher waren; logisch, du bist ja nicht blöd. Natürlich hast du dich mit dem Nationalsozialismus auseinandergesetzt. Du hast um Anne Frank getrauert und mit den Schindlerjuden gefiebert. Du hast eine ansehnliche Sammlung Judaica und ausgewählte Klezmer-Alben im Regal, aber du weißt nicht exakt, was dein Opa an der Ostfront gemacht hat.« Der fand die jüdische Musik sicher auch ganz nett, aber nicht die Menschen, die sie spielten. Sobald die Juden stark sind, militärisch die Muskeln zeigen, wird es plötzlich eng für sie. Da glauben ausgerechnet die, die gerade noch am Holocaustgedenktag betroffen den Kopf gesenkt hielten, sie seien befugt, die richtigen Ratschläge zu erteilen, wie man einen neuen Holocaust am besten vermeiden kann. Dieselben, die sich zerknirscht über jede antisemitische Schmiererei beugen, werden ungehalten, wenn Israel zu den Waffen greift. »Nie wieder«, echot es durch deutsche Straßen, und natürlich darf »Antisemitismus keine Chance« (Merkel) haben, »wir wollen Antisemitismus nicht hinnehmen« (Gauck), warum sagt er eigentlich nicht: Wir werden...? Und klar müssen wir »dem Antisemitismus entschieden entgegentreten« (Zentralkomitee der deutschen Katholiken). Aber nicht vor Ort, in Israel.

Wenn Deutschland U-Boote an Israel liefert, muss der Regierungssprecher beteuern: »Die Lieferung erfolgt ohne Bewaffnung«, als bräuchte Israel die Schiffe zu Kaffeefahrten unter Wasser im Roten Meer. Der *Spiegel* begleitete den Deal mit einem dämonischen Titel: »Geheimoperation Samson – Wie Deutschland die Atommacht Israel aufrüstet«. »Und so«, ergänzen wir assoziativ frei nach Günter Grass, »den Weltfrieden bedroht.« Konsequent fordert der stellvertretende SPD-Parteivorsitzende Ralf Stegner einen klaren Politikwechsel bei Rüstungsexporten seiner Partei. Der *Welt am Sonntag* verriet er seine einfache Rechnung: »Deutschland darf keine Waffen in Spannungsgebiete liefern und nicht an Diktatoren.« Das versteht sich von selbst und müsste eigentlich gar nicht erwähnt werden, zumal es von einem

Politikwechsel weit entfernt ist. Dann aber fragt sich Stegner: »Was ist mit Saudi-Arabien? Was ist mit Katar? Ich frage auch: Was ist mit Israel?« Ja, was ist mit Israel? Vielleicht, dass es als Einziges der genannten Länder in seiner Existenz nicht nur infrage gestellt wird, sondern dass es auch diverse Länder, Organisationen und konkrete Bemühungen gibt, die für eine Endlösung der Israelfrage sorgen wollen? Das weiß Stegner natürlich, und auch, dass gerade Deutschland eine hohe Verantwortung trägt für die Sicherheit des Judenstaates. Aber er weiß auch, deswegen ist er ja Rüstungsexperte, dass »Waffen im Nahen Osten nicht dazu beitragen, das Problem zu lösen«.

Wie es um Israel bestellt wäre, wenn es sich nicht auf Waffen, sondern auf gute Worte und Phrasendrescher wie Stegner verlassen würde, beschreibt Leon de Winter, Sohn orthodoxer Juden, die den Holocaust nur knapp überlebt haben, in seinem apokalyptischen Roman *Das Recht auf Rückkehr*. »Das kleine jüdische Land war zu einem Stadtstaat von der Fläche Groß-Tel-Avivs plus einem Sandkasten zusammengeschrumpft.« Die Bewohner des alten Israel sind nach Australien und Neuseeland ausgewandert. Rest-Israel wartet auf seine Abwicklung. Für Leon de Winter steht Israel der seit 1948 schlimmste Krieg noch bevor, der »gegenwärtige Öffentlichkeitskrieg«. Aber er befürchtet längst, »dass Israel diesen Krieg verloren hat«.

Viele Israelis sind enttäuscht und haben Europa aufgegeben, das sich die »Nahosttragödie wie eine Seifenoper« anschaut, wie Wolf Biermann in einer großartigen Gastvorlesung in Jerusalem und Haifa 2006 beklagte. »In mir aber wächst Furcht, denn das nahöstliche Israel ist der bedrohteste Teil der fernwestlichen Zivilisation.« Diese Furcht teilen die wenigsten. »Drei Jahrzehnte nach dem Holocaust hatten die Deutschen dem jüdischen Volk schon fast verziehen, was sie ihm angetan haben«, ruft Biermann aus. »Doch nun werden die Täter mehr und mehr ungnädig angesichts dieses heillosen Dauerkonflikts ihrer Opfer. Immer wieder höre ich das kalt-herzliche Argument: Diese Juden müssten doch während der Nazizeit am eigenen Leibe gelernt haben, was Unterdrückung ist. Na eben drum!, halte ich dann heiß-herzlos dagegen, die Überlebenden haben die Shoa-Lektion gelernt und wollen sich niemals wieder abschlachten lassen.«

Menschen wie Esther Eisen aus Lodz zum Beispiel. Sie ist zehn, als der Zweite Weltkrieg ausbricht, sie ist 15, als sie nach Auschwitz kommt, sie ist 19, als sie den Albtraum überlebt hat und in den eben geborenen Staat fliehen kann. Zusammen mit ihrer großen Liebe Jakob. Mit zwanzig ist sie Witwe, denn Jakob zieht in den ersten Krieg, den sie Unabhängigkeitskrieg nennen, und fällt. Sie hatte Jakob in Bergen-Belsen geheiratet, am Tag vor dem Teilungsbeschluss der UN. Wie Esther Eisen ging es den meisten Überlebenden des Holocaust: Europa hatte sich in einen großen Friedhof verwandelt. Entwurzelt und tief traumatisiert versuchten sie einen neuen Anfang in Israel, erlebten wieder Krieg und Tod und Verlust, aber endlich auch eine jüdische Heimat. Esther Eisen wurde eine angesehene Künstlerin, bekannt vor allem wegen ihrer eindringlichen Skulpturen, Mahnmale, die an die Judenvernichtung in Europa erinnern und an das eigene Wunder des Überlebens. Den Krieg, der ihr den Liebsten genommen hat, stellte sie nie infrage und die anderen, die noch folgen sollten, auch nicht. »Wir haben das Getto überlebt und das KZ, wir mussten uns wehren.« Woher sollte sie das Vertrauen haben, dass die Welt dazugelernt hat und die Juden künftig beschützen würde? Keinen Israeli überrascht es, wie gelassen die Welt damit umgeht, dass die Judenhasser ihren Plan zur Auslöschung ihres Staates Schritt für Schritt vorantreiben.

Als Oskar Lafontaine meinte, wenn Israel im Besitz einer Atombombe sei, könne man sie dem Iran nicht vorenthalten, müsste auch er gelesen haben, was der damalige iranische Staatschef Ahmadinedschad über Israel gesagt hatte und wozu er seine Bombe braucht: damit »eine dreckige schwarze Mikrobe... bald verschwindet«. Zurechtweisungen solcher wiederholten Äußerungen eines Mitglieds der UN durch die Völkergemeinschaft fallen freundlich aus, Resolutionen gegen das iranische Atomprogramm nennt Ahmadinedschad höhnisch ein »Stück Papier«. Und Deutschland gehört, Moral hin, Sanktionen her, zu den besten Geschäftspartnern des Iran. In den ersten neun Monaten

2014 ist der Export in den Iran um 36 Prozent gestiegen. In einem Land, in dem schon ein Ebolakranker Hysterie auslöst, wird achselzuckend Entspannung gepredigt. Schön locker bleiben. Der iranische Löwe brüllt nur. Keine Sorge. Und was, wenn er beißt? Friedensfreunde träumen gern: Die Hamas will in Wahrheit eine Zwei-Staaten-Lösung und freut sich auf eine friedliche Nachbarschaft zwischen Israel und Palästina. Selbst einen Umweg über einen zunächst islamisch verfassten Staat würden die Träumer in Kauf nehmen, denn zu viel Demokratie auf einmal verkraftet der Palästinenser nicht so ohne Weiteres, man muss ihn behutsam damit vertraut machen. Als die Hamas 2006 als Siegerin über die korrupte Fatah aus einigermaßen freien Wahlen hervorging, kannte das Entzücken bei den Träumern keine Grenzen. Als die Hamas 2007 putschte, schwiegen sie betreten

Friedensfreunde träumen dennoch weiter: Besonders gern von einem Kompromiss. Aber wie soll der aussehen? Selbst der unerschütterliche Friedensaktivist und Publizist Amos Oz, den deutsche Pazifisten immer wieder gerne für sich reklamieren und der selbst eine Petition unterschrieben hat zur Anerkennung Palästinas, zeigt sich in einem Interview mit der Deutschen Welle während des Gazakriegs 2014 resigniert. »Ich sehe kaum eine Chance für einen Kompromiss zwischen Israel und der Hamas. Ich war mein ganzes Leben ein Mann des Ausgleichs, aber auch ein Mann des Ausgleichs kann nicht auf die Hamas zugehen und sagen: Vielleicht treffen wir uns in der Mitte und Israel existiert dann eben nur montags, mittwochs und freitags.« Und was ein Pazifist gar nicht mag, ist, dass Waffen ein Problem lösen. Aber da kann ihm Amos Oz auch nicht weiterhelfen: »Die einzige Alternative zu einer Fortsetzung der israelischen Militäroperation wäre es, Jesus Christus zu folgen und dem Feind die andere Wange hinzuhalten. Ich habe Jesus Christus in dieser Frage nie zugestimmt. Anders als europäische Pazifisten habe ich nie geglaubt, dass das leibhaftige Böse der Krieg ist. Aus meiner Sicht ist das leibhaftige Böse Aggression, und der einzige Weg, Aggression abzuwehren, ist leider Gewalt. Das ist, worin der Unterschied zwischen einem europäischen Pazifisten und einem israelischen

Peacenik wie mir besteht. Wenn ich eine kleine Anekdote hinzufügen darf: Eine Verwandte von mir, die den Holocaust im KZ Theresienstadt überlebte, erinnerte ihre Kinder und Enkel immer daran, dass ihr Leben 1945 nicht von Friedensdemonstranten mit Plakaten und Blumen gerettet wurde, sondern von Soldaten mit Maschinenpistolen.«

## »Man hat den Juden einen Staat gegönnt« – Zu Besuch bei Louis Lewitan

Zum ersten Mal sind wir uns in der Wannseevilla in Berlin begegnet. Kein gemütlicher Ort, auch wenn draußen die Februarsonne schien, vielleicht sogar gerade deshalb nicht, weil Sonne zur Wannseevilla und dem, was hier 1942, auch um diese Jahreszeit, mit einem edlen Cognac und einer guten Zigarre abgeschlossen worden war, überhaupt nicht passt. Das Haus der »Wannsee-Konferenz«. Ein helles Haus mit düsterer Geschichte, durch das an diesem Morgen junge Menschen strömen, lebhaft diskutierend, junge Juden aus ganz Deutschland, Teilnehmer des Jugendkongresses der Zentralwohlfahrtsstelle der Juden in Deutschland. Der beklemmende Ort ist Teil des Seminarprogramms. Und insofern ist es für die erste Begegnung mit Louis Lewitan auch wieder der richtige Ort, denn er ist hier, um den Jugendlichen etwas zu erklären, was eigentlich nicht zu erklären ist. Warum werden Juden, warum wird der Judenstaat, warum wird Israel eigentlich so abgrundtief gehasst? Der 1955 in Lyon geborene Diplom-Psychologe lebt in München und zählt zu den renommiertesten Stress-Experten der Republik.

Wir haben Louis Lewitan einige Monate und einen Krieg später wieder getroffen, im Sommer 2014 in München. Der Gazakrieg ist trotz verschiedener Waffenstillstandsbemühungen noch nicht zu Ende. Als Coach und Management-Berater berät Lewitan Menschen und Unternehmen, um die richtigen Antworten auf schwierige Fragen zu finden. Der richtige Mann also auch für die Frage: Warum regen die Menschen sich eigentlich so über Israel auf? »Na ja, weil es ein jüdischer Staat ist, ganz einfach.« Eine verblüffend einfache Antwort, die dem Gegenüber gleich vor Augen führt, dass sich an diesem Hass, weil er so irrational ist, auch wenig ändern wird. Bis 1967 hat man diese Tatsache irgendwie hingenommen, meint Lewitan. Klar, die Juden sollten einen eigenen Staat haben, warum auch nicht. Man war großzügig und hatte sogar gewisse Sympathien, weil das Land so klein war und weil dieser Staat aus der Asche des Nationalsozialismus entstanden sei. Bis 1967 ging das irgendwie gut, Israel verhielt sich weiter unauffällig. »Man hat den Juden einen Staat gegönnt«, sagt Lewitan und wiederholt: »Gegönnt!« Das sei doch interessant, man gönne den Juden, die man kurz zuvor fast ausgerottet hatte, einen eigenen Staat. Aber eigentlich habe man sich trotz aller Großzügigkeit nie wirklich damit abgefunden, »dass die Juden einen Staat für sich reklamiert haben, dass sie einen eigenen Staat brauchen und dass sie ihn auch in die Realität haben umsetzen können«. Und ihn bis heute mit Zehen und Klauen verteidigen. »Die Tatsache, dass der Jude sich selbstständig gemacht hat und für sich definiert hat, was er braucht und wie er sich selbst begreifen möchte und wo er sich sesshaft machen möchte, das ist eine Emanzipation, die man den Juden nicht gönnt.«

Den längsten Teil der europäischen Geschichte haben Juden nicht für sich selbst bestimmen dürfen, wo sie leben wollten, sie waren von der Gunst oder Willkür mächtiger Fürsten und Potentaten abhängig. Entzogen diese den Juden ihren Schutz, mussten sie sehen, wo sie blieben, wenn sie nicht gleich mit Kind und Kegel ermordet wurden. Man brauche aber »den Juden als Fremden und als Projektionsfigur«, sagt Lewitan. Israel entspreche dabei so gar nicht dem Bild, das sich ein Deutscher vom Juden mache. Klug, gebildet, sensibel, reich – natürlich, künstlerisch, kurz: »all das, was Deutschland ausgerottet hat«. Insofern passe ein wehrhafter Jude nicht zu diesem Bild, das man sich von ihm gemacht habe. Deutschland habe nach dem Zweiten Weltkrieg einen strikt pazifistischen Weg eingeschlagen, der jegliches Maß an Aggression und an Nationalstolz verbiete, »weil man ja das Böse in sich gar nicht mehr sieht und auch gar nicht mehr erkennen will und auch sanktioniert hat«. Nachdem man Millionen von Juden umgebracht habe, habe man dazugelernt und festgestellt, dass es falsch war, Menschen umzubringen, so banal es klinge. »Jetzt sind die Deutschen alle gute Demokraten. Sie schrecken vor Waffengewalt zurück, selbst wenn irgendwo in der Welt andere Minderheiten massenweise umgebracht werden.« Und der Jude in Israel spiele da einfach nicht mit. Er wehre sich, gehe »auch mit brutaler Härte vor«, sehr zum Verdruss des guten deutschen Pazifisten. »Er spricht Israelis das Existenzrecht ab, aber er hat nichts gegen Juden. Solange die Juden nicht akzeptiert werden, wenn sie das tun, was sie für sich als richtig erachten, ist und bleibt es eben gönnerhaft. Der Gutmensch ist nicht nur gut, er weiß auch, was richtig und was schlecht ist.« Da sei der Gutmensch gefährlich nah beim »Herrenmenschen«, sagt Lewitan. »Er hat eine imperiale, faschistische Haltung. Er weiß, was für die Juden in Israel gut ist, ohne dass man ihn übrigens gefragt hätte. Aber er fühlt sich berufen, gerade in Deutschland aufgrund dessen, was passiert ist, zu wissen, was richtig und was falsch ist.« Der Deutsche wolle eben als guter Mensch dastehen, vor allem vor sich selbst. Dem Juden stehe nicht zu, selbst zu bestimmen, wie er leben möchte. Und warum? »Weil der Jude anders ist, weil er fremd ist und weil er möglicherweise dann die Weltherrschaft übernehmen würde.« In den Augen vieler Verschwörungstheoretiker habe er allerdings diese Herrschaft über alle längst.

»Kann ein Antisemit ein gesunder Mensch sein?«, mit dieser Frage hatte Louis Lewitan, damals, als wir ihn zum ersten Mal trafen, seinen Vortrag (»Die Psychopathologie des Antisemitismus«) im Haus der Wannsee-Konferenz eröffnet. Und wenn der Antisemit ein kranker Menschen ist, kann man ihn dann heilen, hatten seine Zuhörer, junge Juden, von ihm wissen wollen. »Heilen würde voraussetzen, dass er krank ist. Und zum Teil glaube ich schon, dass es eine psychische Deformation ist, aber die ist derart weitverbreitet, dass sich daraus für die Krankenkassen enorme wirtschaftliche Probleme ergeben würden, wenn man sie alle therapieren würde.« Eine witzige Vorstellung: Krankschreibung wegen Antisemitismus. Wenn die Umfragen sagen, dass 20 Prozent der Deutschen antisemitisch grundiert sind, wäre dann fast jeder Vierte krankgeschrieben und nicht am Arbeitsplatz. Wenn er sich die erschreckenden antisemitischen Demonstrationen auf deutschen Straßen und die Gewalt gegen Juden ansehe, Hand in Hand mit Muslimen, vergehe ihm allerdings der Spaß recht schnell.

Er hat ein interessantes Phänomen beobachtet. Die Deutschen

würden sich aus verständlichen Gründen schämen, offen antisemitisch zu sein, aber jetzt sei das ganz praktisch, jetzt »springen sie mit den Muslimen auf diesen fahrenden Zug auf, aber sie würden sich selbst nie mit Moslems in einen Zug setzen wollen. Aus der Sicht der deutschen Antisemiten sind die Moslems genauso fremd wie die Juden, und mit beiden wollen sie nichts zu tun haben.« Aber sie freuten sich, im Sinne einer Schadenfreude, dass die Muslime sich trauen, was sie sich selbst nicht trauen würden, auch weil es gesetzlich verboten ist. »Insofern verstecken die Deutschen sich nicht, sondern sie freuen sich heimlich über das, was Muslime so öffentlich kundtun.« Der neue Antisemitismus sei im Übrigen der alte. Er sei immer da: »Das ist wie mit dem elektrischen Strom, der ist da, man muss ihn nur einschalten.«

Die Gedanken seines Vortrags in der Wannseevilla, der vor dem Gazakrieg entstand, hallten in uns nach, als die hässlichen Szenen auf deutschen Straßen passierten. Noch ist der Krieg nicht vorbei, aber trotzdem scheint dieser Albtraum fast schon vergangen. Die schlimmsten Exzesse sind vorüber. Die Politik hat den antisemitischen Geist zurück in die Flasche gestopft. Aus dem italienischen Lokal unter Lewitans Münchener Büro hört man ausgelassene Stimmen, der Sommer ist endlich auch in der bayerischen Landeshauptstadt angekommen, auf der Leopoldstraße fahren die ersten Cabrios. Wenige Flugstunden entfernt tobt der Krieg. Nicht nur in München schaut man gelassen zu, wie Israel versucht, den Raketenterror zu beenden.

Israel kritisch zu hinterfragen, ist eine Selbstverständlichkeit für Louis Lewitan. Warum sollte man auch nicht? Es gibt viele gute Gründe dafür, aber eben auch schlechte. Er ziehe auch nicht über seinen Nachbarn her, den er nicht mag, und mache ihn dafür verantwortlich, dass er als Deutscher unsympathisch ist, »sondern er ist mein Nachbar, und ich kann ihn nicht leiden, aber ich kann ihn nicht deswegen nicht leiden, weil er ein Deutscher ist, sondern weil er ein kontrollierender, unangenehmer, böser Mensch ist«. In Deutschland käme die Kritik an Israel oft so verdruckst daher, weil der Deutsche einfach immer noch nicht wisse, wie er sich gegenüber einem Juden benehmen solle. »Wie soll ich ihn überhaupt nennen?« Dazu gäbe es natürlich auf der einen Seite einfach zu wenige Juden, man wisse auch, warum das so ist, und fühle sich deshalb gleich wieder nicht wohl in seiner Haut. Ein furchtbarer Kreislauf. Deshalb reagiere der Israelkritiker dann auch rasch ungehalten mit dem schönen Satz: »Man wird doch noch mal fragen dürfen, ohne gleich ein Antisemit zu sein.« In solchen Fällen würde er am liebsten zurückfragen: »Hat eigentlich jemals ein Jude einen Deutschen daran gehindert, Israel zu kritisieren?« Er hat ihn dafür kritisiert und dagegen polemisiert, aber daran gehindert? Aber viele Deutsche könnten mit dieser Gegenfrage ohnehin nichts anfangen, weil sie gar keinen Juden kennen. Es geht wohl vermutlich auch weniger darum, Israel kritisieren zu dürfen, als diese Kritik äußern zu können, ohne sich dafür einer Debatte stellen und die eigene Position argumentativ verteidigen zu müssen. Letztlich, so ergänzen wir, ist es die Sehnsucht nach einem von Juden ausgestellten Freifahrtschein, auch den letzten antisemitischen Unsinn erzählen zu dürfen, ohne sich dafür als antisemitisch kritisieren lassen zu müssen. Das Tabu ist also nicht, Israel zu kritisieren, sondern Israelkritik zu hinterfragen und auf ihren möglichen bewussten oder unbewussten antisemitischen Gehalt hin abzuklopfen. In letzter Konsequenz aber, so erfahren wir im Gespräch, steckt dahinter nicht die Angst vor der Bloßstellung durch jüdische Kritiker, sondern vor der Entlarvung des eigenen Unbewussten. »Es gibt«, sagt der Diplom-Psychologe Louis Lewitan, »diese seltsame Schere im Kopf des Israelkritikers, die ihm sagt, sei bloß vorsichtig mit den Juden, sie könnten dich als Antisemiten entlarven. Diese Entlarvung wäre natürlich auch deshalb so peinlich, weil sie die Ansammlung an diffusen antisemitischen Gedanken offenlegen würde, die man immer noch in sich hat. Gedanken, die natürlich von den Eltern tradiert worden sind, von einer Generation zur nächsten.« Es könne doch niemand ernsthaft glauben, dass es 1945 mit der sogenannten Stunde null plötzlich nur noch lupenreine Demokraten gegeben habe, die »voller Ehrfurcht jetzt dem Juden gegenübertreten und ihn umarmten und beglückwünschten, dass er überlebt hat«. Nein, heute würde der Antisemitismus schön im Zaum gehalten durch Gesetze und Behörden, die darüber wachten, dass keine Vorurteile öffentlich werden gegen Juden, aber auch gegen Muslime oder Schwule. Man will ein weltoffener, liberaler Staat sei. Aber von den lieben Eltern und verehrten Großeltern habe man zugleich deren dumpfe Vorurteile übernommen. Sich dessen aber bewusst zu werden, sich mit dem »eigenen kleinen Hitler in sich« zu befassen, der zwar irgendwie domestiziert sei, aber in vielen eben doch noch schlummere, das sei schwierig. Selbst für die nach 1945 geborene Generation. Die nämlich müsse sich von den eigenen Eltern befreien, die voller Vorurteile steckten, und sie dennoch »zu lieben, ist eine schwierige Aufgabe«. Und eben leider in der Regel noch nicht geglückt.

Wie geht er angesichts der Ausschreitungen und Pöbeleien gegen Juden in Deutschland mit seinem Judentum um? Er sei Franzose und deshalb der strikten Auffassung, dass der Glauben eine Privatsache sei. »Ich bin auch dagegen, dass Kruzifixe öffentlich ausgestellt werden oder die Menora. Oder dass Lichter zu Chanukka öffentlich angezündet werden, ich finde, dass die Religion im öffentlichen Raum nichts zu suchen hat.« Aber er mische sich ein, wenn es um Israel gehe. Er arbeitet an Schulen mit jüdischen Kindern. Selbst die würden mittlerweile wegen Israel angegriffen, müssten sich als Münchner Kinder rechtfertigen für das, was in Israel passiere. Das sei der Alltag. Er rät ihnen, dem aufrecht zu begegnen, nicht zu sagen, was geht mich Israel an, ich bin aus Schwabing. Nein, die Kinder sollten lernen, selbstbewusst zu reagieren. »Sie sollten ruhig antworten, dass Israel ein demokratischer Staat ist, in dem es Menschen gibt, die religiös sind und nicht religiös, in dem es Araber gibt, die in Frieden leben können und die sogar in die Knesset gewählt werden können, dass Israel stolz auf seine Armee ist, aber diese Armee nie das Ziel hatte, Menschen zu verfolgen oder zu unterdrücken oder gar zu vernichten, und dass Israel ein schönes und freies Land ist, das aber noch keinen Frieden gefunden hat mit den Palästinensern, dass es aber daran arbeitet und dass es Zeit braucht.« Und was ist Israel für ihn, den Franzosen, der in München lebt? »Ein großartiges Land und die Tatsache, dass Träume wahr werden können, und der Garant dafür, dass ich mich außerhalb von Israel frei als Bürger mit allen Rechten begreifen kann.«

Wir beenden unser Gespräch beim Italiener zwei Stockwerke tiefer. Auch seine Frau kommt dazu. Ilana hat er in New York kennengelernt, eine Architektin und Künstlerin aus München, sie arbeitet gerade an einer provokanten Installation: Christus am Kreuz, in KZ-Kleidung, blau-weiß gestreift, mit einem gelben Stern auf der Brust. Sie sucht noch Sponsoren, was sich vermutlich nicht so leicht gestaltet wie für eine Unterschriftenliste oder einen Warenboykott gegen Israel. Aber es schreckt sie nicht ab. Und Louis Lewitan schon gar nicht.

# Die intellektuelle Elite als Taktgeber

Wir sind ein bisschen zu früh da, ein älterer Herr hängt noch rasch zwei Palästinaflaggen in den leeren, nüchternen Saal. An den Seiten sind praktische Garderobenstangen, da passen sie gut hin. Sie sind frisch gebügelt, die Fahnen haben einen feinen Knick. Noch ist man unter sich, und auch am Ende wird es so bleiben, nur dass es dann einige mehr geworden sein werden. Störenfriede sind nicht erwünscht, abweichende Meinungen auch nicht. Ein Saal der Saalbau AG, einer gemeinnützigen Organisation, die in Frankfurt städtische Räume an Initiativen vermietet, die sich die Messehalle nicht leisten und sie vermutlich auch nicht füllen können. Eine gute Sache also.

## Bei den Freidenkern zu Gast

An diesem Abend hat der »Deutsche Freidenker-Verband« den Clubraum eins im ersten Stock für eine Lesung gebucht. Auf einem Tapeziertisch werden die Bücher der Referentin des heutigen Abends und Flugblätter ausgelegt. »Der Aggressor heißt NATO«, steht auf einem. Man kennt sich, man begrüßt sich, die ersten Teilnehmer trudeln ein. Einer der ersten Gäste übersetzt uns, den offenkundig Fremden, NATO: »Nordatlantische Terrororganisation.« Der Abend verspricht, nett zu werden.

Der Raum im Bürgerhaus Frankfurt-Bornheim füllt sich langsam. Die Tische sind längs gestellt. Reihe um Reihe. Nur einer am Kopfende steht quer, der Tisch der Referentin und des Veranstalters, der uns alle gleich begrüßen wird. Die Referentin, deretwegen wir gekommen sind, hat bereits Platz genommen. Ein Mann tritt an unseren Tisch. »Sie kenne ich doch irgendwoher?« Kann sein, kann nicht sein, wir kennen ihn jedenfalls nicht. Was wie eine Gesichtskontrolle wirkt, ist auch eine, der Veranstalter will die U-Boote identifizieren und neutralisieren. Wir sind eins, aber uns vor die Tür zu setzen, wagt der freundliche Herr nicht, zumal er uns jetzt als die »von dem ARD-Film« erkannt hat. Er bezieht sich auf eine Dokumentation, die ihm, wie er später zu erkennen gibt, übel aufgefallen ist: »Antisemitismus heute – wie judenfeindlich ist Deutschland?« Wir dürfen trotzdem bleiben. Und weil wir schon mal da sind, nutzt er uns als Multiplikator und drückt uns sein Flugblatt: »Boycott Israel« in die Hand, damit wir auch gleich wissen, was hier gespielt wird. Später wird er von uns noch Fotos machen. Und nach der Veranstaltung werden wir ihn wieder treffen. Er ist Rechtsanwalt, gebildet, kein Rechter. Ihn einen Antisemiten zu nennen, würde er sich vermutlich verbitten, vielleicht sogar gerichtlich untersagen lassen, weshalb wir vorsorglich nicht ihn, sondern nur das, worum es geht, beim Namen nennen, den Propagandaeinsatz gegen Israel. Er führt einen Feldzug gegen Medien, deren »aufdringliche Parteinahme für israelische Interessen« ihm missfällt. Weil seiner Meinung nach ein offener Brief, in dem EU-Parlamentarier die zügige Umsetzung des Nahostfriedensprozesses forderten, in den Medien »totgeschwiegen« wurde und er es nicht zum Aufmacher in den Nachrichten gebracht hatte, reichte er eine Programmbeschwerde bei dem für die aktuellen Nachrichtensendungen der ARD verantwortlichen NDR ein. Kein Wunder, dass er uns kennt.

Die Freidenker haben ihren Sitz in Dortmund und ganz viele muntere Landesverbände. Wir sind bei dem in Hessen zu Gast. Die Mitglieder »bemühen sich um Antworten bezüglich der Ursachen der alle Lebensbereiche umfassenden allgemeinen weltweiten Krise«, steht in ihrer »Berliner Erklärung«. Sie haben also allerhand zu tun. Sie streben, wie alle guten Menschen, nach einer »Welt ohne Krieg«. Wer möchte da nicht dabei sein? Aber die Mitgliederzahl bewegt sich dennoch nur um die 3000, viele sind das nicht, wenn man bedenkt, dass doch kaum einer sagen würde: »Krieg? – Ja bitte!« Meist laden sie zu Kulturveranstaltungen ein. Anlässlich des 11. September hatten sie sich ein besonders pfiffiges Thema ausgesucht, nicht den Anschlag auf das World Trade Center, wie jeder politische Spießer sich hätte denken können, sondern den Jahrestag des Putsches gegen Allende in Chile. So sind die Freidenker.

Bei Israel hört der Spaß dann allerdings auf. Deshalb ist Petra Wild an diesem Abend geladen. Sie darf ihr neues Buch vorstellen: *Apartheid und ethnische Säuberung in Palästina. Der zionistische Siedlerkolonialismus in Wort und Tat.* Da ist nicht mehr viel Spielraum für eine andere Haltung. Sie redet frei und sich in Rage. Die Zuschauer gehen mit. Wir lernen, dass Palästinenser für Israel nur »Barbaren« (»unerhört!«) sind und Israels Apartheid schlimmer ist, als die in Südafrika je gewesen ist (»genau!«). Sie spricht von einem »schleichenden Genozid« an den Palästinensern. Sie seien unschuldige Opfer »innereuropäischer Probleme« geworden. Mit dem »Problem« meint sie vermutlich auch den Holocaust. Aber hätte man nicht statt Palästina Uganda als neue jüdische Heimstätte wählen können, Argentinien oder Madagaskar, fragt die Referentin in die Runde. »Stimmt«, sagt die Tischnachbarin und nickt. Und in der Tat: Deutschland war in dieser leidigen Frage, wohin bloß mit den Juden, schon mal deutlich weiter: 1940 wurden im Reichssicherheitsamt (RSHA) und im Auswärtigen Amt Umsiedlungspläne für Madagaskar, die hübsche Insel im Indischen Ozean, ausgearbeitet. Man dachte damals schon an 6 Millionen. Angola stand übrigens auch mal zur Debatte, »oder sonst eine Kolonie«, wie es Heinrich Himmler dem Führer unterbreitete. Eichmann unterhielt ein eigenes Referat für »Juden- und Räumungsangelegenheiten« im RSHA und war damit beschäftigt, sich schon mal um die nötige Schiffskapazität zu kümmern. Am Ende verwarfen die Herren all die schönen Pläne und entschieden sich stattdessen am Wannsee, die Juden lieber zu ermorden. Und viele der wenigen, die überlebten, entschieden sich lieber für Palästina, wo sie »angeblich« herkommen, wie Frau Wild vermutet. Die umfangreiche Fachliteratur zur Frage, wo diese Juden ursprünglich alle herkommen, hat sie offensichtlich nicht gelesen oder nicht verstanden. Und so geht es den ganzen Abend munter weiter, und das Publikum fühlt sich wohl und verstanden.

Die Kriege, die Israel zu seinem Überleben führen musste,

werden im Clubraum eins neu etikettiert und sind jetzt »Angriffskriege«. Da sind die Freidenker schon gefährlich nahe bei den Nationaldemokraten, in deren Pamphleten es sich ähnlich liest. Israel »verteidigt sich seit sechzig Jahren, immer nach vorn« (NPD Kreisverband Leipzig), oder: »Der Kunststaat Israel ... ist der Aggressor in Nahost« (NPD Hessen). Aber man kann sich seine Freunde bekanntlich nicht aussuchen. Einen Trost hat Frau Wild gegen Ende dann doch noch: Israel sei »militärisch am Ende«. Und wenn es noch mal einen Feldzug gewinnt, dann sei das lächerlich, weil es ja nur »Kinder, Frauen und alte Menschen tötet«. Es werde nicht mehr lange dauern, bis die Hisbollah (»noch ist sie zu schwach«) den Golan überrenne und dem ganzen Apartheidstaat den Garaus mache. Das hätte den palästinensischen Gesandten in Teheran, Sahah al-Zawawi, sicher gefreut, der während des Gazakriegs 2014 auf einer Pressekonferenz in Teheran verkündete, das Ende Israels stünde kurz bevor: »Auch wenn der Westen noch so moderne Waffen an das zionistische Regime und gegen das unschuldige Volk in Gaza liefert, die Vernichtung Israels hat begonnen, und die neue Generation im Iran wird bald Zeuge unseres Sieges über Israel sein.« Das sind die richtigen Paten, und sicher wird dann Frau Wild auch zur Siegesparade eingeladen. Alles nur eine Frage der Zeit. Und die sei reif für die einzig richtige Lösung, meint Frau Wild am Ende: Israel und Palästina müssten zu einem Staat verschmelzen, was zwar das Aus für Israel bedeutete, aber das sei dann eben so, nicht weiter schlimm.

Gegenrede? Keine. Vielstimmiges »Genau!« stattdessen. Antisemiten unter sich, in Frankfurt an einem gemütlichen Abend im Mai 2014. Die Anwesenden haben keine Glatzen, außer den natürlichen, sie tragen keine T-Shirts mit verfassungsfeindlichen Symbolen, keine Springerstiefel und haben sicher auch keine Schlagringe in den Taschen. Aber sie denken ähnlich. Menschen aus der bürgerlichen Mittelschicht, Intellektuelle, Gebildete, viele waren selbst schon in Palästina, kennen aber Israel oft nur von der eiligen Durchreise in die Westbank und von den erniedrigenden Grenzkontrollen. Als die Referentin ausführt, wie clever sich die jüdischen »Siedlerkolonialisten« ausgerechnet die besten

Gebiete gesichert und die Palästinenser in die unfruchtbaren Gebiete im Norden abgedrängt hätten, wo sie heute noch lebten, in der Westbank ebenso wie im sogenannten Galiläa, stutzen wir. Nicht weil wir die Sprachschöpfung »Siedlerkolonialisten« bemerkenswert finden, auf die die Referentin besonders stolz ist, weil sie keinen Spielraum für eine neutrale oder gar positive Interpretation der Besiedlung durch jüdische Einwanderer lässt, sondern weil wir uns fragen, ob sie die Region kennt, über die sie gerade referiert? Unsere Nachbarin ist begeistert und empört über so viel jüdische Niedertracht. War sie denn selbst schon einmal dort? Ja, sie war schon oft in Galiläa, sagt sie, »und ob!«. Vielleicht mit einer christlichen Reisegruppe, schließlich ist Galiläa Jesuskernland, gehört also in gewisser Weise den Christen, die es den armen Palästinensern gerne überlassen würden, nicht aber jüdischen »Siedlerkolonialisten«. »Sie kennen sich also aus?«, frage ich sie freundlich, sozusagen von Frau zu Frau. »Ja!« – »Im Norden, da, wo die arabischen Dörfer sind, ist also Wüste und schlechtes Land?« Sie schüttelt nachsichtig den Kopf und klärt mich kurz auf: »Nein, die Wüste ist natürlich im Süden.« Dann ist also der Norden schon die Region, wo der Jordan fließt und der See Genezareth ist? Sie nickt. »Das verstehe ich jetzt aber nicht«, flüstere ich, um den spannenden Vortrag der Referentin nicht zu stören, »dann ist das doch das fruchtbarste Land, warum haben die ›Siedlerkolonialisten‹ dann nicht dort gesiedelt und die Palästinenser in die Wüste geschickt?« Jetzt ist die Geduld meiner Nachbarin erschöpft. Meine Wissenslücken sind offenbar zu groß und brauchen eine gründliche Nachhilfe, die sie mir aber so auf die Schnelle nicht geben kann. »Pssst«, herrschen mich jetzt andere an, und ich halte den Mund und konzentriere mich wieder auf Petra Wild und ihre Ausführungen, die gerade das schöne Bild der Zukunft Palästinas in den islamisch grünen Farben zeichnet, ohne das israelische Blau-Weiß.

Auch in Israel wird eine Ein-Staaten-Lösung diskutiert, von Linken wie von Rechten. Nur mit sehr unterschiedlichen Ergebnissen. Die einen wollen einen gemeinsamen arabischen Staat, die anderen einen rein jüdischen, der die Westbank selbstredend miteinschließt. Beide Positionen sind in der Minderheit, und beide Positionen bedeuteten eine Delegitimierung des demokratisch verfassten Judenstaates. Den Freidenkern hingegen ist das eher gleichgültig, Hauptsache Frieden. Sie bestehen auf der Beseitigung des jüdischen Apartheidstaates und beharren auf dem Rückkehrrecht der Palästinenser, aller Palästinenser natürlich, Kinder, Enkel und Urenkel. Nun kann man auch das diskutieren, nur nicht mit Petra Wild und ihren Freunden. Als wir fragen, was man Israel für dieses Recht auf Rückkehr, das der amerikanische Jurist Alan Dershowitz einmal so wunderbar als »weitere List zur Sicherung der Ein-Staaten-Lösung« bezeichnet hat, an dessen Ende ja zwingend ein arabischer Staat mit arabischem Recht stünde, an Gegenleistung anbiete, herrscht betretenes Schweigen. Warum und welche Gegenleistungen? Als wir fragen, wie man denn den Israelis, die mittlerweile nicht mehr direkt zu der siedelnden Generation ihrer Urgroßeltern gehörten, sondern israelische Bürger sind, die Angst vor dem Verlust ihrer Heimat nehmen könne, schauen alle irritiert. Wieso Heimat? Und als wir schließlich wissen wollen, wie die jüdische Bevölkerung denn geschützt werden könnte, wie sie also den Israelis die Angst vor den neuen arabischen Herren nehme wollte, fragt Petra Wild zurück: »Welche Angst?« Unser Einwand, die Charta der Hamas sei sprachlich und inhaltlich unmissverständlich, verhallt. Sie fordere immerhin ausdrücklich die Vernichtung eines jeden Juden (»komm und töte ihn«). Das klinge nicht danach, als würde man Israelis mit offenen Armen und einem heißen Tee empfangen, werfen wir ein. Das sei pure »israelische Propaganda«, schnauzt uns ein palästinensischer Student an. Die Charta sei diesbezüglich korrigiert worden. Vielstimmiges »Genau!« unterstreicht die gute Nachricht vom Sinneswandel der Hamas, die wir offenbar übersehen haben. Später, im privaten Zwiegespräch nach Schluss der Versammlung, wird der Student allerdings kleinmütig einräumen, das stimme natürlich nicht, die Charta sei unverändert, das könne man der Hamas nicht zumuten.

Und die Rückkehr aller palästinensischen Flüchtlinge samt Nachkommen? Wie muss man sich das konkret vorstellen? Die

Palästinenser nehmen ihre alten Schlüssel von der Wand und sehen, ob sie noch in ihr Haus in Haifa passen? Und dann? Dann müsse man eben mit den jüdischen Bewohnern einen Vertrag schließen, vermutlich so etwas wie eine Eigenbedarfskündigung, bis zu welchem Zeitpunkt das Haus zu räumen sei. Das haben Juden noch gut in Erinnerung, wie das ablief, als sie aus den Konzentrationslagern zurückkamen und in ihren Wohnungen die Mörder saßen, von ihrem Geschirr aßen und einfach sitzen blieben. Dass ein Volk, das schon einmal fast ausgerottet worden ist, wenig Lust hat, sich auf ein solches Experiment einzulassen, mit der Hamas oder der Hisbollah als neuen Herren, versteht keiner im Saal.

»Schon immer waren Judenfeinde flexibel in der Auswahl ihrer Argumente, die sie ständig den Umständen und dem jeweiligen Zeitgeist anpassten«, warnte der Historiker und Auschwitz-Überlebende Arno Lustiger schon 2008. »Da nach dem Holocaust offener Antisemitismus kurzfristig nicht mehr opportun war, versteckt er sich heute hinter der Maske des Antizionismus.« In dieser Maskerade gefielen sich auch die Freidenker an diesem Abend. Tapfer geißelten sie das den Deutschen angeblich auferlegte Schweigegebot zu den unerträglichen Zuständen in Palästina. Sie leugnen nicht die historische Schuld, was sie dann doch von den Damen und Herren mit den Springerstiefeln unterscheidet, aber sie wollen nicht permanent daran erinnert werden und sich dadurch in ihrem freien Denken einengen lassen. Sie sehen sich als mutige Vorkämpfer, die sich nicht den Mund verbieten lassen und der jüdischen Medienmacht Paroli bieten. Ganz so, wie es das große Dreigestirn der Israelhasser vorgemacht hat.

## »Das deutsche Elitepack«

Kaum ein anderer hat den intellektuellen Hochmut und die Kaltschnäuzigkeit der deutschen Linken und Geistesschaffenden zu Israel so bitter zusammengefasst wie Wolf Biermann in einer Gastvorlesung 2009 in Haifa und Jerusalem: »Die Juden waren und bleiben nach Meinung des gebildeten Elitepacks an allem schuld.« Aus diesem Pack stechen allerdings drei ganz besonders hervor: Günter Grass, Martin Walser, Jakob Augstein. Drei Leitfiguren, wenn es darum geht, den Juden mal gehörig die Meinung zu blasen. Der eine nutzt ein Gedicht dazu, der andere redet und schreibt sich die Finger am Juden wund, der dritte an Israel. Walsers verheerende Friedenspreisrede 1998 in der Frankfurter Paulskirche, seine unnachsichtige Debatte mit dem fassungslosen Ignaz Bubis, der ihn einen »geistigen Brandstifter« nannte, sein unsäglich antisemitischer Roman *Tod eines Kritikers*, dessen Vorabdruck am Widerstand des damaligen Feuilletonchefs der *FAZ*, Frank Schirrmacher, scheiterte, sind nicht vergessen. Seine unappetitliche Abrechnung mit Marcel Reich-Ranicki, dem Juden, dessen polnischen Akzent er ins Lächerliche zog, der in seinem Roman natürlich Jaguar fährt und Kaschmir trägt, seine verräterische Sprache von der »Zeit des Hinnehmens«, die vorbei sei, und dem »heute Nacht null Uhr wird zurückgeschlagen«, war ekelhaftes Kalkül, um einem dürftigen Roman die nötigen Schlagzeilen zu bescheren. Was als Abrechnung mit dem Kulturbetrieb daherkam, wurde ein »Buch des Hasses«, wie es Kritiker zu Recht nannten. Die Obsession, immer neue Tabus zu suchen, endete in einem lächerlichen Heldenepos, aber sie entsprach dem Zeitgeist und findet noch immer willige Claqueure, die es, wie in der Paulskirche, nicht mehr auf den Sitzen hält. Doch dem Dichter kommen offenbar inzwischen Skrupel. Apologeten und Freunde Walsers wollen ein vorsichtiges Einlenken festgestellt haben. Die Einsicht kam ihm, so sagt Walser, bei der Lektüre des 1917 in Odessa gestorbenen jiddischen Autors Sholem Yankev Abramovitsh. Nun mag man einwenden, das hätte auch früher passieren können und nicht erst mehr als ein Jahrzehnt nach dem Scherbenhaufen, den er in der Paulskirche hinterlassen hatte, aber besser spät als nie. »Wir, die Deutschen«, weiß nun auch Walser, »bleiben die Schuldner der Juden. Bedingungslos. Also absolut. Ohne das Hin und Her von Meinungen jeder Art. Wir können nichts mehr gutmachen. Nur versuchen, weniger falsch zu machen.« Walser kommt zu dem etwas gedrechselten, aber nicht minder richtigen Schluss: »Ich kann nichts dagegen tun, in mir dominiert die Mitteilung, dass wir dieses Volk umbringen wollten und zu Millionen umgebracht haben. Und dieses Volk ist mir jetzt, erst jetzt, wirklich bekannt geworden.« Und damit offenkundig zu spät, um die Erkenntnis an seine Nachkommen weiterzureichen, an den nicht minder engagierten Nachwuchs, Jakob Augstein.

Der Kolumnist bei Spiegel-Online und Herausgeber des *Freitag* trat die Erbschaft an und gab sich redlich Mühe, kein antisemitisches Klischee auszulassen. Da waren die »jüdischen Lobbygruppen« in den USA, da war Israel, das »die ganze Welt am Gängelband« führt und als Atommacht den »ohnehin brüchigen Weltfrieden« gefährdet, da war Gaza, das Gefängnis und Lager, und viele andere Klassiker mehr. Ist Jakob Augstein also ein Antisemit? Er spricht wie einer, er schreibt wie einer, er denkt wie einer. Anders gesagt: Es quackt wie eine Ente, es watschelt wie eine Ente, es schmeckt wie eine Ente, es müsste also mit dem Teufel zugehen, wenn das keine Ente ist. Mit seinen Israel-Schmähungen schaffte es Augstein unter die zehn schlimmsten antisemitischen oder antiisraelischen Verunglimpfungen des Jahres 2012, ein jährliches Ranking des Simon Wiesenthal Center in Los Angeles. Ab da war kein Halten mehr. Erst mal gegen Henryk M. Broder, dem man, wohl als Akt jüdischer Intrige, unterstellt hatte, in Los Angeles mit der Causa Augstein vorstellig gewesen zu sein. Er hatte den Fall zwar in der Tat aufgebracht und Augstein einen »lupenreinen Antisemiten« genannt, »der nur dank der Gnade der späten Geburt um die Chance gekommen ist, Karriere bei der Gestapo zu machen«, aber das Simon Wiesenthal Zentrum konnte selbst lesen und denken und war nicht auf Broder angewiesen. Augstein seinerseits durfte sich entspannt zurücklehnen, die Verteidigung übernahmen andere. Gregor Gysi zeigte sich besorgt, man würde den »schleichenden Antisemitismus« im Land durch solche Aktionen nur unterstützen, die CDU fand den Vorwurf an Augstein »sehr gewagt«, die *taz* fand ihn »abstrus« und »diffamierend«, die *SZ* griff ganz tief in die Kiste und nannte den Angriff auf den Kollegen eine »Feinderklärung«, aber den Vogel schoss die *Frankfurter Rundschau* mit ihrem Kommentator Christian Bommarius ab: »Es spricht für den deutschen Rechtsstaat, dass Henryk M. Broder bis heute frei herumläuft, aber es spricht gegen das Simon Wiesenthal Center, dass es den Lügen und Verleumdungen dieser trostlosen Witzfigur aufgesessen ist. Wer Broder Glauben schenkt, der vertraut auch einem Bankräuber sein Bargeld an und einem Kannibalen die Ehefrau.« Augstein hatte gewonnen, weshalb er großzügig einräumen konnte, dass vielleicht »nicht jedes Wort vorbildlich« gewesen sei. Unglücklich sei gewesen, vielleicht, »Gaza ein Lager zu nennen, weil das an Konzentrationslager erinnert«. Auch habe er persönlich nichts gegen Israel (»ein Staat wie jeder andere«), nur hinfahren würde er nicht. Nicht aus Angst wegen des Raketenbeschusses durch die Hamas, sondern weil er nicht in einem Apartheidstaat am Strand liegen könne. »Sie schreiben mit dem Fingerspitzengefühl eines Bulldozers«, hielt ihm Dieter Graumann in einem bemerkenswerten Streitgespräch im *Spiegel* vor. Auf einer Skala von eins bis zehn bekäme Augstein von ihm »eine dicke 13«. Der Begriff Antisemitismus, kontert Augstein, werde missbraucht, um Israels Besatzungspolitik in Schutz zu nehmen und um jede Kritik daran unmöglich zu machen. Klar, wer wüsste das besser als einer, der sich das Bild vor Ort nicht zumuten möchte. Augstein dämonisiert Israel durch Nazi-Assoziationen, er schwadroniert von »jüdischer Lobby« und belebt damit die alten antisemitischen Verschwörungsmuster. Vor allem aber redet und schreibt er über ein Land, das er nicht kennt, nicht kennen will. Dem Journalisten geht es nicht um Erkenntnis. Mit der Sensibilität eines Scharfrichters sorgt er sich um das Halsweh seines Opfers. Wem das Ganze nütze, fragte er besorgt, um selbst scheinheilig zu antworten, den »wirklichen Judenfeinden«. Und damit hat er sicher recht.

Walser, Grass und Augstein haben den Antisemitismus salonfähig gemacht. Alle drei sind Geschichte, aber Augstein ist jung genug, um noch eine Zukunft zu haben. »Im Phänomen Augstein«, meint Broder zu Recht, »bündelt sich alles, was den fortschrittlichen Antisemitismus ausmacht. Die alte Aggression, das alte Ressentiment, das neue gute Gewissen, das schicke, elegante Auftreten, ein relativ hoher Bildungsgrad, eine absolute historische Arroganz. Der Mann ist einfach klasse. Ich hätte gerne so eine Figur erfunden, um an dieser Figur klarzumachen, was ein fortschrittlicher Antisemit ist, und da kommt er des Weges.«

Genau wie der Mann, der lange und vergeblich mit sich gerungen haben wird, wie er Israel belehren und beschimpfen kann, ohne ein Antisemit genannt zu werden. Zwiebelhaut um Zwiebelhaut. Soll ich oder soll ich nicht? Anders als Junior Augstein gab es bei ihm gewisse historische Hemmnisse, die zunächst überwunden werden mussten. Darf ich als ehemaliges Mitglied der Waffen-SS überhaupt noch etwas sagen, was nicht gegen mich gekehrt wird? Aber ich war schließlich erst 17 und wusste vielleicht nicht, was ich tat, wird er sich gesagt haben. Und schrieb deshalb »mit letzter Tinte« sein vielleicht schlechtestes (Biermann: »eine grässliche deutsche Stinkbombe«), aber dennoch berühmtestes und berüchtigtes Gedicht, dessen Qualität sich nicht am Versmaß messen lassen muss. »Was gesagt werden muss« erschien am 4. April 2012 zeitgleich in der *Süddeutschen Zeitung*, in *La Repubblica* und im *Guardian*. Ein hübscher Coup. Ein Tribunal gegen den störrischen Judenstaat mit dem Chefankläger Günter Grass, in der Pose des »Hier stehe ich und kann nicht anders«-Antisemiten Martin Luther. Natürlich ahnte Grass, dass auch er jetzt in den Geruch des Antisemiten kommen würde: »das Verdikt ›Antisemitismus‹ ist (mir) geläufig«, vermutlich noch aus der Zeit, als er sich unverschuldet bei der 10. SS-Panzer-Division »Frundsberg« wiederfand.

Der Schriftstellerkollege Yoram Kaniuk und Autor einer schnörkellosen Schilderung seiner eigenen, tiefen Gewissenkonflikte während des israelischen Befreiungskriegs von 1948 nennt Grass in einem großartigen Interview der Wochenzeitung *Jungle World* keinen Antisemiten, »denn ein Antisemit würde sich schlauer verhalten«, sondern schlicht einen alten Mann, der einfach nur ein »Problem mit Juden« hat. Kaniuk war ein streitbarer Autor, ein Gegner der israelischen Politik. Er lehnte einen atomaren Erstschlag Israels gegen den Iran strikt ab, wie übrigens die

Mehrheit der Israelis, aber er verbittet sich in diesem Interview die bevormundende Einmischung seines Kollegen. Wenn Grass von einer Auslöschung des iranischen Volkes durch einen atomaren Schlag Israels schreibe, sei das nichts anderes als »die Behauptung, die Juden würden zu Pessach Christen töten, um aus ihrem Blut Mazzen zu backen«.

Günter Grass ist ein herausragendes Beispiel für die komplette Empathielosigkeit vieler deutscher Intellektueller. Wer heimelig in Behlendorf zu Hause ist, einem Dorf in Schleswig-Holstein, das einen gewissen Ruf unter Anhängern des Wettbewerbs »Unser Dorf soll schöner werden« errungen hat, weil ihm 1991 die Silbermedaille verliehen wurde, der kann gelassen den damaligen iranischen Präsidenten Ahmadinedschad einen »Maulhelden« nennen. Erstens haut der ihm anschließend keine runter, und zweitens ist der dichtende Bürger Grass auch nicht gemeint. Wenn Grass Israel die größte Bedrohung für den Weltfrieden nennt, weiß er die Mehrheit der Deutschen hinter sich und redet den Menschen nach dem Maul. Es verwundert deshalb nicht, dass er ein gern benutzter Kronzeuge ist bei vielen gegen Israel gerichteten Demonstrationen. »Grass hat recht«, stand auf Plakaten bei der Al-Quds-Veranstaltung 2014 in Berlin. In einem Interview mit den *ARD-Tagesthemen* geißelt Grass die »Nibelungentreue« zu Israel und die »wie gleichgeschaltete Presse«, die den breiten Beifall vieler Menschen zu seinem Mut unterschlage. Dabei sei doch, auch das ein Klassiker der Israelkritiker, »das Schlechteste, was man Israel antun könne«, es nicht zu kritisieren. Da ist sie wieder, die unerträgliche Lust, sich als Schulmeister aufzuspielen. Grass verwechselt Anmaßung mit Aufrichtigkeit, Starrsinn mit Haltung.

Hinter dem Dreigestirn Walser, Grass und Augstein können die klugen Antisemiten getrost aus der Deckung kommen. Sie haben den Weg frei geschrieben, jetzt darf jeder mal. Sie sind die Paten für alle kritischen Intellektuellen, die selbstredend nur aus Sorge um Israel ihre mahnende Stimme glauben erheben zu müssen. Ein pensionierter Pastor brachte es auf der Webseite der Linkspartei in Bremen auf den Nenner: Man müsse Israel vor sich selbst retten und es dadurch von seiner »mörderischen, schleichenden Apartheidpolitik reinigen«. Das ist vielleicht das eigentlich Typische und Perfide an den »Israelkritikern«. Sie handeln im höheren Auftrag ihres Gewissens. Sie sind fest entschlossen, Israel Moral beizubringen. Nicht zuletzt die deutsche Geschichte verpflichtet sie dazu. Dabei haben sie sich eine schwierige Aufgabe vorgenommen, die sie zuweilen schier verzweifeln lässt angesichts der Halsstarrigkeit der Juden. Schon Luther hatte vergeblich zu missionieren versucht, weshalb er am Ende entnervt dazu riet, ihre Häuser, Bücher, Synagogen und am Ende sie selbst anzuzünden. Vier Jahrhunderte später war es dann so weit. Doch selbst Auschwitz hat die Überlebenden erstaunlicherweise nicht gelehrt, was Menschlichkeit ist.

Yoram Kaniuk kannte Grass aus vielen persönlichen Begegnungen. Er kannte ihn als unbelehrbaren Besserwisser, der aus seiner Vergangenheit nichts gelernt hat. »Aber Grass war schon immer so. Schon als ich ihn in den Sechzigerjahren traf, war Israel ein Problem für ihn. Er konnte nie über einen Juden schreiben. Er hat nie über den Holocaust geschrieben. Dabei war das so sehr ein Teil seiner Vergangenheit. Er sah, wie jüdische Kinder nicht mehr zur Schule kamen und stattdessen in Lager gebracht wurden. Er hatte jüdische Lehrer, er kannte Juden. Und doch konnte er nie darüber eine Geschichte schreiben.« Wenn er Deutscher wäre, sagte Kaniuk mit Blick auf Grass, »würde ich jede Woche eine Stunde weinen«.


## Wer schreibt, unterschreibt auch gern

Mitten im Gazakrieg 2014 hielten es Hunderte von deutschen Autoren, Schauspielern, Regisseuren und Musikern plötzlich nicht mehr in ihrem Elfenbeinturm aus. Sie mussten raus und sich »zum Krieg in Gaza« äußern. Was diesen Zwang ausgelöst hat und warum ausgerechnet Gaza und nicht der gleichzeitig tobende Krieg in der Ukraine oder in Nigeria, im Irak, in Syrien oder im Sudan, wissen sie wohl selbst nicht. Aber vielleicht kann man eben nicht überall sein. Vielleicht kennen sie sich auch in den anderen Kriegsregionen nicht so gut aus, anders als in Gaza, wo sie offenbar genau wissen, wer gut und wer böse ist. Hier wissen sie, dass die israelische Armee, »die nach eigenem Bekunden über modernste Präzisionswaffen verfügt«, bombardiert, und zwar »gezielt auf Krankenhäuser, Krankenwagen, Spielplätze und von durch die UN als Schutzräume für Zivilisten ausgewiesene Gebäude«. Das hätte jedem Pressesprecher der Hamas zur Ehre gereicht, ebenso wie die Schlussfolgerung daraus: Was Israel anrichte, sei »nichts anderes als schwerste Kriegsverbrechen«. Natürlich unterliegen Texte auf Unterschriftenlisten nicht dem journalistischen Ausgewogenheitskodex, sonst müssten sie nicht verfasst werden, aber eine derart ungeschminkte Parteinahme einer sich selbst als intellektuelle Elite begreifenden Gruppe bleibt bemerkenswert. Erfreulicherweise gehören nicht alle, die hier der Hamas auf den Leim gegangen sind, der allerersten Riege der Kulturschaffenden an, viel zweite Wahl ist darunter und erstaunlich viele, die in der DDR geboren wurden, also jenem deutschen Staat, der die deutsch-arabische Freundschaft großschrieb, Waffen an die PLO lieferte, sich nie zu Reparationszahlungen an die Juden bereit erklärte (schließlich war man als Sozialist selbst Opfer und somit frei von Verantwortung) und keine diplomatischen Beziehungen zu Israel hatte. Erst im April 1990 verabschiedete die erste frei gewählte Volkskammer eine Resolution, in der sie die »Juden in aller Welt« und »das Volk in Israel um Verzeihung für Heuchelei und Feindseligkeit der offiziellen DDR-Politik gegenüber dem Staat Israel« bat und erklärte, sich »um die Herstellung diplomatischer Beziehungen und um vielfältige Kontakte zum Staat Israel bemühen zu wollen«. Die Resolution wurde einstimmig angenommen und blieb folgenlos, denn sechs Monate später gab es die DDR nicht mehr. Ohnehin hatten die Abgeordneten wohl nicht für eine so große Mehrheit der DDR-Bürger gesprochen, wie die Abstimmung suggeriert hatte.

Nina Hagen jedenfalls gehört 2014 zu den Unterzeichnern der Unterschriftenliste gegen Israel (»Sanktionen gegen Israel«), ebenso der ZDF-Serienkommissar Kai Schumann (»Ich bin fassungslos und traurig. Seit heute fallen wieder die Bomben auf Palästina«) und der Schriftsteller Ingo Schulz. Sie gehören zu den bekannteren Unterzeichnern und streiten Seit an Seit mit Rupert Neudeck, der zwar streng genommen nicht unmittelbar unter die Überschrift »Künstler« fällt, aber immer dabei ist, wenn es darum geht, Klartext mit Israel zu reden (»ich will nicht mehr schweigen«), weshalb er natürlich auch hier nicht fehlt. Neudeck gehört zu jenen, die sich vom Schweigegelübde befreit haben und das auch alle wissen lassen wollen. Nicht nur auf Petitionen, sondern in Buch und Tat. Leute wie er setzen damit zwar nicht ihr Leben aufs Spiel, »es fließt kein Blut, es wird niemand erschlagen«, wie Norbert Blüm in einem Vorwort zu einem Buch seines Freundes Neudeck geschrieben hat, aber sie wagen doch einiges: »Die öffentliche Meinung bedient sich feinsinniger Techniken, um jemanden mundtot zu machen«, weiß Blüm. »Es lässt sich niemand mehr den Mund verbieten. Man überhört ihn. Niemand bekommt das Maul gestopft. Man überfällt ihn mit einem hysterischen Wortschwall. Israels Politik zu kritisieren fällt entweder durch den Rost der öffentlichen Meinung oder wird auf diesem Rost gegrillt.« Besser kann man das erfundene Tabu, das Antisemiten mit ihrer Kritik an Israel angeblich brechen, nicht beschreiben. Kräftig wird die Tür eingetreten, die weit offen steht. Und damit dem geneigten Leser seines Vorwortes nicht entgeht, aus welcher Ecke der Wind weht, nennt Blüm Ross und Reiter: »Als Erstes schreit Herr Spiegel vom Zentralrat der Juden ›Antisemitismus‹. Im Chor des Entsetzens taucht dann auch das Wort ›Rassismus‹ auf. Alles andere sind nur noch Variationen.« Auch Norbert Blüm wird sich selbst zweifellos der politischen Oberschicht des Landes zurechnen. Und tatsächlich hat er, der 1935 Geborene, die Geschichte Nachkriegsdeutschlands mitgestaltet. Sein »die Rente ist sicher« wird mittlerweile zwar eher belächelt, aber in seinem Hass auf Israel steht er nicht allein. Dass Israel einen »Vernichtungskrieg« führe, diese Keule schwingt Blüm bei jeder sich darbietenden Gelegenheit. Fritz J. Raddatz, der ehemalige Feuilletonchef der *Zeit*, hat Blüm dafür einen »banalen deutschen Politiker« genannt, der »für seine Dummheit ebenso berühmt ist wie Anita Ekberg für ihre Oberweite«. Aber die große Gemeinde von Judenhassern ficht solcher Spott nicht an. Der Holocaust sei ohne Zweifel, das vertraute Blüm dem *Stern* an, das »Superverbrechen der Menschheit«. Das etwas befremdliche Ranking bringt ihn aber immerhin zu einer wichtigen, wenn auch rhetorischen Frage: »Was tun wir, damit diese über Jahrhunderte in die Diaspora verstreuten, gequälten, geschundenen Juden endlich ein Stück Land finden, das ihres ist?« Das ist ja glücklicherweise schon gelöst, oder hat er vergessen, dass Israel inzwischen gegründet worden ist? Ein Glück, dass sich weder die Rentner noch Israel allein auf Norbert Blüm verlassen haben.

Die Lehren aus der Geschichte heißen für Blüm und Co. nicht nur: »nie wieder Auschwitz«, sondern auch: »nie wieder schweigen«. Die Söhne der Täter wollen nicht auch noch schuldig werden, wenn sie zu den »Kriegsverbrechen« Israels schweigen, die Last der Vaterschuld ist schon Last genug. Damals haben sie geschwiegen, als Juden aus dem Land getrieben und ermordet wurden, das soll nicht noch einmal passieren, aber es ist passiert (»Nakba«), und es passiert weiter (»Besatzung«). Weil sie in Deutschland und in Europa von den Eltern und Großeltern der deutschen »Israelkritiker« verfolgt und ermordet wurden und sich deshalb nach Palästina flüchteten, sind für Blüm und Co. aus Opfern Täter geworden, die heute jeden Anspruch auf Mitgefühl und Schutz im eigenen Staat verwirkt haben. Die Juden in Israel zahlen also den Preis für die deutsche Schuld. Das ist verrückt, aber natürlich nicht antisemitisch, denn ein Christ wie Blüm oder Neudeck kann kein Antisemit sein, »weil der, an den er glaubt, selbst ein Semit war, und dieser Jesus ist nicht nur für die Juden gestorben, sondern für alle Menschen«. Blüm, der prominente Vertreter der »christlichen Soziallehre«, wird es wissen. Christen können keine Antisemiten sein, weil sie Christen sind. Linke können keine Antisemiten sein, weil sie Linke sind. Und Araber können auch keine Antisemiten sein, weil sie selbst Semiten sind. Gibt es überhaupt Antisemiten?

Nun ist Norbert Blüm mit seinem Persilschein für Christen

ein wenig hinter der Zeit. In den Kirchen gibt es seit vielen Jahren ehrenwerte und ehrliche Bemühungen, sich mit ihrem religiösen Antijudaismus auseinanderzusetzen. Selbst anlässlich des bevorstehenden großen Luther-Jubiläumsjahres wird etwa der Judenhass des Reformators nicht ausgespart, sondern intensiv diskutiert. »Unsere Kirche muss immer neu erkennen und aufarbeiten, dass sie zur Judenfeindschaft beigetragen hat«, sagte der damalige Ratsvorsitzende der Evangelischen Kirche in Deutschland, Nikolaus Schneider. Das konnten die Besucher der Volksbank in Epe im Münsterland nachvollziehen. Im Sommer 2014 war dort in der Schalterhalle der Bank auf zwölf Tafeln zu sehen, wes Geistes Kind Martin Luther war und wie geflissentlich dessen Judenhass über die Jahrhunderte hinweg ausgespart wurde. »Ich bin entsetzt«, sagte eine Frau in der Schalterhalle des Geldinstituts: »Schrecklich, was Luther den Juden angetan hat.« Das muss für viele in der Tat ein schwerer Schock sein. Ein schmerzhafter, aufklärerischer Prozess der Selbstkritik, an dem sich Christen in aller Welt und auf allen Ebenen tapfer beteiligen. Ein Prozess, den der Islam erst noch vor sich hat und den er endlich beginnen muss, woran der Historiker Raphael Gross so eindringlich erinnert hat. Aufklärung braucht, wie wir aus der Geschichte wissen, Zeit, es ist ein Mehrgenerationenprojekt.

## Die »Nahostexperten«

Aufklärung braucht Fachleute, in unübersichtlichen Zeiten besonders viele. Für den besonders unübersichtlichen Nahostkonflikt gibt es besonders rührige Experten und besonders viele, weshalb sie vorsichtshalber auch nicht abwarten, bis sie gefragt werden, sondern sich lieber gleich von sich aus zu Wort melden. Zum Beispiel in der beliebten Form des offenen Briefes. Auf diese Weise ist sichergestellt, dass sich neunzig deutsche Nahostexperten »gemeinsam zur Gaza-Krise« äußern und ihre tiefe Besorgnis um die Palästinenser zum Ausdruck bringen können. Geballter Sachverstand gegen Israel. Die Bundesregierung, an die die Petition gerichtet war, müsse handeln und die seit 2007 bestehende Blockade des Gazastreifens aufheben. Natürlich hätten sie ihr Schreiben auch an die ägyptische Regierung richten können, aber das Hemd ist einem bekanntlich näher als die Hose. »Die Hamas«, so warben sie verständnisvoll, bleibe, »ungeachtet der Aktivitäten ihres militärischen Flügels, eine populäre Partei«. Diese »Aktivitäten« müssen nicht näher erläutert werden, die Menschen in den Bunkern von Sderot kennen sie ja. Und die Frauen und Kinder in Gaza, die als Schutzschilde den Kurs der »populären Partei« sicher mit großer Begeisterung unterstützen, kennen sie ohnehin. Der ehemalige Pressesprecher der Hamas, Ayman Taha, dessen von Kugeln durchsiebter Leichnam im August 2014 von Unbekannten vor dem Al-Shifa-Krankenhaus abgelegt wurde, kann sich leider nicht mehr äußern.

Der Präsident der Deutsch-Israelischen Gesellschaft, Reinhold Robbe, rief die Adressaten dieses Aufrufs, die Politiker in Berlin, deshalb auf, »dieses unverantwortliche Produkt einseitiger Parteinahme nicht einfach nur zu ignorieren, sondern gegenüber den Unterzeichnern auf die Einhaltung von Selbstverständlichkeiten wie wissenschaftliche Integrität, Verantwortung und Wahrhaftigkeit zu bestehen«.

Die Liste der Unterzeichner ist lang und relativ prominent, auch wenn Petra Wild fehlt. Angeführt wird sie von Helga Baumgarten, einer deutschen Politikwissenschaftlerin, die unermüdlich um Nachsicht mit der Hamas bemüht ist und schon 2006 mit der frohen Botschaft überraschte, dass diese ihre mörderische Charta baldigst in ein anständiges Grundgesetz umschreiben werde. Davon aber ist längst keine Rede mehr. Das antisemitische Machwerk blieb unverändert. Bis heute beruft sich die Hamas auf die *Protokolle der Weisen von Zion* wie auch auf den Befehl des Propheten: »Die Muslime werden sie [die Juden] töten.« Die Charta verspricht, »Allahs Banner auf jedem Zoll Palästinas zu hissen«, Israel also auszulöschen, wie der Politikwissenschaftler und Antisemitismusexperte Matthias Küntzel in seiner Kommentierung des »offenen Briefes« erinnert. »Frau Baumgarten und ihre Mitunterzeichner haben sich jedoch nicht an die

Bundesregierung gewandt, um sie über die Hamas-Ideologie aufzuklären, wie es sich für Nahostexperten eigentlich gehört. Sie wollen stattdessen erreichen, dass Berlin sich der Hamas annähert und sich von Israel entfernt.« Diesem Ziel fühlen sich erkennbar auch die anderen Unterzeichner verpflichtet, darunter Vertreter von Forschungseinrichtungen, die vom Berliner Senat und von der Bundesregierung mitfinanziert werden. Zu den bekannten Unterzeichnern zählt auch Udo Steinbach. Der langjährige Leiter des Deutschen Orient-Instituts, der im Eifer des Gefechts schon mal Selbstmordattentäter in Schutz nimmt, deren Aktionen mit dem Widerstand im Warschauer Getto vergleicht und die »Hamas einen Männerchor mit unterschiedlichen Stimmen« nennt. Oder Martin Lüders, dessen Herz laut arabisch schlägt. Auch Reiner Bernstein ist dabei, Vertreter der »Genfer Initiative«, die ein Palästina mit der Hauptstadt Jerusalem erträumt, und Heiko Flottau von der *Süddeutschen Zeitung*. Und natürlich Jürgen Todenhöfer, der sich für seine Expertise nach eigenem stolzem Bekunden nicht damit zufriedengibt, sich von anderen berichten zu lassen, sondern immer selbst an die Brennpunkte geht, um von den betroffenen Menschen direkt zu erfahren, wie es ihnen geht. Deshalb wird er sich im Dezember 2014 sogar auf den Weg nach Mossul machen, um mit den Schlächtern des Islamischen Staates zu sprechen, was zu hübschen Fotos von ihm mit Kufiya auf dem Kopf und dekorativ links und rechts von ihm positionierten IS-Kämpfern mit Maschinengewehren führen wird. Und zu anschließenden Interviews, in denen er feststellt, dass jedenfalls für die Menschen, die den richtigen sunnitischen Glauben haben und die sich den Islamisten gehorsam unterordnen, eigentlich alles ganz normal und ruhig zugeht in Mossul. Jedenfalls für die Menschen, die die Machtübernahme der Islamisten überlebt haben – das sagt er nicht, und auch nicht, was mit den anderen passierte. Das wissen die aufmerksamen Zuschauer seines Interviews in den *ARD-Tagesthemen* hoffentlich aus der früheren Berichterstattung seriöser Korrespondenten. Denn diese Menschen wurden von den neuen Machthabern vertrieben, gefoltert, hingerichtet. Kein Grund für Todenhöfer, mit denen nicht zu reden. Schließlich, so sagt es der traurig dreinblickende Nahostexperte mit sanfter Stimme, müsse man seinen Gegner kennen. Das hat ja durchaus etwas für sich, wirft aber doch die Frage auf, warum er nicht auch im Palästinakonflikt einmal kurzfristig die Seiten wechselt, um zu erfahren, wie die israelische Zivilbevölkerung mit dem Raketenterror lebt. Diesen Gegner, und dass es sich für ihn um einen solchen handelt, daran lassen schon die Schlagzeilen seiner Homepage (»Auf der Suche nach der Wahrheit«) keinen Zweifel, will er nicht näher kennenlernen: »Deutsche Kriegsschiffe an Israel – Irrsinn Hoch 5«, oder: »Reißen Sie die Mauern von Palästina nieder, Herr Netanjahu!« Letzteres ist de facto eine Empfehlung zur Erleichterung der Wiederaufnahme der alten Kampfstrategie, Selbstmordattentäter aus der Westbank nach Israel zu entsenden. Der Autor des Buches *Du sollst nicht töten* formuliert es einfühlsamer: »Was in Palästina gerade an Entsetzlichem geschieht, ist ein Aufstand entrechteter, gedemütigter, verzweifelter Gefangener.« Der Fairness halber darf hier nicht verschwiegen werden, dass er das Massaker an betenden Juden im November 2014 als Verbrechen verurteilte. Selten allerdings war eine politische Beileidsbekundung unverschämter und schamloser als diese. Zum Einstieg der zehn Sätze über den Mord in der Synagoge erinnert Todenhöfer detailliert an das zwanzig Jahre zurückliegende Massaker von Hebron des Terroristen Baruch Goldstein. Eine perfide Aufrechnung der Opferzahlen (29 tote betende Palästinenser gegen 4 getötete betende Juden), die den aktuellen Mord sofort emotional relativiert. Die Ablehnung des »terroristischen Akts« wird denn auch vor allem rational strategisch begründet, denn er »spielt nur in die Hände der Scharfmacher beider Seiten«. Beide Seiten? Schon der nächste Satz zeigt, welche Seite tatsächlich gemeint ist: Wenn »Israel seine Palästina-Politik nicht fundamental ändert, steuert Palästina auf einen neuen Krieg zu«. Schuld am Mord in der Synagoge sind die, welche die »gedemütigten, verzweifelten Gefangenen« so weit gebracht haben, sich nicht anders wehren zu können als mit dem Abschlachten wehrloser, betender Juden. Schlichter gesagt: Israel ist an allem schuld.

Genau das war auch die Stoßrichtung der Erklärung der Nahostexperten während des Gazakrieges, weshalb Matthias Küntzel in seinem lesenswerten Blog schrieb, dass es sich genau genommen auch weniger um Nahost- als um Palästinaexperten handele, denn »sie bezeichnen sich als Menschen, die sich ›mit der Entwicklung in den besetzten palästinensischen Gebieten‹ beschäftigen, Punkt. Keiner scheint sich auch mit Israel zu beschäftigen.« Und damit sind sie in honoriger Gesellschaft.

Unter der Überschrift »Freiheit für Gaza, Freiheit für Palästina« veröffentlichte das renommierte britische medizinische Fachblatt *The Lancet* eine lange Namensliste couragierter Professoren, die eigentlich forschen sollten, aber in diesem besonders gravierenden Fall von Menschenrechtsverletzungen durch Israel sich gezwungen sahen, einzugreifen. Hier unterschrieben nicht nur 94 Experten, sondern 1674 Professoren. Die Organisatoren machten sich auch gleich an die bewährte Form der Selektion: Von den Unterzeichnern kamen 83, also nur 5 Prozent, aus Israel. Mit Bestürzung (»with dismay«) rechneten sie vor, dass demnach 95 Prozent der israelischen Kollegen sich mitschuldig machten am Massaker an den Palästinensern und der Zerstörung Gazas. Israel hat durch seinen Amoklauf in der Westbank den Raketenbeschuss aus Gaza selbst provoziert, und alles nur, um eine Vereinigung von Hamas und Fatah zu sabotieren, wussten die Unterzeichner zu berichten. Nicht einmal vor dem Einsatz von Giftgas hätten die Israelis zurückgeschreckt. Einer der unterzeichnenden Geistesgrößen ist übrigens ein gewisser Mads Gilbert. Ein Arzt aus Norwegen. Er kennt sich in Gaza aus, denn er hat als einer von zwei westlichen Chirurgen während des Gazakriegs 2008/2009 im berühmten Al-Shifa-Krankenhaus gearbeitet. Ein exklusiver Zeuge der dramatischen Ereignisse und daher auch ein begehrter Interviewpartner für alle Medien. Auf ihn ist die Nachricht zurückzuführen, dass die meisten Opfer Frauen und Kinder seien, dass Israel unkonventionelle Waffen einsetze und schuldig sei an dem Blutvergießen. Dass die Hamas das Al-Shifa-Krankenhaus als militärischen Stützpunkt missbrauchte, unterschlug er, weil Hass bekanntlich blind macht. In Norwegen gelang Gilbert eine spezielle Karriere: In der norwegischen Tageszeitung *Dagbladet* rechtfertigte er 9/11 als Waffe der Armen, distanzierte sich anschließend allerdings halbherzig davon. Das alles hätten die eifrigen Unterschriftensammler wissen können, das üble Interview wurde wenige Tage nach 9/11 veröffentlicht. Wären die Wissenschaftler doch nur bei ihren Leisten geblieben. So aber haben sie nicht nur ihre wissenschaftliche Unabhängigkeit und Reputation aufs Spiel gesetzt, sondern auch die besonneneren Kollegen als Geisel genommen und ein Traditionsfachblatt politisch besudelt.

## »Sie können ruhig Jude zu mir sagen« – Zu Besuch bei Majer Szanckower

Wer Majer Szanckower treffen will, geht am besten auf den Jüdischen Friedhof in Frankfurt. Niemand, der auf den Friedhof möchte, kommt an ihm vorbei, tot oder lebendig. Sein Leben spielt sich tagsüber dort ab, er ist der Verwalter und auch für alle anderen jüdischen Grabstätten der Stadt zuständig. Am Freitagabend schließt er seinen Friedhof ab, dann beginnt der Shabbat, und dann ist hier wirklich Ruhe.

Majer Szanckower gehört der Generation der unmittelbar nach der Shoa Geborenen an, als die Welt nach dem Grauen stillzustehen schien und die Eltern an ein Wunder glaubten, weil sie es geschafft hatten, zu überleben. Szanckower ist 1947 in Berlin-Mariendorf, in einem von drei improvisierten jüdischen DP-Lagern geboren. Durch hohe Zäune von der deutschen Bevölkerung abgetrennt und geschützt, verbrachte er hier sein erstes Lebensjahr in einem selbstverwalteten jüdischen Dorf. »Ich habe noch die Originalurkunde meiner Geburt«, sagt er stolz. Ein wirkliches Zeitdokument. Nach Beginn der sowjetischen Blockade im Juni 1948 wurden die Lager für sogenannte Displaced Persons in Berlin geschlossen und die Bewohner von den Amerikanern in ihren leer nach Westdeutschland zurückfliegenden »Rosinenbombern« ausgeflogen. Die Familie landete im beschaulichen Bayern wieder in einem DP-Lager in der Nähe von Augsburg, um dann in das größte DP-Lager Deutschlands, nach Föhrenwald, umzusiedeln. Dort waren zeitweise bis zu 5600 Juden interniert, Überlebende der Todesmärsche und des nahe gelegenen KZ Dachau. Föhrenwald, eine jüdische Kleinstadt, eine eigene Welt, mit Synagogen, Schulen, Krankenhaus und eigener Polizei. Es gab eine jüdische Zeitung, ein Theater, und natürlich wurden die jüdischen Feiertage eingehalten. Der Shabbat wurde durch eine Sirene auf dem Schuldach eingeläutet. Und man sprach Jiddisch, eine Leidenschaft, die Szanckower bis heute pflegt und in Kursen auch lehrt.

Deutsch war für ihn eine Fremdsprache, er hat sie in Föhrenwald erst in der Schule gelernt. Heute spricht er Hessisch. Er ist seit 1957 in Frankfurt zu Hause. So lange jedenfalls, solange keiner mitbekommt, dass er Jude ist, »aber in dem Moment, wo ich sage ›jüdisch‹ oder ›Israel‹, da werden, wie soll ich sagen, die Kulissen einfach ausgetauscht. Da ist plötzlich ein neues Schauspiel auf der Bühne. Das erlebe ich immer wieder. Immer wieder.«

Antisemitismus bedeutet für ihn Judenhass oder gebildeter ausgedrückt: »Antijudaismus«. Auch ihm versichern seine Gesprächspartner unaufgefordert, dass sie nichts gegen Juden haben, aber »was ihr da unten mit den Palis macht, das ist unmenschlich«. Was soll er, der Friedhofsverwalter, darauf antworten? Seine Eltern hatten Deutschland nicht aus freiem Willen gewählt, sie hatten gehofft, von hier aus und mithilfe der Amerikaner wegzukommen. Das ging schief, und der Vater, dessen Familie in Auschwitz ermordet worden war, machte sich als kleiner Schuster selbstständig. Doch seine Schuhe waren zu gut und der Preis zu niedrig, es rechnete sich nicht. Auch in seiner Familie gab es die berühmten »gepackten Koffer«, auf denen Juden in Deutschland lange saßen, weil sie eigentlich wegwollten. Die Familie stellte Ausreiseanträge in die ganze Welt, aber sie hatten kein Geld, und niemand wollte mittellose Juden aufnehmen.

Majer Szanckower blickt nach draußen über seinen Friedhof, als würde er sich wünschen, die Eltern hätten es aus Deutschland rausgeschafft, auch wenn Deutschland seine Heimat geworden ist. »Man lebt so viele Jahre hier«, sagt er. Natürlich drückt er beim Fußball den Deutschen die Daumen, aber er bekommt eine Gänsehaut, wenn die Zuschauer in den Stadien in Massen brüllen, dann durchzuckt ihn der Gedanke, die Leute sind, wenn der politische Rahmen stimmt, wieder zu allem fähig. Szanckower ist mit einer Kolumbianerin verheiratet, einer Jüdin. Ihr Großvater war Träger des Eisernen Kreuzes und ein stolzer deutscher Jude. Bis die Nazis kamen und die Familie bis nach Kolumbien fliehen musste. Szanckower glaubt nicht daran, dass es eines Tages wieder »deutsche Juden« geben wird, allenfalls »Juden in Deutschland«. Nicht mehr. Es beginnt ja schon damit, dass die Leute gar nicht wissen, wie sie ihn ansprechen sollen und verlegen von »jüdischem Mitbürger« reden. »Sie können ruhig Jude zu mir sagen. Es ist ja Gott sei Dank kein Schimpfwort mehr«, sagt er dann und lacht.

Der Antisemitismus ist für Majer Szanckower auch ein Antijudaismus, ein Hass auf Juden, aber er zeigt sich für ihn vor allem darin, wie seine Umgebung über Israel redet. Spätestens da wird ihm klar, er ist nicht als Israeli angesprochen, der er als in Berlin Geborener mit seinem sanften hessischen Dialekt auch nicht ist, sondern er wird als Jude in Mithaftung genommen. Auf seinem Friedhof, vier Flugstunden von Gaza entfernt. Majer Szanckower, der gebürtige Berliner, der in Hessen lebt, ist Jude und damit für viele Deutsche eben kein richtiger Deutscher, sondern ein Israeli.

Bei Israel funkeln seine Augen. Nicht weil er Zionist ist oder weil er sein ganzes Leben dort verbringen möchte, aber die Existenz dieses Staates ist seine Lebensgrundlage. Seine Tochter ist in Israel verheiratet, die Geschwister seiner Frau leben dort, sein erster Enkel ist gerade geboren. Israel ist seine Rückversicherung. Und die Frage des Existenzrechtes, die immer diskutiert werde, sei absurd. Diese Frage existiere für ihn nicht, auch wenn sie ständig wieder gestellt wird. Dabei ist ihm das Land zugleich fremd. Er spricht kein Hebräisch oder zu wenig, um sich heimisch zu fühlen; sein Jiddisch ist hilfreich, aber wird nur noch von den Alten gesprochen. Hätte es diesen Staat früher gegeben, viele in seiner Familie hätten überlebt. Wie die über 800 Frankfurter Juden, die zwischen 1938 und 1943 angesichts der nationalsozialistischen Verfolgung und Deportation keinen anderen Ausweg als den Freitod sahen und deren Gräber er hütet. »Gestorben für die Heilung des Namens« steht auf ihren gleichförmigen Grabsteinen. Wo ist also seine Heimat? Braucht man überhaupt eine Heimat, fragt er zurück. »Ich kann mir diesen Stiefel einfach nicht anziehen, ich lebe da, wo es mir gut geht, wo ich mich wohlfühle und meine Freunde habe.« Das ist in Deutschland, genauer gesagt in Frankfurt, und nicht Israel. Hat er auch nicht jüdische Freunde? Klar, meint er rasch, aber korrigiert sich sofort: »Aber um die

Wahrheit zu sagen, es sind mehr jüdische Freunde. Ich fühle mich unter meinesgleichen nicht unbedingt wohler, es ist aber einfach das Nest, irgendwie ist das dann tatsächlich ein Stück Heimat. Alles, was jüdisch ist, ist ein Teil von mir.« Ist es also ein gewisser Rückzug ins Jüdische? »Ja! Hundertprozentig. Genau das würde ich so sagen«, sagt er in akzentfreiem Hessisch.

Er erzählt von einem jüdischen Freund, der draußen in einem Dorf im Vogelsberg lebt. Lebte. Denn seine Nachbarn haben ihm das Leben zur Hölle gemacht, nicht weil er den Rasen nicht geschnitten hat, nicht weil er mit Kippa durchs Dorf gelaufen ist, nicht weil er sonst irgendwie unangenehm aufgefallen wäre. Nein, er verließ das Dorf, weil er als Jude während des Gazakriegs sich kaum mehr hat blicken lassen dürfen und selbst die engsten Nachbarn ihn geschnitten haben. Menschen, die sonst glücklich in ihrer heilen Welt sind und sich nur begrenzt für die Welt jenseits des Vogelbergs interessieren. Menschen, die vermutlich sofort eine Bürgerinitiative gründen würden, wenn im Dorf ein Flüchtlingsheim eingerichtet werden sollte und Palästinenser hier Zuflucht suchen würden, nehmen ihrem deutschen jüdischen Nachbarn übel, was in Gaza geschieht? Verrückt! »Du kannst dich grün anstreichen, die Leute werden immer sagen: Du bist der andere.«

Wie erlebt er die klugen Debatten im Land, zur Beschneidung, zu Grass und Walser, zu Augstein und all den anderen, die sich mit einem Land auseinandersetzen, in dem er nicht lebt, aber für das er permanent zur Rechenschaft gezogen wird, ob er will oder nicht? »Ich fühle mich oft persönlich getroffen, wenn du so willst auch bedroht.« Er spürt eine »Art Urhass«, mit dem er schwer umgehen kann. Er verfolgt diese Debatten sehr genau, und er hat auch nichts dagegen, wenn andere anderer Meinung sind, aber was ihn erschüttert und bedroht, sind die Leserbriefe. Das seien reine »Hassgesänge«, da manifestiere sich die wahre Stimme des Volkes, da schreiben die Menschen, was ihnen auf der Seele liegt. Wenn dann unter dreißig Leserbriefen auch einer sei, der für Israel eintritt, »dann denke ich: Hoppla, hier stimmt doch was nicht«. Einer von dreißig. Wenn er dann auf die Straße geht und die Menschen abzählt, die gegen ihn sind, und Ausschau hält nach dem einen, dann »fühle ich mich wirklich alleine«.

Wenn er den Satz, »Deutschland ist für mich …« beenden müsste, würde er gerne sagen: »Es ist das Land, in dem ich geboren wurde. Ich will aber immer in einer jüdischen Gesellschaft eingebunden sein.« Er macht eine kurze Pause und sagt: »Aber das könnte ich natürlich auch in einem anderen Land.« Und Israel, wo er gerade seinen ersten Enkel in die Arme nehmen konnte? »Israel ist für mich das Land, das ich als erstes Land wählen würde, weil ich dort nie das Gefühl habe, ein Fremder zu sein.«

# Die politische Elite als Taktgeber

Echten und gestandenen Antisemitismus gibt es nur bei den Rechten. Er war deren Alleinstellungsmerkmal. Und in der entschiedenen Ablehnung der Rechten sind sich auch alle anderen Antisemiten einig, auch wenn der gemeinsame Auftritt auf Anti-Israel-Demos zuweilen ein anderes Bild nahelegt.

## Die Linken und ihr krankes Verhältnis zu Israel

Der linke Antisemitismus hat eine sehr lange Tradition. Schon 1847 schrieb der bekennende Anarchist, der französische Ökonom Pierre-Joseph Proudhon: »Der Jude ist der Feind der menschlichen Art. Man muss diese Rasse nach Asien verweisen oder vernichten.« Freilich, das war lange, bevor Nationalsozialisten sich daranmachten, diesen Arbeitsauftrag aus der Frühzeit des Sozialismus umzusetzen. Nach 1945 glaubte sich die Linke dann vor Antisemitismus gefeit, weil sie schließlich links, also antifaschistisch sei und weil antifaschistisch, sui generis, nicht antisemitisch sein kann. Es ist daher nicht verwunderlich, dass dem linken Antisemitismus lange wenig öffentliche und wissenschaftliche Aufmerksamkeit geschenkt wurde, er galt als politisch wesensfremd. Auch unter aufgeklärten Linken, von denen nur die wenigsten zusammengezuckt sind, wenn ihre Eltern »durch den Schornstein gejagt« haben, was wegmusste, und sie »bis zur Vergasung« für den Neuaufbau des Landes geschuftet haben, sie ihre Kinder ermahnt haben, sich nicht zu benehmen wie »in der Judenschule«, nämlich nicht so laut. Dieses sprachliche Erbe abzuschütteln, sich davon zu befreien, war auch für Linke nicht selbstverständlich, aber sie waren links und deshalb unverdächtig. »Man musste viele der SDSler, KBWler und älteren *Stern*-Redakteure bloß einmal betrunken erleben«, beschreibt Maxim Biller in einer *Zeit*-Kolumne (»Antisemiten sind mir egal«), wie sie dann zwar nicht über Juden herzogen, weil sich das für einen Linken nicht schickte, aber über Israel.

Genauso hielt es die DDR. Das nationalsozialistische und das realsozialistische Erbe haben sich an dieser Stelle vermischt. Nehmen wir jetzt noch die antiamerikanistische Tradition der westlichen Studentenbewegung mit ihrem Hass auf den zionistischen Vorposten des Imperialismus hinzu, dann ergibt es eine beträchtliche Anzahl an Israelhassern, die den Diskurs seit Jahrzehnten und mit immer größerem Erfolg bestimmen. »Was vor dreißig Jahren nur von Linken behauptet wurde – dass Israel ein aggressiver, übermächtiger, quasifaschistischer Staat mit einer Blut-und-Boden-Ideologie von gestern sei –, ist heute pseudoliberaler Mainstream, und je weiter die CDU unter Angela Merkel nach links rutschen wird, desto schneller werden auch die Schwarzen die triebbefreienden Wonnen des Israel-Bashings genießen dürfen.«

Der damals linke Henryk M. Broder datiert sein »Erweckungserlebnis« in den Juli 1976, Entebbe. Damals wurden zum ersten Mal nach dem Holocaust wieder Juden selektiert, von deutschen Terroristen des Kommandos »Che Guevara« (!) in einem entführten Passagierflugzeug der Air France. »Weil die Palästinenser, die die Aktion veranstaltet haben, zu blöde waren, Pässe lesen zu können, und nicht wussten, ob Goldstein oder Goldbeck ein jüdischer Name ist, haben ihnen zwei Deutsche dabei geholfen«, erinnert sich Broder. Einer der Selektierer war Wilfried Böse, Mitbegründer der Revolutionären Zellen. Als ihm Yitzak David, ein Holocaustüberlebender, seine Auschwitznummer am Oberarm zeigte, wiegelte Böse ab, er sei kein Nazi, er habe auch nichts gegen Juden, sehr wohl aber was gegen Israel, und außerdem sei er ein Idealist. David ließ nicht locker: »Ich habe meinen Kindern erzählt, es gäbe jetzt ein anderes Deutschland. Aber wenn ich Sie und Ihre Freunde hier sehe und was Sie Frauen, Kindern und alten Menschen antun, sehe ich, dass sich in Deutschland nichts geändert hat.« Böse wurde blass vor Wut und zitterte. Er kämpfe als Deutscher für das palästinensische Volk. Ein Volk, das unendlich leide. David antwortete: »Okay, ich verstehe. Wenn die Palästinenser ihr Versprechen erfüllen und uns Juden ins Meer werfen, dann komme ich und helfe Ihnen, ein arabisches Flugzeug zu entführen.« Das war der Deutsche Herbst und Israel der Schurkenstaat schlechthin.

## Wir 68er

Im Sommer 1967 hat Deutschland noch besorgt aufgehorcht. Die Drohung des PLO-Vorsitzenden Ahmed Shukeiri, die Palästinenser würden die »Juden ins Meer treiben«, wurde, anders als heute, nicht nur von den betroffenen Juden, sondern auch von ihren Freunden in Deutschland ernst genommen. Radio Kairo verkündete auf Hebräisch, damit es in Israel auch jeder verstand: »Das Ende Israels ist gekommen.« Es gab ein breites solidarisches Bündnis mit Israel, man sammelte Spenden, man bangte um die Existenz des Landes, in dem kein Punkt weiter als 50 Kilometer entfernt von der Grenze der arabischen Nachbarn war und das eine fast 1000 Kilometer lange Grenze zu verteidigen hatte. Juliette Gréco, Yves Montand und Liz Taylor bekundeten ihr Mitgefühl. Die Gruppe 47 zeigte sich ebenfalls solidarisch mit dem bedrohten Judenstaat und veröffentlichte ein Manifest: »Kein Deutscher kann die Vernichtung des Staates Israel zulassen. Es ist unsere moralische Pflicht zu helfen.« Fritz J. Raddatz schlug vor, die gesamte Gruppe 47 solle sich freiwillig nach Israel melden. Hans Werner Richter, der Kopf der Gruppe 47, schrieb in sein Tagebuch: »Wir sehen in der immer wieder verkündeten Absicht, den Staat Israel zu vernichten, die gleiche Politik des Ausradierens, die Hitler betrieb.« Nur zwei verweigerten damals die Unterschrift: Hans Magnus Enzensberger, der sehr viel später immerhin ein Manifest für die umstrittene Mauer im Westjordanland unterschrieb (wofür er mächtige Schelte bekam), und Peter Weiss. Weiss fand den Text zu einseitig für Israel. Und einer zögerte: Walter Jens. Man wisse ja nicht, wer den Krieg angefangen habe.

Israel setzte sich schließlich mit oder ohne Hilfe deutscher

Literaten erfolgreich zur Wehr. Mit ausdrücklicher Unterstützung der USA. Und Deutschland jubelte. Ernst Bloch nannte Israel »ein kleines, tapferes, seine Wüste bebauendes, sein erneutes Land verteidigendes Volk«. Aber schon damals waren nicht alle ähnlich begeistert. Denn je mehr die Springer-Presse Beifall klatschte, der *Spiegel* den »Blitzkrieg« in alter Wehrmachtsdiktion feierte (»Kampf Mann gegen Mann«), desto reservierter reagierte die studentische Linke. Israel, durch massive amerikanische Militärhilfe gestützt, wurde zum neuen Inbegriff eines imperialistischen Staates, der über Leichen geht. Den geschlagenen Arabern galt das neue studentische Mitgefühl. Die Opfer des Massenmordens der Eltern waren zu Tätern geworden.

Die Schlachten gegen den Schurkenstaat Israel wurden zunächst in deutschen Hörsälen geschlagen. Auf der 22. Delegiertenkonferenz des Sozialistischen Deutschen Studentenbundes (SDS) in Frankfurt wurden die neuen Weichen gestellt, und sie geben im Grunde bis heute die Richtung vor: »Der Krieg zwischen Israel und seinen arabischen Nachbarn kann nur vor dem Hintergrund des antiimperialistischen Kampfes der arabischen Völker gegen die Unterdrückung durch den angloamerikanischen Imperialismus analysiert werden.« Und auch das wäre ganz im Sinne der Freunde der Freidenker. Die zionistische Kolonisierung Palästinas, hieß und heißt es bis heute, sei eine »Vertreibung und Unterdrückung der dort lebenden eingeborenen arabischen Bevölkerung durch die privilegierte Siedlerschicht«. Eine Gegenrede war zwecklos und vor allem unerwünscht. Jüdische Studentenvereine standen auf verlorenem Posten, palästinensische dagegen bestimmten den Ton. »Die Anführer der palästinensischen Studentengruppen waren erheblich besser dogmatisch geschult«, erinnert sich Ron Jakubowicz, ein Mitglied der »Studiengruppe Nahost« des Jüdischen Studentenbundes in München. »Wir waren Laien. Wir kamen als Studenten und haben unser Anliegen vom Herzen aus versucht rüberzubringen. Vonseiten der palästinensischen Studentenschaft kamen wirklich geschulte Leute, die uns entgegentraten, natürlich auch, weil sie sich das Motiv des

Freiheitskampfs ans Revers hefteten. Sie stießen auf ganz große Sympathien in der deutschen Studentenschaft.« Wer dagegenhielt, war ein »Imperialist« und konnte sich nach Hause trollen. Wie der legendäre Asher Ben-Natan. Jüdische Studenten hatten 1969 den damaligen israelischen Botschafter in den Hörsaal IV der Frankfurter Universität zum Thema »Frieden in Nahost« eingeladen, aber Sprechchöre empfingen ihn: »Ben-Natan – Napalm« oder »Axel Springer – Ben-Natan, eine Clique wie Dayan«. Der SDS brüllte. Arm in Arm übrigens mit nationaldemokratisch gesinnten Kommilitonen. Rechts und Links vereint gegen Israel.

Nach seiner persönlichen Geschichte fragte Ben-Natan niemand. Die Eltern der studentischen Hoffnung kannten sie, ihre Kinder wollten sie nicht kennen. »Man versuchte, mein Reden zu verhindern«, sagte der greise Ben-Natan in einem seiner letzten Interviews, »aber ich habe geantwortet: 1933 hat man den Juden verboten zu sprechen, aber die Zeiten sind vorbei.« Statt nun aber dafür zu sorgen, dass ein Überlebender reden darf, legte ihm das Auswärtige Amt nahe, auf weitere Vorträge zu verzichten. Bloß nicht die Palästinenser provozieren. Es war der erste Kniefall vor dem Terror, dem andere folgen sollten.

Manche antiisraelischen Aktivisten ließen es bei der Einschränkung der Meinungsfreiheit in deutschen Hörsälen nicht bewenden, sie griffen zur Waffe. Beseelt vom verzweifelten Kampf des unterdrückten palästinensischen Volkes, wallfahrten junge Linke in den Nahen Osten. Lichtfigur war der Mann mit dem schicken Tuch um den Kopf und der Knarre am Hosenbund: Jassir Arafat. Ihn himmelten sie an, erzählt Albert Fichter, der einzige Zeuge, der heute bereit ist, über eine der ersten gemeinsamen Klassenfahrten nach Jordanien zu sprechen. Sie saßen mit dem Freiheitskämpferidol am romantischen Lagerfeuer: »Ein kleiner Mann, der immer lächelte und uns die Hände reichte, und ich kann mich erinnern, danach wollten sich der Georg (von Rauch) und der Dieter (Kunzelmann) nicht mehr die Hände waschen, weil sie dem Arafat die Hand geschüttelt haben. Der Arafat war mir damals nicht geheuer, ein völlig undurchsichtiger Mann, der jeden charmiert hat und angestrahlt hat und ein Lächeln gehabt hat, als könnte er

ein Massenmörder sein oder mein Onkel aus Amerika, völlig un-
definierbar.« Während die einen sommers wie winters ihre Solidarität mit den Palästinensern durch den gleichnamigen Schal
bekundeten, ließen sich die Hartgesottenen von den Terroristen
an der Waffe schulen. Dieter Kunzelmann leistete Pionierarbeit
und reiste im Oktober 1969 in ein palästinensisches Bootcamp
nach Jordanien. Seinem Kriegstagebuch vertraut er die Vorfreude
auf seinen Einsatz für die Revolution ungeduldig an. Er kann es
gar nicht abwarten. Sein Herz schlägt für die Palästinenser, sein
Hass gilt den Zionisten: »Revolution erstmals gerochen in meinem Leben«, notiert er mit fahriger Schrift, »ganz genau gelernt,
wie man Zeitbomben herstellt«, und vielen anderen, gefährlichen
Unsinn mehr. In der linken Hauspostille dieser Jahre, in *Agit 883*,
veröffentlicht Kunzelmann seine »Briefe aus Amman« und lässt
nun jede Zurückhaltung fallen. Dilettantische Anschläge der Palästinenser in Deutschland, wie der einer versuchten Entführung
einer Passagiermaschine der EL AL 1970, lassen aus seiner Sicht
»doch nur eine Kritik zu: die verzweifelten Todeskommandos
durch besser organisierte zielgerichtetere Kommandos zu ersetzen, die von uns selbst durchgeführt werden und damit besser
vermittelt werden können«. Ein ermordeter Passagier bei diesem
Anschlag war ihm offenbar nicht Erfolg genug. In der historisch
durchaus begründeten Annahme, dass Deutsche in der Organisation des Mordens die größere Kompetenz hatten, schreibt hier
ein Linker ein antisemitisches Pamphlet in Reinform.

Und wer kam auf die widerliche Idee, ausgerechnet am 9. November 1969, am Jahrestag der Reichspogromnacht, eine Brand-
bombe im Jüdischen Gemeindezentrum in Berlin zu platzieren?
Dieter Kunzelmann. Albert Fichter hatte sie, als folgsamer Kun-
zelmann-Jünger, dort abgestellt, aber weil sie nicht zündete, be-
stellte ihn Kunzelmann am nächsten Tag ein. Dabei kam es zum
Streit, weil Fichter seinen Genossen nun doch tatsächlich einen
Antisemiten schimpfte. Das wollte Kunzelmann nicht auf sich
sitzen lassen und hielt seinem Eleven eine Knarre, die er frei
nach seinem Idol Arafat gern im Hosenbund trug, an den Kopf.
Freunde verhinderten Schlimmeres. Kunzelmanns ganzer Ein-

satz galt dem deutschen »Judenknacks«. Sechs Millionen ermordete Juden standen ihm im Weg, um »endlich den Kampf gegen die heilige Kuh Israel« aufzunehmen. Um endlich »frei zu denken«, würden die »Freidenker« sagen.

## »Kauf nicht beim Juden« – reloaded

Dieses Dilemma ist bis heute nicht gelöst, aber die Feinde Israels arbeiten daran. Zum Beispiel mit einem Warenboykott, denn wer »Südafrika und Apartheid« sagt, muss auch Ja zum »Boykott« sagen. Der riecht nicht nur wie »kauft nicht beim Juden«, er ist auch so gemeint. »Man möge uns Juden verzeihen, dass diese Vorstellung eine schmerzliche, siebzig Jahre alte Erinnerung in unser Gedächtnis ruft«, schreibt Dieter Graumann 2011 in der *Süddeutschen Zeitung* und ruft die Linke auf, sich endlich aus dem »Kerker des Israelhasses« zu befreien. Vergeblich. Wer sich auf der Seite der Guten wähnt, kann nicht innehalten.

»Pax Christi«, die Evangelische Kirche Rheinland, »Medico International«, ein paar Grüne und auch Teile der Linken ließen sich nicht beirren in ihrem Feldzug gegen Israel. Und die NPD. Ein gutes deutsches Bündnis auf breiten Beinen, die große Koalition der Selbstgerechten. Schon im November 2012 stellte Udo Pastörs, als Fraktionsvorsitzender der NPD, im Landtag in Mecklenburg-Vorpommern einen Antrag. In der Drucksache 6/1351 forderte seine Fraktion: »Palästinensische und israelische Produkte verbraucherfreundlich« zu »kennzeichnen – dem Beispiel anderer europäischer Länder« zu »folgen und klare Herkunftsbezeichnungen« einzuführen. Schöner konnten es die Linken auch nicht formulieren. Immerhin war es dann die amerikanisch-jüdische Philosophin und Adorno-Preisträgerin Judith Butler, die sich dem Boykott anschloss und damit den braunen Hauch der Kampagne neutralisierte. Sie verlieh den Boykotteuren damit auch noch den »Glatt-Koscher«-Stempel, denn wenn auch Juden für den Boykott von Juden sind, dann dürfen wir nicht fehlen. Wer jetzt noch schweigt, macht sich wieder schuldig.

Aber worum geht es? Auf Avocados, Apfelsinen, Datteln oder Sprudelwasser soll künftig nur noch dann »Made in Israel« stehen dürfen, wenn die Produkte aus dem Kernland Israel, also nicht aus den besetzten Gebieten stammen. An den anderen klebt offenbar Blut, und der deutsche Konsument, immer auf der Suche nach der politisch korrekten Ware, darf hier nicht schlampen und sich versehentlich schmutzig, sprich mitschuldig machen. Der naheliegende Vergleich zu »Deutsche wehrt Euch, kauft nicht bei Juden« sei niederträchtig, postulieren die Boykotteure, denn es gehe schließlich wie überall auf der Welt um die »Ermöglichung von informierten Kaufentscheidungen«. Aber mit dem »Informieren« ist das so eine Sache. In diesem Fall geht es eher um eine »Verunmöglichung«, den Dingen wirklich auf den Grund zu gehen. Denn die Dinge liegen, wie leider allzu oft, sehr viel komplizierter.

Da wäre zum Beispiel die Firma SodaStream. Bekannt, beliebt und praktisch, aber, Schreck lass nach, auch der künstliche Sprudelmacher lässt Palästinenser schuften. Das Dumme ist nur, dass die palästinensischen Arbeiter von SodaStream gar nicht von den engagierten Wertebewahrern beglückt werden wollen. Sie wollen nur arbeiten, und zwar besonders gern bei SodaStream.

Die Firma hat ihren Sitz in Ma'aleh Adumim. 1975 gegründet, ist Ma'aleh Adumim heute die drittgrößte Siedlung in der Westbank. Außer vielleicht bei den Freidenkern geht niemand, der bei Vernunft ist, davon aus, dass Israel diese Siedlung jemals räumen wird, nicht einmal der Palästinenserpräsident Mahmud Abbas und der frühere Premierminister Salam Fayyad. Beide sagten dem ehemaligen Harvardprofessor Alan Dershowitz, einem der bekanntesten amerikanischen Juristen und Publizisten, persönlich, dass sie anerkennen, dass Ma'aleh Adumim bei jeder Verhandlungslösung Teil Israels bleiben wird. Der Ort ist also längst Bestandteil eines etwaigen Gebietstausches, sollte die Grenze eines fernen Tages neu gezogen werden. Als die Schauspielerin Scarlett Johansson (»Lost in Translation«) sich für SodaStream ins Zeug legte und davon sprach, dass die Firma viel Gutes tue und Brücken zwischen Palästinensern und Israelis baue, brach ein Sturm der moralischen Entrüstung über sie herein, der ohnegleichen war. Der Hollywoodstar mit polnisch-jüdischen Wurzeln trat als soziale ehrenamtliche Botschafterin für Oxfam wegen »fundamentaler Auffassungsunterschiede« bezüglich Boykottaufrufen gegen Israel zurück, nachdem die Hilfsorganisation sie massiv öffentlich angegriffen hatte. Den Boykott gegen SodaStream konnte dies kaum schwächen. Die Umsatzzahlen gingen 2014 um mehr als 15 Prozent zurück. Da können sich die Boykotteure ins Fäustchen lachen. Leider nicht die Beschäftigten. SodaStream beschäftigt mehr als 950 Araber, 450 israelische und 500 palästinensische. Und nur 350 Juden. Lohn und soziale Leistungen, wie klimatisierte Busse von und zur Arbeitsstätte, Beschaffung von Arbeitserlaubnissen, für alles ist gesorgt. Aber das schert einen echten Palästinafreund wenig. Von Zwischenrufen der Betroffenen lässt er sich nicht beirren. Freiheit hat eben ihren Preis. Gruppen und Grüppchen liefern sich ein Wettrennen um den besten Kaufboykott. In Bremen trotzt eine linke Bürgerinitiative vor einem Supermarkt Wind und Wetter, um dem unmündigen Konsumenten Bilder einer Jaffa-Orange entgegenzustrecken, aus der nicht Saft, sondern Blut trieft. Das FrauenNetzwerkNahost informiert, dass der Warencode auf jedem Produkt eine Orientierungshilfe sein könnte. Finger weg von Produkten mit der Länderkennung 729. Danach sollen nicht nur Waren aus den besetzten Gebieten im Regal verschimmeln, sondern alles, was der Judenstaat, egal wo, sonst noch produziert. 729 ist der moderne und zeitgemäße Code für »Kauft nicht beim Juden«.

Die Gruppe »Frauen wagen Frieden« der Evangelischen Kirche der Pfalz braucht keinen Ländercode: Die tapferen Frauen schrieben einen offenen Brief an José Carreras (»Dear Maestro«), weil er doch tatsächlich in Israel singen wollte. Unterschrieben haben den Brief zwanzig deutsche und österreichische Organisationen. Der Maestro aber ließ sich am Ende nicht abhalten.

Im Internet gibt es hübsche Autoaufkleber für 4,20 Euro mit der Aufschrift: »Boycott Israel – It's what Jesus would do«, den könnten sich Pfarrer an den Dienstwagen kleben, im Angedenken an die Kollegen, die schon vor 1933 mit von der Partie waren. Wie Pfarrer Friedrich Wilhelm Auer aus der bayerischen Landeskirche mit seiner Boykottschrift: »Das jüdische Problem« von 1921. Das »Nürnberger Evangelische Forum für den Frieden« warb in der Stadt der Reichsparteitage im Schatten der Lorenzkirche für einen Boykott Israels. Und am Züricher Hauptbahnhof wurden zum 65. Geburtstag Israels Reisende mit einem besonders infamen Plakat begrüßt: »65 Jahre Unrecht an den Palästinensern. It's Kosher to Boycott Israeli Goods!« Israel ist, wie kein anderes Land, ein Aufreger und kampagnentauglich. Dabei wäre zum Beispiel auch Marokko durchaus ein Land, das sich für Boykottfreunde nachgerade aufzwingt. Seit 1975 hält das Königreich die ehemalige spanische Kolonie Westsahara besetzt, ohne sich um die Rechte der Ureinwohner, der Saharauis, zu scheren. Im Gegenteil: Marokko baut Siedlungen für Hunderttausende Marokkaner und schafft damit demografische Fakten vorbei an allen UN-Resolutionen und internationalem Recht. Die Marokkaner beuten das besetzte Land aus. Während die Saharauis in Flüchtlingslagern eingeschlossen sind, profitieren die Besatzer allein von Ölvorkommen, den Phosphatschätzen, von Wasser, vom Fischfang und vom Gemüseanbau. Tomaten aus der Westsahara landen auch in deutschen Supermärkten, aber als Ware aus Marokko, ohne dass hier ein Label zur »bewussten Kaufentscheidung« gefordert würde, das die Tomaten als Ware aus völkerrechtswidrig besetztem Gebiet ausweisen würde.

Man könnte auch überlegen, keine Waren aus Ländern, die foltern, einzuführen. Nach dem Weltbericht 2009 von Amnesty International wird in mindestens 81 Ländern weltweit gefoltert, und in mindestens 77 Ländern ist die freie Meinungsäußerung eingeschränkt. Es gäbe also für die Boykotteure viel zu tun. Aber sie konzentrieren sich auf Israel. Hier gelten andere Regeln, andere Maßstäbe. Zweierlei Maß, Doppelstandards – das fällt eindeutig unter die Definition des Antisemitismus. Immerhin: Die badische Landessynode bekam kalte Füße: »Ein Aufruf zu Wirtschaftssanktionen und zum Boykott ist für viele Deutsche aufgrund der Erinnerung an die Zeit des Nationalsozialismus undenkbar.« Richtig, für viele, aber leider für zu wenige.

Begonnen hatte alles 2005 mit einem Aufruf von 170 palästinensischen NGOs: »Boycott, Divestment and Sanctions« (BDS). Was sich zunächst ein bisschen dahinschleppte, nahm mit den Jahren Fahrt auf. Schon bei der vierten BDS-Konferenz in Bethlehem konnten die Veranstalter 500 Delegierte zählen, darunter den südafrikanischen Erzbischof Desmond Tutu und den Sänger Roger Waters von Pink Floyd. Das hat den führenden Kopf der BDS-Bewegung sehr gefreut: Omar Barghouti. Der in Katar geborene Mann kämpft für ein befreites Palästina. Bis dahin kann es dauern, deshalb hat er sich in der Universität von Tel Aviv eingeschrieben, hat dort Philosophie studiert und will auch dort promovieren, Israelboykott hin, Israelboykott her. Oder gab es an der Bir-Zait-Universität im Westjordanland keinen Studienplatz mehr?

Begeistert griffen wissenschaftliche Einrichtungen weltweit die Idee Barghoutis von der Isolation des Judenstaates auf. Besonders zügig gingen die Briten mit der Galionsfigur Stephen Hawking zu Werk. Er sagte eine internationale Wissenschaftskonferenz in Jerusalem, zu der ihn Friedensnobelpreisträger Shimon Peres eingeladen hatte, kurzfristig ab. Israelische Kritiker warfen ihm anschließend Scheinheiligkeit vor. Spöttisch und sicher nicht ganz fein empfahlen sie dem gelähmten Professor, doch Israel vollständig zu boykottieren und sein elektronisches, von Intel Israel entwickeltes und finanziertes Kommunikationssystem auszuschalten. Aber Hawking war nur einer von mehreren anderen Prominenten, auf deren Besuch Israel verzichten musste. Elvis Costello, Roger Waters, Brian Eno, Annie Lennox und Carlos Santana strichen ihre Buchungen. Waters zeigte sich besonders aktiv und als Speerspitze der Boykottbewegung: Jeden seiner Künstlerkollegen stellte er bloß, sobald sie in Israel gastieren wollten. Ein Konzert der Stones im Sommer 2014 nannte er vorab in einem offenen Brief »moralisch vergleichbar mit einem Auftritt in Sun City zu den Hochzeiten der südafrikanischen Apartheid«. Die Stones ließen sich davon nicht beirren, ebenso wenig wie zwei Jahre zuvor Paul Simon, den insbesondere die deutschen Boykotteure dazu aufgefordert hatten, nicht für die

Apartheid zu spielen. Sein Musikerkollege Steven Van Zandt gab ihm dann noch einen drauf: »You and Henry Kissinger go fuck yourselves«, die Nerven lagen blank. Fritz Teufel hätte sicher applaudiert und gefeixt, wenn er da nicht schon zwei Jahre tot gewesen wäre.

## Die SPD und der Eiertanz um Israel

Nun sind bekanntlich Linke nicht einfach Linke. Die LINKE ist richtig links, die GRÜNEN ökologisch links und die SPD ist bürgerlich links. Dazwischen gibt es natürlich jede Menge Varianten. Aber alle haben ein dickes Problem, und das heißt Israel. Beginnen wir mit der SPD.

Natürlich stehen die Sozialdemokraten Seit an Seit zur proklamierten »Staatsräson«, tun und sagen das Richtige, wenn sie nach Israel eingeladen werden, vor allem bei der obligatorischen Gedenkzeremonie in Yad Vashem. Da patzt keiner. Sobald es aber um Fragen der Gegenwart geht, wird es heikel. Als sich Sigmar Gabriel, dessen Vater, wie er selbst sagt, »ein bekennender Auschwitzleugner« war, ein Bild von Israel und den palästinensischen Gebieten machen will, fährt er auch nach Hebron. Bei seiner Rückkehr von der Stippvisite postet er auf Facebook: »Ich war gerade in Hebron, das ist für Palästinenser ein rechtsfreier Raum, das ist ein Apartheidregime, für das es keinerlei Rechtfertigung gibt.« Da haben nicht nur die Freidenker applaudiert. Wie immer in solchen Fällen, wird anschließend zurückgerudert, ist alles nicht so gemeint gewesen. Aber raus ist es. Doch was hat er gesehen? Den Schutz von 500 jüdischen Siedlern, die fanatisch auf biblischem Recht beharren und genau deshalb bei den 200 000 Palästinensern nicht besonders gut gelitten sind? Deshalb kontrolliert Israel das Stadtgebiet besonders sorgfältig und gewissenhaft. Sollte es lieber nicht? Hebron lohnt durchaus einen genaueren Blick, denn an kaum einem anderen Ort wird deutlicher, wie komplex die Lage in Nahost tatsächlich ist. Wenn es nämlich eine religiöse und historische Rechtfertigung für eine jüdische Siedlung gibt, dann ausgerechnet hier in Hebron. Hier siedelten schon immer Juden, weil hier das Grab des Stammvaters Abraham liegen soll. Keine Siedlung ist älter und keine Siedlung wurde heftiger bekämpft.

Bei Hebron fällt heute nicht nur Jürgen Todenhöfer unweigerlich das schreckliche Massaker Baruch Goldsteins ein. Doch die Geschichte des Blutvergießens an diesem historischen Ort reicht viel weiter zurück als nur bis ins Jahr 1994. Was für die Palästinenser der Überfall jüdischer Terroristen auf Deir Yassin ist, ist für Israelis das Massaker von Hebron, bei dem am 24. August 1929 ein arabischer Mob jüdische Häuser und Geschäfte stürmte und 67 jüdische Zivilisten, darunter zwölf Frauen und drei Kleinkinder, ermordete. Die Leichen wurden zum Teil verstümmelt, manche waren zu Tode gefoltert worden. Es hätte noch viel mehr Tote gegeben, wenn nicht arabische Nachbarn den Rasenden in die Äxte und Messer gefallen wären oder Juden versteckt hätten. Denn Hebron war eine Stadt, in der Araber und Juden seit Jahrhunderten friedlich zusammenlebten, so lange jedenfalls, bis sie von ihren Führern – besonders berüchtigt war dabei der Großmufti von Jerusalem und Hitlerfreund Mufti al-Husseini – gegeneinander aufgehetzt wurden. Das hatte langfristige und bittere Folgen. Um die Unruhen unter Kontrolle zu bringen, hatten die Briten 1939, zum Auftakt des Zweiten Weltkriegs, verfügt, dass Juden nur in Ausnahmefällen noch nach Palästina kommen durften. Die Juden Europas saßen damit in der Falle, die Araber hatten durch die Hintertür gesiegt. »Fortan konnten kaum noch jüdische Flüchtlinge einreisen«, schreibt Yoram Kaniuk in seinem Buch *1948*, »und von denen, die es illegal versuchten, ertranken unterwegs die meisten. Und nur wenige kamen an.«

All das hätte Sigmar Gabriel wissen sollen, im Rucksack haben und posten können. Vielleicht wäre ihm dann auch etwas Schlaues eingefallen, wie sich trotz aller historischen Belastung eine faire Lösung finden ließe. Das ist zwar kompliziert, aber die Mühe wäre es wert gewesen. Er hätte anregen können, dass die UN, gerne auch mit Beteiligung der Bundeswehr, sicherstellt, dass religiöse Juden auch nach dem geforderten Abzug der israelischen Armee ungestört Zugang zu ihren heiligen Stätten haben und dort beten können. Stattdessen haben ihn die orthodoxen Siedler aufgewühlt, verständlich, aber irreführend. Hätte er genauso heftig reagiert auf den Anblick strenggläubiger Muslime? Vermutlich eher nicht. Wie hatte Eldad Beck gesagt? »Bei orthodoxen Juden bekommen sie eine schwere Allergie, aber die Islamisten auf dem Tempelberg – wie wunderschön, was für eine Kultur!« In kein anderes Land reisen deutsche Politiker gemeinhin so ängstlich und so befangen wie nach Israel, wo es von politischen und historischen Fallstricken nur so wimmelt. Jedenfalls dann, wenn man das Land nicht kennt und nicht mag und sich selbst zutraut, hier gefährlich politisch zu patzen.

Joschka Fischer, der als grüner Außenminister nach Israel fuhr, das er seit Jahren aus persönlichem Erleben kannte, sprach frei und diskutierte unbefangen und überraschend undiplomatisch direkt auch heikle Friedensfragen, als er zu einer Konferenz über das Erbe der 68er an die Universität nach Tel Aviv eingeladen war. Das aber ist eine Ausnahme. In der Regel dagegen ist die Gefahr groß, dass es irgendwie schiefgeht. Spätestens nach der Rückkehr zu Hause in Deutschland.

Nehmen wir die Geschichte mit dem Wald. In tiefer Verbundenheit mit Israel und zum 65. Geburtstag wollte die SPD unter die Förster gehen und dem Land, das an Wassermangel und an Dürre leidet, einen Wald schenken, den »Wald der SPD«. Gesagt, gepflanzt. Frank-Walter Steinmeier in seiner Funktion als SPD-Vorsitzender tat den ersten Spatenstich. 5000 Bäume sollten es am Ende werden, 10 Euro für jeden Setzling sollte ein SPD-Mitglied berappen. Aber kaum war die Idee publik, hagelte es Proteste in Deutschland, war von einer »Judaisierung der Negevwüste« die Rede, weil Beduinen ihren Besitz gefährdet sehen. Ob dem so ist, spielt bei der Empörung unter den Genossen keine Rolle. Wo Israel und besonders der Jüdische Nationalfonds (JNF), der die Aufforstung Israels insgesamt betreibt und koordiniert, die Hände im Spiel haben, werden keine ökologischen, sondern politische Motive unterstellt, von Landraub und Rassismus ist die Rede. Und dann kennt der Genosse kein Halten mehr, die linke Seele kocht: »Quo vadis Deutschland? – Deutscher Wald auf gestohlenem Land?«, fragt sich entsetzt ein SPD-Mitglied von Pax Christi. Ein besorgtes Paar einer Palästinafriedensstiftung aus Düsseldorf wagt einen wilden Vergleich: »Die ›Bewaldung‹ des Negev bedroht zwar nicht, wie die U-Boote, den Weltfrieden unmittelbar, aber auch die erneute Vertreibung der dort ansässigen Bevölkerung, insbesondere also der dortigen Beduinenstämme, ist ein schändliches und rassistisches Verbrechen.« Ein offenbar historisch bewandertes Mitglied der Linksfront Saale-Orla weist darauf hin, »dass im Generalgouvernement des NS-Staates die ›kulturelle Raumentwicklung‹ eine große Rolle bei Umsiedlung, Vertreibung und Vernichtung der ansässigen jüdischen Bevölkerung gespielt hat. Es war eine Strategie der Nazis, unter dem Vorwand der Landschaftspflege eine ›deutsche Kulturlandschaft‹ zu etablieren, die eben auch ethnisch umgestaltet werden sollte.« Aber selbstverständlich will auch der Verfasser dieser Zeilen keine Nazivergleiche ziehen... Und auf der Unterschriftenliste finden wir auch einen Bekannten aus dem Clubraum eins, den netten Herrn von den hessischen Freidenkern. Man darf sich keine Chance entgehen lassen im Kampf gegen den verhassten Judenstaat. Als Andrea Nahles in ihrer Funktion als SPD-Generalsekretärin plötzlich »gemeinsame Werte« mit der Fatah entdeckte und der Zentralrat der Juden diesen Schulterschluss mit erklärten Antisemiten nicht besonders spaßig fand, fühlte sich der Parteivorsitzende selbst zu einer kleinen Belehrung ermuntert. Es könne doch »nicht im Sinne Israels« sein, zu übersehen, dass die Fatah sich weiterentwickelt habe und das Existenzrecht Israels nicht mehr bestreite. Als die Fatah wenige Monate später einen Pakt mit der Hamas einging, war übrigens von einem Existenzrecht Israels keine Rede mehr. Ausdrücklich nicht. Von einer Distanzierung Andrea Nahles' allerdings auch nicht. Als die *Washington Post* den Hamassprecher Taher Nunu falsch zitierte, die Hamas werde alle bisher mit den Palästinensern getroffenen Vereinbarungen einhalten und auch den jüdischen Staat anerkennen, drohte der mit einer Verleumdungsklage gegen das Blatt.

## Die LINKE und der Judenstaat

Die LINKE spricht beim Thema Israel mit vielen Zungen. Während der Fraktionschef der LINKEN in Duisburg, Hermann Dierkes, damit brillierte, Israels Existenzrecht sei »läppisch«, und auch die mitdrehenden Kameras bei diesem Satz nicht scheute, steht Petra Pau fest und unerschütterlich an der Seite Israels. Dazwischen Gregor Gysi. Er wirkt oft nachdenklich und unentschieden, wenn es um das Thema Israel geht. Als seine Bundestagskollegin Inge Höger durch einen hübschen Strickschal in die Klemme geriet, auf dem zwar Palästina deutlich erkennbar war, aber für Israel offenbar die Wolle nicht gereicht hatte, entschuldigte Gysi sich für sie, sie habe den Schal überreicht bekommen und nur nicht genau hingeschaut. Eine eher alberne politische Schutzbehauptung, denn die Tilgung Israels von der Landkarte gehört seit jeher zu den Standards von Antisemiten und Israelkritikern. Als der US-Schulbuchriese HarperCollins 2014 einen neuen Nahostatlas herausbrachte, ohne Israel, war auch das kein Flüchtigkeitsfehler, sondern erklärte Absicht. Ein Verlagssprecher musste einräumen, dass ein Atlas mit Israel für die Kundschaft am Persischen Golf »inakzeptabel« sei und man eben auf »lokale Präferenzen« Rücksicht zu nehmen habe. Nach Protesten zog HarperCollins etwas verschnupft das antisemitische Produkt vom Markt, auch Högers Schal wurde schon lange nicht mehr gesichtet.

Als Gysi 2008 auf einer Veranstaltung der Rosa-Luxemburg-Stiftung seiner Partei in Sachen Israel überraschend deutlich die Leviten gelesen hatte, standen weite Teile seiner Partei zunächst unter Schock. Sprach er doch in seiner Rede »Die Haltung der deutschen Linken zum Staat Israel« ganz anders als viele seiner palästinaverliebten Genossen über Israel. Es sei »während seiner sechzigjährigen Geschichte ein zutiefst demokratischer Staat geblieben, eine wirklich große Leistung, die Bewunderung verdient«. Diese Bewunderung teilten längst nicht alle Genossen, sondern zeigten bei jeder sich bietenden Gelegenheit, was sie von Israel und seinen Repräsentanten halten. Zum Beispiel als Shimon Peres anlässlich des 65. Jahrestages der Befreiung von

Auschwitz im Bundestag sprach. Er verdichtete den unbeschreiblichen Kulturbruch der Nazis in einem dramatischen Bild, als die Überlebenden für einen Augenblick wie erstarrt auf Auschwitz blickten: »Das Ohr nahm nur die Stille wahr, doch aus den Tiefen der vereisten Erde wurde ein Schrei hörbar, der das menschliche Herz zerriss und bis zum gleichgültig schweigenden Himmel aufstieg.« Nicht die Rede, aber wer da redete, missfiel zwei Genossinnen so sehr, dass sie danach demonstrativ sitzen blieben: Sahra Wagenknecht und Christine Buchholz. »Vor den Opfern der Shoa verneige ich mich in tiefer Demut«, ließ Frau Wagenknecht verbreiten. Aber nicht vor einem Mann, der in ihren Augen ein Kriegstreiber sei. Den toten Juden gilt das Mitgefühl, die lebenden sollen sehen, wo sie bleiben. Zur Ehrenrettung der Linken soll nicht unerwähnt bleiben, dass die meisten diesen Verweigerungsgestus »einfach nur peinlich« fanden. Zwei Jahre zuvor war die frühere stellvertretende Vorsitzende der Linkspartei, Inge Höger, sogar noch weiter gegangen. Kurz vor dem 70. Jahrestag der Pogromnacht des 9. November 1938 hatte der Bundestag eine Resolution gegen Antisemitismus verabschiedet. Die Abgeordnete der Linken aus NRW stimmte nicht mit, sie war der Abstimmung demonstrativ ferngeblieben. Auf Inge Höger ist Verlass. Die Frau mit dem Strickschal ist immer zur Stelle, wenn es gilt, gegen den Judenstaat in Stellung zu gehen.

## Mit der »Mavi Marmara« auf politischer Kreuzfahrt

Richtig berühmt wurde sie durch eine Schiffsreise, die sie im Frühjahr 2010 in Istanbul antrat. Zusammen mit über 700 Aktivisten und, das ist für den Fortgang der Geschichte von Gewicht, auch Aktivistinnen stach sie in See Richtung Gaza. Eine richtige Flotte, gleich aus sechs Schiffen bestehend. Tagelang kämpften sie sich aus der Türkei durchs Mittelmeer, um die Seeblockade des Gazastreifens zu durchbrechen und Hilfsmittel an Land zu bringen. Inge Höger wurde von den Parteifreunden Annette Groth und Norman Paech, einem der Erstunterzeichner des »Expertenbriefs«, begleitet. Die Schiffe hatten neben Baumaterial Tonnen von Lebensmitteln geladen, Medikamente und Kleidung. Das PR-Joint-Venture mit der Hamas lief wunderbar nach Plan. Das Propaganda-Unternehmen geriet nur kurzfristig in Bedrängnis, als Israel anbot, die Hilfsgüter könnten im Hafen des nahe liegenden Aschdod gelöscht und dann in die täglichen Lkw-Fuhren umgeladen werden. Damit wären die angeblich so dringend benötigten Hilfsgüter sicher bei den Bedürftigen angekommen, weshalb sich Unvoreingenommenen, also nur wenigen, durchaus die Frage stellte, weshalb die Aktivisten dieses Angebot empört ablehnten. Und so hielt die Mavi Marmara, das prominenteste Schiff der Flotte, Kurs und ließ sich auch nicht durch irgendwelche Blockaden oder Entergerüchte vom Kurs abbringen. Den Israelis zeigen wir, wer Herr auf See ist. Die Marine warnte die Blockadebrecher mehrfach und eindringlich. Als Antwort sollen sie »Geh zurück nach Auschwitz« zu hören bekommen haben. Und dann geschah es: Die Mavi Marmara wurde, wie angekündigt, vor der Küste Gazas durch israelische Elitesoldaten aufgebracht, gestoppt und geentert. Die Aktivisten waren gut vorbereitet. Die israelischen Soldaten wurden mit Messern, Schlägern und Metallrohren empfangen, was nicht mit friedfertig zu übersetzen ist und folgerichtig dazu führte, dass die Soldaten, um ihr Leben fürchtend, zur Waffe griffen und schossen. Neun Aktivisten starben. Inge Höger hat von dem Drama nicht allzu viel mitbekommen können, sie war als Frau unter Deck weggesperrt, »zu ihrer eigenen Sicherheit«, wie sie sagt. Die Männer durften sich auf den Zwischendecks frei bewegen. Das Empfangskomitee der Hamas konnte gelassen bleiben. Die Empörung über das israelische Vorgehen und die Blockade war allemal wertvoller als die Fracht der Mavi Marmara – zumal schon damals regelmäßig Lkws über den Landweg von Israel nach Gaza kamen.

Als herauskam, dass hinter der ganzen Oper eine Gruppe um Milli Görüs steckt, die IHH, ein aus der ehemaligen Milli Görüs Jugendorganisation »Anadolu Genclik« entstandener Verein mit großer Sympathie für die Hamas, da schwiegen die Linken stumm. Obwohl, vielleicht ist ihr Ziel gar nicht so weit weg von den Zielen der IHH: »Wir wollen eine neue Großtürkei als Zentrum und führende Kraft der islamischen Welt. Wenn wir das erreicht haben, wird Frieden und Gerechtigkeit herrschen überall auf der Welt.« Eben: »Frieden und Gerechtigkeit« steht ja auch im Parteiprogramm. Vielleicht liegt es auch daran, dass die »Überlebenden« des »israelischen Massakers«, wie sie sich feiern ließen, in der Partei für den blutigen Irrsinn nicht gescholten, sondern belobigt wurden. Die damalige Bundesvorsitzende Gesine Lötzsch war »stolz auf den Einsatz«, auch Gysi stand irgendwie hinter der Aktion, nur Petra Pau, Vizepräsidentin des Bundestags und Mitglied des Fraktionsvorstands der LINKEN, distanzierte sich schriftlich. Eine einsame Stimme.

## Höger und der 9. November 2014

Das machte der Frau mit dem Strickschal Mut. Nachdem sie 2008 ihre Meinung zur Pogromnacht allzu zurückhaltend durch Abwesenheit bei der Abstimmung zur Antisemitismusresolution ausgedrückt hatte, war sie fest entschlossen, diesmal Schal zu zeigen. Ausgerechnet am 9. November 2014 sollten in den Räumen des Bundestages zwei ausgewiesene Hasser des Judenstaates zu einem »Fachgespräch« eingeladen werden: der amerikanische Journalist Max Blumenthal, der Israel gerne mal mit dem Islamischen Staat vergleicht und Israelis als »Judäo-Nazis« beschimpft, und David Sheen, ein kanadischer Filmemacher, der in Israel lebt und gegen das Land agitiert. Eingeladen von wem? Von Inge Höger und Annette Groth. Als die Einladung ruchbar wurde, taten beide erst einmal so, als hätten sie mit der Geschichte nichts zu tun. Gregor Gysi musste sich mit vollem Zorn gegen diese Veranstaltung seiner Partei zur Wehr setzen. Er beendete den Mummenschanz mit einem schlichten Satz: »Die Veranstaltung wird nicht stattfinden.« Aber er hatte die Rechnung ohne einen der beiden geladenen Gäste gemacht. Der lauerte ihm nämlich beim Gang aufs Klo auf und hetzte hinter ihm her – dankenswerterweise in einem gespenstischen Video festgehalten. Erst ein energisches »Raus« konnte den Stalker David Sheen an der letzten Klotür bremsen.

Gefilmt und veröffentlicht wurde diese miese Szene übrigens von einem gewissen Martin Lejeune, ein spezieller Hasser des Judenstaates. Er hatte sich damit gebrüstet, als einziger westlicher Pressevertreter 2014 in Gaza gewesen zu sein, was sich später als schlicht gelogen herausstellte, aber übler noch: Er hatte die Hinrichtungen von Palästinensern als Kollaborateure in Gaza durch die Hamas gerechtfertigt. Sie würden »in Gaza begrüßt«, und die Hinterbliebenen würden durch die Henker »sehr sozial« versorgt. Er also war es, der den Bundestag mit einer Kriegsfront verwechselte und Gysi jagte. Diese groteske Jagd belegt allerdings eindringlich, in welch zerrissenem Zustand die Partei beim Thema Israel ist.

Eine Partei, die erst 2011 nach langem Ringen ein Bekenntnis zum Existenzrecht Israels in ihr Parteiprogramm aufgenommen hat, womit sie immerhin deutlich schneller war als ihr historischer Heimatstaat DDR. Zumindest meldeten sich Parteimitglieder in einer Online-Petition (»Ihr sprecht nicht für uns«) und widersetzten sich den Israelhassern öffentlich. Sie sollten die Konsequenzen ziehen und die Partei verlassen. Nichts dergleichen geschah.

# »Ich bin nicht der israelische Botschafter« – Zu Besuch bei Rabbi Andrew Steiman

Wer Andrew Steiman besucht, muss ins Altersheim. Es liegt auf einer Anhöhe hoch über Frankfurt, was später noch von Bedeutung sein wird. Steiman ist Jahrgang 1958, also noch weit entfernt davon, in einem Altersheim zu sein, aber es ist sein Altersheim, das »Henry und Emma Budge-Heim«, hier ist er der Rabbiner. Er betreut hier viele Holocaustüberlebende, die letzten Zeitzeugen, manche kurz vor ihrem hundertsten Geburtstag. Sie alle hat es über viele Umwege hierhin verschlagen, viele aus Zufall, manche absichtlich, ein vielfältiges Geschichtengemisch, typisch jüdisch, ganz wie Andrew Steimans eigene Lebens- und Familiengeschichte.

Sein Vater war polnischer Partisan, dass er Jude war, durften seine Kameraden nicht wissen. »Er war zwar Partisan und Jude, aber kein ›jüdischer Partisan‹. Er musste also als polnischer Partisan, der Jude war, zwei Feinde bekämpfen … genau deswegen verließ er Polen nach dem Krieg. Bis zu seinem Tod hat er die Kränkungen, die ihm die eigenen Kameraden zufügten, nie überwunden.« Wenn es um Polen ging, sprach er nur von »Polackenland« und davon, dass dort »alle Antisemiten« seien. Andys Mutter war jüdische Rotarmistin, aber nie Kommunistin, »so viel Ehrenrettung muss sein«, meint der Sohn. Sie arbeitete als Krankenschwester in einem Feldlazarett, wo übrigens alle Ärzte, mit denen sie zu tun hatte, Juden waren. Er selbst, den alle Andy nennen, ist in New York geboren.

Andy hat eine besondere Antenne im Sinne Elie Wiesels, er kennt die Panik der traumatisierten Überlebenden. Ihm vertrauen sie ihre Ängste, die nie wirklich gewichen und während des Gazakriegs 2014 neu entflammt sind, an. Wie viel Judenhass ist noch in Deutschland, leben wir noch sicher in den letzten Lebensjahren?

Natürlich beunruhigen auch ihn die großen antisemitischen Demonstrationen im Land, auch er fragt sich immer mal wieder,

ob Deutschland sein Land ist und ob er nicht in seine Geburtsstadt New York zurückkehren soll, wo es so wunderbar nach fri-
schem Bagel riecht und vieles so unangestrengt jüdisch ist. Ihn
sorgen nicht die Rechtsradikalen im Land, die sind für ihn nur
lächerliche »braune Pappnasen«, ihn sorgen Nobelpreisträger wie
Grass und kluge Zeitungsleute wie Jakob Augstein. »Die machen
mir Angst. Die schnüren mir den Hals zu.« 1985, während der
Fassbinder-Debatte um das Stück »Der Müll, die Stadt und der
Tod«, da hatte er zum ersten Mal fast die Koffer gepackt. Nicht
weil das Stück vielleicht antisemitisch war, das sei ihm ziemlich
egal gewesen, doch das Theater um das Theaterstück war antisemitisch. Und das war für ihn viel schlimmer. Aber er hat seine
Koffer bis heute nicht gepackt, auch nicht, als Christian Ströbele in
einem historischen Interview mit Henryk M. Broder meinte, Israel
brauche keine Abwehrraketen gegen den irakischen Scud-Rake-
ten-Regen über Tel Aviv. Das dringend benötigte »Patriot«-Rake-
tenabwehrsystem sei keine reine Abwehrwaffe, war damals sein
friedensbewegtes Argument, und der irakische Beschuss sei »die
logische, fast zwingende Konsequenz der israelischen Politik den
Palästinensern und den arabischen Staaten gegenüber«. Israel war
schuld, wer auch sonst. Dass sich alles wiederholen muss, nur mit
anderen Namen, seufzt Andy Steiman.

Andy arbeitet seit gut einem Jahrzehnt als Seelsorger im Budge-
Heim. Die schlimmste Zeit sei die während der Beschneidungsdebatte gewesen. Er wagte morgens nicht, seinen Computer ein-
zuschalten, weil er wusste, was ihn da erwartete. Ganz schlimm
seien die Kinderschützer gewesen, die ihm Amputation an Neu-
geborenen vorwarfen, dabei führe er gar keine Beschneidungen
durch, er sei ein einfacher Rabbiner, Punkt. Sogar Tierschützer haben sich bei ihm gemeldet: Beschneidung sei inzwischen sogar
bei Hunden verboten. Eine Extra-Wurst für Juden nur wegen der
Vergangenheit dürfe es nicht geben. Wer hier lebe, müsse sich an-
passen, das müssten Moslems schließlich auch, da dürfe es keinen
Unterschied geben, gleiches Recht für alle … und so weiter. Damals, ja, damals dachte er plötzlich, nichts wie weg aus Deutschland. »Es ist die Stimmung, die uns allen Sorgen macht. Seit der

Beschneidungsdebatte haben viele Leute das Gefühl, im Recht zu sein. Und nur wer ein gutes Gewissen hat, kann auch im Namen der Menschenrechte eine Pogromstimmung erzeugen.« Er spürt schnell, wenn diese Stimmung mehr ist als nur eine Stimmung. Zum Beispiel wenn er seine Tochter zum Kindergarten der jüdischen Gemeinde bringt. Normalerweise stehen dort zwei einfache Streifenpolizisten. Wenn aber eine ganze Mannschaft aufzieht, mit Maschinengewehren und Schutzweste, weiß er, die Lage wird als ernst eingestuft. Nicht für die Deutschen, sondern für die Juden in Deutschland. Andy neigt nicht zu Übertreibungen, darf er auch nicht. Im Gegenteil, er muss seine Bewohner beruhigen, ihnen die Angst nehmen.

Bitter-Komisches erlebt er bei den Besuchen von deutschen Schulklassen, die er betreut und durch das Haus führt. Gern fragt er sie zu Beginn des Rundgangs, wenn sie in der hauseigenen Synagoge sitzen mit einem herrlichen Blick über Frankfurt, wie viele Juden wohl in ihrer Stadt leben. Da kommen die verrücktesten Antworten, sagt er. Auch von Gymnasiasten. Millionen, sagen sie. Andy fragt zurück: Warum Millionen, in Frankfurt leben doch nur 700 000 Menschen? Die zweite Antwort ist nicht besser: Eine halbe Million? Bei 700 000 Einwohnern, fragt er noch mal. Die Schüler lassen sich dann auf 100 000 »runterhandeln«. Und wieder die Rückfrage, wie sie auf diese Zahl kommen. Dann steht schon mal ein Schüler auf, deutet aus dem Fenster auf das in der Ferne zu Füßen des Altersheims liegende Frankfurt mit seinen beeindruckenden Hochhäusern. Banken. Es sind die Banken, die die Schüler vermuten lassen, dass Frankfurt eine jüdische Stadt sei. Bei so vielen Banken muss es eben auch viele Juden geben. »In diesem Moment rutscht mir das Herz in die Hose. Am schlimmsten ist es dann aber, wenn ich die Lehrkraft anschaue. Die Lehrer gucken mich an, als wollten sie sagen: Stimmt doch. Da ist doch was dran an dem, was meine Schüler sagen.« Man mag es sich kaum vorstellen.

Wenige Wochen nach unserem Besuch lesen wir eine Reportage aus einer westdeutschen Kleinstadt in der *taz*. Der Journalist Stefan Moes hatte eine Berufsschule besucht und war fassungs-

und sprachlos. Während des Unterrichts hörte er: »Schufa, alles Juden« oder »Aldi gehört den Juden« und Grässliches mehr. Der verstörte Lehrer griff nicht ein, sondern sagte nur hilflos: »Dazu könnte ich jetzt etwas sagen.« Aber er sagt nichts und klärt auch nicht auf.

Wenn Andy sagt, dass in Frankfurt etwa 8000 Juden leben, glaubt ihm das keiner. Aber viele wüssten ja nicht einmal, wie viele Einwohner Deutschland habe, tröstet Andy sich. Eine Relativierung, keine Entwarnung. Er hält einen Moment inne, schaut aus dem Fenster auf die Frankfurter Skyline.

Sein Vater, fährt er fort zu erzählen, habe für kurze Zeit als Bergmann gearbeitet. Sie seien mit Kanarienvögeln in den Stollen gegangen, um den Sauerstoffgehalt der Luft zu prüfen, genauso fühle er sich auch oft, wie ein Kanarienvogel, der prüft, ob die Luft sauber ist. Sie ist es aber oft leider nicht. Und auch ohne dass er es ausspricht, steht im Raum, welche Gefahr es bedeutet, zu lange im Stollen zu bleiben. Für ihn wird die Luft schnell zu dünn.

Das Budge-Heim ist ein jüdisches und ein christliches Altersheim, eine Begegnungsstätte über die Religionen hinaus. Deshalb kommen auch immer wieder Konfirmationsgruppen zu Andy. Er führt sie herum und erklärt ihnen mit viel Witz und Selbstironie das Judentum. Bei diesen Jugendlichen sieht die Sache allerdings keineswegs besser aus. Die Juden haben den Heiland ans Kreuz genagelt, wissen sie. Aber von wem wissen sie das, fragt sich Andy Steiman. Er kennt nur eine Antwort: Es sind die Eltern, die Lehrer, die Erzieher, die Erwachsenen eben, die selbst in diesem Geist groß geworden sind. Genau wie die Überzeugung vieler Schüler, dass die Juden Kapital aus ihrer Vergangenheit und aus Auschwitz schlagen.

Beim Thema Israel und Nahost wird die Luft dann besonders dünn für einen Kanarienvogel wie ihn. Wie ist sein persönliches Verhältnis zu Israel? Andy Steiman macht eine Pause, er denkt nach, schaut sich in seiner Synagoge um und sagt dann: »Zwiespältig«, genau wie zu Deutschland auch. »Ich bin gerne in Israel. Israel ist für mich ein Stück weit meine Lebensversicherung, Israel ist für mich auch Leidenschaft, Israel ist für mich auch schwierig.

Ich mag den Premierminister nicht, aber wir hatten in Deutschland auch schon Bundeskanzler, die ich nicht mochte.«

Doch für sein Umfeld außerhalb des geschützten Raums im Budge-Heim ist Israel ein Monster, ein Land, das bis auf die Zähne bewaffnet ist, U-Boote von Deutschland bekommt. »Das passt nicht in das Geschichtsbild der Menschen. Juden, die sich wehren. Die haben sich gefälligst zu ducken.« Wenn Israel 1967 im Sechstagekrieg der arabischen Übermacht unterlegen wäre, dann hätten sich sicher alle tief betroffen gezeigt, davon ist Andy überzeugt. Da wäre »ordentlich Tinte geflossen für dieses untergegangene Land, es hätte besser in das Bild der Opferrolle der Juden gepasst. Aber wir sind keine Opfer mehr, und das finde ich gut an Israel. Das aber erträgt die Welt nicht, und schon gar nicht die antisemitische Welt.« Immer, wenn er öffentlich über Israel redet, meldet sich sein Kanarienvogel in ihm und rät ihm zur Vorsicht. Er spürt das Unbehagen, eine »gewisse Stimmung« im Publikum. »Ich kann sofort punkten, wenn ich zum Beispiel die Politik Netanjahus kritisiere, das funktioniert auf Anhieb.« Ein Rabbiner, der den Judenstaat kritisiert, da wird es dem einfühlsamen Israelkritiker sicher warm ums Herz. Aber er will es nicht mehr, er will nicht mehr als Jude, und als Rabbi gleich gar nicht, als Kronzeuge missbraucht werden, der Israels Politik kritisiert und von Antizionisten beklatscht wird. »Dann sage ich ganz einfach: Ich bin hier nicht der israelische Botschafter. Lassen Sie mich mit diesen Fragen in Ruhe.« Er könne es auch nicht mehr aushalten, mit welcher Einseitigkeit Israel am Pranger steht. In Syrien sterben die Menschen zu Hunderttausenden und über Jahre hinweg, aber hierzulande beschäftigt man sich lieber mit dem israelischen Wein auf dem Golan und ob auf den Flaschen »Made in Israel« stehen dürfe oder nicht. Lächerlich.

Wo liegt seine Heimat? Hier über der Stadt, hier, wo seine Tochter aufwächst, hier, wo er seit so vielen Jahren lebt und arbeitet? Oder doch in Amerika oder Israel? Andy hat jeden Tag mit dem Tod zu tun. Wo will er beerdigt werden? Er weiß es einfach nicht, er, der den Menschen in seinem Heim zu Patientenverfügungen rät und dazu, sich Gedanken zu machen, wo sie die »Ewigkeit verbringen wollen«, weiß auf diese einfache Frage keine Antwort. Er erinnert an Ignaz Bubis, den vormaligen Präsidenten des Zentralrats der Juden in Deutschland, der für viele überraschend in Israel beerdigt sein wollte. Er kann das nachvollziehen, und es hängt für ihn nicht einmal damit zusammen, wo seine Heimat ist, sondern damit, dass er nicht will, dass sein Grab eines Tages geschändet wird. Sein Vater ist auf dem Friedhof von Majer Szanckower begraben. Er hatte einen großen Respekt für Deutsche und Deutschland, »bis hin zur Verehrung«, meint Andy Steiman. Die Nazizeit war für seinen Vater eher ein »ungeklärtes Phänomen, das nach seinem Weltbild eigentlich nie hätte passieren dürfen«. Er schweift ab. Zurück zur Frage. Wo wolle er beerdigt werden? Am Ende meint er, dass er sich neben seine Mutter zu Grabe legen wird, auf diesem wunderschönen Friedhof in New York mit dem grandiosen Blick auf die Stadt. Sie hat ihn kurz vor ihrem Tod noch in Frankfurt besucht, die Rotarmistin, die am Ende in Amerika landete. Er lacht.»Ich bin der einzige Bewohner eines Altersheimes, der von seiner Mutter besucht wurde.«

# Alltags-Antisemitismus in Deutschland

Eine Mutter sitzt auf einem Spielplatz, irgendwo in Deutschland, ihr Sohn spielt friedlich im Sand. Sie hat sich mit einer Freundin verabredet, die auch einen Sohn im selben Alter hat. Sie treffen sich oft hier. Aber wie das so ist auf Spielplätzen, streiten sich die beiden Sprösslinge irgendwann kurz um eine Schaufel. Der eine grapscht danach, der andere ist sauer. Kinder eben, mit einem kleinen Unterschied: Der Sieger im Sandkastenkampf heißt Aaron und ist jüdisch. »Typisch Itzik«, meint in aller Unbedarftheit die nicht jüdische Freundin zu dem kleinen Vorfall, »was er hat, gibt er nicht mehr her«, und lacht. Die junge Frau ist keine Rechtsradikale, sie ist eine gebildete Nachbarin. Der Letzte, der in ihrer Familie vielleicht eine Nazi-Uniform getragen hat, kann allenfalls der Großvater gewesen sein. Aber wie kann es sein, dass ihr in einem kurzen, unbedachten Augenblick eine solche Bemerkung rausrutscht? Weil sie so denkt. Juden sind schlau, verschlagen, gierig, reich und was sonst nicht alles. Und wie der kleine Aaron auf ihren eigenen Vorteil aus. Natürlich würde sie solche Gedankenunterstellungen empört zurückweisen. Sie würde auf ihre jüdische Freundin verweisen und behaupten, sie habe nichts gegen Juden, wie man ja sehen könne. Die jüdische Freundin übrigens hat nicht protestiert und ist auch nicht wütend aufgestanden und gegangen, aber sie hat sich, unmerklich für die nette junge Nachbarin, wieder ein kleines Stück zurückgezogen. Und sie weiß, dass es noch viel unangenehmer würde, wenn das Gespräch den Sandkastenhorizont überschreiten sollte. Israel will schließlich nicht nur eine Schaufel, sondern gleich ganz Palästina behalten. Eine harmlose antisemitische Bemerkung und eigentlich nicht der Rede wert. Aber eine typische und deshalb vielleicht doch.

## Das Gefühl von Gefahr

Viele Juden in Deutschland sind zutiefst verunsichert. Darüber trösten auch keine offiziellen Erhebungen hinweg, wonach die Straftaten mit antisemitischem Hintergrund im ersten Halbjahr 2014 auf »nur« 350 Delikte zurückgegangen seien. Das jedenfalls war die Antwort auf eine diesbezügliche parlamentarische Anfrage der LINKE-Abgeordneten Petra Pau. Die tatsächliche Gefahr für Juden in Deutschland ist vielleicht nicht größer geworden, aber das Gefühl von Gefahr ist beträchtlich. Besonders seit dem Sommer 2014.

Das bekam auch der Offenbacher Schülersprecher Max Moses Bonifer zu spüren. »Wir spucken auf dein Volk. Wir finden dich, und wir bringen dich um«, riefen ihm junge Muslime entgegen, als sie erkannten, dass Bonifer Jude ist. Nicht die erste Attacke, sagt Bonifer. Schon seit etwa einem Jahr sei er ähnlichen Übergriffen ausgesetzt. Das soziale Klima in Offenbach habe sich merklich verschlechtert, der Einfluss von Salafisten steige, aber die Stadt beschönige die Lage nur. Und so hat er schließlich das Handtuch geworfen und ist als Stadtschulsprecher zurückgetreten. Nicht einmal der Vorstand des Stadtschülerrates hat mehr hinter ihm gestanden. Abgang eines jungen deutschen Juden. Niemandem kann die individuell empfundene Angst mit Verweis auf Statistiken genommen werden, allenfalls gemildert, aber in einer konkreten Situation hilft auch das wenig. Am palästinensischen Falafelstand um die Ecke ist es friedlich und wunderbar, aber einen Straßenzug weiter wird man dämlich angesprochen. 90 Prozent der Vorfälle in Berlin sind Beleidigungen, 3 Prozent sind körperliche Delikte. Ist das beruhigend?

Charlotte Knobloch erzählt, wie sie nach dem Krieg nur mit einem Koffer unter dem Arm aus ihrem Versteck, einem bayerischen Bauernhof, in ihre Heimatstadt zurückgekehrt sei. Ängstlich, vorsichtig, zögernd. Aber selbst jetzt, wo die neue Synagoge mitten in ihrer Stadt steht, selbstbewusst und stattlich, habe sie das Gefühl, noch immer nicht wirklich dazuzugehören. »Deutschland hat sich nie wirklich mit jüdischem Leben befasst, wir werden einfach nicht als Teil des ganz normalen Lebens betrachtet.« Für die in München geborene und ordentlich bayerisch sprechende Charlotte Knobloch ist deshalb Deutschland nicht das Land für »daheim« und Israel, der einzige jüdische Staat, eine wichtige Rückversicherung. Hätte es diesen Staat schon früher gegeben, ihre Großmutter hätte überlebt. Sie registriert deshalb sehr genau, wie Israel hierzulande wahrgenommen wird. Diese kalte Schulter lässt sie frieren.

Charlotte Knobloch war am 9. November 1938 in München: Sie hat als Sechsjährige erlebt, wie die braunen Horden durch die Straßen zogen, wie ihr Vater lieber erst mal nicht nach Hause kam und dass die große Synagoge in der Hauptstadt der Bewegung schon vier Monate vor dem 9. November zerstört worden war.

Charlotte Knobloch weiß also, was sie sagt, wenn sie die Wochen um den Gazakrieg 2014 die »kummervollste und bedrohlichste Zeit seit 1945« für Juden in Deutschland nennt. Die Telefone standen insbesondere nach dem Brandanschlag auf die Synagoge von Wuppertal nicht mehr still. Von besorgten und verängstigten Juden, aber mehr noch von hemmungslosen Menschen, die ihren ganzen Hass und ihre ganze Wut auf die jüdische Gemeinde loswerden wollten. Dabei hatte Charlotte Knobloch schon zwei Jahre zuvor bei der Debatte um die religiöse Beschneidung gedacht, den Höhepunkt des neuen Judenhasses gerade zu erleben. Verzweifelt hatte sie in einem Gastbeitrag für die *Süddeutsche Zeitung* gefragt: »Wollt ihr uns Juden eigentlich noch?«

## Die Juden und das Kindeswohl

In scheinbarer Unschuld sprach das Landgericht Köln am 7. Mai 2012 ein Schuldurteil mit verheerenden und traumatischen Folgen. Wer kleine Jungen aus religiösen Gründen beschneidet, macht sich der Körperverletzung strafbar. Dieser Eingriff sei gegen »die Interessen des Kindes«. Damit stand der weltweit am häufigsten vorgenommene chirurgische Eingriff plötzlich unter

Strafe. Man staunte nicht schlecht. Das Urteil erging gegen einen Arzt, der eine Beschneidung bei einem vierjährigen muslimischen Jungen durchgeführt hatte und bei der es zwei Tage danach zu Komplikationen gekommen war, zu keinen lebensbedrohlichen, aber der Staatsanwalt sah sich dennoch gefordert. Doch das durch eine muslimische Beschneidung ausgelöste Urteil fiel mit voller Breitseite auf den jüdischen Ritus der Beschneidung, vordergründig nicht, weil es Juden sind, sondern weil sie die Beschneidung in den ersten Wochen nach der Geburt durchführen, also zu einem Zeitpunkt, zu dem beim besten Willen nicht davon die Rede sein kann, die »Interessen des Kindes« seien zu erkennen oder gar abzufragen. Ein über Jahrtausende ausgeübtes Ritual wurde über Nacht zu einem Straftatbestand.

Zwar wird auch in Israel über den Sinn dieses archaischen Schnitts kontrovers diskutiert, und es gibt genügend Fachleute, die der Meinung sind, dieser alte Zopf sei nicht mehr zeitgemäß. In Deutschland aber hatte die Diskussion schnell einen anderen Zungenschlag, wobei alle Kritiker sich sozusagen auf Vorrat schon einmal selbst von jedem bösen Verdacht freisprachen. Es ging ihnen ausschließlich um das Kindeswohl. Und war nicht die Leidenschaft, mit der sie die Vorhaut jüdischer Jungen gegen ihre barbarischen Eltern verteidigten, geradezu der Beweis, dass sie keine Antisemiten waren? Der damalige Präsident des Zentralrats der Juden in Deutschland, Dieter Graumann, erinnert sich an dieses Kesseltreiben aus dem Nichts: »Wir Juden waren urplötzlich mit einer sehr hässlichen und heftigen Debatte konfrontiert. Man hat uns vorgeworfen, wir würden notorische Kinderquäler sein, man hat uns hochmütige Lektionen erteilt in einem Punkt, der für uns ganz elementar wichtig war, ganz abgesehen davon, dass es eine Möglichkeit war, für viele den Judenhass auszuleben. Selbst ganz seriöse Medien haben fast eine Kampagne gefahren, und ich habe manchmal den Eindruck gehabt, dass man es uns Juden heimzahlen wollte und buchstäblich vielleicht an einer besonders empfindlichen Stelle. Im Internet haben die Menschen zigtausendfach Beschneidung gesagt und Antisemitismus oder in dem Fall auch Moslemhass gemeint. Das war in einer Hässlichkeit und in einer Häufigkeit, die auch meine eigenen Albträume weit übertroffen haben, und ich bin schon nicht besonders naiv in diesen Dingen.«

Viele Reportagen und Talkshows später rang sich der Deutsche Bundestag dann zu einem Gesetz durch, demzufolge die Beschneidung aus religiösen Gründen straffrei bleiben müsse. Aber die Obsession der Gegner war dadurch nicht zu befriedigen, sie suchten verzweifelt nach neuen Skandalen und fanden tatsächlich einen: Ein ultraorthodoxes Ehepaar aus Berlin hatte einen ultraorthodoxen israelischen Rabbiner gebeten, eine orthodoxe Beschneidung ihres Sohnes durchzuführen. Er soll – einem alten Brauch folgend – das Blut mit dem Mund von der Wunde des Kindes abgesaugt haben. Als das öffentlich wurde, war die Hölle los. Die Eltern wurden wegen Beihilfe zu gefährlicher und schwerer Körperverletzung und Misshandlung von Schutzbefohlenen angezeigt, und die Religionspolizei hatte einen Trumpf in der Hand: übelste Kinderquälerei. Das kommt in Deutschland knapp hinter Unzucht mit Tieren und Tierquälerei. Antijüdische Vorurteile machten die Runde, legitimiert aus tiefer Sorge um das Kindeswohl. Eine an Verlogenheit kaum zu überbietende Debatte. Da wurde es einsam um die jüdischen Gemeinden, die nicht mehr in der Lage waren, auch nur kurz die Empörungslawine aufzuhalten mit dem Hinweis, dass die Beschneidung einer der existenziellen Teile jüdischer Identität ist, die immerhin doch hoffentlich vom Grundgesetz und der darin verankerten Freiheit auf Religionsausübung gedeckt sei. Dass jährlich über eine Million Jungen in den USA aus medizinischen Gründen beschnitten werden, zählte nicht. Es ging um jüdische Beschneidungen. »Diese Auseinandersetzung war schlimm für mich«, erinnert sich nicht nur Levi Salomon aus Berlin. »Argumente haben da nicht mehr geholfen, es ging nicht. Sie waren alle einfach zugeknöpft und wollten nichts mehr hören. Sie haben sich jeder Argumentation verschlossen.« Es sei der Untergang jüdischen Lebens in Deutschland gewesen, meint er. »Jüdisches Leben wäre nicht mehr möglich so wie früher, im Untergrund vielleicht«, aber dann hätte er auch gleich in der Sowjetunion bleiben können.

Unsinn, werden viele dagegenhalten, es hat doch nichts mit Antisemitismus zu tun, wenn man die Vorhaut retten will. Und natürlich wird sich in der Neuauflage der Diskussion um das Schächtverbot einzig die Sorge um das liebe Tier ausdrücken. In beiden Fällen aber haben die Juden ungeplante Schützenhilfe durch die Muslime, politischen Kollateralnutzen sozusagen. Nur wenn es um die Verteidigung der Menschenrechte im Nahen Osten geht, jedenfalls soweit es die 22 380 Quadratkilometer Israel betrifft, und erst recht, wenn es um die 6831 Quadratkilometer besetzten Gebiets geht, dann sind die Juden plötzlich sehr allein. Immer wenn die Lage in Israel eskaliert, schwappt das nach Deutschland über. Nach Selbstmordanschlägen in Tel Aviv oder in Jerusalem bleibt es ruhig, ebenso nach dem Einschlag von Raketen aus Gaza oder aus dem Libanon, abgesehen von kleinen Siegesfeiern in Offenbach oder Neukölln vielleicht. Muslime jedenfalls müssen wegen des Nahostkonflikts nicht um ihre Sicherheit bangen, wenn sie einem Juden begegnen. Sie können ungestört schlafen.

## Angst, die sich nicht abheften lässt

Keine drei Wochen vor Hitlers Machtergreifung kam Lilo in Frankfurt zur Welt. Tochter einer Jüdin und eines sogenannten »arischen« Vaters. Die Nürnberger Rassegesetze machten aus ihr einen »Mischling ersten Grades«. Nach der Halacha, dem jüdischen Gesetz, ist sie Jüdin. Sie hat den Holocaust überlebt, weil sie sich christlich taufen ließ. Auch sie kann sich gut an den 9. November 1938 erinnern, als die Synagogen brannten und die jüdischen Geschäfte geplündert wurden. Sie war damals fünf Jahre alt. Sie erinnert sich an die Tränen der Mutter und das Schweigen der Nachbarn. Das sind die Bilder, die sie nie wieder loswurde und von denen sie hoffte, irgendwann würden sie verblassen. In der Nacht auf den 31. Juli 2014 werfen Unbekannte eine volle Bierflasche in das Badezimmer einer Frankfurter Jüdin. Sie sei auf den Balkon gerannt und habe die Täter laut »Judenschwein« rufend nur noch weglaufen sehen. Nicht November 1938, sondern Sommer 2014. Mit einem entscheidenden Unterschied. Damals war es der Staat, der die Juden hetzte, es war die Regierung, die sich an die Auslöschung der Juden machte, es waren die Nachbarn, die schwiegen. 2014 sind es einzelne Idioten, verwirrte Köpfe, aber wieder schweigen zu viele. Der Frankfurter Stadtpfarrer Johannes zu Eltz schwieg nicht. Am Sonntag nach dem Anschlag rief er seine Domgemeinde, die im Februar 1945 vergeblich versucht hatte, Lilo Günzlers Mutter und ihren Bruder vor der Deportation zu retten, zum Widerstand auf: »Wer Juden in Frankfurt angreift, greift die Katholiken Frankfurts an! Wenn Juden wieder Angst bekommen, auf die Straße zu gehen, dann haben wir wiederum Anlass und Auftrag, uns für sie einzusetzen. Das ist jetzt unsere zweite Chance. Eine dritte bekommen wir nicht.«

Lilo Günzler ist keine prominente Person der jüdischen Gemeinde, sie ist eher scheu und zurückhaltend, sie hat Jahrzehnte gebraucht, bis sie ihre Lebensgeschichte in einem kleinen Buch veröffentlichte. Und über Nacht kamen genau diese Bilder aus ihren Erinnerungen zurück. Wer waren die Täter, wer wusste, dass eine Jüdin in dem unauffälligen Frankfurter Stadthaus wohnte? Eine Bedrohung aus dem Nichts und aus dem Dunkel.

Einzelfälle? Ja, Einzelfälle! Aber jeder muss ernst genommen werden. Nicht weil man wieder den Anfängen wehren muss, das auch, sondern weil es keinen Zeitpunkt gibt, an dem man erkennen kann, ob es wieder ernst wird für Juden in Deutschland. Und weil wir die Ängste der Juden in Deutschland zu unseren eigenen werden lassen müssen. Natürlich sei es »schlimm, dass jetzt solche Dinge passieren«, sagt Daniel Cohn-Bendit, der ehemalige grüne Europaabgeordnete und selbst Jude. Aber »Deutschland ist für Juden das sicherste Land in der Welt«, davon sei er zutiefst überzeugt. »Das heißt aber nicht, dass es keinen Antisemitismus gibt, das heißt nicht, dass es nicht schrecklich ist, das heißt nicht, dass das Bedrohungsgefühl nicht da ist.« Aber es ist doch wichtig, mit Besonnenheit und nicht mit Alarmismus darauf zu reagieren, »sonst laufen die Menschen nur noch völlig hilflos durch die Gassen und warten auf den nächsten Anschlag«.

Die Frage ist nur, ob Juden noch unbeschwert auf die Straße gehen können, wenn sie als Juden zu erkennen sind. Viele verstecken ihren Davidstern unter der Bluse. Ein Polizist in Frankfurt riet einem Israeli, der eine Kippa trug, diese lieber abzunehmen, es sei zu gefährlich. Ein freundlicher Hinweis, gut gemeint, aber eine Kapitulation erster Klasse vor Judenhassern auf deutschen Straßen. Ein 19-Jähriger wird auf dem Weg zur Synagoge in der Passauer Straße in Berlin, gegenüber dem Kaufhaus des Westens, von einem Unbekannten mit der Faust niedergeschlagen. Seine Brille fällt zu Boden und geht kaputt. Das Opfer trug eine Kippa. Den Offenbacher Rabbi Mendel Gurewitz bedrohte eine Gruppe von Jugendlichen in einem Einkaufszentrum. Die Fensterscheiben der Redaktion der *Lausitzer Rundschau* werden mit antisemitischen Sprüchen wie »Juden, kill them« und »Wir kriegen euch alle« beschmiert. In der Innenstadt von Witten, gleich hinter der Gedenkstätte für die 1938 zerstörte Synagoge, sprayten Unbekannte »Fuck you Israel«. Mehrfach werden die Scheiben des Rathauses von Seeheim in Hessen mit herausgebrochenen Stolpersteinen eingeworfen. Er verstecke seine Kippa beim Fußballspielen mit den anderen Jungs immer unter einer Baseballkappe erzählt ein Schüler der jüdischen Schule in Frankfurt, und eine Mitschülerin berichtet, dass auch bei ihrer Familie nachts mit einem Stein die Scheibe eingeschlagen wurde. Als ein Mitglied der Jüdischen Gemeinde Berlin zu seinem Auto ging, sah er ein 30 Zentimeter großes Hakenkreuz auf seiner Motorhaube. Tief eingekratzt in den blauen Lack. Es war der Höhepunkt vieler vorangegangener Pöbeleien gegen die Familie. Der Vorgang bekommt einen Aktenvermerk, die Angst aber lässt sich nicht abheften. Sie taucht in keiner Polizeistatistik auf. Die Betroffenen werden vertröstet, und vielleicht ist es ja auch nicht mehr ganz so schlimm, wenn sich der erste Schrecken erst einmal gelegt hat. Aber die innere Anspannung bleibt, wann und wo passiert es wieder, und wird es schlimmer?

Diese antisemitischen Anschläge, harmlose wie heftige, werden gewissenhaft protokolliert. Verfolgt werden sie eher selten, gefasst werden die Täter so gut wie nie.

In Dessau lebten nach dem Krieg noch 17 Juden. Heute hat die jüdische Gemeinde wieder 340 Mitglieder durch die Zuwanderung aus der früheren Sowjetunion. 340 von rund 85000 Einwohnern. Aber manche finden wohl selbst das zu viel. Ein 80 mal 80 Zentimeter großes Hakenkreuz prangt quer über der Eingangstür zur Synagoge. Alexander Wassermann, Vorsitzender der jüdischen Gemeinde, zeigt Bilder, die er sich nicht erklären kann. »Warum passiert das? Wer hat das gemacht und warum, warum?« Obwohl die Überwachungskamera die Gesichter der Täter eindeutig zeigt, wurden sie bis heute nicht ermittelt. Die Täter blieben straffrei. So wie ihre Vorfahren, die die alte prachtvolle Synagoge am 9. November 1938 niederbrannten. Sie stand genau an derselben Stelle. Wassermann verzichtet auf seine Kippa, wenn er durch Dessau geht.

Uwe Dziuballa ist aus der Chemnitzer Innenstadt mit seinem Restaurant in einen ruhigeren Vorortbezirk umgezogen. Sein koscheres Lokal »Schalom« war Ziel zahlreicher Angriffe: seine Außenwerbung komplett zerstört, die Fenster verschmiert, die kleine Gartenanlage demoliert. Und vor der Tür lag einmal ein Schweinekopf mit einem Davidstern. Uwe Dziuballa ist in Chemnitz geboren. In den vergangenen zwölf Jahren, seit er mit seinem Bruder das »Schalom« betreibt, musste er viele Hassanrufe entgegennehmen. Zwanzig anonyme Anrufe pro Woche hat er gezählt. »Da ist einer dran, meistens eine jung klingende Stimme, die dann sagt: ›Ja, du Judensau, verschwinde aus Chemnitz.‹ Oder: ›Beschmutze nicht unsere Luft, du wirst nicht mehr lange leben‹, und dann legt der gleich wieder auf. Da ist schon – das würde ich gern zugeben –, da hat man so ein Zittern, so 'ne Unsicherheit.«

Diese Unsicherheit hatte vor Jahren auch Dieter Tamm aus Berlin-Tegel verspürt. Er hatte einen kleinen Lebensmittelladen, der ganz gut lief, bis er koscheres Essen anbot und eine israelische Fahne und einen Davidstern ins Schaufenster hängte. Das hätte er lieber bleiben lassen. Erst kamen junge Männer mit kahl geschorenen Köpfen und riefen: »Judenschwein, du gehörst in die Gaskammer.« Dann kamen Jugendliche arabischer Herkunft.

Sie spuckten und urinierten gegen die Schaufensterscheibe, pöbelten die Kundschaft an. Die Kunden blieben irgendwann weg. Und dann flog eines Nachts ein Stein in die Scheibe des Ladens. Und Dieter Tamm gab auf. Dieter Tamm, der deutsche Jude, existiert nicht mehr. 2005 floh er nach Haifa und nannte sich Arie Tamm, lernte bei einem Rabbiner, wurde bewusst religiös, das Berliner Kind, 1943 am Lehrter Bahnhof geboren, von seiner Mutter vor den Nazis versteckt. Eine Nachbarin, die das ARD-Politikmagazin 2005 befragte, gibt ihm noch eines hinterher: »Ich hab damit keine Probleme. Ich finde auch mal, dass diese ganze Problematik, Juden, Deutsche, das muss irgendwann mal aufhören. Ich bin Baujahr 54, ich bin jetzt fünfzig Jahre alt, muss mir mein ganzes Leben lang diesen Holocaust vorwerfen lassen, ja, und habe damit gar nichts zu tun gehabt.«

André aus Düsseldorf ist deutlich jünger, aber er kann sich den Holocaust nicht einfach aus den Kleidern waschen. Er trägt eine Kippa, und weil er sie trägt, hat er jeden Tag irgendwelche Probleme mit Leuten, die er gar nicht kennt. In einem Supermarkt schnauzt ihn, der Gazakrieg war noch keine zwei Tage alt, ein Kunde an: »Du Scheißjude, du Kindermörder.« Der Trost, den Antisemitismusforscher wie Wolfgang Benz für Juden wie ihn haben, ist in solchen Situationen wenig hilfreich: »Die Zahl der Hardcore-Antisemiten, die mit Schaum vor dem Mund den Juden bekämpfen, verjagen oder vernichten wollen, ist hier in Deutschland ganz gering.« Hat er also noch mal Glück gehabt und soll sich nicht so haben? Er hat sich gar nicht so, er lebt damit. Er lebt damit, dass Menschen ihn fotografieren wollen, weil er ein Jude ist, er lebt damit, dass er automatisch auf Englisch angesprochen wird, weil ein Jude ein Israeli sein muss, er lebt, seit er denken kann, damit, dass er anders ist. Nicht behindert, nur Jude.

## Lieber keine Judenwitze

Auch Katarina Seidler ist eine Frau, die nicht leicht aus dem Gleichgewicht zu bringen ist. Sie steht mit beiden Beinen fest im Leben, sie ist engagiert und mischt sich ein. Katarina Seidler ist Vorsitzende des Landesverbandes der Israelitischen Kultusgemeinden von Niedersachsen und Vertreterin von sieben Reformgemeinden, die kein Problem damit haben, auch Rabbinerinnen einzusetzen. Sie ist Mitglied des Direktoriums des Zentralrats der Juden in Deutschland. Und sie ist Mutter zweier Kinder und Großmutter von vier Enkelkindern. So schnell ist sie nicht aus der Fassung zu bringen, aber was sie als Jüdin erlebt, ist erschütternd. Wenn sie erzählt, dass die Familie in die Ferien nach Israel fährt, dann freuen sich die freundlichen Nachbarn: »Wie schön für euch, dass ihr mal wieder nach Hause fahrt.« Aber Katarina Seidlers Zuhause ist Hannover-Ricklingen in Deutschland, da, wo sie mit Mann und Kindern wohnt. Früher hat sie das aufgeregt, heute ist es ihr meistens gleichgültig. Sie ist einfach müde. Neulich war das anders. Sie war auf eine Party eingeladen, als der Gastgeber sie meinte beruhigen zu müssen mit dem Hinweis, man haben die Gäste darum gebeten, keine Judenwitze zu erzählen. Um sie zu schonen, sozusagen. Oder kürzlich in einem Restaurant. Sie saß mit einem Bekannten dort, und der Inhaber hielt auch ihn für ein Mitglied der jüdischen Gemeinde. Eher harmlos, dachte sie, aber dann sei der Freund aufgesprungen, dass der Stuhl nach hinten fiel, und habe den Wirt angeschnauzt, ob er ihn beleidigen wolle? Deutschlands Mitte. Ganz normale Menschen. Keine linken, keine rechten, die gute Mitte. Man habe ihr schon während des Jurastudiums geraten, sich lieber nicht als Jüdin zu erkennen zu geben, weil alle Kommilitonen strikt gegen Israel waren und sie in Haftung genommen hätten.

Besonders hat auch ihr die Beschneidungsdebatte zugesetzt. Da habe sie immer und immer wieder zu hören bekommen, »wie grausam wir Juden sind und dass wir alle Kinderquäler sind und nicht zum Kindeswohl handeln, und natürlich wussten plötzlich alle genau Bescheid. Mir wurde erklärt, dass alle jüdischen Männer traumatisiert seien. Das fand ich schon deshalb sehr spannend, weil ich hier fünf jüdische Männer in der Familie habe, meinen Sohn, zwei Enkelsöhne, meinen Mann, den Schwiegersohn, alle sind beschnitten, und die sind alles andere als traumatisiert.«

Auch Katarina Seidler kann weder den Nahostkonflikt lösen, noch den Judentick ihrer Landsleute heilen. Aber sie kann sich retten. Sie hat sich in die Gemeinde zurückgezogen, Begegnungen mit Nichtjuden auf offizielle Anlässe reduziert. Sie bleibt als Jüdin jetzt weitgehend unter Juden. Das ist auch nicht immer freundlich, ganz im Gegenteil, oft geht es rau und schroff zu, aber es ist ehrlich und warmherzig. Katarina Seidler ist ein gutes Beispiel für den Alltag von Juden in Deutschland. Rechtsradikale Schläger kennen die meisten nur aus den Nachrichten. Sie sind übel, aber weit weg, und mit einem Bodensatz von Idioten muss eine Gesellschaft leben können. Beklemmender sind die Nachbarn, die schweigen, weil sie Angst haben, etwas falsch zu machen. Es sind die Menschen, die gerne einen Satz mit der Bemerkung »ich bin ja kein Antisemit« einleiten, um dann unbehelligt fortfahren zu können, »aber ich muss doch schon mal sagen können, was ihr da in Israel macht, geht zu weit«. Aber was hat Frau Seidler mit Netanjahu und seiner Politik zu tun? Sie kennt ihn nicht persönlich, sie wählt ihn nicht, sie hat keinen Einfluss auf seine Entscheidungen. Allein der Umstand, dass sie Jüdin ist, macht sie zuständig und auch schuldig für das, »was ihr da in Israel macht«. Was Katarina Seidler erlebt, erzählt sie nicht der Polizei. Sie erzählt es nur, wenn sie gefragt wird, weshalb ihre Erlebnisse in keine Statistik einfließen und in keine Studie über aktuellen Antisemitismus in Deutschland. Was sie erlebt, ist nicht außergewöhnlich. Es ist der Alltag von Juden in Deutschland. Die Berührungsangst sei immer noch groß, sagt sie, und das Unwissen über das Judentum noch viel größer. Die jüdischen Feiertage spielen, anders als der muslimische Ramadan, im öffentlichen Leben und in der öffentlichen Wahrnehmung kaum eine Rolle. Dass das wichtigste jüdische Fest Jom Kippur, das Versöhnungsfest, ist, an dem Juden fasten, sich sammeln, der

Toten gedenken und sich mit sich selbst, aber auch mit anderen versöhnen, ist nicht im Bewusstsein der Mehrheit vorhanden. Dabei wäre gerade das Versöhnungsfest eine schöne Gelegenheit, sich näherzukommen. Die jüdische Zeitrechnung ist eine andere. Das neue Jahr beginnt mal im September, mal im Oktober, und das schon seit mehr als 5000 Jahren. Trotzdem wissen die wenigsten Deutschen, wann Rosh Hashanah gefeiert wird, und noch weniger wünschen sie ihren jüdischen Nachbarn ein »Shana Tova Umetukah«, ein süßes neues Jahr.

## »Da weiß man, was der Großvater gemacht hat«

»Nichts ist so langweilig wie Antisemitismus, jedenfalls für Juden«, schreibt der Berliner Autor und Jude Maxim Biller Ende 2014 in einer furiosen Kolumne für Zeit-Online. »Ihr regiert die Welt, hören sie von den Nichtjuden seit zweitausend Jahren, auch wenn noch nie einer von ihnen römischer Kaiser oder US-Präsident gewesen ist. Eure Religion nervt, sagt man ihnen, weil ihr sie mit niemandem teilen wollt, und obwohl die meisten von euch nicht religiös sind, fühlen sie sich trotzdem als Juden, was zum Teufel bedeutet das? Ihr seid besser im Bett als wir und nehmt uns unsere Frauen weg. Ihr könnt mit Geld so gut umgehen, wie wir es auch gern könnten. Ihr seid so verdammt klug, weil ihr seit hundert Generationen keine Analphabeten seid, ein uneinholbarer Vorsprung. Und betrunken seid ihr auch nie – kann es sein, dass ihr deshalb immer alles unter Kontrolle habt? Und kann es sein, denken die Juden, dass ihr Nichtjuden langsam anfangen könntet, ein anderes Lied zu pfeifen, während ihr zitternd durch den dunklen Wald des Mittelalters, der Neuzeit und Aufklärung, der europäischen Weltherrschaft und ihres Niedergangs geht und so eure Angst vor jeder technischen, moralischen und politischen Veränderung vertreiben wollt?«

Der alltägliche Antisemitismus lässt sich nur schwer quantifizieren. Er kommt ganz nebenbei. Rutscht den Leuten so raus, oft ohne Arg, oft, weil sie es nicht besser wissen. Kürzlich, im Sommer, in einer Cappuccinobar in Charlottenburg, sehr trendy und cool, legt eine ebenfalls sehr coole, junge Kundin ihren Flyer für eine anstehende Vernissage aus. Mit dem Kellner geht sie die Namen der Künstler durch. Sie stößt auch auf den Namen Goldman. »Nein, das ist kein Künstlername, der ist echt, und bei dem Namen muss man sich ja nicht fragen, was sein Großvater gemacht hat.« Und was hat er gemacht? Wir müssen nicht nachfragen, sie antwortet sich selbst: »Na, Geld gescheffelt.« Kann so etwas sein, eine junge Frau, selbst Künstlerin, sicher links, sicher auf der richtigen Seite? Ja, kann sein.

Es sind die vielen kleinen und täglichen Nadelstiche, die wehtun und schmerzhaft daran erinnern, der andere, der Fremde zu sein.

Und anders zu sein, ist für Minderheiten immer ein Risiko, für Juden ein besonders großes. Etwas anderes zu sein, anders zu denken oder etwas anderes zu wollen, gilt als Abweichung vom Durchschnitt. In Deutschland war es noch vor drei Generationen lebensgefährlich, außerhalb der Volksgemeinschaft zu stehen, und vor nicht einmal zwei Generationen wurde im sozialistischen Teil Deutschlands verfolgt, wer sich dem Kollektiv verweigerte. Die deutsche Mitte gehört dem Kleinbürger und seiner Sehnsucht nach dem Mittelmaß als Maß aller Dinge. Die DIN-Norm ist nicht von ungefähr eine deutsche Erfindung. 1918 war es ein argloser Kegelstift, dem zum ersten Mal eine DIN-Ehre zuteilwurde. Heute regelt sie sogar das Leben in den eigenen vier Wänden, jedenfalls wenn es sich um ein deutsches Reihenhaus handelt. Dann gilt für den Schallschutz DIN 4109. Nichts für Individualisten also wie jenes Ehepaar im Fränkischen, das für sein Wohlbefinden einen ganz besonderen Ort suchte und fand. Aus der alten Synagoge im Ort wurde ihr neues Eigenheim. Nun ist alles hübsch hergerichtet und viel aufregender als ein Reihenhaus und obendrein vermutlich ein Schnäppchen, denn Juden gibt es schon lange nicht mehr im Dorf. Sie hatten Glück, dass das Gotteshaus in der Reichspogromnacht nicht abgefackelt wurde und so der ehemalige Betsaal mit dem goldenen Sternenhimmel erhalten blieb, in den sich die neuen Hausherren besonders verliebt haben. Die einzige Sorge, die sie umtreibt, ist die Frage, wie viel Möbel so ein besonderer Raum verträgt. Natürlich sind es rechtschaffene Leute, sie wissen um die Geschichte ihres Hauses und haben es vor dem Verfall gerettet, aber nicht vor dem Vergessen. Die Umwidmung zum Wohnhaus zieht einen feinen Schlussstrich unter die jüdische Geschichte des Ortes: 1933 gab es noch zwanzig Juden im Dorf, die letzten wurden 1942 deportiert. Ohne ihr Hab und Gut, denn das hatten sich die Nachbarn untereinander aufgeteilt.

## Die Mithaftung

Zum ersten Mal ist in den jüdischen Gemeinden wieder die Rede von den »gepackten Koffern«. Sie waren in den vergangenen Jahren auf den Speicher gewandert und dort verstaubt. Jetzt erinnert man sich wieder an sie, und es ist eine bittere Erinnerung. Noch ist es nicht vergleichbar mit der Situation der Juden in Frankreich, wo der Präsident der Jewish Agency, Natan Sharansky, zu dem Schluss gekommen ist, »dass man Europa vielleicht nach Israel bringen muss – denn nur hier kann man Freiheit und Identität verknüpfen«.

Doch es gibt eben auch den Bericht von Angestellten eines kleinen Berliner Hostels, die sich nicht nur über die elenden Arbeitsbedingungen beklagen, sondern auch auf ein Schild in der Rezeption hinweisen, versteckt und nur für Mitarbeiter einzusehen, auf dem sie angehalten werden, Menschen aus Rumänien, Bulgarien und Israel nicht aufzunehmen. Ein Einzelfall, klar. Eine Diskriminierung, der neben Rumänen und Bulgaren auch über 15 000 Israelis ausgesetzt sind, die gern Berliner sein wollen. Tatsächlich gibt es Ecken in der Hauptstadt, an denen viel Hebräisch und Englisch mit hebräischem Akzent zu hören ist. Und je schlechter die jungen Israelis Deutsch sprechen, umso verstandener fühlen sie sich, erinnern wir uns an Eldad Becks bittere Erkenntnis. Er hatte das Pech, von Anfang an gut Deutsch zu sprechen, weshalb ihn *Yedioth Ahronoth* ja auch zum Deutschlandkorrespondenten gemacht hatte. Und er hatte das Pech, zu einem denkbar ungünstigen Zeitpunkt zu kommen, 2002 während der Intifada. Ihr blutiger Höhepunkt: ein palästinensischer Selbstmordanschlag im Parkhotel von Netanja mit 22 Toten und 170 Verletzten. Wäre es nicht Israel, sondern Indonesien oder Spanien oder irgendein anderes Land gewesen, das gerade von einem so grausamen Anschlag getroffen worden wäre, Mitgefühl und Sympathie wären ihm sicher gewesen. Aber es war Israel, und Israel ist an allem selbst schuld, auch an den Mordanschlägen auf seine Bürger. Und er ist Israeli, also ebenfalls schuldig. Anders als nach 1945, als kein Deutscher mit den Deutschen vor 1945 etwas gemein haben oder mit ihnen verwechselt und in einen Topf gesteckt werden wollte, zögerte seine neue deutsche Umgebung keine Sekunde, ihn in Mithaftung zu nehmen für etwas, was er nicht beeinflussen kann. Niemand käme auf die Idee, einen Italiener in Deutschland wegen der kriminellen Machenschaften Berlusconis in die Pflicht zu nehmen oder ihm zu sagen: »Also, was ihr da mit den Flüchtlingen in Lampedusa macht, das geht zu weit.« Aber Eldad Beck ist kein Italiener, sondern Israeli, und das genügte. Mehr als ein Jahrzehnt nach seiner Ankunft in Deutschland, nach einer zweiten Intifada, nach dem Libanonkrieg, dem Gazakrieg 2008/2009, nach der Gazaflotille 2010, ist es noch genauso wie vor zwölf Jahren. In der Berichterstattung besteht sein Land aus Soldaten, Siedlern und Ultraorthodoxen. Er selbst als normaler Journalist und Bürger dieses dämonisierten Landes findet sich darin nicht wieder. Vergeblich hat er versucht, dagegen anzureden und ein realistisches Bild seines Landes zu vermitteln. Doch er hat erfahren, dass das Interesse daran eher gering ist. Meist geht es nicht um die Gegenwart im Nahen Osten, sondern um die deutsche Vergangenheit. Die Dämonisierung Israels hilft, den Dämon des Holocaust zu besiegen.

So verrückt es klingt: Gerade die sensiblen Deutschen, die den Holocaust nicht ausblenden, die innerlich verzweifelt sind, ob der eigenen Schuld oder der Grausamkeit der eigenen Vorfahren, sind besonders anfällig für diesen Abwehrreflex. Je härter die Verkrustung ist, die durch Zeitzeugen, Filme, Bücher, Schulunterricht und Mahnmale aufgebrochen wurde, umso mehr schmerzt die Wunde. Längst waren die Knochen zusammengewachsen, falsch zwar und mit hässlichem Narbengewebe, aber sie waren schon recht bald wieder ganz flott unterwegs. Die echte Konfrontation mit der Vergangenheit aber stoppt den Lauf, manche humpelten noch Jahrzehnte weiter, bevor die Wunde wieder blutete. Und manche wie Günter Grass und Martin Walser suchten nach einem Allheilmittel und fanden den Schlussstrich oder wurden in Israel fündig. Je verbohrter die Regierung in Jerusalem, umso wirkungsvoller. Mit jeder falschen politischen Entscheidung, mit jedem Militäreinsatz, mit jeder Siedlung und vor allem mit jedem palästinensischen Opfer ging es dem Patienten in Deutschland besser. Nötig war dazu nur, die Augen fest zu verschließen vor der komplizierten politischen Gemengelage vor Ort. Der getrübte Blick zeigte israelische Soldaten, die kleine Kinder erschießen, Raketen, die hinterhältig aus der Luft unschuldige Passanten auf offener Straße aus dem Weg sprengen, Siedler, die Land rauben, und Orthodoxe, die alle Nichtjuden als Menschen zweiter Klasse betrachten. Endlich kann der schuldgefühlgeplagte Deutsche tief durchatmen.

»An allem sind die Juden schuld. Die Juden sind an allem schuld ...«, hatte Friedrich Hollaender schon 1927 auf die Melodie von Carmen getextet. Der Revuesong ist eingängig und lässt sich bis heute leicht mitsingen:

»Dass der Schnee so furchtbar weiß ist
Und dazu, was sagt man, kalt,
Dass dagegen Feuer heiß ist
Und dass Bäume steh'n im Wald«

Mühelos ließen sich neue Strophen hinzufügen und vor allem der Refrain ist überall zu hören. »An allem sind die Juden schuld. Die Juden sind an allem schuld ...«

Warum nicht auch am Holocaust? Und am internationalen Terrorismus, der uns alle bedroht, sowieso. Würden die Juden das Recht der Palästinenser nicht mit Füßen treten, würden sie

sie nicht hinter einer meterhohen Mauer wegsperren, würden sie nicht fremdes Land besetzen und die Bevölkerung unter ihrer Knute halten, müssten wir uns nicht mehr fürchten, al-Qaida ginge beruhigt in Rente. Da der Judenstaat aber so anhaltend uneinsichtig ist, gilt es, sich selbst deutlich von ihm zu distanzieren und klarzustellen, dass man ihn genauso wenig mag wie der Islamist. Und das Spektrum der Möglichkeiten, sich einzureihen in den wieder anschwellenden Chor des »Die Juden sind an allem schuld«, ist vielfältig. Manchmal reicht es schon, eine Eintrittskarte zu kaufen und an der richtigen Stelle zu applaudieren.

## Das schwarze Gummischwein

Ist eigentlich einer, der einen Davidstern ausgerechnet auf ein Schwein malt, schon ein Antisemit? Der britische Popstar Roger Waters, Mitbegründer der legendären Band Pink Floyd, hat genau das getan. Er hat den Judenstern eingereiht in eine Reihe politischer und religiöser Symbole, die alle für das Böse stehen. Nicht die Flagge Israels hat er dafür gewählt, sondern den Stern Davids. Diese zynische Performance ist Teil seiner Bühnenshow, an deren Ende wild geschossen wird. Das aufgeblasene schwarze Gummischwein stirbt im Kugelhagel, das Publikum tobt vor Begeisterung. Die Botschaft dahinter ist denkbar simpel: Das schwarze Schwein als Sinnbild des Bösen, es steht für Unterdrückung und Destruktion, für »Boshaftigkeit, Faschismus im weitesten Sinne«, wie ein beschwingter Konzertbesucher nach einem Konzert in Düsseldorf meinte, »alles das, was in irgendeiner Weise uns Übles kann, Übles will«. Ob wir ihn wegen des Davidsterns befragen, dämmerte es dem Fan. »Schwierige Geschichte«, sagte er verlegen, »gehört aber, glaube ich, mit zur Gewalt.«

Dass der siebzigjährige Popstar in einem schwarzen Ledermantel und mit einer roten Armbinde auftritt und mit einer Maschinengewehrattrappe erst ins Publikum ballert und dann das

Schwein erschießt, ficht niemanden an. Analogien? Fehlanzeige. Seit 2010 hat das schwarze Schwein schon mehr als 200 Mal sein Leben in der Show eingebüßt, nur zwei Mal gab es Proteste. Einmal war es ein junger Mann bei einem Konzert in Brüssel, der die Szene erstmals ins Netz gestellt hatte, das zweite Mal war die Jüdische Gemeinde Düsseldorf der Spielverderber. Sie hatte zum Boykott des Konzertes aufgerufen. »Roger Waters ist ein geistiger Brandstifter, für den es in unserer Stadt kein Forum geben darf«, hieß es aus der Gemeinde, »das gesamte Bühnenbild weckt eindeutige Assoziationen an die Reichsparteitage und die Propaganda der NSDAP.«

Das Publikum, wie der Star auch in die Jahre gekommen, findet das nicht. Applaus. Wobei sich der Star und seine deutschen Fans in einem wichtigen Detail unterscheiden. Sie stehen historisch auf verschiedenen Seiten. Roger Waters' Vater ist als britischer Soldat 1944 im Kampf gegen die Nazis im italienischen Anzio gefallen. Er selbst habe eine jüdische Schwiegertochter und jüdische Freunde, verwahrt er sich intellektuell eher schlicht gegen den naheliegenden Verdacht des Antisemitismus. Er hält seine Performance für legitime Israelkritik und versteht auch nicht, welches Problem damit verbunden sein könnte, anstelle der israelischen Flagge das Symbol des Judentums, den Davidstern, zu verwenden. Neben dem Stern seien auch andere Logos zu sehen, das von Shell und Mercedes sowie Hammer und Sichel, eine krude Mischung. Selbst an ein Kruzifix hat er gedacht und an den islamischen Halbmond. Aber sind die Mitarbeiter und Manager von Shell oder Mercedes oder Millionen Kommunisten planmäßig ermordet worden? Nein. Haben sich die Grauen der Kreuzzüge gegen Muslime in der Neuzeit wiederholt? Nein. Roger Waters aber ficht das nicht an. Er ist ja kein Rechter, er ist einer aus der Mitte der Gesellschaft und spricht diese Mitte an. Auch in Deutschland.

Es sind zunehmend nicht mehr die eher einkommensschwachen Bevölkerungsschichten mit geringem Bildungsniveau, sondern die saturierte Mittelschicht, die Nachbarn von Katarina Seidler eben. »Was wir festgestellt haben«, sagt Professor Andreas

Zick von der Universität Bielefeld, »ist, dass die Zunahme an Antisemitismus zum großen Teil auf einkommensstarke, gebildete Gruppen in Deutschland zurückgeht.« Menschen also, die sich von den rechten Dumpfbacken angewidert abwenden und doch beim Thema Juden eine emotionale Schnittmenge mit ihnen haben. Wo diese verklausuliert mit »man wird doch wohl mal sagen dürfen« ansetzen, grölen die anderen Klartext, der keine Übersetzung braucht.

»Judenschweine, Judenschweine«, riefen Offenbacher Fußballfans bei einem Regionalligaspiel in Frankfurt am Main. September 2013. Wenn die Lage im Nahen Osten mal wieder eskaliert, spüren das auch die 37 Ortsvereine des jüdischen Fußballklubs Makkabi in Deutschland mit ihren mehr als 4000 Mitgliedern. Rufe wie »Juden gehören in die Gaskammer«, »Auschwitz ist wieder da« und »Synagogen müssen brennen« sind bei Wettkämpfen in der Regionalliga keine Seltenheit. Auf den Sportplätzen werden sie pauschal für die Politik Israels verantwortlich gemacht.

Dabei hat auch der Antisemitismus auf dem Fußballfeld eine lange und üble Tradition. Der Berliner Verein Hertha BSC hatte 1982 einen Fanklub, der auf den Namen »Zyklon B« hörte und sich später »Endsieg« taufte. Cottbuser Fans schmückten sich 2005 mit einem Transparent mit der Aufschrift »Juden«. Im April 2008 wurde in Brandenburg nach einem Kreisklasse-Fußballmatch ein Spieler von einem unbekannten Mann mit den Worten »Ihr Judenschweine, früher hätte euch Hitler vergast« beschimpft und auf das rechte Auge geschlagen. 2010 fanden sich Schmierereien wie »Judenblock« und »Judenunion« im Tribünenbereich eines Fußballstadions in Solingen. Der israelische Nationalspieler Itay Shechter wurde 2012 während einer Trainingseinheit von Fans antisemitisch beleidigt, er spielte damals für den 1. FC Kaiserslautern. Für den Berliner Sozialwissenschaftler und Fanforscher Gerd Dembowski ist »Jude vielleicht sogar die älteste Beschimpfungsform im Fußball« überhaupt. Ein Fan von Dynamo Dresden ließ 2013 seine Gegner vom FSV Frankfurt in einem in der Szene fast traditionellen Schlachtruf wissen:

»Ihr könnt nach Hause fahren, ihr könnt nach Hause fahren. Eine U-Bahn, eine U-Bahn bauen wir, von Frankfurt bis nach Auschwitz, eine U-Bahn bauen wir.« Der gute Mann glaubte sich im Recht, das Oberlandesgericht Rostock hatte einen volksverhetzenden Charakter des Ständchens nicht erkennen können. Eine Frankfurter Richterin 2014 dann doch. »Hier gilt das Lied als Volksverhetzung – und nicht als Aufruf zur Verbesserung der Infrastruktur des öffentlichen Personennahverkehrs«, wie der Gerichtsreporter der *Frankfurter Rundschau* schrieb. Eine geradezu anrührende Ausnahme stellten die sonst auch nicht gerade zartbesaiteten Fans der Frankfurter Eintracht dar. Als sie 2013 nach Israel flogen zum Europa-League-Spiel gegen Maccabi Tel Aviv, brachten sie nicht nur als freundschaftliche Geste mehrere Hundert Liter Apfelwein als Gastgeschenk mit, sondern ließen sich auf das Land und seine Geschichte ein. Das Fanprojekt hatte eine gemeinsame Fahrt in die Holocaust-Gedenkstätte und das Museum von Yad Vashem organisiert. Viele Fans folgten der Einladung, ganz in der Tradition des Vereins vor dem Holocaust, als Eintracht Frankfurt und Bayern München als die »Judenvereine« in Deutschland galten. Und es blieb sogar dann noch friedlich, als die Eintracht in diesem für sie so wichtigen Spiel blamabel klar verlor. Eine sportliche Niederlage, aber ein politischer Sieg. Als dagegen der israelische Spitzenklub Maccabi Haifa 2014 auf dem Höhepunkt des letzten Gazakriegs in einem Testspiel gegen den früheren französischen Meister OSC Lille antrat, stürmte eine aufgebrachte Menge mit Palästinafahnen das Stadion im österreichischen Bischofshofen. Die israelischen Spieler wurden tätlich angegriffen. Polizisten und Ordnern gelang es schließlich, die Lage zu beruhigen.

»Die ständige Sorge vor solchen Übergriffen (bei individuell sehr verschiedener Umgangsweise damit) begleitet und beschränkt besonders die Lebenspraxis von Jüdinnen und Juden«, konstatiert nüchtern der Antisemitismusreport der Bundesregierung. Dass bei der Randale im Stadion das Recht der Palästinenser auf einen eigenen Staat im Vordergrund der Bemühungen stünde, selbst wenn der Mob mit Palituch und Palifahne das

Spielfeld stürmt, behauptet niemand ernsthaft. Es ist auch hier der Jude und niemand anderes als der Jude, der gemeint ist und getroffen werden soll.

## »Ich schlage Feueralarm«

Im September 2014 standen die Aufrechten auf. Nicht die Bundesregierung, nicht die Kirchen, nicht die Linken, sondern die organisierten Juden Deutschlands hatten zu dieser Demonstration im Schatten des Brandenburger Tors aufgerufen: »Steh auf – Nie wieder Judenhass« war eine Bitte: Helft uns, steht hinter uns. Ein paar Tausend wurden es dann tatsächlich, die sich da wacker in Sichtweite des Holocaust-Mahnmals eingefunden hatten. Immerhin. Unter diesem großen Schirm »Nie wieder Judenhass« hatten alle Platz. Bundespräsident und Kanzlerin, DFB und DGB, katholische und evangelische Kirche, auch der Zentralrat der Muslime.

»Wir sind hier, um gemeinsam und geschlossen zu zeigen: Keinen Platz für Judenhass«, rief Dieter Graumann, der damalige Präsident des Zentralrats der Juden in Deutschland. Applaus. Gemeinsam und geschlossen? Die prominente Rednerliste konnte nicht darüber hinwegtäuschen, dass die Reihen eben nicht geschlossen waren. Vor dem Brandenburger Tor war noch reichlich Luft. »Unsere Albträume, ja, meine eigenen Albträume sind weit übertroffen worden«, fasste Graumann die antisemitischen Ausschreitungen der letzten Monate noch einmal zusammen. Aber er sprach weniger Frau Mustermann aus dem Herzen, sondern vor allem jenen, die genau wussten und fühlten, was er meinte. Er sprach vor allem zu den Juden. Die Mehrheitsgesellschaft hat keine Albträume. Die Juden, das sind die anderen. Das eben ist der Unterschied zwischen Gefühl und Mitgefühl. Und genau deshalb musste auch der Zentralrat der Juden zu dieser Kundgebung in quasi eigener Sache aufrufen, wie Nikolaus Schneider, Vorsitzender des Rates der Evangelischen Kirche in Deutschland, beschämt einräumte und versprach: »Ich werde es mir merken.«

Zu befürchten ist, dass es immer wieder neue Gelegenheiten geben wird, ihn an dieses Versprechen zu erinnern.

Natürlich sind ein paar Tausend mehr als ein paar Hundert. Aber 14 Jahre zuvor waren 200 000 gekommen, um ihre Stimme gegen Rassismus und Antisemitismus zu erheben. Bundeskanzler Gerhard Schröder war damals kein Gastredner, sondern er selbst hatte zum Aufstand der Anständigen aufgerufen. Dieses Mal schaute die Kanzlerin vorbei. Bis auf die Flaggen, die einige Demonstranten mitgebracht hatten, wurde das Reizthema Israel sorgfältig ausgespart und damit auch die schwierige Debatte, ob es Antizionismus ohne Antisemitismus geben kann. Wären wirklich mehr Teilnehmer gekommen, wenn der Davidstern nicht auf blau-weißem Grund geweht hätte, wie etwa Dany Cohn-Bendit und der frühere Direktor des Fritz Bauer Instituts, Micha Brumlik, meinen? Kaum anzunehmen, dass eine große Anzahl von Menschen, denen es ein Herzensanliegen gewesen wäre, ein Zeichen der Solidarität mit Juden in Deutschland zu setzen, vorab entschied, lieber zu Hause zu bleiben, um nicht ungewollt zufällig neben einer Israelfahne zu stehen. Nein, wahrscheinlicher ist, dass die, die kommen wollten, gekommen sind. Sehr viel mehr sind es wohl nicht. Es gibt ein breites Bündnis des Ressentiments, der Gleichgültigkeit, der Kälte, das quer durch die sozialen Schichten, quer durch die Religionen und quer durch die politischen Lager reicht. Die säuberliche Auftrennung in den Hass auf den Judenstaat einerseits und die Juden andererseits ist politische Kosmetik.

»Der Antisemitismus hat eine sehr tief verankerte, kollektiv psychologische, in letzter Analyse wahrscheinlich auf verdrängte religiöse (...) Ressentiments rückführbare Infrastruktur«, schrieb Jean Améry 1977. »Er ist aktualisierbar zu jeder Stunde – und ich erschrak zwar zutiefst, war aber nicht eigentlich erstaunt, als ich erfuhr, es sei bei einer Kundgebung zugunsten der Palästinenser in einer deutschen Großstadt nicht nur der ›Zionismus‹ (was immer man unter diesem politischen Begriff verstehe) als Weltpest verdammt worden, sondern es hätten die erregten jungen Antifaschisten sich deklariert durch den kraftvollen Ruf: ›Tod dem jüdischen Volke‹. Unsereins ist das gewöhnt. Man hat zusehen können, wie das Wort Fleisch ward und das fleischgewordene Wort schließlich zu gestäuften Kadavern. Hier wird wieder einmal mit dem Feuer gespielt, das so vielen ein Grab in den Lüften grub. Ich schlage Feueralarm.« 1977! Ein Jahr vor seinem Selbstmord.

# »Sie halten einfach einen starken Juden nicht aus« – Zu Besuch bei Anetta Kahane

»Ich bin also die für den Osten«, sagt sie fröhlich gleich zum Einstieg in unser Gespräch. Wir sind in Berlin-Mitte verabredet, im ehemaligen Osten der Stadt. Dort wohnt und arbeitet Anetta Kahane. Wir sitzen in ihrem Wohnzimmer, wie sie ihre Kneipe nennt. »Dada Falafel« ist eines der schicken neuen Bistros mit lässiger Bedienung, guten Drinks und eben mit Falafel. Dass es die beste der Stadt ist, muss man nicht eigens erwähnen, aber erwähnen muss man schon, dass der Laden einem irakischen Künstler gehört, der arabische Kellner beschäftigt, »er hier kommt aus Haifa«, sagt sie und deutet auf einen smarten jungen Mann, bei dem wir gleich bestellen werden. Ein kosmopolitischer Ort im alten Osten der Republik. Viele Israelis kämen hierher, weil man hier wie zu Hause sitzen und essen könne, ohne permanent über Israel reden zu müssen. Deswegen sei sie so gerne hier. Das Einzige, was hier nicht stattfinden dürfe, sei Religion. Wenn Moslems kämen und ein Shawarma bestellen würden, sagt der Wirt immer, er mache das traditionelle arabische Gericht mit einem ordentlichen Schuss Bier. Er will keine Orthodoxen hier haben, es soll ein offener und unbeschwerter Ort bleiben.

Viele Israelis überrennen die Stadt, weiß Kahane, und sie sind begeistert von ihrem Berlin. Berlin ist absolut trendy, und Antisemitismus, wo soll der denn bitte sein? Würde sie so auf die Stadt sehen, würde sie selbst wahrscheinlich auch so denken und glauben, dass es so schlimm hier nicht sein kann. Sieht doch alles ganz nett aus hier. Ist es aber ganz und gar nicht. Die jungen Israelis stellen vielleicht auch noch fest, dass die Deutschen ja gar nicht mehr in SS-Uniformen rumlaufen. Und diese Erleichterung verbreiten sie dann daheim, wenn sie wieder in Israel sind. »Wenn man nicht in Deutschland aufgewachsen ist und nicht die vielen wunden Stellen hat, die einen einfach empfindlicher machen«, sagt Anetta, »dann ist das okay, die haben außerdem ganz andere wunde Stellen, wenn sie aus Israel kommen.« Deshalb kann sie nachvollziehen, dass die sich ganz wohlfühlen hier. »Der Antisemitismus ist ja auch irgendwie angemessen mitgewachsen, was harmlos klingt, aber ein dickes Problem bleibt. Während sich die Gesellschaft entwickelt hat, hat sich auch der Antisemitismus weiterentwickelt. An ganz vielen Stellen ist er mehr geworden, an ganz wenigen weniger.«

Ein Kellner huscht vorbei. Der ist auch Araber, wie alle hier, sagt sie. Die zwei da drüben sind aus Haifa, also israelische Palästinenser. »Israel spielt hier viel weniger eine Rolle als an allen anderen Orten, deswegen bin ich so gerne hier, das hier ist frei von Projektion. Hier sitzt man einfach und isst Falafel.« Der Besitzer der Kneipe will einen Platz, wie er eigentlich im Orient sein sollte, einen Ort, an dem die Leute Hebräisch so gerne hören wie Arabisch. Und das sei in anderen arabischen Bistros eben überhaupt nicht der Fall, nur hier.

Wissen die Menschen, dass sie Jüdin ist? Klar, sagt sie, das stehe im Internet. Zumal sie sich regelmäßig zu Wort meldet, zum Beispiel mit ihrer wöchentlichen Kolumne in der *Berliner Zeitung* und in der *Frankfurter Rundschau*. Sie ist eine ostdeutsche Jüdin, die sich einmischt, und damit eine ideale Adresse, um all den antisemitischen Dreck, den die Leute loswerden wollen, abzuladen. Gerade hat sie die »antisemitischen Spinner« der neuen Montagsdemos aufs Korn genommen, die solle man bitte nicht unterschätzen: »Ein Mischmasch aus Klassenkampf, Euroskepsis, Nationalismus, Paranoia und Verschwörungsideen über 9/11, Islamhass und Antisemitismus ist dabei, die Straße zu erobern. Jede dieser Gruppen für sich genommen ist meschugge, und wie alle Verrückten haben sie ihre Fans.« Diese Fans schreiben ihr dann auch prompt. Da sei die Post so richtig abgegangen. So viele Hass-Mails habe sie noch nie bekommen, und das will schon etwas heißen bei ihrer Arbeit.

Ihr »Kind« ist die Amadeu Antonio Stiftung, deren unermüdliche Vorsitzende sie ist, eine Stiftung, die an eines der ersten Todesopfer rassistischer Gewalt nach der Wiedervereinigung erinnert. Der Angolaner Amadeu Antonio Kiowa war in der Nacht vom 24. auf den 25. November 1990 von Neonazis in Eberswalde, wo er als Vertragsarbeiter lebte und arbeitete, so verprügelt worden, dass er nach zwei Wochen im Koma nicht mehr aufwachte. Die mit seinem Namen eng verknüpfte Arbeit Anettas gegen Rechtsextremismus, Rassismus – zumeist gegenüber Muslimen –, Antisemitismus und Intoleranz ist zigmal ausgezeichnet worden. Sie ist die Stimme, die laut wird, wenn im Land geschwiegen wird. Hat sie Angst? Nein, sie wohne in Mitte und habe ihre Stiftung und damit eine gewisse Prominenz, die sie schütze. »Ich bin sozusagen durch Öffentlichkeit geschützt. Asylbewerber, das sind die Leute, die bedroht werden. Ich nicht.«

Das Essen kommt. Es riecht wie in Tel Aviv, nur ohne die Salzbrise vom Meer. Das Thema Israel hat sie dick. Rauf und runter und immer dieselben bescheuerten und festgefahrenen Haltungen zu diesem Stoff. Sie weiß, wie rasch das Klima wechselt, wie schnell Leute aggressiv und wütend werden, sobald es auf einer Party plötzlich wieder um Israel geht. »Ich meide Partys, bei denen ich weiß, es geht schief. Ich kenne die Milieus, und dann gehe ich einfach nicht mehr hin. Natürlich will ich keine Türsteherin sein, die das Thema Israel nicht reinlässt, aber ich brauche diese Diskussionen einfach nicht mehr. Ich mache einfach meine eigenen Partys.« Sie frage sich immer, warum die Leute so heftig gegen Israel wettern. »Interessiert sich überhaupt jemand für die Palästinenser?« Die kümmert doch ein Asyl suchender Palästinenser in Berlin einen Dreck, der ist ihnen doch völlig egal. Nur im Kontext Israel spielt er plötzlich eine tragende Rolle. Juden böse, Araber arm. »Aber wenn man denen dann in Berlin auf der Straße begegnet, sind das sofort Kriminelle und Kanaken.« Was die meisten ärgere und störe, sei die Stärke, die Macht Israels. Wie die USA. »Das hat gar nichts mit Juden zu tun. Beziehungsweise schon: Sie halten einfach einen starken Juden nicht aus.«

Eldad Beck, der israelische Journalist aus Berlin, und Anetta Kahane, die Berliner Jüdin, die Israel wirklich mag – sie wohnen in einer Stadt. Sie kennen sich, sind befreundet und sind trotzdem in vielen Punkten sehr unterschiedlicher Meinung. In diesem aber sind sie sich völlig einig: Der starke Jude wird abgelehnt. Das ist die Wurzel der heftigen Aggression, die Israel entgegenschlägt.

2004 hat Anetta Kahanes Stiftung zusammen mit der Universität Bielefeld und den Professoren Heitmeyer und Zick eine groß angelegte Studie zum Thema Antisemitismus in Deutschland vorgelegt. Miteinbezogen war ausdrücklich auch der auf Israel bezogene Antisemitismus, den man gerne als Antizionismus verkleidet. Die Zahlen sind bekannt. Bei den klassischen Fragen nach Antisemitismus (»Juden haben in Deutschland zu viel Einfluss«) lagen sie bei 15 bis 20 Prozent, bei der Frage, ob Juden aus Auschwitz Profit geschlagen haben, waren es schon doppelt so viele, bis es dann auf 50 Prozent hochschnellte, sobald Israel mit ins Spiel kam. Bei der Frage, ob Israel einen »Vernichtungskrieg« führe, waren es dann sogar 70 Prozent, die mit »Ja« antworteten. Aber dann wollte sie eine ganz andere Zahl wissen. Wie viel Prozent haben bei all diesen Fragen Nein gesagt? Das waren erschreckende 8 Prozent, also mehr als 90 Prozent teilen mehr oder weniger antisemitische Einstellungen, oder andersherum: Nur 8 Prozent haben keiner der antisemitischen Haltungen zugestimmt und sich in keinerlei Form negativ über Israel beziehungsweise über Juden mit Bezug auf Israel geäußert.

Anettas Tochter kommt auf einen Sprung ins »Wohnzimmer«. Eine hübsche, freche, fröhliche junge Berlinerin. Aber in Deutschland will sie auf keinen Fall bleiben. Nach Amerika, ja, am liebsten nach New York. Klar, alle wollen dahin, aber sie hat New York für sich gewählt, weil es eine jüdische Stadt ist. Sie wolle in Ruhe gelassen werden und sich nicht dauernd rechtfertigen müssen vor ihren nicht jüdischen Freunden. Kleine Pause. Sie habe aber eigentlich nur noch jüdische Freunde, fügt sie lachend hinzu.

Anetta Kahane ist in Berlin geboren. Die Eltern ihres Vaters kommen aus der Ukraine, er selbst ist in Hannover geboren, wo der Großvater Milchmann war. Später hatten sie einen Käseladen. Die Eltern sind nach dem Krieg nach Ost-Berlin gezogen, in das jüdische Scheunenviertel. Die Mutter stammt aus Berlin, der Vater aus Hannover. Den Vater hatte die Kommunistische Partei schon 1933 in die Tschechoslowakei geschickt, raus aus Nazideutschland. Später hat er im Spanischen Bürgerkrieg gekämpft und ist am Ende in Frankreich gestrandet. Mit Truppen der Résistance war er schließlich an der Befreiung von Paris beteiligt. Auch Anettas Mutter, interniert im berüchtigten Sammel- und Deportationslager Drancy bei Paris, wurde im letzten Moment befreit: »Ein paar Tage später und ich würde heute nicht hier sitzen.«

Als Jude in der DDR zu leben, war nicht ganz einfach. Denn wie es keine Faschisten gab, weil die alle im Westen waren, gab es eigentlich auch keine Juden. Die Nachbarn wussten es, aber sie haben es nicht an die große Glocke gehängt. Es gab viele Familien, die ihr Judentum komplett verleugnet oder abgewehrt haben und es aus Vorsicht nicht einmal den Kindern erzählten. Was es übrigens genauso in Westdeutschland gab. Aber bei den Kahanes war das nicht so.

Ihr Vater arbeitete als Redakteur beim *Neuen Deutschland*. Als er eines Tages eine Resolution gegen Israel unterschreiben sollte, hat er sich geweigert. Alle prominenten Juden der DDR sollten eigentlich unterschreiben, er aber sagte Nein. Als Korrespondent beim Eichmann-Prozess in Jerusalem hat er von Israel immer sehr geschwärmt, erinnert sich Anetta. Er sei kein Dissident gewesen, und dennoch müsse er einen dicken Schutzengel gehabt haben, glaubt sie. Wir wollen wissen, ob es stimmt, was uns Freunde aus der DDR erzählen, dass der Antisemitismus in der DDR eher harmlos gewesen sei, weniger präsent, weniger wahrzunehmen. »Alle mit jüdischem Background«, sagt Anetta, »wussten sehr genau, was Antisemitismus war in der DDR, die anderen haben es unterm Klassenkampf begraben.« In dem Moment kommt Anettas Bruder André dazu, er setzt sich an unseren Tisch. Seine Kinder leben in Israel, seine Enkel auch. Er ist in Deutschland geblieben.

Kein wahrnehmbarer Antisemitismus in der DDR. Aber hallo! Er erinnert sich an seine Schulzeit im Internat, da war er schon mal das »Judenschwein«, und der Lehrer versuchte, die Klasse mit dem berüchtigten Satz »wir sind doch hier nicht in der Judenschule« kleinzukriegen. Anetta hat eine eigene Ausstellung über Antisemitismus in der DDR gemacht und auch dafür Zahlen erhoben. Die Leute hätten immer gesagt, bei uns in der DDR, nee, da habe es keinen Antisemitismus gegeben. »Na prima«, sagt Anetta, »erst haben sie sie umgebracht und dann wollen sie nicht mehr darüber reden. Die haben über Juden einfach nicht geredet. Das war die schlimmste Form der Abwehr, die komplette Negation.« Da sei der Jude dann komplett verschwunden. »Es war sozusagen das Unsichtbarmachen der jüdischen Existenz, das Unsichtbarmachen der jüdischen Vergangenheit, alles Jüdischen.« So kann man es auch machen und dann sagen, dass es keinen Antisemitismus »drüben« gegeben hätte. Leider hätten die jüdischen Gemeinden, staatsnah wie sie waren, dabei auch keine herausragend gute Rolle gespielt. In den Achtzigerjahren seien die Gemeinden dann aufgepäppelt worden, allerdings unter der Voraussetzung, dass sie sich nicht politisch in Stellung brachten, vor allem nicht für Israel. Zionismus, nein danke. »In unserer Familie war das anders: Israel war kein Feindbild für uns.«

Ein Widerspruch zur offiziellen Politik. Was heute, im vereinten Deutschland, von den Israelkritikern so mühsam erkämpft wird, von jedem Antisemitismus befreiter Antizionismus – in der DDR war er selbstverständlich. Die Kahanes kannten die Parteilinie und sie lebten weitgehend in Einklang mit ihr. Und doch gab es da die kleinen Verwundungen, das Schweigen über ihre jüdischen Wahrnehmungen und ihr Gefühl zu Israel. Anettas Familie wurde unter den Nazis doppelt verfolgt, als Kommunisten und als Juden. Damit ließ sich in der DDR kein Staat machen, in jenem vermeintlich besseren Deutschland, das für sich in Anspruch nahm, von wackeren Antifaschisten aufgebaut worden zu sein, die selbst Opfer gewesen seien. Die jüdischen Opfer wurden marginalisiert, auf der Gedenkplakette in Buchenwald wie in der Gesellschaft: kein Platz für längere Erläuterungen. Und wer sich nicht um die Geschichte der Juden zu Hause kümmern muss, dem kann das Schicksal des Judenstaates von Herzen gleichgültig sei. Die DDR stand fest an der Seite der Sowjetunion und damit fest an der Seite der arabischen Despoten im Kampf gegen Israel.

»Das hat's bei uns nicht gegeben – Antisemitismus in der DDR«, hieß eine Ausstellung, die ihre Stiftung 2007 auf die Beine gestellt und die ein dunkles Kapitel des DDR-Verhältnisses zum Staat der Juden akribisch beleuchtet hat. Mit interessanten Beispielen. So wurde der Sechstagekrieg als »Juni-Aggression« Israels bezeichnet, ohne Hinweis auf die Vorgeschichte des Krieges, und der Jom-Kippur-Krieg war ein Ausbruch der arabischen Welt, aus der Besetzung Israels heraus begründet. »Was immer auch geschah – Israel war schuld«, fasst Kahane zusammen. Antisemitismus und offen gelebtes rechtes Gedankengut wurden geächtet und von der Stasi verfolgt. Immerhin. Damit war es zwar nicht weg, aber nicht mehr sichtbar. Als in der Bundesrepublik im Zuge der diplomatischen Beziehungen zu Israel der Begriff »Wiedergutmachung« auf die Tagesordnung rückte, als allererste, bis heute nicht abgeschlossene Restitutionsüberlegungen angestoßen wurden, schaltete die DDR auf stur. »Jüdisches Eigentum wurde ein zweites Mal enteignet«, sagt Kahane. Von Walter Ulbricht wird der Satz überliefert: »Nun, wir waren immer gegen die jüdischen Kapitalisten, genauso wie gegen die nicht jüdischen. Und wenn Hitler sie nicht enteignet hätte, so hätten wir es nach der Machtergreifung getan.«

Die DDR ist mittlerweile Geschichte. Mit der Mauer fiel auch die Hemmung, zu sagen, was man denkt. Und plötzlich wurde klar, wie viele rassistisch, ausländerfeindlich und antisemitisch dachten. Damals hat Anetta Kahane den Kampf gegen die Intoleranz und die Dummheit aufgenommen, zuerst als Ausländerbeauftragte des Runden Tisches. Das war noch vor dem offiziellen Ende der DDR. Der Arbeiter- und Bauernstaat wurde abgewickelt. Und spätestens durch die rechten Ausschreitungen von Hoyerswerda wurde klar, was zur politischen Insolvenzmasse dazugehörte. Seit damals kennen wir uns. Die ARD machte einen Brennpunkt zu den Krawallen und sendete live vom Marktplatz von Hoyerswerda. Der Moderator und damalige Chefredakteur des Hessischen Rundfunks, Wilhelm von Sternburg, stand unter anderem mit Oskar Lafontaine auf der Bühne, Anetta und ich standen auf dem Platz, zwei junge Frauen umringt von Neonazis. Anetta: »Ich habe ziemliche Angst gehabt, aber ich habe mich dann breitbeinig hingestellt und entschlossen geguckt.« Ich hielt das Mikrofon und Anetta sprach tapfer hinein: »Ich bin hier für alle, die wollen, dass Ausländer in Deutschland leben!« Das wurde mit einem gellenden Pfeifkonzert quittiert. Die Menge rückte bedrohlich näher. Für den Rest der Sendung hatten wir Polizeischutz. Damals haben wir hautnah erfahren, wie unerträglich für viele die Demokratie, der Pluralismus, das Aushalten von Widersprüchen, kurz: die Freiheit ist. Genau das also, was wir an Israel schätzen, seine Unordnung, sein Chaos, seine Streitkultur, seine Leidenschaft: das Leben! Damals, 1991 auf dem Marktplatz in Hoyerswerda, haben wir darüber nicht gesprochen und auch in den Jahren danach nicht. Und doch wussten wir, dass wir zur seltenen Minderheit gehören, wenn es um Israel geht. 25 Jahre später, im Zentrum des hippen Berlin, spricht sie mir aus dem Herzen, als sie sagt: »Die Vorstellung, dass es Israel, aus welchen Gründen auch immer, nicht mehr gibt, löst bei mir nackte Panik aus. Es wäre etwas, was uns alle betrifft. Es würde nicht nur etwas für Israel bedeuten, es wäre insgesamt eine Katastrophe. Es hätte eine Bedeutung, die weit über das hinausginge, was es für den Nahen Osten bedeutete. Es würde bedeuten, dass das Lebensmodell, in dem wir jetzt alle ganz gemütlich leben, gescheitert wäre. Nicht nur in Israel und Deutschland, nein, global!«

André stimmt seiner Schwester zu. Es wäre eine Katastrophe. Es gäbe in Amerika schon Menschen, die zum Beispiel Fahrscheine aus Israel sammelten, für ein späteres Israel-Museum, wenn es den Staat nicht mehr gibt.

Das Essen war wunderbar. Die Teller sind leer. Der Geruch von Israel ist im Großstadtmief Berlins untergegangen. Zum Schluss wollen wir noch zwei Fragen stellen. Anetta soll den Satz: »Deutschland ist für mich ...« beenden. Sie schweigt. Denkt nach. Es dauert. »Deutschland ist für mich etwas, über das ich jeden Tag nachdenke. Ich frage mich jeden Tag, was für ein Verhältnis habe ich eigentlich zu Deutschland. Will ich jetzt weg oder will ich jetzt hierbleiben, finde ich es jetzt scheiße oder finde ich es jetzt eigentlich ganz gut? Bin ich so, oder bin ich so? Das ist es. Das ist für mich Deutschland. Eine permanente Auseinandersetzung. Ich hadere mit dem Schicksal, dass ich hier bin. Ich freue mich, dass ich hier bin. Ich hadere, ich freue mich. Ich finde es blöd, ich finde es süß.«

Und Israel? »Israel ist für mich eine Option, eine Beruhigung«, sagt sie, ohne eine Sekunde nachzudenken. Das kam wie über Nacht, im August 2001, erinnert sich Anetta, als in Durban, in Südafrika, die unsägliche UN-Anti-Rassismus-Konferenz stattfand und die jüdischen Delegierten niedergeschrien wurden, da sei ihr ein großes Licht aufgegangen. »Da habe ich gesagt: Gott sei Dank, Israel ist eine Option. Da kann ich immer noch hin. Das war für mich ein richtiges Schockerlebnis.« Ihr Bruder André ergänzt lakonisch: »In der Not müssen wir da alle hin.«

# Israel, das Stiefkind in der Gemeinschaft der Völker

Die Mehrheit der Völkergemeinschaft wollte diesen Staat. Wer also wäre der bessere Garant für die Sicherheit Israels als jene, die damals dafür gestimmt haben? Aber weit gefehlt: Die UNO scheint sich längst nicht mehr ganz so sicher zu sein, ob es damals wirklich eine gute Idee war, den Juden einen eigenen Staat zu geben. Kein anderes Land hat die Weltgemeinschaft mehr beschäftigt als Israel, und keines hat sie häufiger verurteilt. Nur ein einziges Mal hat sich die UN für und nicht gegen Israel ausgesprochen: 1947 mit ihrer Abstimmung für die Gründung des Staates Israel. Und als ob sie dieser Beschluss seitdem reut und als ob sie ihn nachträglich korrigieren wollte, lässt sich die UN immer wieder vor den antiisraelischen Karren spannen. Das Balg war zwar auf der Welt, aber man schämte sich des Nachwuchses und setzt bis heute alles daran, den unerzogenen Staat zur Räson zu bringen. Nach Artikel eins der Charta der Vereinten Nationen bestehen die Hauptaufgaben der UNO darin, dafür zu sorgen, dass der Weltfrieden gesichert wird und bleibt, dass die Nationen untereinander anständig miteinander umgehen und dass die Menschenrechte weltweit gefördert und eingehalten werden.

## Resolutionen-Marathon gegen Israel

Resolutionen sind so etwas wie die blauen Briefe in der Schule, Verbleib im Rang der Anständigen gefährdet. Nimmt man das ernst, ist Israel – ein Land, das so klein ist, dass sein Name auf einem Globus ins Meer geschrieben werden muss, weil der Platz auf dem eigenen Territorium nicht reicht – der Störenfried Nummer eins. Allein 2013 hat die UN-Generalversammlung 21 Resolutionen gegen Israel ausgesprochen und nur ganze vier für den Rest der Welt. Das kann zweierlei bedeuten. Entweder ist Israel der schlimmste Schurkenstaat, oder die UN sind voreingenommen und werden von der Mehrheit ihrer Mitglieder als andauerndes Tribunal gegen Israel missbraucht. 21 Mal abgemahnt in nur einem Jahr. Darunter auch wegen Umweltverschmutzung im Libanon, für die Israel wegen seiner Bombardierungen im Libanonkrieg 2006 haftbar gemacht wird. Allein mit diesem Komplex hat sich die UN-Generalversammlung in den vergangenen Jahren sieben Mal befasst. Die anderen vier blauen Briefe des Jahres 2013 gingen an Syrien, das zu dem Zeitpunkt bereits schätzungsweise 120000 seiner eigenen Bürger getötet hatte; an den Iran, der den Bau seiner Atombombe unbeeindruckt von allen UN-Resolutionen und Sanktionen munter vorantreibt; an das totalitäre Regime in Nordkorea, das gerade einen Atomwaffentest durchgeführt hatte; und an Myanmar, das der muslimischen Minderheit der Rohingya per Gesetz die Staatsbürgerschaft verweigert und sie so schutzlos einem Massaker ausgeliefert und Zehntausende zur Flucht gezwungen hatte. China, Kuba, Ägypten, Sudan oder Zimbabwe haben die UNO 2013 nicht auf den Plan gerufen, dort scheint also, auch was die Menschenrechte betrifft, so weit alles in Ordnung zu sein. Auch als im Herbst 2014 die Gräueltaten des Islamischen Staates bekannt wurden, zeigten sich die Vereinten Nationen zwar »erschüttert« von den Enthauptungen, Massenvergewaltigungen und Entführungen, aber man blieb im Vagen und konnte sich zu keiner Verurteilung hinreißen. Die Medien zitierten den Bericht deshalb auch vorsichtig: Die Vereinten Nationen sähen »womöglich« Menschenrechtsverletzungen, was nichts anderes heißt, als dass man sich in der Beurteilung nicht ganz sicher ist. Außerdem würden schließlich auch die Regierungstruppen und ihre verbündeten Milizen Menschenrechte und das Kriegsrecht verletzen. Na denn. Von einer solchen rücksichtsvollen Bewertung kann Israel nur träumen.

Die Liste der UN-Resolutionen gegen Israel beginnt schon 1948 zur Beendigung des israelischen Unabhängigkeitskriegs, den, dies nur kurz zur Erinnerung, nicht Israel, sondern seine feindlichen Nachbarn, kaum dass die Weltengemeinschaft den Judenstaat beschlossen hatte, vom Zaun gebrochen hatten. Die zweifellos berühmteste Resolution aber, die immer wieder gegen Israel ins Feld geführt wird, ist Nummer 242 vom November 1967. Sie ist bei allen Hassern des Judenstaates eine feste Größe, eine fast magische Zahl, mit der die Berechtigung der Wut offiziell bestätigt wird. Denn die Resolution 242 beinhaltet nichts anderes als die Aufforderung an Israel, sich aus den »besetzten Gebiete, die während des jüngsten Konfliktes (gemeint ist der Sechstagekrieg) besetzt wurden«, zurückzuziehen. Bedauerlicherweise lesen die wenigsten den nicht ganz unerheblichen zweiten Teil dieser Resolution: Der Rückzug Israels habe im Gegenzug für eine Anerkennung Israels und die Respektierung seiner Sicherheit »frei von Bedrohung und Gewalt« zu erfolgen. Wie emsig bemüht die Gegner Israels die UN-Resolution 242 ihrerseits umsetzen, lässt sich eindrucksvoll in der Charta der Hamas nachlesen (»Wir werden niemals Zugeständnisse über auch nur einen Zoll unseres Landes machen«) oder bei der gemäßigten Fatah mit den Worten von Kifah Radayeh, einem hohen Funktionär, der im Juli 2009 im palästinensischen Fernsehen sagte: »Unser Ziel ist nie Frieden gewesen, Frieden ist ein Mittel (zum Zweck): Das Ziel ist Palästina.«

Der Brite Lord Caradon gilt als der Verfasser der Resolution 242. Er legte von Anfang an Wert darauf, dass er bewusst auf die Formulierung »bedingungsloser Rückzug Israels« verzichtet habe. Nicht einmal die Frage, aus welchen Gebieten Israel abzuziehen habe, ist eindeutig festgehalten. Unmissverständlich unterstreicht sie hingegen die »Unzulässigkeit, Gebiete durch Krieg zu erwerben«. Damit war schon 1967 der Grundstein für eine Umdeutung der historischen Wahrheiten gelegt.

## Gute und schlechte Besatzer

Der Sechstagekrieg war nämlich keineswegs ein Versuch, »Gebiete durch Krieg zu erwerben«, sondern er war ein Versuch, sein eigenes Staatsgebiet vor einem Überfall der arabischen Nachbarn zu schützen. Würde man also Eroberungen, die sich aus Verteidigungskriegen ergeben, verbieten, könnte das jeden Aggressor ermutigen, einen Krieg ohne das Risiko eines eigenen Verlustes zu führen. Deshalb sind sich Völkerrechtler durchaus nicht sicher, ob die Besetzung der im Sechstagekrieg durch Israel eroberten Gebiete tatsächlich illegal ist. Der spätere Präsident des Internationalen Gerichtshofes in Den Haag, Stephen Schwebel, fasste die Situation für Israel 1970 so zusammen: »Wenn der vorherige Inhaber eines Gebietes dieses Gebiet unrechtmäßig erobert hat, hat der Staat, der das Gebiet anschließend in der rechtmäßigen Ausführung von Selbstverteidigung einnimmt, gegenüber dem vorherigen Inhaber bessere Ansprüche.« Jordanien hat von der UN nie das Westjordanland, Ägypten nie den Gazastreifen zugesprochen bekommen. Beide haben diese Gebiete, die die Vereinten Nationen den Palästinensern zur Gründung ihres Staates übereignen wollten, was diese aber bekanntlich ablehnten, also widerrechtlich besetzt. In Kriegen, die sie gegen Israel führten. Israel wiederum hat diese Gebiete in Verteidigungskriegen erobert. Für Stephen Schwebel war die Sachlage schon vor mehr als dreißig Jahren klar. An der Ausgangslage hat sich seither nichts geändert, an der politischen Bewertung weltweit allerdings schon. Auch der Status von Jerusalem, der, weil zu verzwickt, immer wieder ausgespart wird und einer wirklichen Friedenslösung vorbehalten bleibt, war für Schwebel klar: Israel habe einen größeren Anspruch auf »das ganze Jerusalem« als beispielsweise Jordanien, das den Ostteil der Stadt bis 1967 besetzt gehalten hatte.

Am Vorabend des Sechstagekrieges umzingelte Jordanien mit seiner Armee die Stadt von drei Seiten und feuerte etwa 6000 Granaten auf jüdische Viertel im Westen der Stadt. Dabei wurden etwa 1000 Israelis verwundet. Gleichzeitig rückte die irakische Armee auf die Westbank vor und stand kurz vor einer Invasion. Israel warnte Jordanien über die UNO vor weiteren Attacken. Vergeblich. Schließlich überquerte das israelische Militär die alten Waffenstillstandslinien von 1949, schlug die Jordanier zurück und eroberte Ostjerusalem. Israel übernahm die Kontrolle der Westbank ebenso wie über die heiligen Stätten – als das Ergebnis von Selbstverteidigung. Auch hier kein Angriffskrieg, sondern eine nachvollziehbare und völkerrechtlich legitime Handlung.

Russland, das versucht hatte, die Resolution 242 robuster zu fassen und Israel aufzufordern, sich auf die Grenzen vor 1967 zurückzuziehen, scheiterte mit seinem Antrag und musste einräumen, dass die Resolution Israel den Spielraum gebe, »neue Grenzen zu erstellen und seine Streitkräfte nur bis zu den Linien zurückzuziehen, die es für passend erachtet«, wie der stellvertretende russische Außenminister Wassili Kusnezow am Ende eingestehen musste.

Jerusalem ist übrigens nie Gegenstand der Resolution 242 gewesen, auch wenn die Palästinenser, die sich als Rechtsnachfolger der jordanischen Besetzer sehen, das seit Jahrzehnten immer wieder reklamieren und, wenn sie von den »besetzten Gebieten« reden, rasch noch hinzufügen: »einschließlich Ostjerusalem«. Sprachfloskeln setzen sich im Hirn dauerhaft fest und werden zur Gewissheit. Das hat sich bei Gaza bereits bewährt, das nicht nur besiedelt, sondern das »dichtest besiedelte Gebiet der Welt« ist. Eine geschickte diplomatische Strategie, ein völkerrechtliches Gewohnheitsrecht sozusagen, das 2012 weiter gefestigt wurde, als die Palästinenser eine Resolution beim UNO-Menschenrechtsrat in Genf durchsetzten, in der Jerusalem unwidersprochen als »besetztes palästinensisches Gebiet« bezeichnet wird.

Was aber ist ein »besetztes Gebiet«? Das einst unabhängige Kaschmir teilen sich Indien und Pakistan, nicht immer friedfertig, aber von einem »besetzten Gebiet« ist in der langen Geschichte dieser Region nie die Rede gewesen. Es ist in der internationalen Sprachregelung ein »umstrittenes Gebiet«, womit

spätere Regelungen offengelassen werden. Armenische Separatisten halten Teile von Aserbaidschan besetzt, aber die Provinz
Nagorno-Karabakh ist ebenfalls nicht »besetzt«, sondern »strit-
tig«. Die Westsahara hat sich Marokko einverleibt und eine 2500
Kilometer lange Wallanlage errichtet, um die Polisario, die für
eine Unabhängigkeit der Westsahara und der Ureinwohner, der
Saharauis, kämpft, von Marokko fernzuhalten. Aber auch diese
ehemalige spanische Kolonie ist nicht »besetztes Gebiet«. Nord-
zypern ist türkisch, aber nicht »besetzt«, sondern ein »Sonder-
gebiet« der Europäischen Union. Nur Gaza, die Westbank und
Ostjerusalem gelten als »besetzte Gebiete« und sind demzufolge
illegal, und auch das erst, seit Israel sie kontrolliert. Zuvor, als Jordanien die Westbank und Ägypten den Gazastreifen seit ihrer
vom UN-Sicherheitsrat als völkerrechtswidrig bezeichneten Invasion hielten, verwendeten nicht einmal die Palästinenser, um
deren Land es ja ging, den Begriff »besetzte Gebiete«. Dabei hat
niemand diese Gebiete damals anerkannt, nicht einmal die eigenen arabischen Nachbarn. Nur Pakistan fand diese Eroberung in
Ordnung, und England, Letzteres allerdings unter Ausklamme-
rung Jerusalems. »Besetzte Gebiete« wurden sie erst, nachdem
Israel eingerückt war in ein Gebiet, das 1922 immerhin durch das
Völkerbundmandat für Palästina einem noch zu schaffenden Judenstaat gehören sollte: »Es wird hiermit die historische Verbindung der jüdischen Nation mit Palästina als Grund für die Wie-
dererrichtung ihrer Heimat in ebendiesem Land anerkannt«, hielt
die Völkergemeinschaft eigens fest. Nach der Haager Landkriegs-
ordnung übrigens kann ein Gebiet nur dann als besetzt gelten,
wenn die Besatzungsmacht die komplette Kontrolle über das Gebiet ausübt. Gaza ist geräumt, und für die Westbank nimmt Israel
seit den Osloer Verträgen (1995) für sich in Anspruch, dass sie
schließlich die Kontrolle über die Westbank an die palästinensische Selbstverwaltung abgetreten hat. Selbst unter dem Eroberer,
unter Moshe Dayan, war das schon so: »Wir halten aus Sicher-
heitsgründen die Anhöhen besetzt, was in den Städten und Dörfern geschieht, ist Sache der Einwohner.« Was übrigens auch der
damalige Bürgermeister von Hebron, Scheich Muhammad Ali

Ja'abari, 1968 dem *Spiegel* gegenüber bestätigt: »Ich kann tun und lassen, was immer ich für richtig halte. Alles, was wir von den Militärbehörden anfordern, bekommen wir prompt.« Nur die Verantwortung für die äußere Sicherheit und die Sicherheit der dort noch lebenden israelischen Bevölkerung liegt bei Israel. Das mögen alles völkerrechtliche Spitzfindigkeiten sein, aber es ist nicht ganz unerheblich, sich nicht nur die Terminologie eines Konfliktes zu vergegenwärtigen, sondern auch die historischen Fakten.

## Wenn Menschenrechtsverletzer Menschenrechte fordern

Der Tiefpunkt in der zerrütteten Beziehung zu den Vereinten Nationen war allerdings erreicht, als die UN ausgerechnet am 9. November 1975 die Resolution 3379 verabschiedete, mit der Zionismus als eine Form des Rassismus verurteilt wird. Das war ein hochwillkommenes Geschenk an alle Gegner Israels. Auch die antifaschistische DDR stimmte mit Ja. Erst 16 Jahre später, im Dezember 1991, wurde diese unrühmliche, aber für die Haltung der Völkergemeinschaft gegenüber Israel typische Resolution aufgehoben. Israel hatte damit gedroht, die Friedensverhandlungen in Madrid im selben Jahr zu boykottieren. Die Resolution 3379 war Geschichte, für null und nichtig erklärt. Die arabischen Staaten stimmten dagegen. Die DDR gab es nicht mehr.

Die UN sind die wichtigste, weil einzige Einrichtung, die von allen Staaten anerkannt und legitimiert ist, eine Lösung im Zwist der Völker zu finden. Da hier aber alle Staaten vertreten und die demokratischen dabei deutlich in der Minderheit sind, hat Israel eher schlechte Karten. Und das Blatt würde noch viel schlechter aussehen, würde nicht die Vetomacht Amerika die Kartenverteilung am Tisch überwachen. Von den 193 Ländern in der UNO sind 47 muslimisch. Kein Wunder, dass die Völkergemeinschaft immer wieder als Sammelbecken für Antisemiten missbraucht wird – mit freundlicher Duldung Europas. Die Häufigkeit, mit der das geschieht, ließ am Ende seiner Amtszeit sogar bei Kofi

Annan, dem UN-Generalsekretär von 1997 bis 2006, Zweifel aufkommen, ob die vielen Resolutionen gegen Israel den Palästinensern beziehungsweise dem Frieden wirklich geholfen hätten. Wäre die UN 1947 in dieser Besetzung angetreten, um über einen eigenen Staat für Juden abzustimmen, gäbe es Israel überhaupt nicht. Der damalige Wille der Völkergemeinschaft ist Geschichte und gerät zunehmend in Vergessenheit. Vehemente Forderungen nach Einhaltung der UN-Resolutionen werden vor allem dann laut, wenn sich diese gegen Israel richten.

Selten hat jemand so schön klar gesagt, wovon er träumt, wenn es um Israel geht, wie der beliebte Komiker Dieter Hallervorden, der natürlich, das nur kurz vorweg, gegen Rechtsextremismus und Judenhass ist. Dieser engagierte Witzbold, der uns bisher noch nicht als Nahostexperte begegnet ist, postet seiner Fangemeinde, gemeinsam mit seinem Sohn: »Wir träumen davon, dass es in Deutschland möglich ist, der israelischen Regierung einen ständigen Verstoß gegen UN-Resolutionen und die Menschenrechte vorzuwerfen, ohne gleich in den Verdacht zu geraten, Antisemit zu sein.« Haben sie diesbezüglich schon mal schlechte Erfahrungen gemacht?, würde man gern wissen wollen. Hat ihm jemand den Mund verboten, weil er die israelische Regierung für eine Ansammlung von Schwachköpfen hält? Nein, er redet der Mehrheit in Deutschland einfach nur nach dem Mund: »Du bist der Held meiner Kindheit und mit deinem heutigen Post triffst Du direkt in mein Herz«, schreibt ihm ein Facebook-Fan. Ein anderer Freund des Spaßvogels: »Endlich mal ein Prominenter, der es ›wagt‹, das auszusprechen bzw. zu posten, was Fakt ist. Müssen wir als Deutsche tatsächlich still diesen Massenmord an Zivilisten mitansehen, nur aufgrund unserer Vergangenheit und aus Angst, als Rechtsextreme oder Judenhasser abgestempelt zu werden? Nein! Danke für diesen Post!« Ein weiterer brachte es dann ganz deutsch und spätgeboren auf den Punkt und schrieb: »Ich bin nach 1945 geboren – Ich schulde der Welt einen Scheiß.« Sein jüdischer Komikerkollege Oliver Polak nannte Hallervordens Statement nur »jämmerlich«. Es sei so »irre wie die Behauptung, dass irgendjemand nach 1945 geborene

Deutsche als ›schuldig‹ bezeichnen würde«. Polak, der Jude aus Papenburg mit seinen bitteren Stücken wie »Jud Süß Sauer«, hat die Faxen dick mit Deutschland und dass er immer geradestehen muss für das, was Israel macht oder unterlässt, Deutschland habe ihn krank gemacht, er will nach New York, oder wenn schon Deutschland, dann Frankfurt am Main.

Komiker haben es nicht gerne, wenn sie für ihre Worte allzu ernst genommen werden, das versteht man, es würde manche Pointe ins Leere laufen lassen. Aber gegen welche UN-Resolutionen genau verstößt Israel eigentlich »ständig«? Das wird man Hallervorden und andere wohl noch fragen dürfen, ohne gleich in die rechte Ecke der Israelfreunde gesteckt zu werden. Und werden andere Resolutionen gegen andere Staaten von denen sofort befolgt, beherzigt und umgesetzt? Kann sich Israel ein Beispiel nehmen? An Baschar al-Assad vielleicht, den der UN-Sicherheitsrat Anfang 2014 einstimmig aufgefordert hatte, nicht etwa das Morden an seinem Volk einzustellen, nein, sondern humanitäre Hilfe ins Land zu lassen? Monatelang hatte die UN um dieses Papier gerungen. Oder die Resolution 1718 aus dem Jahr 2006, die Nordkorea auffordert, seine Kernwaffen zu vernichten. Niedlich, völlig wirkungslos und längst vergessen. Nur an die »Kriegsverbrechen« Israels wird beständig erinnert. Die Mahner könnten freilich auch wissen, dass es nur wenige Länder gibt, in denen Kriegsverbrechen vom Verursacher selbst – nämlich vom israelischen Militär – und ohne Anschub von außen aufgearbeitet werden. In Israel geschieht das mit großer Akribie und mit wenig Scheu vor Öffentlichkeit. Das Militär geht jedem gemeldeten Fehlverhalten seiner Soldaten nach. In 13 Fällen ermittelte der Militärstaatsanwalt allein nach dem jüngsten Gazakrieg 2014, darunter auch im Fall des Angriffs auf eine Schule der UN. Die Ergebnisse werden veröffentlicht, und auch ausländische Journalisten erhalten Einblick. Eine Transparenz, die für Armeen sonst nicht zum Standard gehört, auch nicht bei der Bundeswehr. Diese Offenheit ist vor allem innenpolitisch nötig. Und wenn Mitglieder einer Geheimdiensteinheit der IDF, der Israelischen Verteidigungsstreitkräfte, 2014 aus moralischen Gründen den

Reservistendienst quittieren, weil sie sich weigern, sich weiter an Überwachungsaktionen gegen Palästinenser in der Westbank zu beteiligen, macht das nicht die Runde in israelischen Offizierskasinos, sondern in aller Öffentlichkeit und wird hierzulande gerne als Beweis dafür genutzt, dass es selbst dem israelischen Militär langsam zu weit gehe. Die israelische Öffentlichkeit stellt ihre Fragen laut und lässt sich nicht mit voreiligen Antworten abspeisen. Nach jedem Militäreinsatz gibt es Untersuchungen und politische Kommissionen, müssen sich die verantwortlichen Politiker im Parlament und in der Öffentlichkeit rechtfertigen. Jedes Detail kommt auf den Prüfstand. Die Israelis wollen genau wissen, was wann, wo und warum falsch gelaufen ist. Das könnte und müsste auch hierzulande als bemerkenswerter Ausdruck demokratischer Transparenz wahrgenommen werden. Immerhin wird bei uns selbst in Fällen von Polizeigewalt nur höchst selten ermittelt, und 95 Prozent der Ermittlungen werden eingestellt. Dabei handelt es sich hier noch nicht einmal um sicherheitsrelevante staatliche Belange. Warum also zollt eine kritische linke Öffentlichkeit einem Land im permanenten Kriegszustand nicht Respekt für die Bereitschaft, auch gegen das eigene Militär zu ermitteln? Weil sich im Fall Israels Ermittlungen erübrigen. Im besten Fall bestätigen sie, was der Israelkritiker eh schon weiß, und im schlimmsten Fall säen sie Zweifel. »Warum sollte man Nachforschungen anstellen, wenn doch schon alle wissen, wer der Schuldige ist?«, hatte uns der Polizeichef von Gaza 2001 verblüffend ehrlich gesagt, als wir im Fall des angeblich von israelischen Soldaten kaltblütig erschossenen Palästinenserjungen Mohammed al-Durah recherchierten. Was für ihn damals galt, gilt noch heute weltweit: Israel ist an allem schuld.

Sinn und Zweck der diversen UN-Untersuchungskommissionen ist daher auch weniger die Ermittlung der Wahrheit als die Stärkung der Anklage. Die Einsetzung der Untersuchungskommissionen wird von großem Medieninteresse begleitet, das Ergebnis aber wird eher klein gefahren. Es ist nicht schlagzeilen- und slogantauglich, weil zu differenziert und zuweilen sogar politisch ärgerlich, weil entlastend für Israel. Im Gazakrieg

2008/2009 etwa erhob die UN-Menschenrechtskommission in ihrem sogenannten Goldstone-Bericht schwere Vorwürfe gegen Israel. Es habe nicht versehentlich, sondern gezielt auf Zivilisten geschossen. Bei den 22 Tage tobenden Kämpfen waren damals 13 Israelis und 1400 Palästinenser getötet worden, unter ihnen viele Zivilisten. Der südafrikanische Jurist Richard Goldstone hat die Vorwürfe in einem 575 Seiten langen Bericht ausführlich beschrieben und dargelegt. Die Empörung war ebenso einhellig wie anscheinend berechtigt. Die *Zeit* titelte damals: »Es gibt starke Beweise für israelische Kriegsverbrechen.« Aber es war, wie sich erst Jahre später herausstellte, nur ein Teil der Geschichte, der deshalb so begierig wahrgenommen wurde, weil er bestätigte, was die Auftraggeber der Untersuchung herausfinden wollten und wovon ohnehin alle ausgehen: Israel ist an allem schuld. Der andere Teil wurde dann schon weit weniger breit wahrgenommen.

Im April 2011 machte nämlich Goldstone selbst in einem ausführlichen Aufsatz in der *Washington Post* einen unmissverständlichen Rückzieher: »Hätte ich damals das gewusst, was ich heute weiß, wäre mein Bericht deutlich anders ausgefallen.« Während nämlich Israel etwa 400 eigene Untersuchungen zu strittigen Vorfällen unternommen und in mehreren Fällen auch Verurteilungen übereifriger Soldaten vorgenommen hatte, herrschte aufseiten der Hamas absolute Funkstille. Zwar waren auch sie, wie Israel, im Goldstone-Bericht dazu aufgefordert worden, eigene Untersuchungen über mögliche Kriegsverbrechen einzuleiten, hatten aber keinen einzigen Finger gerührt. Offensichtlich hätten israelische Soldaten auch nicht, schrieb Goldstein, absichtlich palästinensische Zivilisten getötet, wie er in seinem Bericht unterstellt hatte. Als Beispiel führt Goldstone den Tod einer 29-köpfigen Familie aus Gaza an, bei der israelische Untersuchungen ergeben hätten, dass es sich dabei offensichtlich um eine falsche und damit tragisch endende Auswertung des Luftbildes einer Drohne gehandelt habe. Der verantwortliche Offizier wurde vor Gericht gebracht. Goldstone sah sich getäuscht und missbraucht, weshalb er am Ende seiner Abrechnung von der UN-Menschenrechtskommission forderte, sie sollte sich jetzt wenigstens ihrerseits dazu aufraffen, die durch nichts zu rechtfertigende und kaltblütige Hinrichtung einer israelischen Familie zu verurteilen. 2011 waren nämlich mehrere Palästinenser bei Nablus in eine israelische Siedlung eingedrungen und hatten die Eltern und drei minderjährige Kinder im Schlaf getötet, das jüngste drei Monate alt. Die deutschen Medien berichteten eher zurückhaltend und oft nur in ihren Onlinediensten. Auch Goldsteins Appell an die UN verhallte ungehört.

## Das zynische Spiel mit den Opferzahlen

In den letzten Tagen des Gazakriegs 2014 starb der vierjährige Daniel Tregerman aus dem Kibbuz Nahal Oz durch eine Mörsergranate, die Palästinenser aus dem Gazastreifen vom Gelände einer UN-Schule auf den Kibbuz jenseits der grünen Grenze, im Kernland, abgefeuert hatten. Die Eltern haben ein Foto von Daniel ins Netz gestellt, da steht er neben einem ihn überragenden Turm aus LEGO-Bausteinen in einem Trikot der argentinischen Nationalmannschaft, brav die Hände an der Hosennaht, und lacht etwas verlegen, aber doch auch stolz, weil der Spielturm so riesig geworden ist und immer noch steht. Die Eltern haben neben das Foto einen Brief an Ban Ki-moon, den UN-Generalsekretär, gesetzt, den sie geschrieben haben, weil die UN sich erneut anschickte, »Kriegsverbrechen« Israels zu untersuchen, während sie die der Hamas ignorierte. Sie schildern ihm, dass alle Vorsichtsmaßnahmen gegen den Raketenbeschuss aus Gaza vergeblich gewesen seien. Sie hätten Daniel in einem Zelt spielen lassen, das sie nicht mehr im Garten, sondern im Wohnzimmer hätten aufstellen müssen, aber die Mörserrakete habe ihn dennoch getroffen. Er sei in ihren Armen verblutet: »Wir konnten unser wunderschönes und begabtes Kind nicht schützen.« Daniels Eltern wissen, dass die Mörder ihres Sohnes nie zur Rechenschaft gezogen werden. Sie wollen auch keine Rache. Im Gegenteil, sie sehnen sich nach den Zeiten zurück, als die Grenze nach Gaza noch offen waren, als Daniels Großmutter und die Familien ihrer palästinensischen Landarbeiter sich gegenseitig zu Hochzeiten und anderen Festen einluden und sie nach Rafah oder Gaza City reisen konnten, bis die Hamas dem ein bitteres Ende bereitete. »Wir hoffen, dass unsere Nachbarn, die Menschen im Gazastreifen, friedlich in ihren Häusern leben können und ihr wunderschönes Land aufbauen und entwickeln können. Wir glauben, dass die große Mehrheit der Menschen auf diesem Planeten nicht den Anblick von Blut, Tränen und Feuer durch die radikalislamistische Bewegung sehen wollen, sondern friedlich leben, das Lachen ihrer Kinder genießen und auf ein besseres Morgen warten wollen.« Daniel hinterlässt seine Eltern, Gila und Doron, und zwei kleinere Geschwister, Yoval und Uri.

Daniel ist eines der unzähligen Opfer des Gazakrieges. Aber weil Israel wie aus allen anderen Kriegen so auch aus dem Gazakrieg 2014, im Verhältnis zur Zahl der Opfer im Gazastreifen glimpflich davongekommen ist, zählt der Tod des kleinen Daniel weniger als die Menge der Toten auf der anderen Seite. Im Versuch, die öffentliche Meinung auf ihre Seite zu ziehen und die UN zum Handeln zu zwingen, hat die Hamas täglich neue Opferzahlen parat. Die Welt ist erschüttert: »Jede Stunde, die dieser Krieg länger dauert, wirkt wie ein von der Regierung erzwungener Opfergang eines Volks«, schreibt die *Süddeutsche Zeitung* mit pathetischem Tremolo. Aber wer sind die Opfer? Sind es wirklich in der Mehrzahl Zivilisten, die auf den täglichen Bulletins gelistet sind? Nun gibt es keinen schlechteren Ort zum Zählen von Opfern als den des Schlachtfeldes, vor allem, wenn es nicht frei zugänglich, sondern vom Gegner gehalten wird. So konnte die Hamas jeden Tag mit neuen und verstörenden Zahlen aufwarten, die nur eines belegen sollten: Israel führt einen Vernichtungskrieg gegen unschuldige Zivilisten, gegen Frauen und Kinder. Wen das nicht rührte, der hatte ein Herz aus Stein. Oder er prüft die Angaben so weit es geht nach, was eine schöne Aufgabe für eine UN-Kommission wäre.

Ein Beispiel: Bei einem Luftangriff Israels am 25. Juli 2014 stirbt in der Ortschaft Khan Younis ein Mann. Ein Zivilist, wie die UN unter Berufung auf das palästinensische Al Mezan Center For Human Rights behauptet. Er starb im Alter von 22 Jahren. Das Gesundheitsministerium der Hamas behauptet, der Mann sei ein Kind und erst 13 Jahre alt gewesen. So rasch wird aus einem Mann ein Kind, und vermutlich ist er auch kein Zivilist gewesen. Denn der Getötete posiert im Netz mit einer Kalaschnikow im Anschlag und dem grünen Stirnband der Hamas auf der Stirn.

Niemand bestreitet allen Ernstes, dass in Kriegen vor allem die Zivilbevölkerung leidet. Aber es gibt wenige Kriege, bei denen sich die Machthaber so hemmungslos hinter Frauen und Kindern verschanzt haben, wie es die Hamas mit ihrer Bevölkerung getan hat. Wer sich dem verweigerte, wurde gezwungen, in die Häuser zurückzukehren, deren Bombardierung Israel rechtzeitig und nur aus einem Grund angekündigt hatte, nämlich um das Leid der Zivilisten zu mindern. Hohe Verluste bei den eigenen Kämpfern sind Gift für die Hamas, hohe Verluste bei der Zivilbevölkerung dagegen lohnen sich medial. In Ermangelung eigener Erhebungen und Nachforschungen sind die Nachrichtenagenturen meist auf die Angaben der UN-Hilfsgruppen angewiesen. Die wiederum geben weiter, was die Hamas an Daten aufbereitet hat. Auch im Gazakrieg 2014 mussten sich Journalisten auf die Angaben des UN-Hochkommissars (OHCHR) verlassen. So meldete das OHCHR am 10. August 2014, dass mittlerweile, es war der 34. Kriegstag, 1948 Palästinenser getötet worden waren, während Israel nur 66 Tote auf der Liste hatte und einen Mann aus Thailand. Die UN verbreitet weiter die von der Hamas gelieferten Daten: 1402 Zivilisten, darunter 456 Kinder und 237 Frauen. 320 Tote konnten nicht identifiziert werden. Der Rest, nämlich 226, seien, räumt die Hamas ein, Kämpfer gewesen. Die *New York Times* schaute sich diese Rechnung genauer an und kam zu einem verblüffenden Ergebnis: Unter den Toten waren Männer im Alter von 20 bis 29 deutlich höher repräsentiert, als es nach den statistischen Angaben hätte sein dürfen. Also doch mehr Kämpfer als behauptet? Das israelische Militär weiß, wie es zu den unterschiedlichen Zahlen kommt: Die Verletzten würden in

Zivilkleidung eingeliefert und nicht im Kampfdress. Das mache das Zählen so schwer. Das sei auch schon im vorausgegangenen Krieg 2008/2009 so gewesen: Die UN und Hamas hatten damals von nur fünfzig gefallenen Soldaten gesprochen, der Rest seien Zivilisten gewesen. Jahre später musste die Hamas einräumen, es waren 600 bis 700 Kämpfer, annähernd die Zahl, die das israelische Militär von Anfang an genannt hatte. Aber da war der Medientross längst weitergezogen, und die Schlagzeilen waren nicht mehr einzufangen.

## Ein Hilfswerk, das sich selbst hilft

Unschöne Schlagzeilen musste auch eine andere, im Nahostkonflikt eine besonders zwielichtige Rolle spielende Einrichtung der Vereinten Nationen über sich lesen, zunächst dementieren und dann zugeben. Die UNRWA ist die größte und älteste Flüchtlingseinrichtung unter dem Schirm der Vereinten Nationen. In einer ihrer Schulen hatte die Hamas ein Waffenlager eingerichtet, während oben Kinder in Rechnen und Schreiben unterrichtet wurden. Man habe die Waffen an die Behörden übergeben, räumte etwas kleinlaut ein UNRWA-Sprecher ein. Welchen Behörden, fragt man sich. Vermutlich meinte er die Hamas, die einfach alles wieder einsammelte und irgendwo anders unter dem Bett von Zivilisten versteckt hat. Man habe die Waffen bei einer Routinekontrolle gefunden, behaupten Mitarbeiter der UN-Einrichtung.

Aber wer steckt eigentlich hinter der UNRWA? Sie ist eine von zwei Flüchtlingshilfswerken der Vereinten Nationen. Während das eine, die UNHCR, für alle Flüchtlinge weltweit zuständig ist, kümmert sich das UNRWA ausschließlich um palästinensische Flüchtlinge, eine einmalige Exklusivität mit einem einmalig hohen Budget von zwei Milliarden Dollar und circa 30 000 Mitarbeitern. Was als ein zeitlich befristetes Hilfsprogramm gestartet war, um sich um die aus Israel geflohenen oder vertriebenen Menschen zu kümmern, wurde über Jahrzehnte stillschweigend verlängert und verlängert, alle drei Jahre seit 1950. 2013 allein hat die Bundesregierung 29 Millionen Euro spendiert. Es ist die einzige Organisation, die nicht die Integration der Flüchtlinge in ihrer neuen Heimat fördert, sondern sie verhindert und darüber hinaus dafür sorgt, dass sich der Flüchtlingsstatus bis in die Enkelgeneration verlängert, obwohl dies nicht dem großzügigen Wortlaut der Definition entspricht. Danach ist jeder ein Palästina-Flüchtling, der »zwischen dem 1. Juni 1946 und dem 15. Mai 1948 in Palästina ansässig war und der sein Haus oder seinen Lebensunterhalt durch die Kriege 1948 oder 1967 verlor«, wie es in den Statuten der UNRWA heißt. Kurzerhand überträgt die UNRWA diesen Status auch auf sämtliche Nachkommen, selbst geschiedene Ehepartner mit einer anderen Staatsangehörigkeit. Das sichert langfristig die Existenz der Organisation und sorgt für ein sicheres Einkommen ihrer Angestellten. Auch in den Schulbüchern, für die die UNRWA inhaltlich verantwortlich ist, wird den über 400 000 Schülern eingetrichtert, dass das Einzige, wofür sie leben und sterben, die Rückkehr dorthin ist, wo zurzeit noch Israel ist. Man stelle sich vor, Enkelkindern von Sudetendeutschen würde heute von einer UN-Organisation versprochen, sie kämen heim ins Reich. Das Hilfswerk dient den Interessen der Hamas und nicht erst, seitdem diese sich der UNRWA bemächtigt hat. Sie ist nach der Palästinensischen Autonomiebehörde der größte Arbeitgeber, von den 30 000 Angestellten sind nur 200 keine Palästinenser.

Damit hat die UN-Organisation nach eigenem Bekunden übrigens keinerlei Problem. Schon 2004 musste der UNRWA-Generalkommissar Peter Hansen öffentlich einräumen, dass es kein Gerücht sei, dass Hamas-Mitglieder, also immerhin Mitglieder einer Organisation, die die EU als Terrororganisation aufgelistet hat, auf der Gehaltsliste der UN stünden. Warum auch nicht? Die Hamas sei gewählt, und nicht jedes Mitglied der Hamas sei auch ein Kämpfer. Auch als die Hamas nicht mehr wählen ließ und 2007 in einem blutigen Putsch den Gazastreifen übernahm, sahen die Verantwortlichen der UNRWA keinen Grund zur Sorge. Bei jeder Einstellung würden die Daten auf Verdächtige überprüft: »Die palästinensischen Mitarbeiter unterschreiben ein Formular, in dem sie bestätigen, dass sie keine politischen Verbindungen haben und nicht an Aktivitäten teilnehmen werden, die die Neutralität der UN verletzen würden«, ließ der UNRWA-Sprecher Chris Gunness 2009 in der *Jerusalem Post* wissen. Na, denn!

Wie sich trotz aller Vorsichtsmaßnahmen der ein oder andere Terrorist unter die braven UN-Angestellten schmuggeln kann, listet der israelische Journalist David Bedein in seinem akribischen Buch *Roadblock to Peace* auf. Nicht nur, dass nach seinen Recherchen 90 Prozent der UNRWA-Belegschaft aus Hamas-Sympathisanten und Mitgliedern besteht, sondern dass auch bei den zwei Gewerkschaften der UNRWA-Angestellten der islamische Block regelmäßig die absolute Mehrheit holt, widerspricht den Verharmlosungen durch die offiziellen UN-Vertreter. Bedeins Buch enthält zahlreiche Fotos von Märtyrern, die an UN-Schulen unterrichtet wurden oder selbst dort Lehrer waren und in Heimarbeit Raketen und Bomben gebastelt haben. Die UNRWA unterhält allein in Gaza über 200 Schulen. Aber die Kinder werden dort nicht zum Frieden, sondern zum Kampf gegen Israel erzogen. Im Februar 2014 untersagte die Hamas den von der UN bezahlten Schulen in Gaza, Unterricht zum Thema Menschenrechte zu erteilen. Das widerspräche »auf gefährliche Weise der palästinensischen und islamischen Kultur«. Die UN-Behörde machte kurz den Mund auf, dann schloss sie ihn wieder und schwieg betreten. So gibt es Bilder von Schulkindern, die freudig über eine israelische Fahne stampfen, weil Lehrer, bezahlt von der UN, es ihnen vorgemacht haben. 2010 setzten dreißig maskierte Männer ein Ferienlager der UNRWA in Brand, weil sie gegen die gemeinsame Betreuung und Erziehung von Jungen und Mädchen waren. Seitdem gibt es keine Ferienlager mehr. Dafür darf ein zehnjähriges Mädchen im Hamas-Sender Al-Aqsa TV vom letzten Gazakrieg schwärmen. Die Moderatorin fragt die Kleine, ob sie denn Angst gehabt habe. »Nein, ich wollte doch unbedingt Märtyrerin sein für Allah.« Wie süß, erst zehn und will schon sterben! »Danach sehnen wir uns doch alle!«, ermuntert die Moderatorin das Kind zum Abschied. Dazu passt die Mutter des in den Kämpfen in Gaza 2014 ums Leben gekommenen 16-jährigen Muhammed Sunuqrut. Sie meldet sich auch im palästinensischen Fernsehen zu Wort: »Zum ersten Mal in meinem Leben spüre ich Freude in meinem Herzen.« Wahnwitz oder ein zynischer Propagandacoup? Solche Überlegungen kommen erst sehr viel später, im Vordergrund steht die Botschaft: Eine Mutter gibt das Kostbarste, was sie hat, ihr eigenes Kind, für die Freiheit.

# »Ob jemand ein Antisemit ist, will ich gar nicht wissen« – Zu Besuch bei Cilly Kugelmann

Diesmal ist das Stammlokal ein indisches Restaurant in Berlin-Schöneberg. Jetzt am frühen Abend ist es noch leer und angenehm ruhig. Cilly Kugelmann hat sich diesen Ort ausgesucht. Der Besitzer begrüßt sie herzlich, sie kennen sich. Sie hat sofort zugesagt, als wir sie gefragt haben, ob sie sich mit uns zu einem Gespräch für das Buch treffen würde. »Aber Esther, du weißt, dass ich in vielen Punkten ganz anderer Meinung bin als du, vor allem, wenn es um Israel geht.« – »Ich weiß, und genau deshalb wollen wir uns ja mit dir treffen.« Cilly ist eine Freundin und sie ist Programmdirektorin des Jüdischen Museums Berlin und stellvertretende Direktorin dort. »Mir ist es egal, ob jemand ein Antisemit ist, ich will es gar nicht wissen«, hatte sie uns kürzlich erst gesagt. Ein guter Einstieg für unser Gespräch. Immerhin ist sie schon von Berufs wegen dafür zuständig, Wissenslücken über das Judentum zu füllen, und Aufklärung, so beteuern Politiker doch immer, sei der beste Weg, den Antisemitismus zu bekämpfen. Sie schüttelt den Kopf. Jemand sei Antisemit, weil er nichts verstanden habe oder nichts verstehen wolle von der Welt und wie sie zusammenhänge. Diese Leute wollten weder aufgeklärt werden, noch wollten sie irgendetwas wissen, sondern sie wollten sich ihre Vorurteile, nicht nur Juden gegenüber, bestätigen lassen. Das seien antisemitische Strukturen, die leider weitverbreitet seien und durchaus auch »gesellschaftlich gefährlich, weil sie dumm sind, aber nicht gefährlich im Sinne, dass ich mich als Jüdin angegriffen fühle«.

Die Auseinandersetzung mit dem Judentum, mit der Geschichte, der Religion und der Ethik des Judentums ist ihr Lebensthema. Und auch die Frage nach der Identität einer Jüdin in Deutschland. Es war keine Wahl, sie wurde hineingeboren, so wie alle Kinder von Holocaustüberlebenden. Sie hat diese Auseinandersetzung zu ihrem Beruf gemacht und vielleicht sogar dadurch den Abstand gewonnen und die Freiheit, ihr Leben nicht davon bestimmen zu lassen. »Im Museum betrachten wir ja den ganzen Verlauf der jüdischen Geschichte in Deutschland, und da haben wir immer wieder das ganz große Problem: Wie zeigen wir eigentlich den Besuchern, dass Menschen innerhalb dieses Rahmens immer ein glückliches und zufriedenes und wertvolles Leben geführt haben?« Sie findet es unerträglich, wenn Juden zu schnell die Alarmglocke läuten. Gegen die Verengung des jüdischen Blicks, der vor allem auf Antisemiten scharf stellt und sich damit schnell wieder zum Opfer machen lässt, setzt sie die Weitwinkelperspektive des jahrtausendelangen Überlebens. Das relativiert und hilft, gelassen zu bleiben.

»Wenn der Antisemitismus nicht mörderisch wird«, beruhigt sie uns und sich, »kann man in ihm gut leben. Denn es gibt keine ressentimentfreie Gesellschaft. Es gibt keine rassismusfreie Gesellschaft, die gibt es nirgendwo. Absolut nirgendwo. Das ist meine Grundüberzeugung, die mich eigentlich davon abhält, auf den Antisemitismus besonders scharf zu gucken.« Eigentlich. Was heißt das?

Meine Gedanken schweifen kurz ab. Wir kennen uns seit bald dreißig Jahren. Genau wie Andy Steiman, der damals noch kein Rabbiner war und uns nicht einmal besonders religiös vorkam. Und wie Majer Szanckower, der für das Grab ihrer Eltern und das meines Vaters zuständig ist. Seit ich sie kenne, hat Cilly diesen unbestechlichen Blick. Sie ist ein paar Jahre älter als ich und hat viel früher als wir alle genau hingeschaut. Gründlich, analytisch. Cilly übersieht nichts, aber über manches schaut sie einfach hinweg. Ihre Gelassenheit entspricht der Desillusionierung vieler Überlebender, die sich genau deshalb für ein Leben in Deutschland entschieden haben, weil es hier nach dem Krieg für Juden besonders sicher war. »Weißt du«, sagte mir einmal ein Mann, der vom Lager geschwächt auf der Durchreise in ein Weiterleben irgendwo hier gestrandet war, »noch stehen die Deutschen unter Beobachtung. Noch ist das der sicherste Platz für Juden. Aber das kann auch wieder anders werden. Den Moment darf man nicht verpassen. Dann muss man rechtzeitig weggehen.« Um jederzeit reisefertig zu sein, hatte er keine Lebensversicherung und wollte nicht einmal ein Bankkonto. In seiner Hosentasche hatte er stattdessen immer ausreichend Bargeld für ein Flugticket nach Amerika, nach Südamerika oder Israel. Dieser Mann war mein Vater, und er war der skeptischste Mann, den ich je kannte. Cillys Blick auf die Menschheit war auch seiner. »Ich glaube«, sagt sie, »die zivilisatorische Fähigkeit der Menschheit ist sehr dünn. Aber nicht nur, was Antisemitismus angeht, sondern überhaupt die Fähigkeit von Menschen, halbwegs anständig mit anderen Menschen zu leben. Da bin ich sehr misstrauisch.« Selbst die Grenze zwischen einer stinknormalen Demonstration und einem sich daraus möglicherweise entwickelnden Pogrom sei schmal und schnell überschritten: »Weil es einfach kippen kann unter bestimmten politischen Voraussetzungen. Da ist der Antisemitismus nichts besonders Hervorgehobenes. Ich glaube, die Gattung Mensch ist am Ende etwas ziemlich Fürchterliches, wenn nicht politische Maßnahmen ergriffen werden, die das halbwegs in Schach halten.« Menschen seien eben so, und zwar in allen Schichten. Sie löst das Problem auf ihre Weise, sie ist nur mit Menschen befreundet, die nicht antisemitisch und auch sonst in Ordnung sind. Es ist derselbe Schutzmechanismus, den auch Anetta Kahane anwendet. Die beiden Frauen sind miteinander befreundet, auch wenn Anettas Israel-Filter feinporiger ist als Cillys. Wenn antisemitische Post oder Mails das Jüdische Museum in Berlin erreichen, dann packt Cilly Kugelmann, die Programmdirektorin, sie einfach weg und legt die Briefe in einer Mappe ab, auf der »meschugge« steht.

Sie glaubt, dass die Menschen ihre Scheu vor Juden abgelegt hätten. Nach dem Krieg habe man sicher nicht so recht gewusst, wie man den Juden, die übrig geblieben waren und damit eine dauernde Anklage darstellten, begegnen solle, aber das sei vorbei. Da gäbe es keine Hemmungen mehr, keine Scheu. Sie räumt aber sofort einschränkend ein, dass man erstens bei ihr qua Amt automatisch davon ausgehe, dass sie Jüdin sei, und dass sie diese Tatsache nicht mehr als »Überraschungseffekt« einsetzen könne. Sie lebt als Jüdin ohnehin fast nur noch unter Juden, obwohl die meisten ihrer Kollegen und Kolleginnen am Museum gar keine

Juden sind. Das letzte Mal, dass sie als Jüdin auffiel, war kurz vor dem Abitur, als sie bei den Eltern einer Freundin eingeladen war und die ihr verklemmt mitteilen wollten, wie sehr sie »ihre Musik« schätzten. Nicht Klezmer, sondern Esther und Abi Ofarim. Trotzdem weiß Cilly Kugelmann natürlich, dass es einen breiten antisemitischen Konsens in der Gesellschaft gibt, nur mit dem entscheidenden Unterschied zu früher, dass er nicht mehr gesellschaftliche Doktrin sei und deshalb auch nicht förderlich für die Karriere. Im Zweifelsfall könne es einen heute sogar den Job kosten, wenn man sich offen antisemitisch äußert. Es gäbe zwar immer wieder Versuche zur Entsorgung der deutschen Vergangenheit: »Aber sie sind – von Nolte bis Walser und Hohmann – alle erfolgreich zurückgewiesen worden. Auf die deutsche Öffentlichkeit kann man sich in dieser Hinsicht verlassen. Diese Errungenschaft wird oft nicht gesehen. Da fehlt mir manchmal ein Moment von Aufrichtigkeit.«

Cilly Kugelmann, die der zivilisatorischen Lernfähigkeit des Homo sapiens grundsätzlich äußerst skeptisch gegenübersteht, glaubt an den Erfolg der Aufklärung? Da ist sie plötzlich deutlich optimistischer als ihre Freundin Anetta. Als Optimistin lebt es sich leichter.

Cilly bestellt ihr Lieblingsgericht, die Kellnerin kennt es schon. Langsam füllt sich das Lokal, die Ruhe ist dahin, aber Cilly Kugelmann stört die Unruhe nicht. Ihr Blick geht durch das Lokal. Eine internationale Atmosphäre, lebenswert und angstfrei. Dass vor allem Juden über die Jahrtausende hinweg und auf der ganzen Welt immer wieder erfahren haben, wie schnell es damit vorbei sein kann, findet Cilly Kugelmann auch verstörend, aber sie lässt sich davon nicht beunruhigen. Sie lebt damit.

Cilly Kugelmann ist als ein Kind von Überlebenden aus Polen in Frankfurt geboren. Ihre Mutter wurde in Belsen, ihr Vater in Dachau befreit. Die meisten Familienmitglieder wurden ermordet, aber die Shoa war zu Hause ein Tabu. »Ich glaube, ich wollte es gar nicht so genau wissen. Sie wollten nicht darüber reden, und das spürte ich. Und im Nachhinein würde ich sagen, sie hatten auch das Recht, nicht zu wollen.« Ihre Eltern betrieben in Frankfurt eine kleine Gaststätte, »immer am Rande der Insolvenz«, wo es Schnitzel gab und andere deutsche Klassiker. Zu Hause aßen sie natürlich osteuropäisch, »gefilte Fisch«. Die Eltern waren trotz der Shoa religiös. »Sie haben eher intuitiv gelebt, als sich Rechenschaft darüber abzulegen, ob es nach der Erfahrung der Massenvernichtung einen Gott gibt oder nicht.«

Cilly Kugelmann war schon in Frankfurt eine leidenschaftliche Museumsmacherin. Als wir sie treffen, ist gerade ihre viel diskutierte Ausstellung im Jüdischen Museum Berlin zu Ende gegangen: »Die ganze Wahrheit ... was Sie schon immer über Juden wissen wollten«. Über 53 000 Besucher konnten sich an 180 Objekten an einem heiklen Thema abarbeiten: Was ist ein Jude, was ist jüdisch? Woran erkennt man einen Juden? Können Juden schneller rennen? Wie wird man Jude? Sind Juden besonders geschäftstüchtig? Sind Juden an allem schuld? Darf man über den Holocaust Witze machen? Die Besucher konnten alles fragen, sie konnten ihre Meinungen anonym an einer großen Pinnwand hinterlassen, und sie konnten einen echten Juden zwar nicht anfassen, aber doch angucken und befragen. Dazu setzte sich ein Jude in eine Glasvitrine und wartete auf neugierige Besucher, »The Jew in the Box«. Leeor Engländer war einer, der dort Platz nahm. Wie er sich da in dieser Box fühle, wurde er gefragt: »Wie immer«, hat er geantwortet, »ich war schon auf meiner Schule der einzige Jude. Ich musste mein ganzes Leben lang die Frage beantworten, was eigentlich ein Jude ist.« Für Israels ersten Premier Ben-Gurion war die Frage leicht zu beantworten: Jude sei jeder, »der meschugge genug ist, sich selbst einen zu nennen«. Engländer ist dreißig Jahre alt und aus Heilbronn. Ob Juden krumme Nasen haben, wollen die Leute wissen. »Ja«, sagt Engländer, »es gibt welche, die krumme Nasen haben, andere nicht.« Manche Besucher huschten an der seltsamen Box rasch vorbei, um nur nichts falsch zu machen, lieber weg. Stephan Kramer, damals Generalsekretär des Zentralrats der Juden in Deutschland, ging mit dem Juden im Glaskasten ins Gericht. Es erinnere ihn an den Kasten, in dem Eichmann 1961 während seines Gerichtsverfahrens gesessen habe. Man könne dem Juden im Kasten vielleicht noch eine Banane reichen, die

Heizung anmachen, damit er sich auch richtig wohlfühle, und ein Glas Wasser dazustellen. Die Juden, die sich auf das Wagnis eingelassen haben, sahen das anders. Miriam Widmann aus New York zum Beispiel fühlte sich in Deutschland als Jüdin ohnehin wie ein Museumsexponat, weil viele ihrer deutschen Freunde noch nie einem leibhaftigen Juden begegnet seien, geschweige denn mit einem gesprochen hätten. Es sei doch besser, wenigstens einen Juden im Kasten zu haben, als nie einem begegnet zu sein. Und natürlich kommt eine Ausstellung über die ganze Wahrheit über Juden nicht ohne Israel aus. Nie würde Cilly Kugelmann ein Konfliktthema aussparen, und das Konfliktthema Israel schon gar nicht. Schließlich geht sie selbst mit der dortigen Politik scharf ins Gericht. Und ganz in der Tradition der Frankfurter Sponti-De-battenkultur, aus der sie kommt, hält sie die Angriffe auf Jakob Augstein für absurd, auch wenn sie bei genauer Lektüre seiner Texte zum Ergebnis kommt: »Er argumentiert in der Tat manchmal antisemitisch, aber«, setzt sie sofort hinzu, »diese Art des Kampfes gegen Antisemitismus, das ist überhaupt nicht meins. Das finde ich total überzogen. Ob Augstein antisemitisch ist, weiß ich nicht. Und ehrlich gesagt, ich finde das auch nicht wichtig. Über diese Dinge kann man reden. Antisemitismus ist ein Totschlagargument. Und das interessiert mich überhaupt nicht.«

Denk- und Redeverbote sind ihr ein Graus. Sie glaubt nicht an die Wirkung von Verboten, auch nicht an das Verbot, den Holocaust zu leugnen. Auf der Pinnwand der Ausstellung »Typisch jüdisch« war für jeden Gedanken Platz. Die Leute sollen sagen, was sie denken. Nur privat will sie von dem Unsinn, der vielen zum Thema Juden und auch zum Thema Israel durch den Kopf geht, verschont werden. Da umgibt sie sich mit Menschen, die genauso kosmopolitisch und moralisch sind wie sie. Weil das Fundament stimmt, können die Ansichten dann auch weit auseinandergehen. Klar, der Wettstreit der Meinungen gehört dazu, auch wenn er bis an die Grenzen geht und manchmal sogar darüber hinaus. Und die Grenzen sind dann eben doch wieder beim Thema Israel schneller erreicht als bei anderen Themen. Selbst bei Cilly. Beim Golfkrieg 1990 war das so.

»Da sind ja Freundschaften zeitweise regelrecht zerbrochen. Aber auch wieder zusammengegangen. Solche Phasen gibt es natürlich.« Gestritten wurde damals nicht nur über den richtigen Weg, Saddam Hussein zu stoppen, sondern auch über die richtige Verteidigung Israels.

»Da war ja ganz Deutschland in Panik, weil die amerikanischen Flugzeuge in Frankfurt zwischengetankt wurden und Deutschland damit quasi Kriegsgebiet war. Erstmals in der Geschichte des Kölner Karnevals musste der Rosenmontagszug ausfallen, und in Frankfurt gab es ein Aufklärungstelefon für besorgte Bürger«, ruft uns Cilly die damalige Hysterie in Erinnerung. Und natürlich weiß sie noch genau, wie allein jene waren, die sich um Freunde und Verwandte in Tel Aviv sorgten, weil dort irakische Scud-Raketen einschlugen. Sie hat es nicht vergessen, aber analysiert und eingeordnet in die lange Reihe jüdischer Lebenserfahrung. »Aber das würde ich nicht antisemitisch nennen. Das waren einfach ganz andere Grunderfahrungen.« Sie erwartet keine Empathie mit Juden und mit dem jüdischen Staat und ist deshalb auch nicht enttäuscht, wenn sie ausbleibt. In Ruhe gelassen, nicht verfolgt zu werden, ist schon viel wert. Das sollte man nicht unterschätzen.

Cilly Kugelmann ist in den Sechzigerjahren nach Israel ausgewandert, hat in einem Kibbuz gelebt und in Israel studiert. Sie kennt die USA und ist viel in der Welt herumgekommen. Seit 2002 lebt sie in Berlin. Deutschland ist für sie ein neues Deutschland, ein Land, in dem man ohne Probleme schwul, lesbisch, übergewichtig oder magersüchtig leben kann, es sei die konventionsloseste und offenste Gesellschaft, die sie kenne. Den Menschen werde es leicht gemacht, so zu leben, wie sie wollen. Auch Juden. Nicht ohne Grund, sagt sie, zieht es so viele Israelis nach Berlin. Auch für Cilly Kugelmann ist die Hauptstadt ein neues Zuhause. Sie sei »entwurzelt geboren«, und das unschuldige Gefühl von »zu Hause« hatte sie deshalb nie. Niemals sei sie dort gewesen, »wo die Füße von alleine wissen, wo sie hingehen«, wie Hannah Arendt das einmal beschrieben hat. Heute nenne man das »Familien mit Migrationshintergrund«, sagt sie freundlich lächelnd, allerdings sei bei ihr der Hintergrund durch die Geschichte »sehr beschädigt«. Das Lächeln zieht sich zurück. Ist Deutschland eine Heimat? Sie brauche keine Heimat, meint sie, nirgendwo, es sei eher ein Kindheitsbedürfnis gewesen, eine Sehnsucht. Das habe sich gründlich ausgewachsen. »Dieses Heimatgefühl ist für mich einfach kein Thema mehr.«

Das Restaurant leert sich. Es kehrt wieder Ruhe ein. Draußen wird es dunkel. Cilly Kugelmann wohnt gerade um die Ecke. Wenn sie mal länger nicht hier gewesen sei, würde das dem Wirt sofort auffallen und er würde fragen. Auch das sei Heimat, da, wo man sie vermisst. Unser Gespräch nähert sich dem Ende. Israel, das wissen wir, beurteilen wir unterschiedlich. Vielleicht haben wir das Thema deshalb bislang nur gestreift. Cilly war in den Achtzigerjahren Mitbegründerin einer Gruppe, die sich »Jüdische Gruppe« nannte und sich schon damals sehr kritisch mit dem Judenstaat auseinandergesetzt hat, doch aus ganz anderen Gründen als viele Israelkritiker. Deren wahre Motive übersieht sie nicht, egal, wie ähnlich sich am Ende die Ergebnisse auch sein mögen. Der in linken Kreisen gepflegte Antizionismus ist auch für sie nichts anderes als ein ummäntelter Antisemitismus, klingt nur irgendwie freundlicher. Ihr eigenes Verhältnis zu Israel ist noch immer zwiespältig. Sie versteht, warum der Staat gegründet wurde, und sie leidet förmlich darunter, dass sich dieser Staat so schwertut. »Es ist ein Fremdkörper in der Region, in jeder Beziehung, als Kolonialgeschichte kommt es 100 Jahre zu spät. 100 Jahre früher wäre es vermutlich ein kleineres Problem gewesen.« Die dauernden Auslöschungsfantasien seiner unfriedlichen Nachbarn nimmt Cilly Kugelmann dagegen nicht besonders ernst. »Zwischen politischer Rhetorik und Handlung ist noch sehr viel Platz. Und ich habe überhaupt keine Bedenken, dass der Iran Israel angreift.« Und die Hamas? Ach was. Sie macht eine abwehrende Handbewegung, als könnte sie damit die widerlichen Drohungen gegen den Judenstaat vom kleinen Tisch im indischen Lokal einfach wegfegen. »Für mich sind solche Haltungen so dumm, dass ich sie gar nicht ernst nehmen kann. Das ist mir einfach zu blöd. Länder sollen von der Landkarte verschwinden, das ist für mich nicht satisfaktionsfähig. Das ist mir einfach zu dumm.« Und Dummheit macht sie wütend. Wut lässt keinen Platz für Angst. Aber reicht es, die Dummheit zu ignorieren, um sie zu entmachten? Was, wenn die Dummheit Atomwaffen hat?

»Was uns unterscheidet, ist, dass mir Irrationalismus einfach mehr Angst macht als dir. Und Irrationalismus ist eine Größe, die man einkalkulieren muss. Auch im Handeln von Staaten«, entgegne ich ihr. Der Ton wird nicht härter, aber leidenschaftlicher, engagierter. Kein Grund, das Thema zu wechseln. Natürlich nicht. »Also sagen wir es so: Ich mache mir immer Sorgen, dass dieser Staat sich selbst nicht mehr lange halten wird«, sagt Cilly. »Das ist eine Situation, die für mich nicht besonders optimistisch aussieht. Und das hat nichts mit Leuten zu tun, die ihn einfach wegradieren wollen«, fährt sie fort, und damit wird noch einmal klar, was sie von Menschen wie den Freidenkern, denen wir auf unserer Reise begegnet sind, unterscheidet. Für sie heißt Optimismus, dass Israel überlebt, für die anderen, dass es verschwindet. »Seit ich denken kann, gibt es diesen Staat. Er gehört zu mir, ist Teil meines Lebens. Einen Teil meines Lebens habe ich dort verbracht. Ich kann mir nicht vorstellen, dass es ihn nicht mehr gibt.« Und sie will es sich auch nicht vorstellen. Wenn Heimat dort ist, wo man vermisst wird, wie sie sagt, dann ist Israel auch ihr Zuhause. Irgendwie sind wir also doch wieder beim Thema »Heimat« angelangt, obwohl es ohnehin kein jüdisches Wort sei. »Diese Form der Verwurzelung über Generationen hinweg ist durch die Geschichte so überholt worden, dass es die euphemistische Form von Heimat einfach nicht mehr gibt, und deswegen finde ich, ist das hier ein guter Ort zum Leben. Weil alle hier diese gebrochene Vielschichtigkeit haben, mit der wir alle irgendwie glücklich werden.« Und im Alter? Sie lacht. Manchmal sieht sie sich in einem jüdischen Altersheim sitzen, vielleicht in Frankfurt, da trifft sie dann Andy Steiman, den Rabbiner des Budge-Hauses. Und vielleicht auch Majer Szanckower, den Verwalter des Friedhofs. Und sie wäre wieder da, wo sie 1947 geboren wurde. Wir verabschieden uns. Unser Gespräch ist noch lange nicht zu Ende.

# Beide Seiten

Die vielleicht beliebteste Worthülse, wenn es um Israel geht, heißt »beide Seiten«. Da tut dann einer, als bemühe er sich ernsthaft um eine faire Betrachtung, doch meist ist es nur der Auftakt zu einer Auflistung israelischer Sünden und Verfehlungen. Diese Liste ist ohne Zweifel tatsächlich lang und wird täglich länger. Und doch ist von ihr in diesem Buch bisher kaum die Rede gewesen. Warum? Weil es hier keinen Nachholbedarf gibt. Über die Fehler Israels wird ausführlich berichtet. Auch uns treiben sie immer wieder um, mehr vielleicht, als es in diesem Buch den Eindruck macht. Es ist schwer erträglich, mitanzusehen, wie sehr sich der Irrsinn palästinensischer Politiker mit dem Irrsinn israelischer Politiker verbündet, wenn es darum geht, das eigene machtpolitische Überleben dem Überleben der Bevölkerung vorzuziehen.

## Die Illusion vom Frieden

Beide Seiten, in diesem Fall tatsächlich beide Seiten, sind sich einig darin, ihre Radikalen nicht in die Schranken zu weisen, sondern zu umwerben, um ihre jeweilige Führungsrolle ja nicht zu verlieren. Sie merken dabei nicht, dass längst sie die Getriebenen sind. Sie nähren die Illusion, dass ihre Maximalforderungen durchsetzbar sind, und finden schon längst keinen würdevollen Abgang mehr.

Unterstützt werden die Scharfmacher von der internationalen Gemeinschaft, die ihnen keinen Ausweg weist, die jede Glaubwürdigkeit und jeden Handlungsspielraum eingebüßt hat, weil sie selbst parteiisch und einseitig agiert und eben nicht »beide Seiten« im Blick hat. Statt einer realistischen Politik der kleinen Schritte, statt Wandel durch Annäherung, der immerhin zum Ende des Kalten Krieges geführt hat, propagieren Politiker und

Aktivisten weltweit die Durchsetzung der alten Forderungen und nähren die Illusion eines Friedensprozesses, der unrealistisch und deshalb zum Scheitern verurteilt ist. Tatsächlich scheint es der Völkergemeinschaft und den zivilen Kombattanten weltweit mindestens so schwerzufallen, sich auf einen Kompromiss einzulassen, wie den Parteien vor Ort. Dabei ist der Spielraum für politische Lösungen überschaubar, wird von israelischen Kommentatoren wie Shaul Arieli in *Haaretz* längst ausführlich diskutiert und verlangt den Verhandlungspartnern nicht viel politische Intelligenz ab. Es reicht, bis sieben zählen zu können: Israel wird sich erstens auf eine Grenzziehung einlassen müssen, die sich an den Grenzen von 1967 orientiert unter Berücksichtigung der militärisch überlebenswichtigen Punkte; wird zweitens Gebiete tauschen müssen, während drittens die Palästinenser akzeptieren müssen, dass ihr Staat demilitarisiert sein wird und viertens Israel die Hoheit über den Luftraum behält. Fünftens müssen beide akzeptieren, dass Jerusalem die Hauptstadt beider Staaten wird mit Westjerusalem als israelischer und Ostjerusalem als palästinensischer Hauptstadt und garantiertem uneingeschränktem Zugang zur Altstadt – zu den heiligen Stätten Tempelberg und Klagemauer, wofür eine internationale Lösung gefunden werden muss. Sechstens müssen sich die Palästinenser vom Rückkehrrecht aller Flüchtlinge verabschieden und sich mit einer finanziellen Entschädigung zufriedengeben. Der siebte und letzte Punkt ist dabei der vielleicht wichtigste: die wechselseitige Anerkennung des einander zugefügten Leids, also der Verzicht auf die Exklusivität des eigenen Opferstatus.

Der letzte Punkt aber ist für die Israelkritiker besonders kritisch, denn er bedeutet, die eigene Sichtweise und häufig das eigene politische Lebenswerk infrage zu stellen. Vor allem aber bedeutet er den Verzicht auf den Schuldspruch Israels, den Verzicht auf die Projektionsfläche des Judenstaats. Statt »Israel ist an allem schuld«, würde es heißen, beide Seiten sind schuldig geworden, und beide Seiten haben Leid erlitten. Das aber taugt nicht zur eigenen Schuldentlastung. Im Mittelpunkt der Interessen der Israelkritiker, der Hamas und der radikalen Siedler stehen die eigenen Bedürfnisse, nicht die der israelischen oder palästinensischen Bevölkerung. Es geht um den politischen Sieg, die Unterzeichnung einer Kapitulationserklärung des Gegners, und nicht um eine Kompromisslösung mit dem Vertragspartner – also um den finalen Frieden, nicht um eine Verbesserung der Lebensverhältnisse, nicht um weniger Gewalt und mehr Hoffnung. Selbst noch so kleine Pflanzen der Hoffnung werden unerbittlich plattgemacht.

Als im Herbst 2014 der palästinensische stellvertretende Sport- und Gesundheitsminister und Fußballpräsident Jibril Rajoub davon Wind bekam, dass palästinensische mit israelischen Jungs zusammen ein Fußballmatch bestritten hatten, organisiert vom israelischen Peres-Friedenszentrum im Süden Israels, soll er vor Wut ausgerastet sein: »Jede Normalisierung im Bereich des Sports mit dem zionistischen Feind ist ein Verbrechen gegen die Menschlichkeit«, zürnte Rajoub und drohte harte Strafen an. Die Organisatoren des Friedenscamps hätten mit dieser Aktion das Blut der Märtyrer verraten. Schlimmer kann eine Anklage nicht lauten.

Ein »Verbrechen gegen die Menschlichkeit« ist es nach dieser Lesart vermutlich auch, wenn ein israelischer Unternehmer Arbeitsplätze für Palästinenser schafft und seine Angestellten überdurchschnittlich gut behandelt und bezahlt. Entsprechend stolz dürfen die Anhänger der BDS-Bewegung (Boycott, Desinvestment, Sanctions) sein, weil sie dem ein Ende gemacht haben. Sie feiern ihren Sieg über den Sprudelhersteller SodaStream, der nach monatelanger Diffamierungskampagne aufgab und verkündete, seine Fabrik in der Westbank dichtzumachen. Was für ein Erfolg! Vor allem für Hunderte Palästinenser, die damit ihre Jobs verloren. Hat die Schließung des besten Arbeitgebers der Region die Palästinenser ihrem Ziel eines eigenen Staates auch nur einen Schritt näher gebracht? Natürlich nicht, aber die Aktivisten ließen die Sektkorken knallen. Der Blick auf die Realität, die Betrachtung aller Aspekte, hätte die Feierlaune getrübt. SodaStreams Gehälter waren vier- bis fünfmal so hoch wie das Durchschnittsgehalt in der Westbank, und auch die Sozialstandards waren höher als bei jedem palästinensischen Arbeitgeber. Aber auf solche Einzelschicksale kann keine Rücksicht nehmen, wem es ums große Ganze geht und wer selbst satt und sicher im schicken London oder in Berlin wohnt und für die reine Lehre streitet. Skrupel und revolutionärer Elan, Wahrheit und Aktivismus passen nicht zusammen. Alan Dershowitz schrieb: »This is not a victory for human rights. It is a victory for human wrongs.« Ein Pyrrhussieg, nicht mehr.

Wer ernsthaft eine Lösung will, müsste sich in die Verletzungen beider Seiten einfühlen und akzeptieren, dass die Schuldfrage unbeantwortet bleiben muss, weil es keine schuldlose Geschichte gibt. Wer wüsste das besser als die Deutschen? Auch die Suche nach der größeren moralischen Berechtigung auf dieses Fleckchen Erde führt nicht weiter. Der jüdische Anspruch ist zweitausend Jahre älter. Ist er deshalb berechtigter oder mittlerweile verfallen? Gefühle kennen keine historische Halbwertzeit. Täglich beten Juden für die Heimkehr nach Eretz Israel, in das Land, in dem einst ihr Tempel stand, von dem nach dem römischen Massaker 70 n. Chr. nur noch eine Mauer, die Klagemauer, übrig ist. Dort dürfen sie beten, nicht aber oben auf dem Berg, auf dem einst ihr Tempel stand. Lediglich ein stummer Besuch und stille Einkehr sind nach dem Statut erlaubt. Schon der Verdacht, dass Juden diesen in der Tat nicht auf Anhieb einleuchtenden Status quo vielleicht verändern und an der ihnen heiligsten Stätte beten wollen, brachte gläubige Muslime, aufgestachelt von der palästinensischen Führung, im November 2014 in Rage. Sie sahen den Tempelberg durch das »unreine Ansinnen« bedroht, dass künftig nicht nur Muslime in der al-Aqsa-Moschee Allah, sondern gleich nebenan Juden Jahwe anrufen könnten. Brennende Barrikaden, Hassmärsche, Steine und Schüsse. Jerusalem, das in den Jahrzehnten zuvor, selbst zu Zeiten der Intifada, zumindest in der Altstadt erstaunlich ruhig geblieben war, hatte Feuer gefangen.

Am 18. November 2014 metzelten zwei junge Palästinenser in einer selbst für den Nahen Osten bemerkenswerten Brutalität vier ahnungslose, ins Gebet vertiefte Männer in einer Synagoge mit Äxten und Messern nieder, samt einem Wachmann, der die Betenden nicht mehr schützen konnte. Tatort: die Kehilat Bnei Torah Synagoge am westlichen Stadtrand von Jerusalem, also jenem Teil der Stadt, der unstrittig zu Israel gehört. Es gehört nicht viel Fantasie dazu, sich vorzustellen, wie die palästinensische Reaktion im umgekehrten Fall eines Massakers in einer Moschee gewesen wäre. Die Hamas feierte die »Märtyreroperation« ebenso wie die Fatah, und beide verteilten Süßigkeiten auf der Straße. Mit Sicherheit hätte jeder Polizeianwärter im ersten Ausbildungsjahr die Frage, wer hier wen ermordet hat, rascher beantwortet als die Reporterin des *heute-journals* im ZDF. Sie rätselte betroffen: »Wer ist Täter, wer ist Opfer?« War sie nicht auf dem letzten Nachrichtenstand? Doch, doch, das war sie, sie war sogar vor Ort. Meinte sie, die Opfer seien selbst schuld an ihrem Tod, oder um die ebenso beliebte wie antisemitische Metapher zu benutzen: War der Mord das Ergebnis von »Aug um Aug und Zahn um Zahn«? Auf die Idee könnte man kommen, denn die Reporterin beugte sich voll Mitgefühl nicht etwa über die Angehörigen der Opfer, sondern über die Familie der Täter, die kaltschnäuzig als »eine ganz normale Reaktion« rechtfertigten, was die eigene Brut gerade angerichtet hatte. Und natürlich durfte auch ein durchgeknallter jüdisch-orthodoxer Jugendlicher nicht fehlen mit den Worten: »Wir müssen alle Araber töten.« Doch das ZDF, das das Massaker ein »schreckliches Ereignis« nannte, was sonderbar abstrakt nach Naturgewalt klang, stand nicht allein. CNN brachte Täter und Opfer auf Augenhöhe und praktischerweise in einer einzigen Schlagzeile unter: »4 Israelis, 2 Palästinenser bei einem Anschlag auf eine Synagoge getötet.« Auch die *Frankfurter Rundschau* ließ sich nicht lumpen und rückte ein fettes Bild auf die Titelseite, das nicht dazu angelegt war, Empathie mit den Opfern zu erzeugen, sondern alte antijüdische Reflexe bediente: Geistig etwas beschränkt wirkende Orthodoxe schauen beim Säubern des Tatorts zu. *Spiegel-Online* dagegen reagierte angemessen: Ein Rabbiner hat, die Arme verschränkt, seinen Kopf auf ein aufgeschlagenes Buch gelegt. Ein berührendes Foto und mit der Überschrift »Nichts ist mehr heilig« nachdenklich stimmend. Immerhin, der palästinensische Präsident Mahmud Abbas verurteilte die Tat, und prompt lehnten sich Politiker und Öffentlichkeit in aller Welt entspannt zurück und stimmten das alte Lied an: »Israel ist an allem schuld.« Durch die aufstachelnde Politik der Regierung Netanjahu, durch die Beunruhigung muslimischer Gläubiger, dass Juden es vielleicht wagen könnten, am Tempelberg zu beten, durch den Ausbau der Siedlungen und die Diskriminierung der arabischen Bevölkerung sei es nur zu verständlich, dass der moderate und um Aussöhnung bemühte Präsident Abbas keine Chance habe, die Radikalen in Schach zu halten. Allerdings weiß niemand, ob er es wirklich will. Seine Verurteilung des Massakers, das in der Gewalt dieses Konflikts neue Maßstäbe setzte und eben kein Angriff gegen die »Besatzung«, sondern eindeutig ein Mord aus Judenhass war, sorgte in der palästinensischen Bevölkerung für Unmut. Schon am nächsten Tag beruhigte die Parlamentsabgeordnete der Fatah, Naja Abu-Bakr, in einem Interview im Al-Quds Radio, dass die Distanzierung des Präsidenten Abbas nur auf diplomatischen Druck erfolgt sei. »Der Präsident der Palästinenser ist gezwungen, so zur Welt zu sprechen. Diese Aussagen ergeben sich aus seiner Verantwortung für das palästinensische Volk.«

Damit führt Abbas fort, was schon sein Vorgänger Jassir Arafat perfekt beherrschte, die Kunst der Doppelzüngigkeit. Diplomatischer Schaum auf Englisch für die Welt, unversöhnlicher Klartext auf Arabisch für sein Volk. Diese Strategie sichert das eigene Überleben und damit die eigenen Pfründe, und sie trägt außenpolitische Früchte. Spanien reagierte prompt und drückte seine Solidarität, nicht mit Israel, sondern mit den Palästinensern aus. Das spanische Parlament forderte die Regierung auf, Palästina anzuerkennen. Einen Staat also, in dem nach einem Massaker in der Synagoge selbst die vermeintlich gemäßigte Partei, die Fatah, jubelt und die Mörder zu Vorbildern erklärt. Dabei müsste ein demokratischer Staat diesen Mord einhellig verurteilen, eine jüdische Minderheit zumindest tolerieren und für deren Sicherheit einstehen und selbstverständlich akzeptieren, dass die Gläubigen aller Religionen an den ihnen heiligen Stätten beten können. Unzählige Pogrome nach der Zerstörung des Tempels ist die Sehnsucht der Juden nach Jerusalem nicht erloschen. So wenig wie der Wunsch der Palästinenser nach dem ersten eigenen Staat, den es seit 1947 schon hätte geben können. Gescheitert an Maximalforderungen, verführt von falschen Führern. Verlorene Jahre, verlorenes Leben. Ein betrogenes Volk. Und Israel? Der Judenstaat ist »eine Art Irrenhaus in der Wüste, über und über bestäubt mit dem Knochenmehl der Juden, die nicht lebend eingetroffen waren«, schrieb der israelische Schriftsteller Yoram Kaniuk. »Er wurde für Tote errichtet. Er erinnert stets daran, dass sie vielleicht nicht hätten sterben müssen, wenn wir ihn fünfzig Jahre früher gegründet hätten.« Es ist genau diese Erinnerung, die den Staat so verhasst macht, denn er erinnert die Welt und vor allem Deutschland an das eigene schreckliche Versagen, an die Schuld, deren Zinsen Israel in Rechnung gestellt werden. Ein Staat, der gegründet wurde von Menschen, die nach jahrtausendelanger Verfolgung nicht länger auf die Erlösung durch den Messias warten, sondern ihr Leben und Überleben lieber selbst gestalten wollten. In einer Mischung aus Idealismus, Naivität, Abenteuerlust, Pioniergeist und Verzweiflung sind Juden, vor allem aus Europa, in eine ihnen völlig fremde Welt aufgebrochen, haben ihre alte Sprache wiederbelebt und versucht, sich friedlich und im Einklang mit ihren neuen Nachbarn zu verständigen. Damit sind sie gescheitert. Der Kampf der Kulturen, der »clash of civilizations«, hat im Nahen Osten schon lange vor 9/11 begonnen, und er dauert an. Er droht zum Heiligen Krieg zu werden. Israel hat diesen Kampf bis heute unzählige Male gewonnen, Schlacht um Schlacht, Generation um Generation. Doch zunehmend gerät dabei in Vergessenheit, worum gekämpft wird.

Israel ist heute eine Gesellschaft, für die Kampf und Überleben Synonyme geworden sind, so sehr, dass andere Optionen geradezu unrealistisch erscheinen. Das Land ist im Nahen Osten angekommen, in einer Region, in der nur verhandelt, wer zu schwach ist, um den Kampf mannhaft für sich zu entscheiden. Doch je mehr sich Israel an seine Umgebung angepasst hat, umso enttäuschter hat Europa sich abgewandt, weil das Land nicht den selbst gesetzten hohen Moralerwartungen entspricht. Aus der Vision Theodor Herzls ist mehr als sechs Jahrzehnte später ein fast normaler Staat geworden mit Koalitionsgerangel, Machtkämpfen, mit unfähigen, mit engagierten, mit korrupten und mit ratlosen Politikern, mit Militärstrategen, mit einer großen arabischen Minderheit, mit orthodoxen und säkularen Juden und mit so viel sozialem Sprengstoff, dass es verwunderlich ist, dass es nicht schon längst viel heftiger gekracht hat.

Noch immer geht es in Israel bei allen Spannungen erstaunlich entspannt zu, feiern junge Leute in Tel Aviv, treffen sich dort jedes Jahr Schwule aus aller Welt zur großen, fröhlichen Regenbogenparty, und die Lebenszufriedenheit der Israelis liegt deutlich über dem OECD-Durchschnitt, obwohl Schmerz, Sorgen und Traurigkeit mehr als in jedem anderen OECD-Land das tägliche Lebensgefühl mitbestimmen. Aus diesem verrückten Land dringen immer wieder Nachrichten zu uns, die den Verdacht nahelegen, dass die Regierung in Jerusalem vom Fanatismusvirus der arabischen Feinde infiziert ist und politische Selbstmordattentate auf die israelische Demokratie zur neuen Strategie auserkoren hat. Gesetzesverschärfungen zur Niederschlagung von Protesten, Vernachlässigung der arabischen Kommunen, das aberwitzige Ansinnen, künftig nur noch Hebräisch als einzige Amtssprache zuzulassen, und vor allem die gefährliche Stärkung der Siedlerlobby sind deutliche Symptome. Die Erkrankung vollzieht sich nicht im Verborgenen, sondern wird in der israelischen Presse diagnostiziert und lautstark auf der Straße diskutiert. In zahllosen Demos protestieren Israelis gegen Rassismus und für die Vernunft, also auch für ein Ende der Besatzung. Manchmal erfahren wir in Deutschland von diesem Protest. Aber welche Botschaft verbindet sich damit? Dass Israel ein rassistischer Staat oder dass es eine funktionierende Demokratie ist? Die Israelkritiker missbrauchen die Demonstranten als Kronzeugen gegen den »Apartheidstaat«. Sie blenden geflissentlich alle positiven Entwicklungen aus und stellen ausschließlich die negativen heraus. Wer so argumentiert, betrachtet zwar beide Seiten, allerdings in höchst unterschiedlichem Licht; grelles Scheinwerferlicht auf Israel, warmer Sonnenuntergang in Palästina.

## Rhadas Traum vom Kino

Nun mögen auch wir Sonnenuntergänge und würden uns gern in Gaza mit palästinensischen Freunden zum Fischessen treffen. Mit Rhada zum Beispiel, einer jungen, klugen, selbstbewussten Palästinenserin, die uns 1998 in Gaza bei einem Film als Produktionsassistentin geholfen hat. Rhada, die fließend Hebräisch spricht und früher gern nach Israel gefahren und in Gaza ins Kino gegangen ist. Heute ist der Grenzübergang dicht, das Kino hat die Hamas niedergebrannt. Wenn Rhada und ihre Freunde frei sind und ihr Leben selbst bestimmen können in einem demokratischen Staat Palästina, wird auch Israel freier sein, etwas weniger bedroht, etwas sicherer und wieder sehr viel näher an der Utopie des Judenstaates. Den Preis der Besatzung nämlich zahlen nicht nur die Palästinenser, sondern auch Israel, dessen Seele durch die tägliche Gewalt, die mit der Besatzung einhergeht, vergiftet wird. Das Ende der israelischen Besatzung ist aber nur eine Voraussetzung für Rhadas Freiheit. Die andere ist der Aufbau eines demokratischen Staates, in dem nicht die Islamisten den Ton angeben. Für diesen Staat müssten nicht einmal alle Siedlungen geräumt werden, denn ein demokratischer wäre auch ein pluralistischer Staat, einer, der seiner jüdischen Minderheit volle Bürgerrechte garantierte, wenn diese bereit ist, sich am Aufbau Palästinas zu beteiligen.

Wer beide Seiten betrachten will, sollte auch bei beiden Seiten dasselbe Maß anlegen. Pressefreiheit, Frauenrechte, Schwulenrechte, Religionsfreiheit, Rechtsstaatlichkeit und Gleichberechtigung von gesellschaftlichen Minderheiten sind dafür durchaus taugliche Kategorien. Weil aber nicht einmal die engagierten Palästinafreunde der Freidenker ernsthaft behaupten würden, dass auch nur in einem einzigen Punkt fraglich ist, wer den Wettbewerb gewinnt, fällt der Vergleich lieber ganz aus. Wie bei dem jährlichen Bericht der OECD zur Lage der Frauenrechte im Nahen und Mittleren Osten und Nordafrika. Im jüngsten Bericht 2014 findet Israel einfach gar nicht statt. Auf der Landkarte ein kleiner grauer Fleck, »not ranked«, nicht im Wettbewerb, außer Konkurrenz sozusagen. Diese Argumentation sei unfair, heißt es dann, weil es unter der Besatzung keine Demokratie geben könne. Davon abgesehen, dass es für die Spekulation, dass ohne israelische Besatzung Freiheit, Frieden und Demokratie in Palästina einziehen, kaum Anhaltspunkte gibt, ist dies eine bequeme Entschuldigung dafür, die Menschenrechtsverstöße in Gaza und der Westbank heute gelassen auszublenden, die willkürlichen Hinrichtungen von vermeintlichen Kollaborateuren, die Verfolgung von Lesben und Schwulen, die zahllosen Ehrenmorde.

2007, zwei Jahre nachdem Israel die Siedlungen im Gazastreifen geräumt hatte, putschte die Hamas gegen die korrupte Führung der Fatah und etablierte ihr Terrorregime. Zeugen sahen mit an, wie Fatah-Anhänger vom 15. Stock eines Hochhauses gestoßen wurden, wie die Gegner der Hamas nackt durch Gaza City getrieben und dann in den Dünen exekutiert wurden, wie alte Frauen und kleine Kinder niedergemetzelt wurden, weil sie sich in einem Haus des Gegners aufgehalten hatten. Die einzige christliche Buchhandlung in Gaza wurde niedergebrannt, der Besitzer entführt und anschließend ermordet. Danach flohen fast alle Christen aus Gaza. Wie würde es wohl Juden ergehen, die schutzlos der heutigen palästinensischen Führung ausgeliefert wären? Je nach dem Grad des islamistischen Einflusses dürften sie als Bürger zweiter Klasse weiterleben, sofern sie ihren Dhimma, ihren Schutzbrief, bezahlen – oder aber es gäbe keine Juden mehr in Palästina. Das wäre dann die IS-Lösung, die die Hamas in ihrer Charta ankündigt. In diesem Palästina hätte auch Rhada nichts zu lachen.

# Werft die Schleier weg!

Dieses Buch ergreift Partei für Israel und damit auch für Palästina. Nur wenn Israel sich stark genug fühlt für das Risiko, seinen Feinden einen politischen Sieg zu gönnen und auf militärische Pufferzonen zu verzichten, wird es einen palästinensischen Staat geben können. Nur wenn es ein wirtschaftlich starkes Israel gibt, gibt es eine Regierung, die genügend Rückhalt in der Bevölkerung hat, diesen Weg gehen zu können. Nur in einer Wirtschaftsunion mit dem starken Nachbarn Israel wird Palästina überlebensfähig sein und sich zu einer Demokratie entwickeln können. Daran muss allen gelegen sein, die beide Seiten betrachten und denen es wirklich um eine Lösung des Konflikts und nicht um den eigenen Heldenstatus geht. Das sind nicht allzu viele.

Wenn es um die Analyse des Konflikts geht, dann sollte der Blick so genau wie möglich sein, um zu verstehen, wer warum wie handelt, denn nur so lässt sich eine Lösung finden. Wenn es darum geht, den Schuldigen in einem Prozess zu ermitteln und ein Urteil zu fällen, entspricht es dem rechtsstaatlichen Prinzip, auch alle entlastenden Faktoren für den Angeklagten zu berücksichtigen und zu prüfen, ob das Opfer eine Mitschuld trägt. Also beide Seiten zu betrachten. Die meisten Israelkritiker aber sind politische Aktivisten, die sich als Richter und Experten aufspielen. Sobald jemand »beide Seiten« sagt, ist daher Vorsicht geboten. »Beide Seiten« ist in aller Regel die Einladung, sich keine Seite genauer anzusehen und sich insbesondere die israelische vom Leib zu halten. So durfte die CDU-Bundestagsabgeordnete und Vizepräsidentin der Deutsch-Israelischen Gesellschaft Gitta Connemann nicht bei einer Veranstaltung zum Antikriegstag in Esterwegen sprechen. Der Kreisverband nördliches Emsland des Deutschen Gewerkschaftsbundes hatte sie als Hauptrednerin vorgesehen, dann aber kurzerhand wieder ausgeladen, weil »ihre einseitige Stellungnahme zum Krieg in Israel« den DGB-Grundsätzen widerspreche. Connemann hatte in einem Interview zum Gazakrieg 2014 darauf hingewiesen, dass die Hamas Schulen und Altenheime als Raketenlager nutze und Frauen und Kinder

als Schutzschilde missbrauche. Vorsorglich hatte sie noch angefügt, dass es auch Gründe für Kritik an Israel gebe. Zu wenig
»beide Seiten« für die DGB-Region Oldenburg-Ostfriesland,
schließlich sei man »gegen jegliche Kriegshandlungen«. Also für
den Weltfrieden, und falls irgendein ostfriesischer Gewerkschafter Zweifel hegen sollte, wer den am stärksten gefährdet, braucht
er nur 222 Kilometer von Oldenburg nach Ratzeburg zu fahren.
Dort lebt Günter Grass und schreibt vermutlich mit allerletzter
Tinte sein Vermächtnis: »Israel ist an allem schuld oder warum
man besser ›beide Seiten‹ sagt, wenn man einseitig meint.«

»Beide Seiten« sagt auch gern, wer moralisch ansehnlich begründen möchte, warum es ihm völlig schnurz ist, ob Israel
bedroht ist oder nicht. Das sind bevorzugt Politiker wie der
SPD-Verteidigungsexperte Rainer Arnold. »Radikale Kräfte
in beiden Lagern« heizten den Gazakonflikt immer wieder an,
schrieb er im *Vorwärts* und setzte damit konsequent fort, was
Parteifreund Ralf Stegner mit seiner Forderung nach einem Verbot von Waffenlieferungen nach Israel eingeleitet hatte: Äquidistanz, eine Politik des bequemen Sich-Raushaltens und Israel-allein-Lassens, das Gegenteil der von Angela Merkel verkündeten
Staatsräson also. Wenn Israel genauso verwerflich ist wie die
Hamas, dann nichts wie weg, schließlich wollen wir ja keine Terroristen unterstützen. »Gott schütze mich vor meinen Freunden,
vor meinen Feinden schütze ich mich selbst.« Bloß wie?

Wie sich Israel gegen Raketenbeschuss und Selbstmordanschläge schützen soll, das weiß der Verteidigungsexperte genauso
wenig wie der Dichter oder der ostfriesische Gewerkschafter,
aber sie alle wissen schon mal, wie es auf keinen Fall geht. Nicht
mit Waffen, nicht mit Wirtschaftssanktionen und natürlich auf
gar keinen Fall mit einer abgeriegelten Grenze. Die umstrittene
Sperranlage hat zwar zweifelsfrei vielen Israelis das Leben gerettet, aber das kann die Empörung über »die Mauer« nicht dämpfen. »Die Mauer muss weg« ist zwar grundsätzlich und besonders
aus deutscher Sicht eine schöne Forderung, aber sie wird äußerst
selektiv erhoben. Der Zaun zwischen Pakistan und Indien etwa
ist fast auf den Kilometer genau so lang wie der israelische, be

stückt mit Minen und Sensoren, schafft einseitig Fakten, bringt ebenfalls Beschlagnahmung von Land und die Separierung von unschuldigen Bauern von ihrem Boden mit sich, ist aber hierzulande nahezu unbekannt. Über die Absperrung, mit der sich Israel vor Terrorkommandos aus dem Westjordanland schützt, empören sich sogar Menschen, die den dreifachen Stacheldraht und die bewaffneten Grenztruppen im spanischen Ceuta für richtig halten. Dabei wollen hier keine Terroristen das friedliche Europa überziehen, sondern Menschen riskieren Leib und Leben auf der Suche nach einem menschenwürdigen Leben. Wie würde diese Grenze erst aussehen, wenn es tatsächlich das Einfallstor für Selbstmordkommandos wäre? Wie wäre es, wenn wir zur Abwechslung mal beide Seiten betrachten würden, die deutsche und die israelische? Wenn wir einen Moment innehielten und uns fragten, wie es um die Freiheit in Deutschland bestellt wäre nach dem ersten, dem zweiten, dem dritten Terroranschlag?

Die Gefahr ist groß, dass unter dem äußeren Druck die Demokratie in Israel zerbrechen könnte. Erste Risse sind erkennbar. Erstaunlich, dass es nicht schon viel schlimmer ist. Welches Land würde diesem Druck standhalten, ohne sich in seiner demokratischen Substanz völlig aufzulösen? Mit jedem Anschlag und mit jeder militärischen Antwort steigt die Angst und damit die Wut auf beiden Seiten. Forschungen belegen, dass der Hass noch nie so groß war wie heute. Der monatliche »Friedensindex«, den Efi Yaar von der Universität Tel Aviv erstellt, zeigt, dass mittlerweile fast ein Drittel der Israelis Vorurteile gegen Araber hat und umgekehrt 83 Prozent der Araber angeben, ihre jüdischen Mitbürger zu hassen. »Du Araber« ist für jüdische Kinder in Israel ein Schimpfwort geworden, so wie »Jude« auf Schulhöfen weltweit, auf denen muslimische Schüler den Ton angeben. Keine guten Zeiten für den Frieden.

Anat Berko ist eine eindrucksvolle, kluge Frau. Zehn Jahre ist es her, dass wir uns begegnet sind. Schon damals war sie eine der führenden Expertinnen weltweit für die Erforschung des palästinensischen Extremismus. Seither hat sie mit vielen verhinderten Selbstmordattentätern und -täterinnen gesprochen und ist

sich inzwischen sicher: »Attentäter«, sagt die israelische Krimi-
nologin, »entsprechen dem Macho-Bild des arabischen Mannes.«
Ihre Familie ist selbst einst aus Marokko eingewandert. Sie kennt
das starre Männerbild, in dem nur Sieg und Stärke zählen, nicht
Verständigung und Akzeptanz von Schwächeren. Sie ist überzeugt, dass der Antiterrorkampf scheitern wird, in Palästina
ebenso wie gegen die heiligen Krieger des IS, solange sich die
Gesellschaften nicht von dieser Art des Männlichkeitskults befreien.

Und so ist es denn auch eine Frau, die die arabischen Gesellschaften zum Umdenken und zum Kampf gegen die IS-Mörder
aufruft. Königin Rania von Jordanien. Sie prangerte nicht nur das
Schweigen der arabischen Gesellschaften an, sondern rief dazu
auf, jungen Menschen eine Zukunft durch Bildung zu eröffnen.
Ihre Hoffnung ruht dabei vor allem auf den Mädchen, denn nur
freie Gesellschaften könnten dem Radikalismus widerstehen.
Genauso sieht es auch Anat Berko. Auch sie hofft auf eine Um-
wälzung der arabischen Gesellschaften, auf eine allmähliche Los-
lösung von der Logik des Machismo und auf die Emanzipation
der arabischen Frauen. »Wenn Araberinnen Schleier verbrennen,
so wie Frauen in Europa früher BHs, wird der Wandel beginnen.«
Sie ist sich sicher, dass nur freie Menschen Frieden schließen
können. Vor allem die Frauen wissen das – auf beiden Seiten.
Noch aber geben die Männer den Ton an. Und noch sind sie nicht
ausreichend müde gekämpft und erschöpft genug, um zu begreifen, dass der Hass sie gefangen hält, unfrei macht, den Frieden
verhindert. Vor mehr als fünfzig Jahren brachte es ebenfalls eine
Frau, die damalige israelische Ministerpräsidentin Golda Meir,
bereits auf die schlichte Formel: »Frieden wird es geben, wenn
die Araber ihre Kinder mehr lieben, als sie uns hassen.«

# »Wenn die Seele ohnmächtig wird« –
# Zu Besuch bei Trude Simonsohn

Die Lampe in ihrem Flur brennt wieder. Sie ist froh, dass sich einer des Problems angenommen hat, und erzählt dazu eine nette Geschichte. Sie erzählt gerne Geschichten, Anekdoten, witzige Begegnungen, aber das wollen die Menschen, die sie einladen, eigentlich weniger hören. Sie soll erzählen, wie sie überlebt hat. Trude Simonsohn ist eine Überlebende, eine Zeitzeugin, von denen es immer weniger gibt. Die Zeit für sie läuft unwiederbringlich ab, das weiß sie, deshalb scheut sie keine Anstrengung, immer und immer wieder vor Schulklassen aufzutreten, als Anschauungsunterricht für den Horror der Geschichte.

Sie wurde 1921 in Mähren, in der Kleinstadt Olmütz geboren, ein Einzelkind in einem liberalen jüdischen Elternhaus. »Ich war ein glückliches Kind«, schreibt sie als ersten Satz in ihre, zusammen mit ihrer Freundin Elisabeth Abendroth herausgegebene Autobiografie. Bis die Wehrmacht in die Tschechoslowakei einmarschierte und der Traum einer unbeschwerten Jugend ein schroffes Ende nahm. Der Vater wurde in Dachau, die Mutter in Auschwitz ermordet. Trude Simonsohn war auch in Auschwitz, aber die kleine, zierliche Frau mit den wachen Augen, mit der fotografischen Erinnerung kann sich an Auschwitz, wohin sie im Oktober 1944 verschleppt wurde, nicht mehr erinnern. An Theresienstadt ja, an Auschwitz nicht. Nicht ein Bild. Wie ausradiert. Sie fragt sich oft, warum das so ist, aber sie hat eine Erklärung: Es ist, wie wenn ein Mensch ohnmächtig wird, dann weiß er auch nichts in diesem Moment, und »ich habe gelernt, dass auch eine Seele ohnmächtig werden kann, nur so kann ich mir erklären, warum ich keine Erinnerung mehr daran habe«. Es ist ein Schutzwall gegen die Gewalt der Erinnerung.

Sie hat sich auf den Besuch gefreut. Es gibt Tee, einen Kuchen der Schwiegertochter, Pralinen. Alles liebevoll hergerichtet in ihrer bescheidenen, mit Erinnerungen vollgestopften Wohnung in einem kleinen Mehrfamilienreihenhaus, zweiter Stock links, kein Aufzug. Trude Simonsohn scheut die Treppen nicht, sie halten sie in Bewegung, sagt sie dem schnaufenden Besuch. Sie bewegt sich altersgemäß mit einem Stock, einem Wanderstock, der ist leicht und stabil, wie Trude Simonsohn selbst. Wenn sie spricht, redet sie schnell, assoziativ, als wollte sie alles auf einmal mitteilen, was sie bewegt. Pausen macht sie kaum, die wären Zeitverschwendung. Das kleine Mädchen aus Olmütz ist seit 1955 Frankfurterin. Und sie ist stolze Trägerin der Ehrenplakette ihrer neuen Heimatstadt. Sie lebt gerne in Deutschland, solange es Frankfurt für sie ist. Sie glaubt, dass Juden in Deutschland nichts mehr passieren wird, »jedenfalls nicht in der Form, wie es einmal war«. Ganz darauf verlassen will sie sich allerdings auch nicht. Sie wird skeptisch, wenn im Land der Täter der Drang nach einem Schlussstrich aufkommt, als ob die Täter bestimmen könnten, wann genug gesprochen worden ist. »Willst du nicht noch was essen? Tu mir den Gefallen.« Wir sind schnell beim Du. Und wenn sie sich die Umstände der NSU-Morde vergegenwärtige, sei sie sich überhaupt nicht mehr so sicher, was mit dem geläuterten Deutschland eigentlich wirklich los ist.

Noch ein bisschen Tee vielleicht? Oder Kuchen? »Nehmt, nehmt!«

Trude Simonsohn ist rastlos, trotz ihres hohen Alters. Sie kann sich vor Einladungen, vor Schulklassen zu reden, kaum retten. Und sie macht es immer wieder gern. Ihre Erinnerungen sind klar und schnörkellos, die Jugendlichen hängen an ihren Lippen. Wenn sie erzählt, wie sie, selbst ein Kind, als Jüdin plötzlich kein Mensch mehr war, sie für ihre Mitschüler »einfach nicht mehr vorhanden war«, sind die Jugendlichen oft fassungslos. Hat Ihnen niemand wenigstens heimlich zugelächelt, wollen sie wissen. »Ich finde es einfach großartig, dass die Kinder ein solches Verhalten überhaupt nicht verstehen.« Was sie sich allerdings wünscht, wäre, dass die Jugendlichen mal ihre Großeltern fragen würden, was sie in der Zeit, von der sie erzählt, getan haben. Aber dazu gehöre Mut, und den hätten die meisten nicht.

Und Antisemitismus heute in Deutschland? Sie erlebt ihn nicht, sie liest davon in den Zeitungen, sie sieht es im Fernsehen, aber zu ihr kämen keine Antisemiten, »die, die es am notwendigsten hätten, die laden mich leider nicht ein«.

Die Frage, warum sie nach dem Krieg, nach einem Aufenthalt in der Schweiz mit ihrem Mann, Berthold Simonsohn, ebenfalls einem Auschwitzüberlebenden, ausgerechnet nach Deutschland gegangen ist, lässt sie nicht gelten. Auch in Israel, wo sie drei Monate mit ihrem Mann gelebt hat, wird ihr diese Frage immer wieder gestellt. Aber sie sagt: »Mit meinem Schicksal lass ich mir von niemandem vorschreiben, wo ich wohne. Und wo ich leben kann oder nicht.« Ihre wachen Augen blitzen auf, und mit derselben Überzeugung und Begeisterung bekennt sie, ein Leben lang glühende Zionistin gewesen zu sein. Bis heute, unerschüttert. Also brauchen die Juden einen eigenen Staat? »Klar! Sicher! Ja, die Juden brauchen einen eigenen Staat, davon bin ich überzeugt.« Aber warum? In Deutschland lebt man heute vermutlich sicherer als in Israel und auch als Jude. »Die Juden haben sich immer als Volk empfunden, und ich sage mir immer, wenn ich überhaupt zu einem Volk gehöre, dann eben zum jüdischen Volk.« Aber noch einmal: Muss jedes Volk einen eigenen Staat haben? »Ja, besonders wenn es eine Minderheit ist. Vielleicht ist das eines Tages nicht mehr so wichtig, aber den erlebe ich sicher nicht mehr.«

Juden haben seit Jahrtausenden das Gefühl geerbt und weitergegeben, eine bedrohte und verfolgte Minderheit zu sein. Das bestreitet Trude Simonsohn nicht, und sie ergänzt: »Aber erst, seit es die Christen gibt.« Sie sei schon in der Volksschule für den Tod Jesu Christi verantwortlich gemacht worden: »Wir spielen mit dir, obwohl ihr unseren Heiland umgebracht habt.« Aber schon damals habe sie sich nicht wirklich schuldig gefühlt.

»Ihr habt ja so gut wie nichts gegessen«, unterbricht sie sich besorgt und fährt erst fort, als wir noch ein Stück des leckeren Kuchens auf dem Teller haben. Ihr sei es übrigens so ergangen wie einem in Israel geborenen jungen Mann in Frankfurt, der ihr mal erzählte, dass auch ihm vorgehalten worden sei, die Juden hätten Jesus ermordet. Darauf habe er gesagt, er wisse davon nichts, es müsse in Tel Aviv passiert sein. Trude Simonsohn lacht laut und herzlich. Dann wird sie plötzlich still. Ob es nun Antizionismus oder Antijudaismus genannt wird, egal, es bleibe Antisemitismus, der Hass auf Juden. Bei einer Diskussion mit Schülern hatte sie den dänischen König als Vorbild genannt, der anders als der Papst viele Juden gerettet habe. Das wollte ein junger Mann nach der Diskussion so nicht stehen lassen, schließlich habe auch der Papst Juden gerettet. Wahrscheinlich so viele wie Göring, habe sie damals gekontert. »Wenn Jesus 1942 in Berlin gewesen wäre, hab ich dem guten Mann gesagt, wäre er auch in Auschwitz gelandet. Da hat er den Mund nicht mehr zugekriegt und ist davon.«

Es wird Zeit zu gehen. Sie habe uns wenig zum aktuellen Antisemitismus in Deutschland sagen können, bedauert sie, aber »ohne den Antisemitismus wärt ihr doch gar nicht gekommen. Dafür ist er also gut.« Wir lachen gemeinsam.

Dass die Lampe im Flur wieder brennt, ist übrigens dem Präsidenten des Frankfurter Lionsclubs zu verdanken, der bei einem Besuch beherzt zu einer Leiter griff und die Glühbirne selbst ausgewechselt hat. Dafür ist Trude Simonsohn auch bei den Lions aufgetreten, es hat ihr imponiert.

# Heimatschutz und Chanukka –
# Eine Nachbetrachtung

Im Winter 2014 zeigte sich unerwartet der »gesunde Menschenverstand« zur Rettung des »christlich-jüdischen Abendlandes« auf deutschen Straßen. Doch wenn Zehntausende mit schwarz-rot-goldenen Fahnen durch die nächtlichen Straßen ziehen, wenn Kreuze auf deutschem Tuch in den dunklen Abendhimmel gereckt werden, wenn die Menschen Transparente mit »Heimatschutz« zeigen, »wir sind das Volk« brüllen und behaupten, sie seien die Mitte der Gesellschaft, dann braut sich etwas Beunruhigendes zusammen, das dem »gesunden Volksempfinden« zum Verwechseln ähnelt, und der Verdacht liegt nahe, dass es hier weniger um das christliche und schon gar nicht um das jüdische Abendland geht. Wenn »Heimat« und »Patriotismus« die neuen Schlagwörter sind, müssen die, die nicht dazugehören, höllisch aufpassen.

Josef Schuster, der Präsident des Zentralrats der Juden, hält die neue »Volksbewegung« mit dem einprägsamen Namen »Pegida« (»Patriotische Europäer gegen die Islamisierung des Abendlandes«) für »brandgefährlich«. Er warnt: »Hier mischen sich Neonazis, Parteien vom ganz rechten Rand und Bürger, die meinen, ihren Rassismus und Ausländerhass endlich frei ausleben zu dürfen.« Und er, der Vertreter einer kleinen Minderheit in Deutschland, stellt sich schützend vor die große Gemeinde der Muslime. »Die Angst vor islamistischem Terror wird instrumentalisiert, um eine ganze Religion zu verunglimpfen. Das ist absolut inakzeptabel.« Genauso hatte sich bereits sein Vorgänger Ignaz Bubis eingemischt. Er war als einzige öffentliche Person nach den rechtsradikalen Ausschreitungen gegen Asylbewerber nach Hoyerswerda und Rostock-Lichtenhagen gereist, um den Angegriffenen seine Solidarität zu bekunden. Und er wies in seinen Vorträgen über Antisemitismus auf die Schnittmenge zum

Ausländerhass hin: »An dem Tag, als das Haus in Solingen in Flammen stand (bei dem Anschlag kamen fünf türkische Bewohner ums Leben), gab es gleichzeitig Übergriffe auf Asylbewerberheime und auf eine jüdische Wohnung. Das gehört alles in den gleichen Topf, es gibt keine Unterschiede bei den Gewalttätern.« Und auch nicht bei denen, die ihnen zujubeln. Nicht zuletzt deshalb fühlen Juden sich gemeint und melden sich zu Wort, wenn Ausländer und Andersgläubige angegriffen werden, selbst wenn sie umgekehrt die Erfahrung machen müssen, dass nur wenige Muslime ihre Stimmen gegen Judenhass erheben.

Und was passiert, wenn die Zeiten wirtschaftlich härter werden, wenn die Wut der Wutbürger wächst, wenn Pegida und die »Systemgegner« der Montagsdemonstrationen, Friedensfreunde, Verschwörungstheoretiker und andere sich zusammenschließen und gemeinsam marschieren? Wenn es nicht mehr um die Flüchtlinge geht, sondern um die »Drahtzieher« der Kriege? Dann wird das Bündnis mühelos den alten Evergreen »die Juden sind an allem schuld« anstimmen, und viele werden begeistert mitsingen. Lars Mährholz, immerhin einer der Veranstalter der Pegida in Dresden, sagt es schon heute: Schuld an allen Kriegen sei nun mal die amerikanische Federal Reserve Bank (FED). Oder die Rothschilds? Bereits in der fünften Auflage und mit mehr als drei gelben (!) Sternen bei Amazon bestens von den Kunden bewertet ist *Die Rothschilds: Eine Familie beherrscht die Welt* ein Longseller. Hier erfährt der interessierte Leser auf 320 Seiten alles, was ein guter Antisemit wissen muss und was die »Medien mit aller Macht verschweigen wollen« (Amazon-Kundenrezension). Die Rothschilds nämlich wollen einen alles vernichtenden Dritten Weltkrieg und »eine Weltregierung, gesteuert aus Jerusalem«. Der Autor dieser »Enthüllungspublikation« dürfte bei Pegida genauso willkommen sein wie bei den »linken« Montagsdemonstranten oder bei vielen Muslimen. Der *Muslim-Markt* interviewte den Autor, der sich traut, es mit den mächtigen Rothschilds »aufzunehmen«. Dort verrät er auch in erfrischender Ehrlichkeit, wie er, der über vier Jahrzehnte nach dem Ende des Tausendjährigen Reichs geboren ist, beim Verfassen seiner

Hetzschrift vorging. »Ich dachte mir, ich trage mal alle Vorwürfe gegen die Familie zusammen und probiere sie so gut wie möglich zu beweisen.« Erst die Meinung, dann die Recherche. Diese Rezeptur des Judenhasses hat sich quer durch die Geschichte bewährt und sich ihr angepasst. Mühelos lässt sich heute »Israelkritik« in verschiedenen Geschmacksnuancen zubereiten. Als braune Soße ist sie inzwischen ein Klassiker – nicht nur der deutschen Küche.

Die Judenfeindlichkeit wächst, die Gewalt nimmt zu, stellte die UN-Vollversammlung kurz vor dem 70. Jahrestag der Befreiung des KZ Auschwitz offiziell fest. Bereits im Oktober hatten 37 Länder eine Sondersitzung zur Judenfeindlichkeit beantragt, die erste überhaupt in der Geschichte der Vereinten Nationen, weil sie »einen alarmierenden Ausbruch von Antisemitismus weltweit« feststellten. Die Dringlichkeit der Sitzung war durch die mörderischen Anschläge in Paris Anfang Januar 2015 geradezu beklemmend deutlich geworden.

Am 22. Januar war es soweit. Mit Blick auf die Übergriffe gegen Juden während des Gaza-Krieges und danach kritisierte UN-Generalsekretär Ban Ki Moon, dass der Nahostkonflikt oft als Vorwand für Antisemitismus benutzt werde. Ihm gelang dabei das rhetorische Kunststück, eine Konferenz gegen Judenfeindlichkeit mit Israel-Bashing zu verbinden. »Unmut über israelische Handlungen darf nie als Entschuldigung herangezogen werden, um Juden anzugreifen«, sagte er und betonte im gleichen Atemzug, dass »nicht jede Israel-Kritik als Antisemitismus zurückgewiesen werden« dürfe. Nun hatten die vier französischen Juden, die im Supermarkt in Paris niedergemetzelt wurden, mit der israelischen Politik so viel zu tun, wie die zwei Touristen, die Praktikantin und der Museumsangestellte, die 2014 beim Anschlag auf das Jüdische Museum in Brüssel starben, nämlich nichts. Eine Versammlung nur zur Bekämpfung des Judenhasses überfordert die Weltgemeinschaft offenbar. Ein Aufruf gegen Antisemitismus ist nur dann mehrheitsfähig, wenn er eines der Hauptanliegen der Vereinten Nationen dabei nicht torpediert: die Verurteilung Israels. Wie schon im Jahr davor hat die UN auch 2014 mehr Beschlüsse zum Thema Israel gefasst als gegen Nordkorea, den Iran und Syrien zusammengenommen. Die antiisraelischen Stimmen werden dabei immer lauter und immer wichtiger. Den Vorsitz der UN-Untersuchungskommission zu Kriegsverbrechen im Gaza-Krieg etwa hatte der Kanadier William Schabas, Experte für internationales Recht beim UN-Menschenrechtsrat (UNHCR), übernommen. Kurz vor Veröffentlichung des Untersuchungsberichts musste er zurücktreten, als bekannt wurde, dass er als bezahlter Gutachter für die PLO gearbeitet hatte. Dieses Detail mag vor seiner Berufung unbekannt gewesen sein, seine antiisraelische Haltung war es nicht. Schabas hatte unter anderem dafür plädiert, den Friedensnobelpreisträger Schimon Peres wegen Menschenrechtsverbrechen anzuklagen. Der ideale Vorsitzende also, um unvoreingenommen zu ermitteln. Doch letztlich zählen Fakten ohnehin nicht. Zur Kenntnis genommen wird nur, was ins fertige Bild passt. Das war beim »Massaker von Jenin« so, und das ist bei den »Kriegsverbrechen im Gaza-Krieg« nicht anders. Gewünscht wird eine Anklageschrift, die den eigenen Gefühlen Nahrung und Fundament gibt. Entlastende Berichte dagegen schlummern dann gerne in der Schublade. Der französische Philosoph Bernard-Henri Lévy brachte es als Gastredner bei der UN-Sondersitzung auf den Punkt: »Selbst wenn Israel eine Nation von Engeln wäre, selbst wenn Israel sein Land weggeben würde«, sagte Lévy, »würde sich am Hass gegen Israel kein Jota ändern. Die Judenhasser hassen Juden, einfach weil sie da sind.« Und Israel, so ließe sich ergänzen, weil es der Staat der Juden ist, weshalb sich »Tod den Zionisten« auch problemlos als »Tod den Juden« übersetzen lässt.

In bemerkenswerter Klarheit hat das Anfang 2015 eine Richterin am Amtsgericht Essen in einem Verfahren gegen einen stadtbekannten Antisemiten festgestellt: »Zionist ist im Sprachgebrauch der Antisemiten der Code für Jude.« Punkt. Die Richterin, Gauri Sastry, sprach den Delinquenten deshalb schuldig. Meinungsfreiheit, sagte sie, sei ein hohes Gut, »aber Sie haben die Grenzen der Meinungsfreiheit überschritten, als Sie zu Tod und Hass gegen die Juden aufgerufen haben und versuchten, eine Menschenmenge zu verhexen«. Der 24-jährige Angeklagte Taylan C., der auch als Kopf einer antiisraelischen Demonstration in Gelsenkirchen gilt, bei der »Hamas, Hamas – Juden ins Gas« skandiert worden war, konnte es nicht fassen und überlegte, in die nächste Instanz zu gehen. Das Urteil dürfte ihn auch deshalb überrascht haben, weil es seinen bisherigen Erfahrungen widerspricht. Gemeinhin erhält er für seine Hasstiraden Zuspruch aus allen Bereichen der Gesellschaft. Wie die Online-Debatte des Artikels über die UN-Konferenz zu Antisemitismus wieder einmal zeigt, finden sich auch unter den gebildeten Lesern der *Zeit* viele, die Taylan C. sofort freisprechen würden. Etliche Einträge mussten gelöscht werden, so judenfeindlich waren sie. Aber auch unter den veröffentlichten fanden sich noch einige äußerst aufschlussreiche. So schreibt ein »Jürgen Presse«: »Man muss sich einmal fragen, ob die angebliche eine Milliarde Antisemiten das Problem ist oder konkrete Handlungen von vielen Juden.« Und für »Hermann the German« besteht »kein Zweifel, wer z. Zt. stark mitverantwortlich für diese Stimmung ist, denn das Verhalten und Handeln der israelischen Regierung stößt nicht nur in muslimisch geprägten Ländern auf wenig Verständnis«. Entspannt räsoniert er, dass es »in fast allen Ländern einen gewissen Anteil von Antisemiten« gäbe, »womit wir leben müssen, und solange diese Gruppen in jeder Hinsicht friedlich bleiben, muss man es anscheinend hinnehmen.« Das Dumme ist nur, sie bleiben nicht in jeder Hinsicht friedlich, wie die Kunden des Pariser Supermarkts erleben mussten und wie jeder Jude am eigenen Leib erfahren kann. Vielleicht sollte »Hermann the German« einfach mal mit einer Kippa durch Neukölln oder durch Berlin-Karlshorst fahren und feststellen, wie es sich anfühlt, den Attacken muslimischer oder rechter Antisemiten schutzlos ausgeliefert zu sein. Oder dem angeekelten Ressentiment der gebildeten Mitte und der Gleichgültigkeit der Mehrheit. Elie Wiesels »Antennen« senden Warnsignale, die nicht gehört werden, und den Kanarienvögeln von Andy Steimans Vater geht die Puste aus.

Vier Flugstunden entfernt holt ein Mann einmal im Jahr einen Chanukkaleuchter aus einer Vitrine der Holocaustgedenkstätte Yad Vashem ab, um ihn zu Hause in Bet Schemesch ins Fenster zu stellen und anzuzünden. Danach bringt ihn Yehuda Mansbach immer wieder zurück. Es ist der Leuchter seiner Großeltern aus Kiel. Seine Großmutter Rosi Rachel Posner, die Frau des Kieler Rabbiners, hatte ihn im Dezember 1932 auch in ihrem Fenster stehen und ihn fotografiert. Im Hintergrund und etwas unscharf das Hakenkreuz der NSDAP-Kreisgeschäftsstelle Kiel. Die Familie musste fliehen, erst nach Belgien und dann nach Israel. Immer mit dem Leuchter im Gepäck, den der Enkel schließlich Yad Vashem überließ. Zusammen mit dem Foto, auf dessen Rückseite seine Großmutter geschrieben hatte:

»Juda verrecke, die Fahne spricht.

Juda lebt ewig, erwidert das Licht.«

# Dank

Dieses Buch wäre ohne die direkte und indirekte Hilfe von vielen Freunden und Kollegen nicht entstanden. Deren wachsame, beständige und unerschrockene Arbeit hat uns begleitet, gefördert und angespornt. Wir danken für den emotionalen Rückhalt durch FreundInnen, auch jenen, die inhaltlich nicht immer mit uns übereinstimmen, aber trotzdem auf derselben Seite stehen. Unser besonderer Dank gilt allen »Antennen«, die uns Einblick in ihre Gefühle und Gedanken gewährt haben, und allen, die uns seit Jahren begleiten und bereichern: Eldad Beck, Deidre Berger, Wolf Biermann, Benjamin Bloch, Dieter Graumann, Raphael Gross, Ralph Hofmann, Anetta Kahane, Salomon Korn, Charlotte Knobloch, Cilly Kugelmann, Yves Kugelmann, Louis Lewitan, Ahmad Mansour, Levi Salomon, Katarina Seidler, Rabbiner Andrew Steiman, Trude Simonsohn und Majer Szanckower. Bewegende und bleibende Gespräche mit Asher Ben-Natan und Ralph Giordano, Michael Gilead, Miri Schönberger oder Lilo Günzler haben an vielen Stellen das Buch geprägt. Dank auch an alle MitstreiterInnen, die sich journalistisch oder wissenschaftlich seit vielen Jahren mit neuem und altem Antisemitismus beschäftigen und nicht müde werden, das Schlussstrichpublikum aufzumischen, darunter die Kollegen und Kolleginnen Henryk M. Broder, Richard Herzinger, Susanne Knaul, Wolfgang Kraushaar, Matthias Küntzel, Petra Lidschreiber, Walid Nakschbandi, Alan Posener, Thomas von der Osten-Sacken, Ulrich Sahm, Richard C. Schneider, Joachim Schroeder, Deniz Yücel. Unverzichtbare Quellen waren natürlich deutsche und internationale Tageszeitungen und deren Online-Dienste: *Berliner Zeitung, Cicero, Focus, Frankfurter Allgemeine Zeitung, Frankfurter Rundschau, Jüdische Allgemeine, Jungle World, Haaretz, Stern, Der Spiegel, Süddeutsche Zeitung, Tagesspiegel, tageszeitung, Die Welt, Die Zeit.*
Wer sich auf diesem Feld bewegt, trifft auf unzählige kleine Plattformen und Online-Dienste, Gruppen und Grüppchen,

die sich gegenseitig auf den letzten Stand bringen und ein sehr wachsames Auge haben auch für scheinbar unwichtige Ereignisse und Vorfälle. Insgesamt sind es ermutigend viele, die ihre Stimme erheben. Ihnen allen sei auf diesem Weg gedankt, und wenn wir nicht alle erwähnt haben, sei es uns bitte nachgesehen. Aufschlussreiche Informationen haben uns Stiftungen und gemeinnützige Einrichtungen wie die Amadeu Antonio Stiftung, das Fritz Bauer Institut, die Deutsch-Israelische Gesellschaft und die Gesellschaften für Christlich-Jüdische Zusammenarbeit geliefert sowie die Jüdischen Museen in Frankfurt und Berlin. Online-Dienste und Blogs wie »Die Achse des Guten« (achgut.com), American Jewish Commitee (ajc-germany.org), »Lizas Welt« (lizaswelt.net), HaGalil (hagalil.com), HaOlam (haolam.info), das »Jüdisches Forum für Demokratie und gegen Antisemitismus« (jfda.de), Memri – Das Middle East Media Research Institute (memri.org), NGO-Monitor (ngo-monitor.org), Palestinian Media Watch (palwatch.org), »Ruhrbarone – Journalisten bloggen das Revier« (ruhrbarone.de), »Tachles – Das jüdische Wochenmagazin« (tachles.ch) oder »The Times of Israel« (timesofisrael.com) haben uns wichtige Hinweise gegeben.

Weitere Quellen waren Radiosendungen (RIAS, Deutschlandfunk, Deutsche Welle u.a.) und TV-Beiträge. U.a.: »1948 – jüdischer Traum, arabisches Trauma – Wie der Staat Israel entstand« (Gabriele Hermer, ARD 2008), »Antisemitismus heute – wie judenfeindlich ist Deutschland?« (Jo Goll, Kirstin Esch, Ahmad Mansour und Tobias Streck, ARD 2013). Wichtige Impulse für dieses Buch finden sich auch in unserer eigenen Filmografie, u.a.: »Als das Lachen verbrannte – Die Kinder von Auschwitz und ihre Familien« (ARD 1995), »Der Mann, der Eichmanns Asche ins Meer streute – die unglaubliche Geschichte des Michael Gilead« (ARD 1996), »Das Kind, der Tod und die Wahrheit – das Rätsel um den Palästinenserjungen Mohammed Al-Durah« (ARD 2009), »Der Tag, als ich ins Paradies wollte – Der Weg einer lebenden Bombe« (ARD 2005), »München 1970 – Als der Terror zu uns kam« (ARD 2012).

Wertvolle Anregungen verdanken wir Hamed Abdel-Samad,

Monika Schwarz-Friesel und Evyatar Friesel, Juliane Wetzel und Andreas Zick. Viele Zitate und bewegende Gedanken fanden wir bei: Jean Améry (*Jenseits von Schuld und Sühne*), Alan Dershowitz (*Plädoyer für Israel*), Yoram Kaniuk (*1948*), Amos Oz (*Eine Geschichte von Liebe und Finsternis*) und Leon de Winter (u.a. *Das Recht auf Rückkehr*). Außerdem und nicht zuletzt verdanken wir Carmen Kölz vom Eichborn Verlag, die schon unser Buch *Die Akte Alois Brunner* so wundervoll betreut hat, dass aus diesem kontroversen Stoff am Ende ein Buch wurde.

*»Man kann die Meinung des anderen für falsch halten oder sogar vehement ablehnen. Kennenlernen muss man sie dennoch.«*

Avi Primor
NICHTS IST JEMALS
VOLLENDET
Die Autobiografie
448 Seiten
mit zahlreichen
Abbildungen
ISBN 978-3-86995-077-8

Dass Avi Primor 2013 gemeinsam mit dem Palästinenser Abdallah Frangi mit dem Friedenspreis der Stadt Osnabrück ausgezeichnet wurde, ist kein Zufall. Längst ist Primor für sein Engagement für die Aussöhnung zwischen Israel und Deutschland bekannt. Sein Einsatz ist nicht selbstverständlich: Nur durch Zufall entging seine Mutter dem Holocaust. Aussöhnung auch zwischen Israelis und Palästinensern: Mit seiner Art, Missstände im Umgang mit den Palästinensern offen anzusprechen, machte er sich in seiner Heimat Israel nicht nur Freunde. Hier erzählt Avi Primor von seiner Arbeit als Botschafter Israels und davon, was ihn zu dem Brückenbauer machte, als der er heute gewürdigt wird.

Quadriga